MOSSAD

CLAIRE HOY
VICTOR OSTROVSKY

MOSSAD

UN AGENT DES SERVICES SECRETS PARLE

PRESSES DE LA CITÉ

Titre original : *By Way of Deception*
Traduit par Alexis Champon et Jacques Martinache

Publié par Stoddart Publishing Co. Limited, Toronto.

ISBN : 2-266-04987-9

AVANT-PROPOS

Révéler le dessous des affaires que j'ai suivies pendant quatre ans comme agent du Mossad fut loin d'être chose facile.

Issu d'un milieu de sionistes fervents, on m'a enseigné que l'État d'Israël était l'honnêteté même, que nous étions les David engagés dans un combat sans fin contre un Goliath toujours plus gigantesque, et que nous ne devions compter sur personne pour nous protéger – sentiment renforcé par la présence parmi nous des survivants de l'Holocauste.

Nous, la nouvelle génération juive, la nation de retour sur sa terre sacrée après plus de deux mille ans d'exil, nous avions en charge le destin d'Israël.

Ceux qui commandaient notre armée n'étaient pas de simples généraux, c'étaient nos champions, et nos chefs politiques, des capitaines à la barre d'un glorieux navire.

Je fus sélectionné et on m'accorda le privilège d'appartenir à une équipe qui, pour moi, représentait l'élite du Mossad. J'exultai.

Mais les idéaux pervertis et le pragmatisme égocentrique que j'ai rencontrés dans l'organisation, joints à la cupidité, la soif de pouvoir et le manque total de respect pour la vie humaine, m'ont incité à publier ce témoignage.

C'est par amour pour un Israël juste et libre que je raconte ma vie sans détour, et que j'ose affronter ceux qui ont pris la responsabilité de changer le rêve sioniste en cauchemar.

Le Mossad, service de renseignements auquel on a confié la tâche de déterminer la conduite de nos dirigeants, a trahi sa mission. Complotant pour son propre compte afin de servir ses intérêts personnels et mesquins, il a conduit le pays dans une impasse, avec comme seul horizon la guerre totale.

Je ne puis garder le silence plus longtemps, pas plus que je ne puis amoindrir la crédibilité de ce livre en cachant la réalité derrière des noms d'emprunt ou des identités falsifiées. Toutefois, pour éviter de mettre leur vie en péril, j'ai désigné par des initiales les agents encore en activité.

Alea jacta est.

Victor OSTROVSKY, *juillet 1990*

En plus de vingt-cinq ans de journalisme, j'ai appris qu'on ne devait jamais refuser d'écouter une histoire, aussi abracadabrante fût-elle. Et celle de Victor Ostrovsky me sembla incontestablement bizarre, du moins au début.

Comme beaucoup de journalistes, j'en ai entendu plus d'un m'expliquer d'un ton ému que son témoignage avait été étouffé par les soins maléfiques de la conspiration intergalactique martienne. D'un autre côté, tous les journalistes ont ressenti un jour ou l'autre l'ivresse que procure un tuyau, pour découvrir ensuite que le tuyau était crevé.

Un après-midi d'avril 1988, j'étais à mon poste habituel dans la galerie de la presse parlementaire à Ottawa, quand Victor Ostrovsky téléphona pour me dire qu'il était en possession d'une histoire de portée internationale susceptible de m'intéresser. Je venais de publier *Friends in High Places*, un best-seller controversé dans lequel je dévoilais des scandales compromettant l'actuel Premier ministre canadien et son gouvernement. Victor me déclara qu'il avait aimé ma manière de traiter le sujet et que c'était ce qui l'avait décidé à s'adresser à moi. Il n'entra pas dans les détails, mais me demanda de lui accorder quinze minutes dans un café. Au bout de trois heures, j'étais toujours suspendu à ses lèvres. Il faut dire que son histoire en valait la peine.

Mon premier réflexe, bien sûr, fut de penser : « Comment savoir si ce type est bien ce qu'il prétend ? » Une rapide enquête auprès de milieux autorisés, ajoutée à son désir de citer les vrais noms et sa propre mise en cause, me persuada qu'il était bien un authentique ex-*katsa* * du Mossad.

Ce livre dérangera beaucoup de monde, il ne montre pas l'humanité sous son meilleur jour. Certains verront dans Victor

* Voir glossaire en fin de volume.

un traître à Israël. Peu importe. Quant à moi, je le considère comme un homme profondément convaincu que le Mossad est une bonne organisation qui a été corrompue, un idéaliste dont les rêves ont été détruits par une réalité implacable, quelqu'un qui croyait que le Mossad – comme d'ailleurs toute organisation gouvernementale – devait être publiquement responsable de ses actes. Même la CIA doit rendre des comptes à une assemblée d'élus. Pas le Mossad.

Le 1er septembre 1951, le Premier ministre de l'époque, David Ben Gourion, décida par décret la mise en place d'un service de renseignements, le Mossad, indépendant du ministère des Affaires étrangères d'Israël. Et jusqu'à ce jour, bien que tout le monde connaisse son existence – des hommes politiques s'enorgueillissent parfois de ses succès –, le Mossad reste une organisation fantôme. Il n'émarge pas, par exemple, au budget de l'État d'Israël. Et le nom de son responsable, tant qu'il est en poste, n'est jamais rendu public.

L'un des thèmes de ce livre repose sur la conviction de Victor que le Mossad échappe à tout contrôle, que le Premier ministre lui-même, pourtant officiellement responsable, n'a aucune autorité sur ses agissements, mais au contraire est souvent manipulé par le Mossad, qui l'incite à approuver ou à entreprendre telle action dans l'intérêt de ceux qui dirigent l'organisation, et pas nécessairement dans celui d'Israël.

Par nature, un service de renseignements implique la plus grande discrétion, mais certains de ses rouages sont moins mystérieux dans d'autres pays démocratiques. Par exemple, le directeur de la CIA et ses adjoints sont d'abord nommés par le président des États-Unis, soumis à une audience publique devant une commission du Sénat, puis leur nomination doit encore être approuvée par un vote majoritaire au Sénat.

Ainsi, le 28 février 1989, la commission présidée par David L. Boren se réunit dans la salle SH-216 du Sénat à Washington pour interroger un vétéran de la CIA, Richard J. Kerr, en vue de sa nomination au poste de directeur adjoint. Avant même d'être entendu en audience publique, Kerr dut remplir un questionnaire complet, explorant son passé personnel, ses connaissances universitaires et professionnelles, l'état de ses finances – y compris ses biens immobiliers, son salaire des cinq dernières années, ses créances éventuelles – et incluant des questions sur les organisations auxquelles il avait appartenu, ainsi que sur sa philosophie de la vie en général et des services secrets en particulier.

A l'ouverture de l'audience, le sénateur Boren déclara que

c'était là une des rares occasions pour la commission de siéger en public. « Si dans d'autres pays, les activités des services de renseignements sont aussi sous le contrôle du pouvoir législatif, aucun d'eux n'a jamais atteint un tel degré de transparence. »

La commission se réunit chaque trimestre pour étudier les programmes d'actions souterraines décidés par le président des États-Unis et tient des audiences extraordinaires chaque fois que le président engage une nouvelle mission secrète.

« Bien que nous n'ayons pas de droit de veto, poursuivit le sénateur, les présidents ont, par le passé, écouté nos conseils et ont entrepris de modifier, ou d'annuler, des missions que la commission jugeait mal conçues, ou dont elle craignait des prises de risques inutiles. »

En Israël, même le Premier ministre, en principe responsable des services secrets, n'apprend qu'il y a eu mission secrète qu'une fois celle-ci terminée. Quant au public, il en est rarement averti et aucune commission ne surveille les activités du Mossad, ni ses agents.

L'importance d'un contrôle politique des services de renseignements a été souligné par sir William Stephenson dans son introduction à *A Man Called Intrepid*, où il démontre que le Renseignement est indispensable aux démocraties, qu'il les protège d'un désastre, et peut-être de leur totale destruction.

« Parmi les arsenaux de plus en plus complexes qui prolifèrent dans le monde, le Renseignement est une arme essentielle, peut-être même la plus importante, écrit-il. Mais c'est également, à cause du secret qui l'entoure, la plus dangereuse. Pour éviter les abus, on doit instaurer des garde-fous, les vérifier sans cesse et les appliquer rigoureusement. Mais, comme dans toute entreprise, la personnalité et la sagesse de ceux qui en ont la charge sont déterminantes. La liberté des peuples repose entièrement sur l'intégrité des hommes qui contrôlent les services de renseignements. »

L'histoire de Victor soulevait une autre question : comment un petit agent de l'Institut (ainsi nomme-t-on le Mossad) pouvait-il en savoir autant? Question judicieuse. Eh bien, la réponse est d'une simplicité enfantine.

D'abord, le Mossad est une organisation minuscule.

Dans son livre *Games of Intelligence*, Nigel West (pseudonyme du député britannique conservateur Rupert Allason) raconte que le quartier général de la CIA à Langley, qui est « tout bonnement signalé par un panneau sur la route George Washington, à la sortie de Washington, DC », emploie environ

25 000 personnes, « l'écrasante majorité [d'entre elles] ne fait aucun effort pour cacher la nature de son travail ».

West écrit aussi que les preuves réunies grâce aux transfuges soviétiques montrent que le principal directorat du KGB employait au moins 15 000 officiers dans le monde entier et près de « 3 000 à son quartier général de Teplyystan, juste au-delà du périphérique de Moscou, au sud-ouest de la capitale ». C'était dans les années 50. De récentes statistiques font état de plus de 250 000 personnes employées par le KGB. Même Cuba, avec le DGI, possède 2 000 agents en poste dans ses missions diplomatiques.

Le Mossad – croyez-le ou non – ne se compose que de 30 à 35 officiers, ou *katsa*, répartis sur tout le globe. L'explication de ce nombre incroyablement bas repose, comme vous l'apprendrez dans ce livre, sur le fait que, à la différence des autres pays, Israël peut recruter, parmi la communauté juive internationale, des cadres dévoués, aux postes clefs. Israël dispose ainsi d'un réseau d'auxiliaires volontaires juifs, les *sayanim*, unique au monde.

Victor consignait dans un journal ses propres expériences, et bon nombre d'autres qu'on lui avait racontées. Si son orthographe laisse à désirer, il possède en revanche une mémoire photographique des cartes, plans et autres données visuelles, indispensables à la réussite des opérations d'espionnage. Et grâce à la petite taille de l'organisation et aux liens étroits qui unissent ses membres, il a pu consulter les fichiers informatiques confidentiels et recueillir des récits de vive voix, ce qu'un jeune agent du CIA ou du KGB n'aurait jamais pu se permettre. Même lorsqu'ils étaient encore en période de formation, ses camarades et lui pouvaient interroger l'ordinateur central du Mossad, et ils passaient de longues heures à étudier les moindres détails de vraies opérations du Mossad, le but étant d'enseigner aux jeunes recrues à préparer une opération en évitant les erreurs du passé.

En outre, l'extraordinaire cohésion historique de la communauté juive, sa conviction que, au-delà des divergences politiques, tous les Juifs doivent être solidaires pour affronter l'ennemi, entraîne une confiance mutuelle entre les agents du Mossad qu'on ne retrouve pas chez ceux de la CIA ou du KGB, par exemple. Bref, ils se sentent libres de parler entre eux... et ne s'en privent pas.

J'aimerais remercier Victor, bien sûr, de m'avoir donné la chance de sortir de l'ombre cette histoire remarquable. Je voudrais aussi remercier ma femme, Lydia, pour ses encouragements constants, alors même que la publication de ce livre m'a valu plus de soucis et de tracas que mes enquêtes politiques habituelles.

Je tiens à ajouter que la Bibliothèque du Parlement d'Ottawa m'a été, comme toujours, d'une aide précieuse.

Claire HOY, *juillet 1990*

PROLOGUE

L'OPÉRATION SPHINX

Comment reprocher à Butrus Eben Halim d'avoir remarqué cette femme, blonde provocante aux pantalons moulants et aux chemisiers ultra courts, assez suggestifs pour donner envie à n'importe quel homme d'en connaître davantage?

Chaque jour, depuis une semaine, elle venait attendre l'autobus, à l'arrêt de Villejuif, dans la banlieue sud de Paris. Comme deux autobus seulement passaient là, l'un desservant les environs, l'autre reliant Paris, et ce pour quelques rares usagers, il aurait été difficile à Halim de ne pas la repérer. Or, il ne le soupçonnait pas, mais c'était justement là le but recherché.

Nous étions en août 1978. La blonde avait, semblait-il, les mêmes horaires que lui. Elle était déjà là quand Halim arrivait pour prendre son autobus, et peu après, un homme élégamment vêtu, yeux bleus, teint clair, rangeait son coupé Ferrari BB512 rouge contre le trottoir. Alors, la femme montait dans la voiture qui démarrait aussitôt.

Halim, un Irakien, dont l'épouse, Samira, ne supportait plus son couple ni la vie monotone qu'ils menaient à Paris, passait le reste de son trajet solitaire à penser à cette femme. Et ce n'était pas le temps qui lui manquait. Halim n'était pas du genre à bavarder avec le voisin. En outre, les services de sécurité irakiens lui avaient appris à emprunter un circuit détourné pour se rendre à son travail, et à en changer fréquemment. Il n'avait que deux constantes : l'arrêt d'autobus de Villejuif, près de chez lui, et la station de métro Cité Universitaire. Là, Halim prenait un train pour Saclay, au sud-ouest de Paris, où il travaillait sur un programme top secret qui comportait la construction d'un réacteur nucléaire pour l'Irak.

Un jour, l'autobus de la femme arriva avant la Ferrari. La blonde scruta la rue dans l'espoir d'apercevoir la voiture, puis haussa les épaules et monta. Le bus d'Halim avait été retardé par un « accident sans gravité »: une Peugeot avait malencontreusement déboîté devant lui.

Peu après, la Ferrari arriva. Le conducteur chercha la jeune femme des yeux et Halim, comprenant la situation, lui cria en français qu'elle avait pris le bus. Perplexe, l'homme répondit en anglais et Halim répéta ses explications dans la même langue.

Reconnaissant, le chauffeur demanda à Halim où il allait. Ce dernier répondit qu'il se rendait à la station Porte d'Orléans, à quelques minutes à pied de la Cité Universitaire, et le conducteur, Ran S. – qu'Halim ne connaîtrait que sous le nom de Jack Donovan, citoyen britannique – qui se dirigeait dans la même direction, offrit de l'y conduire.

Pourquoi pas? se dit Halim en montant dans la voiture.

Le poisson avait mordu à l'hameçon, et comme la chance était du bon côté, la suite prouva que le Mossad avait fait une belle pêche.

L'opération Sphinx s'acheva de manière spectaculaire le 7 juin 1981 quand des chasseurs bombardiers américains de l'aviation israélienne détruisirent le réacteur de recherche Tamouz 17 (ou Osirak) à Tuwaitha, à la périphérie de Bagdad, lors d'un raid audacieux en territoire ennemi, conclusion d'années d'intrigues, d'efforts diplomatiques, de sabotages et d'assassinats orchestrés par le Mossad pour retarder la construction de la centrale, toutes les tentatives pour faire avorter le projet ayant jusque-là échoué.

Depuis que la France, à la suite du choc pétrolier de 1973, avait signé un accord pour procurer à l'Irak, alors son second fournisseur de pétrole, un centre de recherches nucléaires, l'inquiétude grandissait en Israël. La crise avait accentué l'intérêt pour le nucléaire en tant que source alternative d'énergie, et les pays qui construisaient les centrales intensifiaient considérablement leurs efforts commerciaux. A l'époque, la France voulait vendre à l'Irak un réacteur nucléaire de 700 mégawatts.

L'Irak insistait sur l'utilisation pacifique du réacteur, supposé fournir de l'électricité pour Bagdad. Israël craignait de son côté, et non sans fondement, qu'il serve à fabriquer des bombes atomiques destinées à l'anéantir.

Les Français avaient accepté de fournir de l'uranium enrichi à 93 % provenant de leur usine d'enrichissement de Pierrelatte pour le fonctionnement de deux réacteurs. La France accepta aussi de vendre à l'Irak quatre charges de combustible : un total de 67 kilogrammes d'uranium enrichi, assez pour fabriquer au moins quatre bombes nucléaires. Jimmy Carter, alors président des États-Unis, avait fait de la non-prolifération nucléaire le cheval de bataille de sa politique étrangère, et les diplomates américains harcelaient les Français et les Irakiens pour qu'ils modifient leur projet.

Les Français prirent conscience des intentions de l'Irak quand ce pays refusa leur offre de substituer à l'uranium enrichi un combustible moins dangereux appelé « caramel », pouvant produire de l'énergie nucléaire mais pas la bombe atomique.

L'Irak resta inflexible. Un marché est un marché. Lors d'une conférence de presse à Bagdad en juillet 1980, l'homme fort du régime, Saddam Hussein, ironisa sur les inquiétudes d'Israël en rappelant que quelques années auparavant, « les milieux sionistes d'Europe raillaient les Arabes qui étaient, disaient-ils, un peuple arriéré tout juste bon à chevaucher des chameaux dans le désert. Regardez comment, aujourd'hui, ces mêmes milieux prétendent sans sourciller que l'Irak est à la veille de fabriquer une bombe atomique ».

La certitude que l'Irak était sur le point d'y parvenir à la fin des années 70 décida AMAN, le service d'espionnage de l'armée israélienne, à adresser une note classée « noire », autrement dit top secret, à Tsvy Zamir, ancien général de l'armée, un homme grand et mince à la calvitie naissante, alors chef du Mossad. AMAN voulait des informations précises sur les différentes étapes du projet irakien. Zamir convoqua donc David Biran, chef du *Tsomet*, service de recrutement du Mossad. Ensuite, Biran, professionnel du renseignement, homme replet et dandy notoire, enjoignit aux chefs de ses services de trouver au plus vite un contact irakien au centre d'études nucléaires de Saclay.

Deux jours de recherches intensives ne donnèrent rien. Biran fit alors appel au chef de la section parisienne, David Arbel, officier de carrière du Mossad, polyglotte, et lui précisa tous les détails de sa future mission. La section parisienne est, comme toutes les autres, située dans les sous-sols de l'ambassade. En tant que responsable du Mossad, Arbel est le supérieur hiérarchique de l'ambassadeur lui-même. Les agents du Mossad contrôlent la valise diplomatique, et épluchent tout le courrier qui passe par l'ambassade. Ils ont aussi pour mission de ménager des planques, appelées « lieux opérationnels ». Ainsi, la section de Londres est-elle propriétaire de plus d'une centaine d'appartements et locataire d'une cinquantaine d'autres.

Paris possède aussi son lot de *sayanim*, auxiliaires volontaires juifs de tous horizons, et l'un d'eux, dont le nom de code était Jacques Marcel, travaillait au service du personnel du centre atomique de Saclay. Si la mission n'avait pas été si urgente, on ne lui aurait pas demandé de fournir des documents originaux. Il aurait transmis l'information verbalement, ou aurait photocopié les documents. Dérober un document comporte des risques et fait courir un danger inutile au *sayan*. Mais cette fois-ci, le Mossad décida que l'original était indispensable, d'autant que les noms arabes prêtent à confusion (il n'est pas rare que les ressortissants arabes utilisent des noms différents en fonction du contexte). Donc, afin d'être sûrs de leur coup, les Israéliens demandèrent à Marcel de subtiliser la liste des Irakiens travaillant au centre.

Marcel, qui devait assister à une réunion à Paris la semaine suivante, reçut l'ordre de laisser la liste en question dans le coffre de sa voiture, parmi d'autres papiers qu'il emportait pour cette occasion. La veille au soir, il fournit un double de la clé de son coffre à un *katsa* (officier traitant) du Mossad qui l'avait contacté pour lui donner ses instructions. Marcel devait se rendre en voiture à l'École militaire et prendre une rue adjacente à une heure convenue. Là, il verrait une Peugeot rouge avec un autocollant particulier sur la lunette arrière. La voiture aurait été louée la veille et laissée en stationnement toute la nuit devant un café pour garder une place de parking, précaution indispensable à Paris. Suivant les instructions, Marcel devait faire le tour du pâté de maisons, et lorsqu'il arriverait de nouveau à la hauteur de la Peugeot, celle-ci déboîterait pour lui laisser la place. Ensuite, il devait tout simplement se rendre à sa réunion en laissant le document dans son coffre.

Les employés qui travaillent dans certains secteurs sensibles étant susceptibles d'être contrôlés à tout moment, le Mossad fila Marcel, à son insu, le jour de son rendez-vous. Après s'être assurés qu'il n'était pas sous surveillance, deux agents du Mossad prirent le document et entrèrent dans le café. Pendant que l'un d'eux commandait les consommations, l'autre descendit aux toilettes. Là, il sortit de sa veste un appareil photo spécial muni d'un trépied escamotable. Cet appareil permet de gagner du temps car la mise au point est réglée d'avance. Il utilise des cartouches fabriquées par la section photo du Mossad, et permettant de prendre jusqu'à cinq cents clichés sur la même pellicule. Une fois le trépied déplié, l'opérateur glisse la feuille à photographier sous l'appareil et, à l'aide d'un déclencheur qu'il tient entre les dents, peut prendre le cliché, remplacer la feuille par une autre avec ses mains libres et ainsi de suite. Après avoir photographié les trois pages, l'homme remonta, sortit du café, remit le document dans le coffre de Marcel et s'en alla.

La liste des noms fut immédiatement envoyée par ordinateur au bureau chargé de Paris à Tel-Aviv en utilisant le système du double codage en vigueur au Mossad. On attribue un nombre à chaque syllabe. Supposons que le nom soit Abdul, « Ab » aura le chiffre sept, par exemple, et « dul » le nombre vingt et un. Pour compliquer les choses, chaque nombre est doté d'un code – soit une lettre, soit un autre chiffre – et le code est changé toutes les semaines. Outre ces précautions, chaque message est délivré par moitiés. L'un contiendra le code du code pour « Ab » et l'autre, le code du code pour « dul ». De la sorte, en cas d'interception d'un message, celui-ci ne signifierait rien pour celui qui parviendrait à le décoder. C'est ainsi que la liste complète des Irakiens travaillant à Saclay fut transmise à Tel-Aviv en deux fois.

Dès que les noms des employés et leurs postes respectifs furent décodés à Tel-Aviv, ils furent communiqués au département de recherche du Mossad, mais là encore, le Mossad n'avait pas grand-chose dans ses dossiers, parce que le personnel irakien de Saclay était composé de scientifiques, qui n'avaient pas été considérés comme dangereux auparavant.

Le chef du Tsomet donna donc carte blanche à la section parisienne pour trouver une proie au plus vite. Et voilà comment ils tombèrent sur Butrus Eben Halim. La suite prouva que la chance leur avait souri, mais au départ, il fut choisi uniquement parce qu'il était le seul chercheur irakien à avoir donné son adresse personnelle. Ce qui signifiait que les autres étaient plus prudents, ou qu'ils vivaient dans des quartiers proches de l'usine. D'autre part, Halim était marié, ce qui était le cas de la moitié des Irakiens, mais le couple n'avait pas d'enfant. Un Irakien de quarante-deux ans sans enfant, ce n'était certainement pas la marque d'un mariage heureux.

Maintenant qu'ils avaient défini leur cible, la difficulté était son recrutement, d'autant que Tel-Aviv avait spécifié qu'il s'agissait d'une opération *ain efes*, en d'autres termes : l'échec était rigoureusement exclu.

Deux équipes furent désignées pour mener à bien l'opération.

La première, de la branche *yarid*, était chargée de la sécurité en Europe. Elle devait établir l'emploi du temps d'Halim ainsi que celui de sa femme, Samira, vérifier qu'il ne faisait pas l'objet d'une surveillance de la part des Français ou des Irakiens, et louer un appartement dans le voisinage par l'intermédiaire d'un *sayan* « immobilier ». Un des *sayanim* de Paris travaillait dans l'immobilier ; on s'adressait à lui lorsqu'il fallait louer discrètement un appartement dans un quartier donné.

La deuxième équipe, appartenant à la branche *neviot*, s'occupait de l'appartement de la cible : cambriolage, installation d'écoutes – un « bois » si l'instrument devait être camouflé dans un meuble, ou un « verre » s'il s'agissait d'écoutes téléphoniques.

La branche *yarid* du département de sécurité se compose de trois équipes de sept à neuf membres chacune. Deux travaillent à l'étranger et une en Israël. Choisir une équipe déclenche toujours un marchandage difficile, car chacune considère son travail comme vital.

La branche *neviot* comporte également trois équipes de spécialistes rompus à l'art de faire parler les objets, ce qui implique effractions, photographies de documents, installations de micros dans les pièces ou les immeubles sans laisser de traces. Ces équipes possèdent, par exemple, les passe-partout de la plupart des hôtels européens, et elles améliorent sans cesse leur équipement pour ouvrir les portes à fermeture électronique, cartes magnétiques, codes, etc. Les chambres de certains hôtels sont maintenant protégées par des portes qui s'ouvrent sur présentation des empreintes digitales des clients.

Une fois les micros installés dans l'appartement d'Halim, un agent du *Shicklut* (service des écoutes) eut pour tâche de vérifier et d'enregistrer les conversations. Une première cassette fut expédiée au quartier général à Tel-Aviv, où le dialecte utilisé fut disséqué. Ensuite on dépêcha à Paris un *marats*, ou agent d'écoute familiarisé avec cette langue, pour poursuivre la surveillance électronique et procurer à la section parisienne une traduction immédiate.

A ce stade de l'opération, le Mossad ne possédait encore qu'un simple nom et une adresse. Il n'avait même pas de photos de l'Irakien et aucune certitude quant à son utilité. L'équipe *yarid* commença la surveillance de l'immeuble depuis la rue et grâce à une planque dans un appartement voisin. Il s'agissait de savoir à quoi ressemblaient Halim et sa femme.

Le premier vrai contact eut lieu deux jours plus tard. Une jeune femme séduisante aux cheveux taillés à la garçonne, et qui se faisait appeler Jacqueline, frappa à la porte d'Halim. En réalité, elle se nommait Dina. Elle était un agent *yarid* chargé d'identifier l'épouse et de la décrire ensuite à ses équipiers pour que la surveillance proprement dite puisse commencer. Dina se présenta comme démarcheuse en parfumerie, ce qui n'était, bien sûr, qu'une couverture. Attaché-case et carnet de commande à la main, elle avait déjà sonné aux autres portes de l'immeuble de trois étages pour proposer ses articles, afin d'éloigner les soupçons. Elle avait pris soin d'arriver chez Halim avant que celui-ci ne rentre de son travail.

Comme les autres femmes de l'immeuble, Samira se laissa tenter par l'offre de Jacqueline, ce qui n'avait rien de surprenant, les parfums proposés étant bien meilleur marché que chez les détaillants. Les clientes devaient payer la moitié au comptant et le reste à la livraison, avec la promesse d'un cadeau surprise pour chaque achat.

Mieux même, Samira invita Jacqueline à entrer et lui ouvrit son cœur : son mari manquait d'ambition, elle qui venait d'une famille aisée en avait assez de vivre sur sa fortune personnelle. Mais – coup de chance – elle rentrait en Irak dans deux semaines, auprès de sa mère qui devait subir une grave intervention chirurgicale. Ainsi, son mari serait seul et vulnérable.

« Jacqueline », qui prétendait être une étudiante issue d'une bonne famille du sud de la France, et vendre du parfum pour se faire de l'argent de poche, écouta avec sympathie les doléances de Samira. Sa tâche initiale consistait seulement à identifier la femme, mais ce succès dépassait ses espérances. Au cours d'une surveillance, chaque détail est rapporté et débattu en réunion, à la planque où l'équipe récapitule les informations de la journée et décide de l'étape suivante. Cela signifie des heures de discussion acharnée. Les membres de l'équipe fument comme des pompiers, engloutissent des litres de café et l'atmosphère de la planque s'alourdit au fil des heures.

Lors d'une de ces réunions il fut décidé d'exploiter le lien de sympathie que Dina (Jacqueline) avait établi avec Samira. On la chargea donc d'éloigner l'Irakienne de son appartement à deux reprises. La première pour que l'équipe puisse déterminer où cacher les micros et la deuxième pour les installer. Il fallait donc entrer dans l'appartement, prendre des photos, des mesures, des échantillons de peinture, pour permettre la fabrication d'une réplique exacte de l'objet où le micro serait placé.

Comme tout ce qu'entreprend le Mossad, le critère principal est de réduire les risques.

Lors de sa première entrevue avec Jacqueline, Samira s'était plainte de ne pas trouver un bon coiffeur pour se faire teindre les cheveux dans son quartier. Lorsqu'elle revint deux jours plus tard avec la marchandise (cette fois-ci peu avant qu'Halim rentre du centre atomique, afin de voir à quoi il ressemblait), Jacqueline parla de son coiffeur qui tenait un salon à la mode Rive gauche.

– J'ai dit deux mots à André et il sera ravi de s'occuper de vos cheveux, déclara-t-elle. Seulement il faudra que vous y alliez deux fois. Il est un peu spécial, vous savez. Ça me ferait plaisir de vous y emmener.

Samira sauta sur l'occasion. Son mari et elle n'avaient pas de vrais amis dans le quartier, et une vie sociale étriquée. La perspective de passer deux après-midi en ville, loin de l'insupportable monotonie de son appartement, l'enchantait.

Comme cadeau surprise pour son achat de parfum, Jacqueline offrit à Samira un porte-clefs fantaisie avec une petite boucle pour chaque clef.

– Donnez-moi votre clef, dit-elle, je vais vous montrer comment ça fonctionne.

Samira ne vit pas Jacqueline introduire la clef qu'elle lui tendait dans une petite boîte de cinq centimètres, identique au cadeau surprise, mais remplie de pâte à modeler recouverte de talc pour que la clef n'attache pas. En fermant la boîte sur la clef on obtenait, par une pression ferme, une empreinte parfaite pour la fabrication d'un double.

L'équipe *neviot* aurait pu pénétrer sans clef dans l'appartement, mais pourquoi prendre des risques inutiles quand on peut entrer chez quelqu'un comme chez soi? Une fois à l'intérieur, il suffit de caler une chaise entre la poignée et le plancher, de sorte que si quelqu'un parvient à déjouer la surveillance et tente d'ouvrir la porte, il pensera que le verrou est coincé et partira chercher de l'aide, ce qui laissera à ceux de l'intérieur le temps de s'enfuir sans être vus.

Dès qu'Halim fut identifié, l'équipe *yarid* entreprit une « filature immobile », une méthode pour découvrir l'emploi du temps d'un individu sans se faire remarquer. Voici le procédé : un homme se poste près de chez la cible et surveille la route qu'elle emprunte, mais sans la suivre. Quelques jours plus tard, un autre homme se poste un peu plus loin et fait de même. Et ainsi de suite. Dans le cas d'Halim, qui prenait tous les jours le bus au même endroit, ce fut un jeu d'enfant.

Grâce aux écoutes, l'équipe apprit exactement quand Samira devait s'envoler pour l'Irak. Elle surprit également une conversation où Halim lui expliquait qu'il était convoqué à son ambassade pour un contrôle de sécurité, ce qui incita le Mossad à redoubler de prudence. Mais ils ne savaient toujours pas comment ils allaient le recruter et ils n'avaient pas le temps de s'assurer qu'Halim accepterait de coopérer.

L'idée d'utiliser un *oter*, un Arabe payé pour contacter un autre Arabe, fut écartée par la commission de sécurité, qui trouvait les risques trop grands dans un cas comme celui-ci. Ils n'avaient pas le droit à l'erreur. L'espoir que Dina (Jacqueline) puisse atteindre Halim par l'intermédiaire de sa femme fut vite abandonné. Après le deuxième rendez-vous chez le coiffeur, Samira ne voulut plus entendre parler de Jacqueline.

– Oh! j'ai bien vu comment tu la regardais! hurla Samira au cours d'une de ses incessantes récriminations. Ce n'est pas parce que je vais m'absenter que tu dois en profiter. Je te connais bien, va!

C'est ce qui les décida à mettre au point le scénario de la blonde à l'arrêt d'autobus, avec le *katsa* Ran S. dans le rôle de Jack Donovan, l'Anglais distingué. La Ferrari de location et l'apparente richesse de Donovan feraient le reste.

La première fois qu'il fit le trajet avec Donovan, Halim ne parla pas de son travail. Il prétendit poursuivre ses études – plutôt vieux pour un étudiant, pensa Ran. Il fit allusion au départ de sa femme, dit apprécier la bonne chère, mais, en bon musulman, il ne buvait pas.

Donovan resta aussi vague que possible pour se ménager une plus grande liberté de scénario. Il déclara qu'il travaillait dans l'import-export et proposa à Halim de l'inviter dans sa villa à la campagne ou à dîner en ville quand sa femme serait partie. Halim ne s'engagea à rien.

Le lendemain matin, la blonde était de retour et Donovan passa la prendre. Le jour suivant, Donovan arriva dans sa Ferrari, mais pas la fille, et il offrit de nouveau à Halim de le conduire en ville, proposant cette fois-ci de s'arrêter prendre un café. A propos de sa séduisante compagne, Donovan expliqua :

– Oh! c'est une fille que j'avais draguée comme ça! Elle commençait à devenir exigeante, alors je l'ai larguée. Dommage, elle avait des côtés formidables... vous voyez ce que je veux dire? Enfin, ce ne sont pas les filles qui manquent, mon vieux!

Halim ne parla pas de son nouvel ami à Samira. Il préférait garder le secret.

Après le départ de Samira, Donovan qui maintenant passait prendre Halim régulièrement, et qui devenait de plus en plus amical, annonça qu'il devait s'absenter pour une dizaine de jours. Un voyage d'affaires en Hollande. Il donna sa carte professionnelle à Halim – une couverture, bien sûr, mais le bureau existait réellement, occupé par une secrétaire au cas où Halim téléphonerait ou déciderait de passer. Il était situé dans un immeuble rénové en haut des Champs-Élysées.

Pendant tout ce temps, Ran (Donovan) habitait en fait à la planque et après chaque entrevue avec Halim, il décidait avec le chef de la section, ou son adjoint, des détails de l'étape suivante. Par ailleurs, il écrivait ses rapports, lisait les transcriptions des écoutes, en vérifiant chaque scénario possible.

Pour se rendre à la planque, Ran faisait un détour pour s'assurer qu'il n'était pas suivi. Une fois arrivé, il échangeait son passeport britannique contre ses vrais papiers. Il écrivait ensuite deux rapports, l'un, informatif, où il récapitulait tout ce qui s'était dit pendant l'entrevue. L'autre, opérationnel, répondait aux cinq questions : Qui ? Quoi ? Quand ? Où ? Pourquoi ? Un rapport opérationnel est ensuite coupé en deux pour le rendre indéchiffrable. Par exemple, le premier dira : « J'ai rencontré untel à », et le lieu sera inscrit dans le second rapport, et ainsi de suite. On attribue à chaque personne deux noms de code qu'elle-même ignore : un code informatif et un code opérationnel.

La prudence dans les transmissions est le principal souci du Mossad. Ils savent de quoi ils sont capables et ils tiennent compte du fait que les autres pays en sont capables aussi.

Samira partie, Halim changea ses habitudes : il traîna en ville après son travail, dînant seul dans un restaurant ou s'offrant le cinéma. Un soir, il téléphona à son ami Donovan et laissa un message. Donovan le rappela trois jours plus tard. Comme Halim avait envie de sortir, Donovan l'emmena dîner dans un cabaret chic et insista pour payer l'addition.

Halim ne dédaignait plus l'alcool. Au cours de la soirée, Donovan exposa les grandes lignes d'un de ses projets, qui consistait à revendre à des pays africains de vieux containers de cargo, pour leur servir d'habitations.

– Il y a des coins d'une pauvreté incroyable là-bas, expliqua Donovan. Alors ils font des trous dedans, ça leur sert de portes et de fenêtres et ils vivent à l'intérieur! J'ai un tuyau sur une cargaison à Toulon que je peux avoir pour trois fois rien. J'y descends ce week-end, pourquoi ne viendrais-tu pas avec moi?

– Je ne connais rien aux affaires, protesta Halim, je te dérangerais plus qu'autre chose.

– Pas du tout. Ça fait un sacré bout de chemin pour aller là-bas et revenir, je serais ravi d'avoir de la compagnie. On couchera à Toulon et on sera de retour dimanche. De toute façon, qu'as-tu d'autre à faire?

Le plan faillit échouer parce que le *sayan* de Toulon se dégonfla au dernier moment. Un *katsa* le remplaça dans le rôle de « l'homme d'affaires » supposé vendre les containers à Donovan.

Pendant que les deux autres discutaient du prix, Halim remarqua qu'un des containers, qu'on avait hissé avec une grue, avait le socle rouillé (ils l'étaient tous, d'ailleurs, et Donovan espérait que l'Irakien s'en apercevrait). Halim le fit discrètement remarquer à Donovan, lui permettant ainsi de négocier un rabais sur quelque mille deux cents containers.

Ce soir-là, au dîner, Donovan offrit 1 000 dollars à Halim.

– Vas-y, prends-les, insista-t-il. Tu m'en as fait économiser bien davantage en m'avertissant qu'ils étaient rouillés. Ça ne changera rien à la revente, mais le type ne pouvait pas le deviner.

Halim comprit soudain que son nouvel ami pouvait non seulement lui procurer du bon temps, mais aussi lui faire gagner de l'argent. Pour le Mossad, qui sait que l'argent, le sexe, certaines motivations psychologiques, ou ces trois facteurs réunis, permettent de tout obtenir, leur homme était définitivement accroché. L'heure était venue de passer aux choses sérieuses *(tachless)* avec Halim.

Certain qu'Halim avait une confiance absolue dans sa couverture, Donovan invita l'Irakien dans sa suite de l'hôtel *Sofitel-Bourbon* au 32, rue Saint-Dominique. Il avait pris soin de faire venir une jeune call-girl, Marie-Claude Magal. Après avoir commandé le dîner, Donovan annonça qu'il devait s'absenter pour une affaire urgente et sortit en laissant un faux télex sur la table, au cas où Halim aurait un doute.

– Je suis vraiment désolé, mon vieux, dit-il en partant. Mais que ça ne t'empêche pas de t'amuser... A bientôt!

Halim et la fille ne se firent pas prier, et pour s'amuser, ils s'amusèrent! Leurs ébats furent filmés, pas uniquement pour un éventuel chantage, mais aussi pour savoir ce qu'Halim ferait ou dirait. Un psychiatre israélien analyserait avec minutie les moindres faits et gestes d'Halim consignés dans les rapports, et découvrirait bientôt le meilleur moyen d'aborder l'Irakien. Un Israélien, ingénieur en physique nucléaire, était prêt à intervenir, lui aussi. On allait bientôt avoir besoin de son concours.

Deux jours plus tard, Donovan appela Halim. Assis devant un café, Halim s'aperçut tout de suite que son ami avait des soucis.

– J'ai une occasion du tonnerre, expliqua Donovan. Une société allemande vend des tubes pneumatiques qu'on utilise dans le transport de matériel radioactif destiné à la recherche médicale. Il y a une fortune à gagner, mais c'est un domaine auquel je ne connais rien. On m'a présenté un spécialiste anglais qui est d'accord pour vérifier les tubes. Mais il est très cher, et puis il ne m'inspire pas confiance. Je crois bien qu'il est de mèche avec les Allemands.

– Je pourrais peut-être t'aider, proposa Halim.

– Je te remercie, mais c'est d'un scientifique chevronné dont j'ai besoin.

– Justement, c'est mon cas.

– Comment ça? s'étonna Donovan. Je te croyais étudiant.

– Oui, c'est ce que j'étais obligé de te dire parce que je suis ici en mission spéciale. Je suis sûr que je pourrais t'aider.

Ran raconta plus tard que lorsque Halim avoua sa fonction véritable, il eut l'impression qu'on lui pompait le sang et qu'on lui injectait de la glace à la place, et qu'ensuite on drainait la glace pour lui injecter de l'eau bouillante. Ça y était, ils l'avaient! Mais Ran devait cacher son émotion. Il fallait absolument qu'il se calme.

– Écoute, je dois les rencontrer à Amsterdam ce week-end. Il faut que je parte un jour ou deux plus tôt, mais que dirais-tu si je t'envoyais mon avion privé samedi matin?

Halim accepta.

– Tu ne le regretteras pas, promit Donovan. Si ces machins sont en bon état, il y a un sacré paquet à se faire.

L'avion, frappé pour la circonstance du logo de la société de Donovan, était un Learjet envoyé tout exprès d'Israël. Le bureau à Amsterdam appartenait à un riche entrepreneur juif. Ran ne voulait pas passer la frontière en compagnie d'Halim car il voyagerait avec ses vrais papiers, ce qui évitait les risques inutiles lorsqu'on franchissait une douane.

Quand Halim arriva au bureau d'Amsterdam dans la limousine qui était venue le chercher à l'aéroport, les autres étaient déjà là. Les deux hommes d'affaires étaient le *katsa* Itsik E. et

Benjamin Goldstein, un savant israélien spécialiste de physique nucléaire et possédant un passeport allemand. Ce dernier avait apporté un des tubes pneumatiques pour qu'Halim l'examine.

Après quelques préliminaires, Ran et Itsik sortirent sous prétexte de discuter l'aspect financier, laissant les deux savants seuls pour parler technique. Grâce à leurs intérêts scientifiques communs, les deux hommes sympathisèrent rapidement et Goldstein demanda à Halim d'où lui venait une telle connaissance de l'industrie nucléaire. Ce n'était qu'un ballon d'essai, mais Halim, toute défense baissée, lui confia tout de son travail.

Plus tard, quand Goldstein raconta l'aveu d'Halim à Itsik, ils décidèrent d'inviter ensemble le naïf Irakien à dîner. Ran trouverait une excuse pour ne pas venir.

Au cours du repas, les deux hommes exposèrent les grandes lignes d'un projet sur lequel ils travaillaient : vendre des centrales nucléaires à des pays du tiers monde – pour un usage pacifique, bien entendu.

– Votre projet de centrale serait un excellent prototype pour ces pays, déclara Itsik. Si vous pouvez nous en fournir les plans, une fortune nous attend. Mais cela doit rester entre nous. Si Donovan l'apprend, il voudra sa part. Nous avons les contacts et vous, la technologie, Donovan ne nous sert à rien.

– Ça m'ennuie beaucoup, protesta Halim. Dovonan a été très généreux. Et puis, c'est... euh... c'est dangereux.

– Mais non, il n'y a aucun risque, assura Itsik. Vous avez accès aux plans, nous vous demandons seulement de les copier. Ni vu ni connu, et vous serez bien payé. D'ailleurs, ce sont des pratiques courantes.

– Oui, j'imagine, dit Halim, toujours indécis mais intéressé à l'idée de gagner une fortune. Mais que faites-vous de Donovan? Ça ne me plaît pas d'agir derrière son dos.

– Croyez-vous donc qu'il vous fait profiter de tous ses contrats? Ne vous inquiétez pas, il ne le saura pas. Ça ne vous empêchera pas de rester amis et de continuer à faire des affaires avec lui. Comptez sur nous, nous ne lui dirons rien, d'autant qu'il exigerait sa part s'il savait.

Ils le tenaient bien. La perspective de s'en mettre plein les poches était trop tentante. Halim avait confiance en Goldstein et se disait qu'après tout, il ne s'agissait tout de même pas de les aider à fabriquer une bombe. Et puis, Donovan ne l'apprendrait jamais, alors?

Halim venait d'être officiellement recruté, et comme tant d'autres, il l'ignorait encore.

Donovan le paya 8 000 dollars pour son aide technique, et le jour suivant, après avoir fêté l'événement dans sa chambre avec une call-girl de luxe, c'est un Irakien béat qui regagna Paris en jet privé.

A ce stade, il fallait que Donovan se retire du circuit pour soulager Halim d'une situation embarrassante. Il disparut donc en laissant toutefois un numéro de téléphone à Londres, pour le cas où Halim voudrait le joindre. Il prétendit que des affaires le retenaient en Angleterre et qu'il ignorait combien de temps il resterait absent.

Deux jours plus tard, Halim rencontra ses nouveaux associés à Paris. Itsik, plus entreprenant que Donovan, voulait les plans de la centrale atomique irakienne, les précisions sur son implantation, sa capacité et le programme exact des travaux de construction.

Au début, l'Irakien se plia de bonne grâce à leurs exigences. Les deux Israéliens lui enseignèrent la photocopie « feuille sur feuille ». On place un papier spécial sur le document à copier, maintenu par le poids d'un livre ou de tout autre objet pendant plusieurs heures. Le papier s'imprègne de l'image, tout en gardant l'apparence d'une feuille ordinaire, mais après traitement, l'image inversée du document copié apparaît.

Plus Itsik soutirait à Halim des informations, qu'il lui rétribuait largement, plus l'Irakien développait les signes de ce qu'on appelle « le syndrome de l'espion » : sueurs chaudes et froides, poussées de fièvre, insomnies, agitation... d'authentiques symptômes physiques dus à la peur de se faire prendre. Et plus la collaboration dure, plus on en craint les conséquences.

Que faire ? Halim pensa tout de suite à son ami Donovan. Il saurait, lui. Il connaissait des gens qui évoluaient dans de hautes sphères mystérieuses.

– Aide-moi, je t'en supplie, implora Halim quand Donovan répondit à son message. J'ai des ennuis, mais je ne peux pas en parler au téléphone. J'ai besoin de ton aide.

– C'est à ça que servent les amis, assura Donovan.

Il serait à Paris dans deux jours et lui donnait rendez-vous à sa suite du *Sofitel*.

– Je me suis fait piéger, se lamenta Halim après l'aveu du marché secret qu'il avait conclu avec la firme allemande à Amsterdam. Je suis navré. Tu as été un véritable ami pour moi, mais je me suis laissé tenter par l'argent. Ma femme me reproche toujours de ne pas en gagner assez, de manquer d'ambition, alors j'ai sauté sur l'occasion. Je me suis conduit comme un parfait égoïste doublé d'un imbécile. Je t'en prie, pardonne-moi et aide-moi.

Donovan se montra magnanime.

– Ne t'en fais pas, c'est ça les affaires! fit-il.

Mais il insinua que les Allemands étaient peut-être des agents de la CIA.

Halim en fut abasourdi.

– Mais... mais, je leur ai dit tout ce que je savais, s'écria-t-il (ce que Ran entendit avec joie). Et ça ne leur suffit pas!

– Voyons, laisse-moi réfléchir. J'ai des relations. De toute façon, tu n'es pas le premier à être piégé par l'argent. Détends-toi et offre-toi du bon temps. Les choses sont rarement aussi graves qu'on le croit à première vue.

Ce soir-là, Donovan et Halim allèrent dîner et boire quelques verres ensemble. En fin de soirée, Donovan paya une nouvelle call-girl pour Halim.

– Allez mon vieux, elle t'aidera à te calmer, plaisanta-t-il

Rude tâche! Près de cinq mois s'étaient écoulés depuis le commencement de l'opération, laps de temps assez court pour ce genre de mission, mais vu l'importance de l'enjeu, la rapi dité d'exécution était essentielle. Malgré tout, la prudence était de rigueur à ce stade, et Halim était si tendu, si effrayé, qu'il était urgent de le ménager.

A la suite d'une âpre discussion à la planque, il fut décidé que Ran devrait faire croire à Halim que c'était bien un coup de la CIA.

– Alors ils vont me pendre! s'affola Halim. C'est sûr, ils vont me pendre!

– Mais non, le rassura Donovan. Ce n'est pas comme si tu avais travaillé pour les Israéliens, c'est moins grave. Et puis, qui le saura? J'ai conclu un arrangement avec eux. Il leur faut encore un renseignement, un seul. Après, ils te ficheront la paix.

– Encore? Mais que puis-je leur dire de plus?

– Eh bien, ça n'a aucun sens pour moi, mais j'imagine que toi tu comprendras, répondit Donovan en sortant une feuille de papier de sa poche. Ah, oui! voilà : ils veulent connaître la réaction de l'Irak quand la France proposera de livrer, à la place de l'uranium enrichi, du... comment est-ce déjà? Du caramel? Tu leur dis encore ça et tu n'entendras plus jamais parler d'eux.

Halim déclara que l'Irak voulait de l'uranium enrichi, mais

que de toute façon, Yahia El Meshad, un physicien d'origine égyptienne, devait arriver dans les jours prochains pour inspecter le projet et que c'était lui qui décidait en dernier ressort pour le compte de l'Irak.

– Auras-tu l'occasion de le rencontrer? demanda Donovan.

– Oh! oui, bien sûr, il doit voir tous ceux qui travaillent sur le projet!

– Parfait. Alors, tu pourras peut-être obtenir le renseignement, et tu seras tiré d'affaire.

Soulagé, Halim se montra soudain pressé de partir. Depuis qu'il avait de l'argent, il s'était attaché les services d'une call-girl, une amie de Marie-Claude Magal. C'était une jeune femme qui s'imaginait servir d'indicatrice pour la police, alors qu'en réalité, c'était le Mossad qui l'employait et la payait. Quand Halim avait dit à Magal qu'il voulait devenir un client régulier, elle lui avait donné le nom de son amie sur les conseils de Donovan.

Donovan insista auprès d'Halim pour qu'il arrange un dîner avec Meshad dans un bistrot, où lui-même se trouverait « par hasard ».

Le soir convenu, Halim, jouant la surprise, présenta son ami Donovan à Meshad. L'Égyptien, prudent, se contenta d'un « Enchanté » courtois et alla s'asseoir à une table en proposant à Halim de le rejoindre quand il aurait fini de parler avec son ami. Bien trop nerveux, Halim fut incapable d'aborder le sujet du caramel et Meshad ne montra aucun intérêt pour les informations d'Halim sur Donovan, « qui achetait de tout et pourrait leur être utile un jour ou l'autre ».

Plus tard cette nuit-là, Halim téléphona à Donovan pour lui dire qu'il n'avait rien pu tirer de Meshad. Le lendemain soir, dans la suite du *Sofitel*, Donovan persuada Halim de se procurer les dates d'embarquement du matériel nucléaire à destination de l'Irak. Il lui assura que la CIA s'en contenterait et le laisserait tranquille.

Le Mossad avait appris entre-temps, grâce à un agent « blanc » (non arabe), financier travaillant pour le gouvernement français, que l'Irak refusait qu'on remplace l'uranium enrichi par du caramel. Mais Meshad, responsable du projet irakien, pouvait devenir une recrue de grande valeur. Comment le décider?

Samira rentra d'Irak pour trouver un Halim métamorphosé. Prétendant avoir obtenu une promotion et une augmentation de salaire, il se montrait plus romantique et l'emmenait dans les restaurants. Ils envisagèrent même d'acheter une voiture.

Halim était peut-être un brillant scientifique, il n'en était pas plus sage pour autant. Une nuit, peu après le retour de sa femme, il ne put s'empêcher de lui parler de Donovan et de ses ennuis avec la CIA. Elle entra dans une colère noire, l'accabla de reproches et déclara à deux reprises qu'il avait probablement eu affaire aux Israéliens et non à CIA.

– Pourquoi les Américains s'intéresseraient-ils à ce projet? hurla-t-elle. Qui d'autre, à part les Israéliens et l'idiote que je suis, prendrait même la peine de t'adresser la parole?

Elle n'était pas si bête que ça, tout compte fait.

Lorsqu'un troisième camion se joignit à eux, les chauffeurs des deux autres véhicules qui transportaient vers un hangar de La Seyne-sur-Mer, près de Toulon, des moteurs de Mirage en provenance des usines Dassault-Bréguet, n'y prêtèrent pas attention.

Dans le troisième camion, version moderne du cheval de Troie, les Israéliens avaient caché une équipe de saboteurs et un atomiste, tous en civil, dans un container en acier. Grâce aux informations d'Halim, ils espéraient les faire pénétrer de cette manière dans la zone de haute surveillance, sachant que les gardes vérifiaient plus minutieusement les marchandises qui sortaient que celles qui entraient. Dans le cas présent, ils feraient signe au convoi d'avancer, c'était tout. Du moins les Israéliens comptaient-ils là-dessus. L'atomiste était venu d'Israël par avion pour déterminer les endroits précis où déposer les charges dans le cœur du réacteur nucléaire, afin d'obtenir une efficacité maximale.

L'un des gardes de service était un nouveau, mais ses références étaient si solides que personne ne le soupçonna d'avoir dérobé la clef de l'enceinte où était entreposé le matériel à destination de l'Irak jusqu'à son embarquement quelques jours plus tard.

Sur les indications du physicien, l'équipe de saboteurs introduisit cinq charges de plastic dans le cœur du réacteur, en cinq endroits précis.

Soudain, l'attention des gardes en faction devant l'enceinte du dépôt fut attirée par un accident sur la chaussée. Une passante, une femme jeune et belle, venait d'être renversée par une voiture. Elle ne semblait pas gravement touchée. En tout cas, ses cordes vocales étaient intactes et elle injuriait de bon cœur le malheureux conducteur.

Un groupe de curieux s'attroupa, parmi lesquels les saboteurs qui avaient escaladé le grillage de l'autre côté du hangar et étaient venus se mêler à la foule. S'assurant d'abord que les gardes étaient hors d'atteinte, l'un d'eux appuya discrètement sur un détonateur miniature sophistiqué, détruisant du même coup 60 % des composants du réacteur, causant pour 23 millions de dollars de dégâts, retardant le projet irakien de plusieurs mois, mais curieusement, sans endommager le reste du matériel entreposé dans le hangar.

Au bruit de l'explosion, les gardes se précipitèrent vers le hangar. La voiture en profita pour filer, tandis que les saboteurs et la jeune femme « blessée », et bien entraînée à ce genre de sport, s'égayaient dans les rues adjacentes.

La mission avait été accomplie avec succès, les plans irakiens étaient sérieusement retardés, pour le plus grand embarras de Saddam Hussein.

Un groupuscule, le Groupe des écologistes français, inconnu jusqu'alors, revendiqua l'attentat, une piste que la police écarta. Mais devant le silence de la police sur le déroulement de l'enquête, chaque journal avança sa propre hypothèse. *France Soir* déclara, par exemple, que la police suspectait des « gauchistes », alors que *le Matin* penchait pour un attentat des Palestiniens agissant pour le compte de la Libye. L'hebdomadaire *le Point* dirigeait ses soupçons sur le FBI.

D'autres encore accusèrent le Mossad, mais un porte-parole du gouvernement israélien démentit l'accusation, qu'il qualifia d' « antisémite ».

Après avoir dîné dans un bistrot de la Rive gauche, Samira et Halim rentrèrent chez eux à minuit passé. Halim ouvrit la radio dans l'espoir de se détendre un peu en écoutant de la musique avant d'aller se coucher. Au lieu de quoi, il eut droit au flash d'actualité relatant l'explosion. Il fut pris de panique.

Il se mit à arpenter l'appartement en jetant avec fureur tout ce qui lui tombait sous la main, et en vociférant de façon incohérente.

– Qu'est-ce qui te prend? cria Samira par-dessus le vacarme. Tu es devenu fou?

– Ils ont fait sauter le réacteur! s'exclama Halim. Ils l'ont fait sauter! Ça va être mon tour, ils vont me tuer!

Il téléphona à Donovan.

Moins d'une heure plus tard, son ami le rappela.

– Surtout, ne fais pas de bêtise, recommanda Donovan. Calme-toi. Personne ne pourra remonter jusqu'à toi. Rejoins-moi à mon hôtel demain soir.

C'est un Halim tremblant et hagard qui se présenta au *Sofitel* le lendemain. Il n'avait pas fermé l'œil de la nuit et n'était pas rasé.

– Les Irakiens vont me pendre, c'est sûr, se lamenta-t-il. Ensuite, ils me livreront aux Français qui me guillotineront.

– Tu n'as rien à voir là-dedans, assura Donovan. Réfléchis deux secondes. Personne n'a de raison de te blâmer.

– C'est atroce. Atroce. Crois-tu que les Israéliens soient derrière tout ça? Samira pense que oui... Est-ce possible?

– Allons, mon vieux, ressaisis-toi. Qu'est-ce que tu racontes? Les gens avec qui je travaille ne se mouilleraient jamais dans un attentat. C'est certainement une histoire d'espionnage industriel. C'est un domaine où la compétition est sauvage, tu me l'as dit toi-même.

Halim déclara qu'il retournait en Irak. Sa femme voulait rentrer, et il avait passé assez de temps comme ça à Paris. Plus il serait loin de ces gens-là, mieux il se porterait. Ils ne le suivraient pas jusqu'à Bagdad, tout de même!

Donovan, qui souhaitait écarter toute responsabilité israélienne, maintint sa théorie du sabotage industriel et dit à Halim que s'il désirait vraiment changer de vie, pourquoi ne pas entrer en contact avec les Israéliens? Donovan avait deux bonnes raisons de faire une telle suggestion : éviter qu'Halim le soupçonne d'être en cheville avec les Israéliens, et surtout préparer le terrain pour un recrutement définitif.

– Ils paieraient bien. Ils te procureraient une nouvelle identité et te protégeraient. Ils doivent mourir d'envie de connaître ce que tu sais de la centrale atomique.

– Non, c'est impossible, protesta Halim. Non, surtout pas eux. Je rentre chez moi.

Et c'est ce qu'il fit.

Restait un problème : Meshad. Un des rares savants arabes de renom dans le domaine nucléaire, proche des hautes autorités civiles et militaires irakiennes, un homme de cette envergure ne pouvait qu'intéresser le Mossad. Car malgré l'aide involontaire d'Halim, plusieurs questions clefs restaient encore en suspens.

C'est pendant un de ses fréquents voyages à Paris, le 7 juin 1980, que Meshad devait prendre des décisions définitives concernant le marché. Lors d'une visite au centre de Saclay, il déclara aux savants français : « Nous allons changer le cours de l'histoire du monde arabe », et c'est précisément ce qui inquiétait Israël. Le Mossad intercepta le télex français indiquant l'heure d'arrivée de Meshad ainsi que le numéro de sa chambre d'hôtel (suite 9041 au *Méridien*), ce qui facilita la pose de micros.

Meshad était né le 11 janvier 1932 à Banham, en Égypte. C'était un savant sérieux et brillant, à la chevelure noire un peu dégarnie. Son passeport indiquait qu'il était maître de conférences à l'université d'Alexandrie, dans le département des sciences nucléaires.

Plus tard, dans un entretien avec un journaliste égyptien, sa femme, Zamuba, racontera qu'ils étaient sur le point de partir en vacances au Caire avec leurs trois enfants (deux filles et un garçon). Meshad avait déjà acheté les billets d'avion, quand un responsable du centre de Saclay lui téléphona. Elle l'avait entendu répondre : « Pourquoi moi? Je peux vous envoyer un de mes collaborateurs. » Elle dira aussi qu'à partir de ce moment, son mari devint nerveux et irritable et qu'elle pensait qu'un espion israélien s'était glissé dans le gouvernement français et avait tendu un piège à son mari. « Son travail était dangereux, évidemment. Il disait toujours qu'il construirait la bombe coûte que coûte, même s'il devait le payer de sa vie. »

La version officielle communiquée à la presse par les autorités françaises affirma que Meshad avait été accosté dans l'ascenseur par une prostituée, alors qu'il montait dans sa chambre du neuvième étage, le 13 juin 1980 vers 19 heures. Le Mossad savait déjà que Meshad s'adonnait au sado-masochisme et qu'il était le client régulier d'une call-girl répondant au nom professionnel de Marie Express. Il fut convenu qu'elle lui rendrait visite vers 19 h 30. Son vrai nom était Marie-Claude Magal, c'était la fille que Ran avait déjà présentée à Halim. Elle travaillait beaucoup pour le Mossad bien qu'elle n'ait jamais su le nom de ses employeurs. Mais du moment qu'elle était payée, elle s'en moquait.

Les Israéliens savaient que Meshad était un coriace et qu'on ne le tromperait pas aussi facilement que le crédule Halim. Comme il ne devait rester à Paris que quelques jours, il fut décidé de l'aborder sans détour. « S'il accepte, on l'engage, expliqua Arbel. Sinon, c'est un homme mort. »

Il refusa.

Yehuda Gil, un *katsa* parlant l'arabe, se présenta à la chambre de Meshad peu avant l'arrivée de Magal. Méfiant, Meshad entrouvrit la porte sans ôter la chaîne de sécurité.

– Qui êtes-vous? aboya-t-il. Que voulez-vous?

– Je suis envoyé par une puissance qui est prête à payer très cher quelques renseignements, dit Gil.

– Foutez-moi le camp, espèce de chien, ou j'appelle la police!

Gil se retira. En fait, il s'envola immédiatement pour Israël afin qu'on ne puisse pas lui imputer la suite des événements.

Quant à Meshad, son sort était fixé.

Le Mossad n'exécute que ceux qui ont du sang sur les mains. Et Meshad aurait eu ses mains tachées du sang des enfants israéliens si son projet était mis à exécution. Alors pourquoi tarder?

Le Mossad attendit toutefois que Magal eût satisfait son client et qu'elle fût partie. Tant qu'à mourir, autant mourir heureux, telle était la philosophie.

Deux hommes se glissèrent sans bruit dans la chambre de Meshad pendant son sommeil et lui tranchèrent la gorge. Une femme de chambre découvrit le corps ensanglanté le lendemain matin. Elle était déjà venue à plusieurs reprises, mais le panneau « Ne pas déranger » avait découragé son zèle. Lassée d'attendre, elle avait fini par frapper à la porte, et, n'entendant pas de réponse, était entrée.

La police française constata que c'était un travail de professionnel. On n'avait rien volé, ni argent ni documents. Mais on découvrit une serviette de toilette tachée de rouge à lèvres dans la salle de bains.

Magal reçut un choc en apprenant le meurtre. Meshad était encore en vie quand elle l'avait quitté. Prise d'un doute, et aussi pour se protéger, elle alla trouver la police et déclara qu'à son arrivée, elle avait trouvé Meshad furieux contre un type qui avait essayé de le soudoyer quelques instants plus tôt.

Magal se confia à son amie, l'ancienne « régulière » d'Halim, qui, à son tour, répéta l'histoire à un agent du Mossad.

Dans la nuit du 12 juillet 1980, Magal faisait son métier boulevard Saint-Germain quand un homme arrêta sa Mercedes noire au bord du trottoir et lui fit signe d'approcher.

Rien d'étonnant à cela. Alors qu'elle discutait avec son client potentiel, une autre Mercedes noire en stationnement déboîta brusquement et fonça sur le boulevard. Comme la voiture allait les dépasser, l'homme qui parlait avec la call-girl la poussa violemment. Déséquilibrée, elle tomba sous les roues du bolide et fut tuée sur le coup. Les deux voitures se perdirent dans la nuit.

Même si les verdicts furent identiques pour Magal et Meshad, les délibérations qui les avaient précédés étaient bien différentes.

D'abord, Magal. Le quartier général de Tel-Aviv reçut divers rapports qui, une fois décodés, leur apprirent qu'elle avait parlé à la police. Les difficultés susceptibles d'en résulter inquiétèrent les Israéliens.

Ces inquiétudes furent transmises par la voie hiérarchique au chef du Mossad, qui décida d'« éliminer » Magal.

Son assassinat entrait dans la catégorie des urgences en cours de mission : une décision doit être prise assez rapidement en fonction de circonstances précises.

En revanche, pour le meurtre de Meshad, qui figurait sur la liste des « personnes à exécuter », la décision émana d'un circuit ultra-secret et nécessita l'accord du Premier ministre d'Israël.

Le nombre des noms figurant sur cette liste varie considérablement, de un ou deux jusqu'à cent et plus, en fonction de l'intensité des activités terroristes anti-israéliennes.

C'est le chef du Mossad qui demande au cabinet du Premier ministre qu'une personne soit portée sur la liste. Supposons que des terroristes attaquent une cible israélienne – ce qui d'ailleurs ne signifie pas nécessairement que les victimes soient juives. Un attentat à la bombe dans les bureaux d'El Al à Rome peut très bien tuer des citoyens italiens. Il sera quand même considéré comme une attaque contre Israël puisque le but de l'attentat est de décourager les gens de voyager par El Al, compagnie israélienne.

Supposons toujours que le Mossad ait acquis la certitude que l'attentat avait été commandité et/ou organisé par Ahmed Djibril. Son nom serait alors transmis au cabinet du Premier ministre pour que ce dernier convoque une commission judiciaire spéciale, si secrète que même la cour suprême d'Israël ignore son existence.

Cette commission, qui siège comme un tribunal militaire et juge par défaut ceux qui sont accusés de terrorisme, se compose d'agents de renseignements, de militaires et de magistrats. Les audiences ont lieu dans divers endroits, souvent dans une résidence privée. La composition de la commission et son siège changent à chaque audience.

Deux avocats sont désignés, l'un représente le ministère public, ou l'accusation, et l'autre la défense, bien que l'accusé ne sache même pas qu'on le juge. Sur la base des preuves qu'on lui présente, la cour décide si l'accusé – Djibril, dans cet exemple – est ou non coupable. S'il est déclaré coupable, ce qui, à ce stade, est la règle, le « tribunal » peut ordonner deux choses. Soit d'amener l'accusé en Israël pour qu'il soit jugé devant un tribunal normal, ou, si c'est trop dangereux, ou tout simplement impossible, de l'exécuter à la première occasion.

Mais avant que l'exécution ait lieu, le Premier ministre doit en signer l'ordre. Certains n'hésitent pas à signer un ordre en blanc. D'autres s'assurent d'abord des risques de retombées politiques.

Toujours est-il que lorsqu'un nouveau Premier ministre entre en fonctions, il prend connaissance, avant toute chose, de la liste des personnes à exécuter et décide s'il doit signer leur sentence.

Le 7 juin 1981, à 16 heures, par un beau dimanche ensoleillé, douze F-15 et douze F-16, de fabrication américaine, décollèrent de Beersheba (et non d'Eilat comme tout le monde l'a annoncé, cette base étant trop proche des radars jordaniens), en route pour une périlleuse mission de quatre-vingt-dix minutes. Après avoir survolé mille kilomètres de territoire ennemi, ils devaient atteindre Tuwaitha, proche de Bagdad, et détruire la centrale atomique irakienne.

Un avion ressemblant à un long-courrier de la compagnie Aer Lingus les accompagnait (comme les Irlandais louent leurs avions aux Arabes, sa présence ne surprenait personne). Mais c'était en fait un Boeing 707 israélien, un avion de ravitaillement. Les chasseurs évoluaient en formation serrée, le Boeing juste au-dessous d'eux pour les camoufler, et suivaient un couloir aérien civil. Les pilotes naviguaient en « silence », ce qui signifie qu'ils ne transmettaient aucun message, mais ils en recevaient d'un avion de soutien équipé de matériel informatique qui servait aussi à brouiller les autres signaux, y compris les radars ennemis.

A mi-parcours, au-dessus du territoire irakien, le Boeing ravitailla les chasseurs en vol. Les avions n'auraient pas disposé d'assez de carburant pour rentrer en Israël, d'autant qu'ils risquaient d'être poursuivis. Sa mission accomplie, le Boeing, protégé par deux chasseurs, fit demi-tour, coupant par la Syrie pour atterrir finalement à Chypre. Les deux chasseurs l'abandonnèrent dès qu'il eut quitté l'espace aérien ennemi, et rentrèrent à leur base de Beersheba.

Pendant ce temps, les autres avions poursuivaient leur route. Ils étaient armés de missiles Sidewinder, de bombes à fragmentation et d'une tonne de bombes à téléguidage laser.

Grâce aux informations d'Halim, les Israéliens savaient exactement où frapper pour infliger le maximum de dégâts. Le but était de détruire le dôme du bâtiment réacteur de la centrale. Du sol, un Israélien muni d'un puissant émetteur devait envoyer des signaux pour guider les pilotes vers leur cible.

Il n'y a que deux méthodes pour atteindre une cible. La première, la cible est visible, mais pour la voir à plus de 1 200 kilomètres à l'heure, il faut bien connaître le terrain, surtout si la cible est petite. Bien entendu, les Israéliens n'avaient pas eu le loisir de s'entraîner au-dessus de Bagdad. Toutefois, ils s'étaient exercés en Israël sur une réplique de la centrale.

La seconde consiste à se faire guider par une balise, une tête chercheuse. D'où la présence du combattant israélien aux abords de la centrale. Mais par précaution, le Mossad avait aussi recruté un technicien français, et lui avait demandé de cacher une valise contenant une balise, à l'intérieur de la centrale atomique. Pour des raisons inconnues, ce dernier s'attarda dans l'usine et fut ainsi la seule victime humaine de cette intrépide attaque.

A 18 h 30, heure locale, les chasseurs qui avaient volé en rase-mottes pour éviter les radars, grimpèrent à une altitude de 600 mètres juste avant d'atteindre leur cible.

La manœuvre fut si rapide qu'elle déjoua la défense radar, et le soleil qui se couchait dans le dos des attaquants éblouit les Irakiens qui commandaient les batteries antiaériennes. Les chasseurs attaquèrent alors en piqué l'un après l'autre, si soudainement que les Irakiens ne purent tirer que des salves inoffensives qui se perdirent dans le ciel. Aucun missile SAM ne fut lancé, et aucun avion irakien ne donna la chasse aux Israéliens, qui rentrèrent à leur base en volant à haute altitude, prenant cette fois une route plus courte au-dessus de la Jordanie. Saddam Hussein, qui voulait faire de l'Irak une puissance nucléaire, voyait ses rêves anéantis.

La centrale avait été complètement détruite. L'énorme dôme qui protégeait l'enceinte du réacteur s'était écroulé sur ses fondations, et les épais murs de béton armé avaient volé en éclats. Deux autres bâtiments importants avaient été sérieusement endommagés. Les pilotes avaient filmé l'action en vidéo et on projeta les enregistrements devant une commission parlementaire israélienne. On y voyait le cœur du réacteur éclater et s'écrouler dans la cuve de refroidissement.

Ayant appris par le Mossad que le réacteur serait opérationnel à partir du 1er juillet, Begin avait d'abord ordonné l'attaque pour la fin avril. Mais des journaux ayant rapporté un commentaire de l'ancien ministre de la Défense, Ezer Weizman, disant que Begin « préparait une opération électorale inconsidérée », l'attaque fut reportée.

L'autre date retenue, le 10 mai, sept semaines avant les élections, fut également abandonnée quand Shimon Pérès, chef du parti travailliste, envoya à Begin une lettre « personnelle » et « top secret » lui enjoignant de renoncer à l'attaque sous prétexte que les informations du Mossad n'étaient pas « réalistes ». Pérès avait prédit que l'attaque isolerait Israël « comme un arbre dans le désert ».

Trois heures après leur décollage, les pilotes rentraient à leur base sains et saufs. Le Premier ministre Menahem Begin attendait les nouvelles chez lui, rue Smolenskin, avec son cabinet au grand complet.

Peu avant 19 heures, le général Rafael Eitan, commandant en chef de l'armée israélienne, téléphona à Begin pour lui annoncer le succès de la mission (appelée opération Babylone) et lui assurer qu'on ne déplorait aucune perte israélienne.

On prétend que Begin s'exclama : *Baruch hashem!*, ce qui signifie : « Dieu soit loué! »

La réaction à chaud de Saddam Hussein ne fut jamais rendue publique.

PREMIÈRE PARTIE

LE 16e CADET

1

LE RECRUTEMENT

Fin avril 1979, je rentrais à Tel-Aviv après deux jours passés à bord d'un sous-marin. Mon commandant me remit une convocation : je devais me rendre à la base militaire de Shalishut, près de Ramat Gan, dans la banlieue de Tel-Aviv, afin d'y subir un entretien.

A l'époque, j'étais capitaine de corvette, chef armurier au quartier général de la Marine à Tel-Aviv, section des opérations.

Je suis né le 28 novembre 1949 à Edmonton, dans la province d'Alberta, au Canada. J'étais encore un enfant lorsque mes parents se séparèrent. Pendant la Deuxième Guerre mondiale, mon père avait servi dans la Royal Canadian Air Force et avait accompli de nombreuses missions au-dessus de l'Allemagne à bord d'un bombardier Lancaster. Après la victoire il s'engagea dans les troupes juives de Palestine pour participer à la guerre d'Indépendance. Capitaine, on lui confia le commandement de la base aérienne de Sede Dov, dans la banlieue nord de Tel-Aviv.

Ma mère, juive de Palestine, avait aussi servi son pays pendant la guerre. Elle avait conduit des camions de ravitaillement pour les Anglais, entre Tel-Aviv et Le Caire. La guerre terminée, elle s'engagea dans la Haganah, la Résistance juive. Professeur, elle m'emmena vivre avec elle au gré de ses mutations, à London, dans l'Ontario, puis une courte période à Montréal. Finalement, nous nous fixâmes à Holon, près de Tel-Aviv. J'avais six ans. Du Canada, mon père avait émigré aux États-Unis.

Nous retournâmes encore au Canada, mais quand j'eus treize ans, nous revînmes à Holon. Ensuite, ma mère repartit définitivement au Canada, me laissant chez mes grands-parents maternels, Haim et Ester Margolin, qui avaient fui les pogroms de Russie en 1912 avec leur fils Rafa. Ils avaient perdu un autre fils dans un pogrom et eurent deux autres enfants en Israël, un fils, Maza, et une fille, Mira, ma mère. Mes grands-parents appartenaient à l'espèce des pionniers. Lui était comptable de métier, mais il se contenta de laver le plancher de l'Agence juive, en attendant que ses diplômes lui parviennent de Russie. Plus tard, il devint expert-comptable et fut un homme très respecté.

J'ai reçu une éducation sioniste. Avant la création de l'État d'Israël, mon oncle Maza avait appartenu à une unité d'élite de notre future armée, les « Loups de Samson », avec laquelle il avait combattu pendant la guerre d'Indépendance.

Mes grands-parents étaient des idéalistes. Je grandis avec l'image d'un Israël où coulait le lait et le miel, et qui justifiait tous les sacrifices. Pour moi, c'était un pays bon et généreux qui devait servir d'exemple au monde entier. Qu'un scandale politique ou financier éclatât et je ne voulais y voir que la faute de petits bureaucrates du gouvernement, qui finiraient d'ailleurs par s'amender. Je croyais vraiment que nos grands hommes, comme Ben Gourion à qui je vouais une admiration sans borne, défendraient nos droits. Je haïssais Begin, qui représentait tout ce que je détestais. J'évoluais dans un milieu épris de tolérance, où les Arabes étaient considérés comme des êtres humains. Nous avions vécu en paix avec eux, autrefois, et nous étions persuadés que notre bonne entente mutuelle prévaudrait un jour ou l'autre. C'était là ma vision d'Israël.

Avant d'atteindre ma dix-huitième année, je devançai l'appel et m'engageai pour trois ans. Neuf mois plus tard, j'obtins le grade de lieutenant dans la police militaire. J'étais le plus jeune officier de l'armée israélienne.

J'ai servi sur le canal de Suez, dans le Golan, sur les rives du Jourdain. J'étais là quand les Jordaniens chassèrent l'OLP de leur pays, et quand nous avons autorisé leurs tanks à franchir notre frontière pour encercler les Palestiniens. C'était vraiment étrange. La Jordanie était notre ennemie, mais l'OLP l'était davantage encore.

En novembre 1971, après mon service militaire, je repartis à Edmonton où je vécus cinq ans. Je gagnai ma vie en travaillant à droite à gauche, dans la publicité ou comme gérant d'un magasin de tapis. Ainsi, j'ai manqué la guerre du Kippour en 1973 et je savais que je ne serais débarrassé de ce poids qu'après avoir payé ma dette. Je revins en Israël en mai 1977 pour m'engager dans la Marine.

Lorsque je me présentai à la base de Shalishut, on me fit entrer dans une petite pièce où un étranger m'accueillit, assis derrière un bureau.

– Votre nom a été sélectionné par l'ordinateur, m'expliqua-t-il en manipulant quelques feuillets. Vous répondez à nos critères. Vous servez déjà votre pays mais il y a un moyen de vous rendre plus utile encore. Êtes-vous partant?

– Avec joie! De quoi s'agit-il?

– Vous passerez d'abord des tests, nous devons vérifier que vous avez l'étoffe nécessaire. On vous convoquera.

Deux jours plus tard, je reçus l'ordre de me présenter à 20 heures dans un appartement à Herzliya. A ma grande surprise, ce fut un psychiatre de la base navale qui vint m'ouvrir. Ça commençait bien! Il m'avisa qu'il allait m'examiner pour le compte d'un groupe de sécurité et que je ne devais en dire mot à la base. Je l'assurai de mon silence.

Pendant quatre heures, il m'infligea toutes sortes de tests : taches d'encres, réactions psychologiques, etc.

Une semaine plus tard, on me donna rendez-vous dans le nord de Tel-Aviv, près de Bait Hahayal. Ma femme, à qui j'en avais parlé, et moi-même avions l'impression que le Mossad était derrière tout cela. Quand on a grandi en Israël, ce sont des choses que l'on sent. Et puis, qui d'autre cela pouvait-il être?

Cet entretien, avec un homme qui disait s'appeler Ygal, fut le premier d'une série qui fut suivie par de longues discussions autour d'un verre au café *Scala* de Tel-Aviv. Ygal concluait toujours nos rencontres par un monologue interminable destiné à me communiquer sa foi. Je dus aussi répondre à des centaines de questions écrites, du genre : « Si vous deviez tuer quelqu'un pour votre pays, considéreriez-vous cela comme un crime? La liberté est-elle importante pour vous? Y a-t-il quelque chose de plus important que la liberté? » Comme j'étais certain que c'était pour le Mossad, je connaissais les réponses qu'on attendait de moi. Et comme je voulais être enrôlé à tout prix...

Bientôt, ces entretiens eurent lieu tous les trois jours, et cela dura encore quatre mois. Ensuite, on me fit passer un examen médical complet dans une base militaire. D'ordinaire, pour les visites médicales à l'armée, il y a toujours cent cinquante types qui font la queue. C'est du travail à la chaîne. Mais là, je disposais du corps médical (dix cabinets de consultation, un médecin et une infirmière dans chaque) pour moi tout seul, et c'étaient eux qui m'attendaient! Chaque médecin m'ausculta plus d'une demi-heure, on me fit passer toute une série d'examens. Je me sentais quelqu'un.

Mais on ne m'avait toujours pas expliqué ce qu'on espérait de moi. De mon côté, j'étais prêt à tout.

Ygal finit par m'annoncer que l'essentiel de l'entraînement se ferait en Israël, mais loin de chez moi. Je ne pourrais voir ma famille que toutes les deux ou trois semaines. Je risquais d'être envoyé à l'étranger et dans ce cas, je ne pourrais rentrer chez moi que tous les deux mois. Je refusai. Il était hors de question que je m'absente si longtemps. Pourtant, quand il me demanda de réfléchir avant de donner une réponse définitive, j'acceptai. Ils prirent alors contact avec ma femme, Bella, et pendant les huit mois suivants, ils nous harcelèrent de coups dc téléphone.

J'étais dans l'armée, je ne me sentais donc pas coupable de négliger mon pays. J'étais plutôt un nationaliste de gauche. Je croyais que c'était possible, surtout en Israël. En définitive, je souhaitais à la fois avoir le poste et ne pas abandonner ma famille.

J'ignorais pour quel poste je postulais, mais plus tard, quand j'eus rejoint le Mossad, j'appris qu'on m'avait formé pour entrer dans la *kidon*, la branche exécution de la Metsada. La Metsada, devenue par la suite le Komemiute, est le département qui regroupe les combattants du Mossad. Mais pour l'heure, je n'étais pas prêt à abandonner les miens.

Après avoir servi au Liban, au commencement de la guerre, je quittai la Marine en 1981. Dessinateur de métier, je décidai de m'installer à mon compte, et me lançai dans la peinture sur verre. J'essayai de vendre ma production mais je compris vite que les vitres peintes n'auraient pas de succès en Israël. Sans doute rappelaient-elles trop les églises. Personne ne m'achetait mon travail, mais ma technique intéressa du monde. Je transformai donc ma boutique en école.

En octobre 1982, je reçus un télégramme m'enjoignant d'appeler un certain numéro de téléphone le jeudi suivant entre 9 et 19 heures, et de demander Deborah. J'obtempérai. On me donna une adresse au rez-de-chaussée du Hadar Dafna Building sur le boulevard du Roi-Saül à Tel-Aviv, une de ces tours en béton comme on en voit partout en Israël. Celle-ci n'abritait que des bureaux. J'appris plus tard que c'était là que siégeait le quartier général du Mossad.

J'entrai dans le hall. Il y avait une banque sur la droite, et à gauche de l'entrée, une plaque discrète indiquant : « Service de Sécurité. Recrutement. » Mon expérience précédente me hantait encore. J'avais le sentiment d'avoir loupé une occasion.

Impatient et anxieux, j'étais arrivé au rendez-vous avec une heure d'avance. Je m'installai à la cafétéria du deuxième étage pour passer le temps. De ce côté du bâtiment, cafétéria, banques, sociétés privées, tout paraissait banal, mais le QG du Mossad était construit comme un immeuble dans l'immeuble. J'avais commandé un croque-monsieur, je m'en souviens encore, et tout en le mastiquant, je lorgnais autour de moi pour identifier d'autres recrues.

L'heure du rendez-vous arriva. Je descendis au bureau indiqué, et on m'introduisit dans une petite pièce où trônait une grande table de bois clair. Dessus, une corbeille à courrier et un téléphone. Au mur, un miroir, et la photo d'un homme dont le visage m'était familier mais sur lequel je ne pus mettre un nom.

Assis derrière le bureau, un homme à l'aspect engageant ouvrit un mince dossier, le parcourut rapidement, et me dit :

– Nous recrutons. Notre but est de protéger les Juifs de la communauté internationale et nous pensons que c'est dans vos cordes. Nous sommes une grande famille, n'est-ce pas? Je ne vous cache pas que ce travail est difficile, et même dangereux. Mais je ne puis vous en dire plus tant que vous n'aurez pas passé certains tests.

Il poursuivit ses explications et m'avisa qu'on me convoquerait après chaque série de tests. Si j'échouais à une série, on en resterait là. Si je réussissais, on m'indiquerait la suite du processus à ce moment-là.

– Si vous échouez, ou si vous abandonnez, vous ne devrez plus chercher à nous contacter. Nos décisions sont sans appel. C'est clair?

– Oui.

– Parfait. Soyez ici dans deux semaines à 9 heures. Nous commencerons les épreuves.

– Devrais-je quitter ma famille pendant longtemps?

– Non, ça ne sera pas nécessaire.

– Alors, c'est entendu. Je serai là dans deux semaines.

Au jour dit, on m'introduisit dans une grande salle où neuf autres personnes étaient assises à des pupitres d'écoliers. On nous remit un questionnaire de trente pages comportant des questions personnelles, des tests de toutes sortes, pour savoir qui nous étions, ce que nous pensions et pourquoi. Les questionnaires remplis et ramassés, on nous dit :

– Nous vous convoquerons.

Une semaine plus tard, en effet, je fus convoqué et un homme contrôla mon anglais, que je parlais sans accent. Il me demanda le sens de nombreuses expressions argotiques dont certaines, comme « sensass » par exemple, dataient légèrement. Il m'interrogea aussi sur les villes canadiennes et américaines, le nom du président des États-Unis, et ainsi de suite.

Les convocations se répétèrent pendant trois mois, mais cette fois-ci les examens avaient lieu dans le bâtiment du Mossad. Je passai, avec d'autres, une énième visite médicale. On m'interrogea à deux reprises à l'aide d'un détecteur de mensonges. En outre, on ne cessait de nous répéter de ne rien divulguer aux autres recrues.

Plus le temps passait, plus je devenais fébrile. L'homme qui m'interrogeait s'appelait Uzi. Je le connus mieux plus tard sous son nom complet : Uzi Nakdimon. C'était le responsable du recrutement. Enfin, on m'apprit que j'avais réussi tous mes tests et qu'il ne restait plus que l'examen final. Mais auparavant, ils désiraient rencontrer Bella.

L'entrevue dura six longues heures. Elle dut subir un flot de questions des plus invraisemblables, non seulement sur moi, mais aussi sur son éducation politique, ses parents, ce qu'elle considérait comme ses qualités, ses défauts, avec en prime un examen minutieux de ses sentiments vis-à-vis d'Israël et de la place de celui-ci dans le monde. Le psychiatre du Mossad, présent à l'entretien, garda le silence.

Quand Bella en eut terminé, Uzi me rappela pour me dire de me présenter au siège le lundi suivant à 7 heures. Je devais apporter ma valise remplie de vêtements allant du costume au blue-jean, en vue de l'examen final qui durerait trois ou quatre jours. Il me notifia que je devrais suivre deux années de formation et que mon salaire serait équivalent à celui du grade supérieur au mien. Pas mal, pensai-je. J'étais alors capitaine de corvette, j'aurais une solde de colonel. Je ne tenais pas en place : j'avais réussi ! Je me croyais sorti de la cuisse de Jupiter, mais je découvris bientôt que des milliers d'autres aussi avaient été sélectionnés. En fonction du nombre de candidats, des stages sont organisés tous les trois ans environ. Ils ont besoin de cinq mille postulants pour en sélectionner quinze qui devront encore subir un dernier examen. Parfois les quinze le réussissent, parfois aucun. Ce n'est pas un concours et il n'y a pas de quota.

L'élite d'une nation ! En l'occurrence, cela ne signifie pas les *meilleurs*, mais les plus *conformes*. La différence est de taille.

La plupart des sélectionneurs sont des gens de terrain qui recherchent des qualifications spécifiques. Mais on ne vous le dit pas, on vous laisse croire que vous faites partie d'une élite... puisque vous êtes sélectionné.

Peu avant le jour prévu, un messager m'apporta une lettre confirmant la date et le lieu du rendez-vous et me rappelant d'apporter une panoplie de vêtements. Par ailleurs, je devais écrire un bref curriculum vitae sous un pseudonyme pour obtenir ma nouvelle identité. Je choisis de m'appeler Simon Lahav. Simon est le prénom de mon père, et on m'avait dit qu'Ostrovsky signifiait lame en russe ou en polonais. En hébreu, c'est *lahav*.

Je déclarai être dessinateur, sans plus de précision, et donnai une adresse à Holon, qui correspondait en réalité à l'emplacement d'un terrain vague.

Au jour dit, une matinée pluvieuse de janvier 1983, j'arrivai un peu avant 7 heures au rendez-vous. Nous étions dix, deux femmes et huit hommes, avec trois ou quatre personnes qui me semblèrent être des instructeurs. Nous remîmes chacun notre enveloppe qui contenait notre CV, et notre nouvelle identité. On nous transporta en minibus jusqu'au Country Club, un célèbre complexe touristique, à la sortie de Tel-Aviv, sur la route de Haïfa. Le Country Club se targuait d'avoir les meilleures installations de loisirs d'Israël.

On nous répartit par chambre de deux, avec l'ordre de défaire nos valises et de nous réunir ensuite dans le bâtiment 1.

La prétendue résidence d'été du Premier ministre est située sur une colline au-dessus du Country Club. C'est en réalité, tout le monde le sait en Israël, le *Midrasha*, école d'entraînement du Mossad, appelée aussi l'Académie. Quand je l'aperçus à mon arrivée, je me demandai avec émotion si j'aurais l'honneur d'y être admis à la fin de mon stage. Mais j'étais sûr que tout le monde allait me mettre des bâtons dans les roues. Vous me trouvez paranoïaque? Eh bien, sachez que c'est une qualité dans ce métier.

Il y avait dans le bâtiment une salle immense où l'on avait dressé une longue table pour un petit déjeuner. Le buffet croulait sous les victuailles, je n'avais jamais rien vu de pareil, ni autant de maîtres d'hôtel prêts à répondre au moindre désir.

Nous étions une vingtaine de convives. Vers 10 h 30, le groupe se déplaça dans une pièce voisine, et les candidats s'assirent autour d'une longue table au centre de la pièce, pendant que les instructeurs s'installaient derrière eux, à de petites tables placées contre le mur. L'atmosphère était bon enfant. Nous venions de prendre une collation agréable, le café se préparait, et comme d'habitude, tout le monde fumait.

– Bienvenue aux épreuves, nous annonça Uzi Nakdimon. Vous êtes ici pour trois jours. Ne faites pas ce que vous pensez qu'on attend de vous, utilisez votre bon sens quelles que soient les circonstances. Nous cherchons des gens aux compétences précises. Vous avez déjà passé quelques tests avec succès, mais nous voulons nous assurer que vous correspondez bien à notre attente.

» Chacun de vous sera assisté d'un guide-instructeur, poursuivit-il. Vous avez tous choisi un nom et une profession d'emprunt. Tâchez de préserver votre couverture, mais essayez de démasquer celle de vos camarades, c'est votre boulot.

Je l'ignorai, mais notre groupe était le premier à comporter des candidates. Il y avait eu des pressions politiques pour que des femmes puissent devenir *katsas*. Ils avaient donc décidé d'en tester quelques-unes. Bien entendu, ils n'avaient pas l'intention de les autoriser à devenir *katsas*, c'était juste un geste. C'est vrai qu'il y avait des femmes soldats, mais jamais chez les *katsas*. D'abord parce que les femmes sont plus vulnérables, mais surtout parce que la cible privilégiée du Mossad, ce sont les Arabes. Un Arabe peut se faire piéger par une femme, mais jamais il n'acceptera de travailler pour elle. Ils ne peuvent donc pas être recrutés par des femmes.

Les autres recrues et moi-même commençâmes par nous présenter. Au fur et à mesure que chacun racontait son histoire, les autres posaient des questions, imités parfois par les instructeurs assis derrière nous.

Lorsque vint mon tour, je restai volontairement vague. Je ne voulais pas préciser si je travaillais pour telle ou telle société, car quelqu'un aurait pu la connaître. Je dis que j'étais père de deux enfants, mais je prétendis avoir des fils, puisque je n'étais pas censé donner les vrais détails. Pourtant je tâchai de coller à la réalité. C'était facile, je ne ressentais aucun trac. C'était comme un jeu, je m'amusai.

Cet exercice dura environ trois heures. A un moment donné, je posais des questions à un des candidats, quand un instructeur se pencha vers moi et me demanda : « Excuse-moi, mais comment tu t'appelles, déjà ? » Il fallait être constamment sur ses gardes.

A la fin de l'exercice, on nous ordonna de regagner nos

chambres, de nous changer, et de revêtir nos habits de tous les jours. « Vous allez en ville », nous apprit-on.

On nous divisa en groupes de trois et nous montâmes dans une voiture où nous attendaient deux instructeurs. A Tel-Aviv, deux autres instructeurs nous rejoignirent au coin du boulevard du Roi-Saül et de la rue Ibn Gevirol. Il était près de 16 h 30. Un des instructeurs se tourna vers moi et me demanda :

– Tu vois ce balcon, là-bas ? Tu as trois minutes pour réfléchir. Ensuite, je veux que tu entres dans cet immeuble, et six minutes plus tard, pas plus, je veux te voir avec le propriétaire ou le locataire sur le balcon, un verre d'eau à la main.

Là, j'eus vraiment peur. Nous n'avions pas nos cartes d'identité, ce qui est illégal en Israël. En outre, nous devions utiliser notre faux nom, quoi qu'il arrive. Et si nous avions des démêlés avec la police, nous devions leur raconter l'histoire que nous avions choisie comme couverture.

Que faire ? Il fallait d'abord découvrir quel appartement correspondait au balcon. Après une longue hésitation, je déclarai à l'instructeur que j'étais prêt.

– Quel est ton plan, dans ses grandes lignes ? me demanda-t-il.

– Je fais des repérages pour un film, répondis-je.

Nos instructeurs mettaient toujours l'accent sur la spontanéité, mais ils voulaient aussi que nous ayons un plan de base et qu'on ne se dise pas comme les Arabes : *Ala bab Allah*, « Notre sort est entre les mains d'Allah », autrement dit : « Advienne que pourra. »

Je pénétrai dans l'immeuble d'un pas vif, montai les étages, comptai les appartements à partir de la cage d'escalier pour ne pas me tromper de porte et frappai. Une femme d'une soixantaine d'années vint m'ouvrir.

– Bonjour, dis-je en hébreu. Simon, de la Sécurité Routière. Nous savons que votre carrefour est très dangereux, il y a déjà eu beaucoup d'accidents.

Je m'arrêtai pour guetter sa réaction.

– Ah, ne m'en parlez pas ! fit-elle. (Vu la façon dont les Israéliens conduisent, il y a des accidents à tous les carrefours. Je ne m'étais donc pas trop compromis.)

– Nous aimerions louer votre balcon.

– Louer mon balcon ?

– Oui, nous voulons filmer la circulation à cet endroit. Personne ne vous dérangera, rassurez-vous. Nous placerons juste une caméra fixe sur votre balcon. Puis-je jeter un coup d'œil ?

Si l'angle est bon, nous pourrions conclure le marché. Que diriez-vous de 500 livres par mois?

– Oh! mais bien sûr! Par ici, s'empressa-t-elle de répondre en me conduisant jusqu'à son balcon.

– Auriez-vous l'amabilité de me donner un verre d'eau? Il fait si chaud aujourd'hui!

L'instant d'après, nous étions tous deux penchés sur le balcon, absorbés dans la contemplation de la circulation urbaine.

J'étais sur un nuage. D'en bas, les autres nous observaient. Dès que la femme eut le dos tourné, je levai mon verre dans leur direction en guise de salut. Avant de partir, je pris le nom de la locataire et son numéro de téléphone, lui dis que nous avions d'autres emplacements à visiter, et que nous la rappellerions si nous options pour son balcon.

Lorsque je rejoignis le groupe, un des autres candidats était déjà parti pour sa mission. Il devait se poster devant un distributeur de billets et emprunter 10 livres à la première personne qui utiliserait l'appareil. Il affirma à un inconnu que sa femme était en train d'accoucher, qu'il devait absolument prendre un taxi pour aller la retrouver à l'hôpital et qu'il n'avait pas d'argent sur lui. Il nota le nom et l'adresse de l'homme en lui promettant de lui envoyer les 10 livres. L'homme le dépanna.

Le troisième candidat n'eut pas autant de chance. Il avait la même mission que moi. Il devait se montrer au balcon d'un autre immeuble. Il réussit à monter sur le toit en se faisant passer pour un réparateur d'antennes de télévision. Malheureusement pour lui, quand il redescendit à l'appartement en question en demandant s'il pouvait utiliser le balcon pour vérifier l'antenne, ce fut pour découvrir que le locataire était un vrai réparateur d'antennes.

– Qu'est-ce que vous me chantez? s'écria l'homme. L'antenne marche très bien.

L'homme voulut appeler la police et le candidat dut battre en retraite précipitamment.

Après cette épreuve, on nous conduisit rue Hayarkon. C'est une rue importante, bordée de grands hôtels, qui longe la Méditerranée. On m'emmena dans le hall du *Sheraton* et on me fit asseoir.

– Tu vois l'hôtel d'en face, le *Basel*? me demanda l'un des instructeurs. Vas-y et rapporte-moi le nom du client qui figure sur leur registre. Le troisième à partir du haut.

Dans les hôtels, en Israël, les réceptionnistes rangent généralement les registres – qui, comme tout le reste, sont confidentiels – derrière le comptoir. La nuit tombait. En traversant la rue, j'ignorais toujours comment m'y prendre pour me procurer ce maudit nom. Je savais que j'étais couvert et que ce n'était qu'un jeu. J'étais surexcité et tendu à la fois. Je voulais tant réussir! Pourtant, quand on réfléchit bien, l'épreuve était plutôt stupide.

Sachant que je serais mieux reçu si je me faisais passer pour un touriste étranger, je décidai de parler anglais. En m'approchant de la réception pour demander s'il y avait des messages pour moi, je repensai à cette blague du type qui téléphone et qui veut parler à Dave. Vous téléphonez plusieurs fois, un type vous répond que vous avez composé un faux numéro, en s'énervant de plus en plus. A la fin, vous rappelez en disant : « Allô, Dave à l'appareil. Y a-t-il des messages pour moi? »

– Êtes-vous descendu à notre hôtel? s'enquit le réceptionniste.

– Non, répondis-je, mais j'ai rendez-vous avec un de vos clients.

Il m'assura qu'il n'y avait pas de message, et j'allai m'asseoir dans le hall. Au bout d'une demi-heure passée à regarder ma montre avec impatience, je retournai à la réception.

– Il doit être déjà là, prétendis-je. Voulez-vous vérifier?

– Comment s'appelle-t-il? me demanda l'employé.

Je marmonnai un nom qui ressemblait vaguement à « Kamalunke » et le bonhomme sortit le registre et commença à le parcourir.

– Comment l'écrivez-vous?

– Je ne sais pas trop. Avec un C ou un K, dis-je en me penchant par-dessus le comptoir comme pour l'aider dans ses recherches, en réalité pour lire le troisième nom à partir du haut.

– Oh! mais je suis à l'hôtel *Basel*! m'exclamai-je en mimant la surprise. Excusez-moi, je croyais que vous étiez le *City*. Suis-je bête!

J'étais fou de joie. Mais je me demandai tout d'un coup comment mon instructeur saurait si j'avais découvert le nom adéquat. Puis je me souvins qu'en Israël, ils avaient accès à tout.

Comme le hall de l'hôtel se remplissait, les deux instructeurs m'entraînèrent dans la rue. L'un d'eux me dit que j'avais une dernière épreuve à subir, et me tendit un micro de téléphone. Je devais entrer à l'hôtel *Tal*, aller au téléphone mural dans le hall, remplacer le micro par celui qu'on m'avait donné et rapporter l'ancien, tout en laissant l'appareil en état de marche.

Plusieurs personnes faisaient la queue devant l'appareil, mais je m'encourageai, je devais réussir à tout prix. Quand vint mon tour, j'introduisis un jeton dans l'appareil et composai un numéro au hasard. Mes genoux tremblaient. La file d'attente s'allongeait derrière moi, à croire qu'il y a des heures de pointe pour le téléphone! Je soulevai le récepteur, le portai à mon oreille tout en dévissant le haut-parleur. Je sortis un calepin de ma poche et fis mine de prendre des notes. Je calai le récepteur entre l'oreille et l'épaule et parlai en anglais.

Le type qui attendait son tour, derrière moi, était si proche que je sentais son souffle dans mon cou. Je posai mon calepin et lui jetai un regard courroucé. Il se recula, gêné, et j'en profitai pour brancher les fils du micro. On avait fini par répondre à mon coup de fil et j'entendis : « Allô, qui est à l'appareil? » Mais dès que j'eus revissé le haut-parleur, je raccrochai.

Tremblant, j'enfouis le micro dérobé dans ma poche. C'était mon premier vol, j'en étais malade. Je rejoignis l'instructeur en chancelant et lui tendis mon trophée.

Nous rentrâmes au Country Club sans dire un mot. Après le dîner on nous ordonna d'écrire, pour le lendemain matin, un rapport complet sur nos activités de la journée, sans omettre le moindre détail, aussi insignifiant fût-il.

Vers minuit, nous regardions la télévision, mon compagnon de chambre et moi, aussi épuisés l'un que l'autre, quand un instructeur frappa à notre porte. Il me demanda d'enfiler un jean et de le suivre. Il me conduisit à un verger où une réunion devait avoir lieu. On entendait les chacals hurler au loin, et la stridulation incessante des grillons.

– Viens, je vais te montrer où te cacher, me dit-il. Je veux savoir combien de personnes assisteront à la réunion et ce qu'ils diront. Je passerai te prendre dans deux ou trois heures.

– Comptez sur moi, affirmai-je.

Je le suivis jusqu'à un *wadi* (ruisseau où l'eau ne coule que pendant la saison des pluies). Il n'y avait qu'un filet d'eau, et une canalisation en ciment de soixante-dix centimètres de diamètre courait sous la route.

– Voilà, fit-il en me montrant la conduite d'eau. C'est une bonne cachette. Sers-toi de ces vieux journaux comme paravent.

Ça, c'était une épreuve. Je suis claustrophobe, et ils ne pouvaient pas l'ignorer, avec tous les tests que j'avais passés. J'ai horreur de la vermine, des cafards, des vers, et des rats. Je déteste aussi nager dans un lac, à cause de la vase gluante qui en recouvre le fond. J'étais pris au piège, je ne distinguais même pas l'autre extrémité de la canalisation. Ce furent les trois heures les plus longues de ma vie. Et bien sûr, personne ne vint, pas de réunion, rien. Pour lutter contre le sommeil, je me répétais que j'étais dans des égouts.

Enfin, l'instructeur revint.

– Je veux un rapport de la réunion, exigea-t-il.

– Je n'ai vu personne.

– En es-tu sûr?

– Absolument sûr.

– Tu t'es endormi, oui.

– Mais non, pas du tout.

– Alors tu m'as vu quand je suis passé par là?

– Vous devez vous tromper. Personne n'est venu par ici.

Sur le chemin du retour, il me recommanda de ne pas parler de l'incident.

Le soir suivant, on nous demanda de revêtir une tenue confortable. On allait nous emmener à Tel-Aviv où chacun de nous aurait un bâtiment à surveiller. Nous devions consigner par écrit tout ce que nous remarquerions. Nous devions aussi inventer une histoire pour justifier notre présence sur les lieux.

Vers 20 heures, deux hommes me conduisirent en ville à bord d'une petite voiture. L'un d'eux était Shai Kauly, un *katsa* chevronné qui avait à son actif de nombreuses missions *. Ils me déposèrent à un pâté de maisons de la rue Dizengoff, l'artère principale de Tel-Aviv, et m'ordonnèrent de surveiller un immeuble de cinq étages, de noter les entrées des gens, leurs sorties, les heures d'arrivée, de départ, de décrire ces personnes, quelles lumières restaient allumées, celles qu'on éteignait, à quelle heure. Ils me dirent qu'ils passeraient me prendre plus tard et que je les reconnaîtrai à leur appel de phares.

Ma première pensée fut de me cacher. Oui, mais où? On m'avait recommandé de rester en vue. Qu'allait-il se passer? J'eus soudain une idée : m'asseoir par terre et dessiner l'immeuble. Je noterais les informations en anglais, écrites à l'envers pour en camoufler le sens. Si on me demandait ce que je fabriquais, je répondrais que je dessinais la nuit parce que les distractions sont rares et que la lumière a moins d'importance quand on dessine en noir et blanc.

J'étais plongé dans mon exercice depuis une demi-heure quand une voiture s'arrêta à quelques pas de moi dans un crissement de pneus. Un homme en descendit et me présenta son insigne.

– Qui êtes-vous? demanda-t-il.

– Simon Lahav.

* Voir chapitre 9 : *Les Strella.*

– Qu'est-ce que vous fichez là?
– Je dessine.
– Un des voisins s'est plaint. Il prétend que vous surveillez la banque.
Il y en avait effectivement une au premier étage de l'immeuble.
– Pas du tout, je dessine, protestai-je en montrant mon travail. Regardez.
– Allez, pas de salades! Je vous embarque.
Il me fit monter dans la voiture, occupée par deux autres flics. C'était une Ford Escort banalisée. En me glissant sur la banquette arrière, j'entendis le policier, assis à côté du chauffeur, signaler mon arrestation par radio. Il ne cessait de me demander qui j'étais. Je répondis à deux reprises « Simon ». Mais il revint à la charge et comme j'allais parler, celui qui était à côté de moi me gifla.
– La ferme! cria-t-il.
– Mais, il me pose une question, protestai-je.
– On t'a rien demandé, fut la réponse.
J'étais abasourdi. Mais où étaient donc passés mes instructeurs? Le flic qui m'avait arrêté me demanda alors d'où je venais. Je lui répondis que j'étais de Holon, mais celui de devant me balança un coup sur le front.
– Je t'ai demandé ton nom, glapit-il en postillonnant.
Je répétai que je m'appelais Simon et que je venais de Holon, alors mon voisin de banquette s'esclaffa :
– Ah, t'es un petit malin, toi!
Sur ce, il me décocha une bourrade et m'attacha les mains dans le dos avec une paire de menottes. Il lâcha un chapelet de jurons et me traita de sale enfoiré de dealer.
J'affirmai que je ne faisais que dessiner. Alors il me demanda quelle était ma profession et je lui répondis que j'étais un artiste.
Tout en conduisant, le chauffeur se retourna et me promit qu'on allait s'occuper de moi et que j'allais comprendre ma douleur. Un des flics s'empara de mes dessins, les froissa et les jeta sous la banquette. On m'ordonna ensuite de me déchausser, ce qui était difficile, vu que j'avais les menottes.
– Où caches-tu la drogue? demanda l'un.
– Quelle drogue? Je ne comprends pas! Je suis un artiste, rien d'autre.
– Si tu ne parles pas maintenant, tout à l'heure, tu vas chanter, tu peux me croire.
Et les coups pleuvaient toujours. Je reçus à la mâchoire un crochet d'une telle violence que je crus avoir perdu une dent.

L'homme assis à côté du chauffeur m'empoigna par le col et m'attira à lui en me hurlant des menaces au visage, m'ordonnant de lui dire où je planquais ma drogue, pendant que le conducteur roulait sans but à travers la ville.

Agissaient-ils par pur sadisme? J'avais entendu des histoires là-dessus. On ramasse un type dans la rue et on s'acharne sur lui. De plus en plus inquiet, je demandai qu'on m'amène au commissariat pour que je puisse appeler un avocat. Après une heure de ce manège, l'un d'eux me demanda le nom de la galerie où j'exposais. Comme je connaissais toutes les galeries de Tel-Aviv et qu'elles étaient fermées à cette heure-ci, je lui donnai un nom. Arrivés devant la vitrine, les mains toujours attachées, je désignais l'endroit d'un signe de tête en m'écriant :

– C'est là! Mes tableaux sont là!

L'ennui, c'est que je n'avais pas ma carte d'identité. Je prétendis que je l'avais oubliée chez moi. Ils m'ôtèrent mon pantalon, toujours pour chercher la drogue. Je n'en menai pas large, mais ils s'adoucirent et semblèrent me croire. Je leur dis que je voulais retourner là où ils m'avaient ramassé mais que je ne connaissais pas le chemin. Je déclarai que je n'avais pas d'argent mais qu'un ami devait passer me prendre plus tard.

Ils m'y conduisirent et se garèrent près d'un arrêt d'autobus. L'un des flics ramassa mes dessins et les jeta par la portière. Ils m'enlevèrent les menottes, et j'attendis dans la voiture qu'ils rédigent leur rapport. Un bus arrivait. Mon voisin m'éjecta de l'auto et je roulai au sol. Il me lança mon pantalon et mes chaussures à la figure, et ils démarrèrent en me recommandant de déguerpir avant qu'ils reviennent.

J'étais là, affalé par terre, sans pantalon, honteux des regards que me lançaient les passagers qui descendaient de l'autobus. Mais il fallait que je récupère mes dessins. Lorsque j'y parvins, c'était comme si j'avais escaladé l'Everest. Quel sentiment de triomphe!

Trente minutes plus tard, rhabillé, j'étais de retour à mon poste quand j'aperçus les appels de phares. Je montai dans la voiture qui me ramena au Country Club où je rédigeai mon rapport. Longtemps après, je devais retrouver mes trois « policiers ».

Ils n'étaient pas de la police, bien sûr, et il semblerait que les autres recrues aient subi la même épreuve que moi, ce soir-là.

Un des postulants, en faction sous un arbre, fut accosté par des inspecteurs. Sommé d'expliquer sa présence à cet endroit, il avait répondu qu'il observait les hiboux. Quand on lui fit remarquer qu'il n'y avait pas de hibou, le type rétorqua :

– Évidemment, vous les avez effrayés.

Il eut droit à sa balade en voiture, lui aussi.

Un autre fut « arrêté » dans le célèbre square de Kiker Hamdina, que l'on compare souvent à l'État d'Israël. Le cirque s'y installe en été, et l'hiver on y patauge dans la gadoue. Exactement comme Israël, quand c'est pas le cirque, c'est la gadoue. La recrue en question manquait pour le moins de malice. Il raconta aux flics qu'il était en mission spéciale, qu'il avait été recruté par le Mossad et qu'on le mettait à l'épreuve. Recalé.

En fait, la seule autre recrue que je revis par la suite était une des deux femmes. Elle était maître nageur à la piscine du Mossad le week-end, quand les familles des membres du Mossad ont le droit d'y venir.

Le troisième jour, après le petit déjeuner, on nous conduisit de nouveau à Tel-Aviv. Ma première épreuve fut d'entrer dans un restaurant, d'engager la conversation avec un homme qu'on m'avait désigné de loin et de lui donner un rendez-vous pour le soir même. J'étudiai le lieu avant d'entrer et je remarquai que le serveur était aux petits soins avec mon bonhomme. J'en déduisis que c'était le patron. J'allai m'asseoir à la table voisine et je notai qu'il lisait une revue de cinéma.

Mon histoire de repérage m'avait valu mon premier succès, je décidai donc de m'en servir à nouveau. Je dis au serveur que je désirais parler au patron, que j'étais cinéaste et que j'aimerais utiliser le restaurant pour un décor de film. Je n'avais pas terminé ma phrase que le patron était déjà assis à ma table. Je prétendis que j'étais pressé, ayant d'autres repérages à faire. Nous convînmes d'un rendez-vous pour le soir, nous nous serrâmes la main, et je sortis.

Ensuite, on nous amena tous les dix dans un parc, près du boulevard Rothschild où nous devions guetter le passage d'un grand gaillard vêtu d'une chemise à damier rouge et noir. Nous étions censés le filer discrètement. Pas facile de filer quelqu'un discrètement quand on est dix, surtout avec vingt autres qui vous surveillent. Il y avait des types partout, sur les balcons, derrière les arbres, dans tous les coins. Mais les instructeurs qui nous épiaient voulaient surtout étudier nos réactions et nos méthodes.

Cette épreuve terminée et nos rapports rédigés, on nous sépara. Je fus encore conduit rue Ibn Gevirol, mais devant la banque Hapoalim, cette fois-ci. On me demanda d'entrer et de découvrir le nom du directeur, son adresse personnelle et de rassembler le maximum de renseignements sur lui.

N'oubliez pas qu'en Israël, tout le monde se méfie de tout et de n'importe quoi. Je pénétrai dans la banque et m'informai du nom du directeur auprès d'un employé. Il me le donna volontiers et m'indiqua, à ma demande, où se trouvait son bureau. C'était au deuxième étage. J'y montai et demandai à lui parler, spécifiant que j'avais vécu longtemps aux États-Unis et que, désireux de m'installer en Israël, je voulais transférer de fortes sommes d'argent sur un nouveau compte. J'insistai pour parler au directeur en personne.

En entrant dans son bureau, je remarquai la plaque du B'Nai Brith * sur son secrétaire. J'engageai donc la conversation là-dessus et à ma grande surprise, voilà qu'il m'invite chez lui. Il allait bientôt être muté à New York comme directeur adjoint. Nous échangeâmes nos adresses et je lui promis de lui rendre visite. Je prétendis que je n'avais pas encore de numéro de téléphone parce que j'étais en transit, mais que je l'appellerais volontiers s'il me donnait le sien. J'eus même droit à une tasse de café.

Les formalités de transfert de fonds nous prirent un petit quart d'heure de discussion, ensuite nous bavardâmes à bâtons rompus. En moins d'une heure, je connaissais tout du bonhomme.

Après ce test, on me ramena à l'hôtel *Tal* avec deux recrues et on nous ordonna d'attendre les autres. Nous étions là depuis dix minutes quand six hommes entrèrent dans le hall.

– C'est lui, dit l'un d'eux, en me montrant du doigt.

– Suivez-nous, dit un autre. Et sans faire d'histoire.

– Que se passe-t-il? m'étonnai-je. Je n'ai rien fait.

– Allez, vous trois, suivez-nous, insista un troisième en montrant son insigne.

On nous fit monter dans une camionnette, on nous banda les yeux. Le véhicule démarra. Commença alors une randonnée chaotique à travers la ville. Nous atterrîmes enfin dans un bâtiment, toujours les yeux bandés, où on nous sépara. Enfermé dans une sorte de cagibi, j'entendais le bruit d'allers et venues.

Au bout de deux ou trois heures, on m'ôta mon bandeau et on me fit sortir. Apparemment j'étais resté assis sur le siège d'un cabinet dans une petite salle de bains. Je l'ignorai à l'époque, mais nous étions au deuxième étage de l'Académie (l'école d'entraînement du Mossad). On me conduisit dans une petite pièce à la fenêtre obstruée, occupée par un mastodonte. Il avait un point noir dans l'œil, on aurait cru qu'il avait deux

* Le B'Nai Brith (en hébreu : Fils de l'Alliance) fut fondé en 1843 aux États-Unis pour aider les nouveaux émigrants. Il est représenté aujourd'hui dans quarante-cinq pays et compte environ cinq cent mille membres.

pupilles. Il commença en douceur : Mon nom? Pourquoi j'avais manipulé le téléphone dans l'hôtel? Est-ce que j'essayais de commettre un attentat? Mon adresse?

A un moment donné, il me dit qu'ils allaient me raccompagner chez moi et j'éclatai de rire. Comme il me demandait ce qui m'amusait, je lui expliquai que je trouvais la situation cocasse. En fait, je me voyais arriver devant le terrain vague, en m'écriant : « Ma maison! Où est passée ma maison? » Je ne pouvais pas contrôler mon fou rire.

– Que signifie tout ceci? m'étonnai-je. Que me voulez-vous?

Il voulait ma veste, une Pierre Balmain. Il la prit. Ensuite je dus me déshabiller entièrement. On me ramena, tout nu, dans la salle de bains, et avant de refermer la porte on m'aspergea avec un seau d'eau.

Je restai là, nu, frissonnant, une bonne vingtaine de minutes. Ensuite, retour dans le bureau du monstre qui m'accueillit par un :

– Alors? Vous avez toujours envie de rire?

On me trimballa du bureau à la petite salle de bains une demi-douzaine de fois. Chaque fois qu'on frappait à la porte du bureau, je devais me cacher sous la table.

– Excusez-nous, nous avons fait une erreur, m'annonça enfin le malabar.

Il me rendit mes vêtements et me promit qu'on allait me raccompagner à l'hôtel. On me banda les yeux, on me fit monter dans une voiture, mais juste quand le chauffeur allait démarrer, quelqu'un s'écria :

– Attendez! Ramenez-le! On a vérifié son adresse, c'est un terrain vague.

– Vous avez dû vous tromper, protestai-je, mais ils m'enfermèrent de nouveau dans la salle de bains.

Vingt minutes passèrent et on me fit revenir dans le bureau.

– Désolé, s'excusa le colosse, c'était une erreur.

Ils me déposèrent devant le Country Club, s'excusèrent encore une fois, et s'en allèrent.

Le matin du quatrième jour, on nous fit entrer, chacun notre tour, dans un bureau.

– Alors, qu'en pensez-vous? Croyez-vous que vous serez reçu? me demanda-t-on.

– Je n'en sais rien, répondis-je. Je ne sais pas ce que vous attendez de moi. J'ai fait de mon mieux, c'est tout ce que je peux dire.

Je ne restai dans le bureau que quelques minutes, d'autres n'en sortirent qu'au bout d'une demi-heure. A la fin, on nous dit :

– Merci à tous. Nous vous appellerons.

Et c'est ce qui arriva deux semaines plus tard. Je reçus une convocation pour me rendre au bureau le lendemain à la première heure.

J'étais engagé! Maintenant, les choses sérieuses allaient commencer.

2

L'ÉCOLE

En Israël, nombreux sont ceux qui croient que la nation est en danger permanent, et qu'une armée, aussi puissante soit-elle, ne peut, à elle seule, garantir la sécurité. J'étais de ceux-là.

Tous sont conscients de cet énorme besoin de sécurité et ont entendu parler d'une organisation, le Mossad. Officiellement, le Mossad n'existe pas, mais personne n'est dupe. Et s'il vous enrôle dans ses rangs, nourri comme vous l'êtes des légendes qui courent sur son compte, vous obéissez sans poser de questions, croyant qu'une puissance surnaturelle est à l'œuvre et qu'on vous expliquera tout le moment venu.

Lorsqu'on grandit en Israël, c'est comme une seconde nature qu'on vous inculque dès les brigades de jeunesse. C'est là que j'ai appris à tirer. A quatorze ans, je terminai deuxième du concours national de tir à la carabine. Avec un fusil à lunette Schtutser, j'obtins un score de 192 sur 200, à quatre points du premier.

Ensuite, j'ai passé pas mal de temps dans l'armée. Je savais donc à quoi m'attendre. Du moins, c'est ce que je croyais.

Tous les Israéliens n'obéiraient pas aussi aveuglément, bien sûr, mais les recruteurs du Mossad savent choisir leurs proies. Si vous avez accepté de subir tant d'épreuves, nul doute que vous obéirez au doigt et à l'œil. Ce n'est pas vous qui feriez capoter une opération en posant trop de questions.

A l'époque, je militais au parti travailliste et j'avais des idées plutôt libérales. Du jour où je fus admis au Mossad, je fus déchiré entre mes opinions et ma loyauté à l'organisation dont le système est simple : on choisit les candidats les plus aptes, on les endoctrine grâce à des techniques sophistiquées de lavage de cerveau, et quand ils sont à point, on les fond dans le moule. Cela requiert certaines prédispositions, vous en conviendrez.

Mes six premières semaines se déroulèrent dans la monotonie. Je travaillais au siège comme coursier ou commis d'écriture. Mais par une fraîche matinée de février 1984, on m'embarqua dans un minibus avec quatorze autres recrues que je ne connaissais pas. Nous étions tous très émus et notre émotion parvint à son comble quand le véhicule, après avoir gravi la colline, franchit un portail gardé par des sentinelles, et s'arrêta devant un bâtiment en brique blanche de deux étages et à toit plat. C'était l'Académie.

Nous pénétrâmes dans le Saint des Saints. Au centre du vaste hall, une table de ping-pong, sur les murs, des vues aériennes de Tel-Aviv et, derrière une paroi de verre, un jardin intérieur d'où partaient deux galeries, et un escalier en ciment qui semblait conduire au deuxième étage. Le sol était revêtu de marbre, et les murs carrelés de blanc.

Je reconnus tout de suite l'endroit. Quand on m'avait traîné dans la petite salle de bains, pendant les épreuves de sélection, j'avais aperçu l'escalier malgré mon bandeau sur les yeux.

Bientôt, un homme à la peau mate et aux cheveux grisonnants entra et nous demanda de le suivre. Nous franchîmes une porte au fond du hall et, après avoir traversé une cour, il nous conduisit dans un bâtiment en préfabriqué, comportant quatre salles de classe. Le directeur ne tarderait pas, déclara notre guide.

La salle où nous entrâmes était grande, éclairée par deux fenêtres. Sur une longue table en forme de T était installé un projecteur vidéo braqué vers un tableau noir accroché au mur. Notre groupe, nous apprit-on, se nommerait le « 16ᵉ Cadet » puisque c'était la seizième promotion recrutée par le Mossad.

Des pas rapides crissèrent sur le gravier de la cour et bientôt, trois hommes entrèrent. L'un était un petit brun assez beau gosse, le deuxième, que je reconnus, était plus âgé et d'une élégance soignée, le troisième, un grand blond d'un mètre quatre-vingt-dix à la cinquantaine alerte, portait des lunettes cerclées d'or et un chandail sur une chemise à col ouvert. Il vint s'asseoir en bout de table, pendant que les deux autres prenaient place au fond de la classe.

– Mon nom est Aaron Sherf, commença-t-il. Je suis le directeur de l'Académie, et je vous souhaite la bienvenue au Mossad. Sachez que son nom véritable est : *Ha Mossad, le Modiyin ve le*

Tafkidim Mayuhadim (Institut de renseignements et d'opérations spéciales) et que notre devise est : « Par la tromperie, la guerre mèneras. »

Je me sentis défaillir. Je savais bien que nous étions au siège du Mossad, mais cette confirmation brutale... J'avais besoin d'air. Sherf, plus connu sous le nom de Araleh, diminutif de Aaron, se pencha au-dessus de la table.

– Vous formez une équipe, poursuivit-il d'un ton calme et assuré. On vous a choisis parmi des milliers d'autres candidats. Nous en avons filtré un nombre incalculable pour arriver à ce résultat. Vous avez le potentiel pour nous donner satisfaction et nous vous fournirons l'occasion de servir votre pays comme peu d'hommes en ont la chance.

» Comprenez bien. Ici, les quotas n'existent pas. Nous souhaitons votre réussite car nous manquons d'hommes. Mais, écoutez-moi bien, nous n'acceptons dans nos rangs que des éléments compétents à 100 %, et si nous devons tous vous recaler, nous n'hésiterons pas un instant. C'est déjà arrivé.

» Cette école n'est pas comme les autres. Vous faciliterez votre initiation si vous acceptez de vous transformer. Pour l'instant, vous n'êtes qu'un matériau brut qui a besoin d'être dégrossi. Quand vous sortirez d'ici, nous aurons fait de vous les meilleurs agents de renseignements du monde.

» Chez nous, pas de professeurs, mais des hommes de terrain qui sacrifient une partie de leur temps à l'Académie. Leur tâche accomplie, ils retournent sur le terrain. Ce sont de futurs partenaires, des collègues, qu'ils forment, pas des étudiants.

» Ne les croyez jamais sur parole. La vérité, c'est l'expérience qui vous l'apprend, et ce n'est pas la même pour tout le monde. Précisément, le savoir de vos instructeurs est fondé sur leur expérience, et c'est ce qu'il vous faudra acquérir. En d'autres termes, ils vous transmettront l'expérience collective et la mémoire du Mossad, telles qu'ils les ont reçues, à travers les succès et les échecs.

» Le jeu que vous allez jouer est dangereux, mais il est instructif. Ce n'est pas un jeu comme un autre, et on n'en sort pas toujours sans dommage. N'oubliez jamais que c'est un métier où il faut se serrer les coudes, c'est vital.

» Je dirige cette école de formation. Je suis toujours disponible et ma porte vous est ouverte. Alors, bonne chance ! Je vous laisse avec vos instructeurs.

Il sortit.

Je découvrirais un jour l'amère ironie d'une affiche placardée sur la porte de Sherf. C'est une citation d'un ancien président des États-Unis, Warren Harding : « N'utilisez jamais de méthodes immorales à des fins morales », exactement le contraire de ce qu'on enseigne à l'Académie.

Pendant le discours de Sherf, un homme à la carrure massive était entré. Après le départ du directeur, il s'avança au bout de la table et se présenta :

– Je m'appelle Eiten, dit-il avec un accent d'Afrique du Nord. Je suis responsable de la sécurité intérieure. J'ai quelques détails à vous préciser, mais je ne vous retiendrai pas très longtemps. Si vous avez des questions à poser, n'hésitez pas à m'interrompre.

Comme nous allions l'apprendre, tous les instructeurs commencent leurs exposés par cette formule.

– Écoutez bien mon conseil : les murs ont des oreilles. La technologie évolue sans cesse et vous apprendrez les techniques nouvelles. Mais il en existe que nous-mêmes ne connaissons pas encore. Vous avez tous servi dans l'armée, et on vous a appris à tenir votre langue, mais les secrets que vous découvrirez ici sont d'une importance bien plus considérable que ceux de l'armée. Alors, soyez discrets. Pensez-y tout le temps.

» Oubliez dès maintenant le mot Mossad. Sortez-le de votre tête. Je ne veux plus jamais l'entendre. Dans vos conversations, vous emploierez le mot « Bureau ». Que je ne vous entende plus parler du Mossad !

» Vous direz à vos amis que vous travaillez à la Défense nationale et que vous êtes soumis au secret, poursuivit Eiten. Ils verront bien que vous ne travaillez pas dans une banque, ni dans une usine, alors, avant qu'ils se montrent trop curieux, vous leur direz ça. Et pas de nouveaux amis sans mon accord. Compris ?

» Et pas de confidences au téléphone sur votre travail non plus. Celui que je surprends à parler du Bureau au téléphone sera puni, et sévèrement, croyez-moi. Je peux contrôler toutes vos conversations téléphoniques, y compris à votre domicile. N'oubliez pas que je suis responsable de la sécurité du Bureau. Je sais tout et j'emploie tous les moyens pour y parvenir.

» A ce propos, l'histoire qui circule sur mon compte, du temps où j'étais dans la *Shaback* (police de sécurité intérieure), et qui raconte que j'ai accidentellement arraché les couilles d'un type pendant un interrogatoire... eh bien, cette histoire est fausse.

» On vous fera passer un test au détecteur de mensonges tous les trois mois. Même chose au retour de chaque séjour à l'étranger, qu'il s'agisse de vacances, d'un long séjour ou d'un simple aller et retour.

» Vous avez le droit de refuser ce test, mais dans ce cas, moi, j'ai le droit de vous tuer.

» Nous aurons souvent l'occasion de nous revoir, et nous approfondirons certaines choses. D'ici quelques jours, vous recevrez votre carte d'identité. Un photographe s'occupera de vos portraits. Vous m'apporterez toutes les cartes d'identité ou passeports délivrés à l'étranger, les vôtres, ceux de votre épouse, de vos enfants. Comme vous n'en aurez pas besoin avant longtemps, nous les garderons pour vous.

Ce qui signifiait que je devais rendre les passeports canadiens de ma famille.

Sur ces mots, Eiten nous gratifia d'un simple signe de la tête et sortit. Nous étions pétrifiés. Eiten dégageait une telle vulgarité, ce type était odieux! Deux mois plus tard, il fut muté et je ne le revis jamais.

L'homme qui nous avait accompagnés prit la parole à son tour. Il s'appelait Oren Riff et dirigerait notre promotion.

– Mes enfants, on vous a placés sous ma responsabilité, et je ferai tout ce qui est en mon pouvoir pour rendre votre séjour agréable. Je vous souhaite à tous de bonnes études, et beaucoup de succès.

Il nous présenta alors son adjoint, le beau gosse, le petit Ran S. (le « Donovan » de l'opération Sphinx). L'autre, vêtu avec tant d'élégance, était ce même Shai Kauly qui avait été l'un de mes instructeurs pendant les épreuves de sélection. Il était directeur adjoint de l'Académie.

Avant de commencer son cours, Riff nous dressa un rapide tableau de ses activités passées. Il travaillait pour le Bureau depuis des années. L'une de ses premières missions l'avait conduit en Irak où il avait soutenu les Kurdes dans leur lutte pour l'indépendance. En tant que *katsa* de l'antenne parisienne, il avait servi d'agent de liaison pour le cabinet de Golda Meir, et il avait roulé sa bosse aux quatre coins du monde au cours de nombreuses missions. « A l'heure actuelle, conclut-il, il y a peu d'endroits en Europe où je puisse aller en toute sécurité *. »

Riff nous indiqua ensuite les deux sujets qui occuperaient la plus grande partie de notre temps pour les mois à venir. Le premier, la sécurité, que nous enseigneraient des instructeurs de la Shaback, l'autre, le NAKA, abréviation de « système d'écriture standard » en hébreu.

– Je m'explique, précisa-t-il. Cela signifie qu'il y a une façon de rédiger un rapport, et une seule. Si vous ne rédigez pas un

* Voir chapitre 10 · *Carlos*.

rapport sur ce que vous avez fait, c'est comme si vous n'aviez rien fait. Évidemment, d'un autre côté, si vous écrivez quelque chose que vous n'avez pas fait, on pensera que vous l'avez fait quand même, dit-il en riant.

» Bien. Autant vous familiariser tout de suite avec le NAKA *. La manière de présenter un rapport est rigoureusement invariable. Les feuilles de papier sont toujours blanches, de format carré ou rectangulaire. On écrit en haut de la page le code de contrôle de sécurité, souligné de manière différente selon que le message est secret, top secret, ou anodin.

Sur la droite doit figurer le nom du destinataire ainsi que celui qui doit agir dès réception du message. Cela peut concerner une, deux, ou trois personnes, mais chaque nom doit être souligné. Au-dessous, les noms des destinataires qui ont réclamé une copie, sans avoir participé à l'information. L'expéditeur est plus souvent un service qu'un individu.

La date s'inscrit à gauche avec la désignation de l'urgence choisie : câble, exprès, standard, etc. ainsi qu'un numéro d'identification du message.

Ensuite, au-dessous et au centre, le sujet résumé en une phrase, le tout souligné et suivi de deux points.

Au-dessous encore, on écrit, par exemple : « en référence à votre lettre 3J », suivi de la date de ladite lettre. Si, parmi les destinataires, figurent des gens qui n'ont pas reçu la lettre 3J, vous devez leur en adresser une copie. Si vous traitez de plusieurs sujets, vous devez numéroter chacun, avec une référence claire pour chacun. Chaque fois que vous écrivez un chiffre (par exemple « je commande 35 rouleaux de papier toilette »), vous le répétez (« je commande 35 × 35 rouleaux... »). De cette façon, même si l'ordinateur fonctionne mal, le chiffre reste lisible. Le rapport doit être signé en bas de votre nom de code.

La principale activité de l'organisation consistant à recueillir des informations, nous passâmes des heures à nous exercer au NAKA.

Le deuxième jour, un cours sur la sécurité fut annulé, et on nous distribua des piles de journaux dont certains articles étaient cerclés de rouge, on nous demanda d'en faire des comptes rendus. Notre tâche achevée, nous devions conclure notre rapport par cette formule : « Pas d'autres informations », ce qui signifiait que l'enquête était close, pour l'instant. On nous apprit aussi à ne chercher un titre qu'une fois le rapport terminé.

* Voir *Appendice II*.

On nous remit enfin notre carte d'identité. Elle manquait pour le moins d'attrait : c'était un simple carton blanc avec un code à barres sous la photo.

Vers la fin de la première semaine, Riff nous annonça que nous allions étudier la sécurité des personnes. A peine avait-il commencé son cours que la porte de la salle s'ouvrit à la volée et deux individus surgirent. L'un brandissait un pistolet de gros calibre, l'autre une mitraillette. Sitôt arrivés, ils ouvrirent le feu. Les cadets s'aplatirent au sol alors que Riff et Ran S. s'écroulaient dos au mur, couverts de sang.

Avant qu'on ait eu le temps de dire ouf, les deux types avaient déjà disparu dans une voiture qui démarra sur les chapeaux de roue. Nous étions tous sous le choc, et nous n'avions pas encore repris nos esprits que Riff était debout, apostrophant Jerry S., l'un des cadets :

– Très bien, j'ai été tué sous tes yeux. Décris-moi les tueurs. Combien de coups de feu ont été tirés? As-tu remarqué un détail qui permettrait de les identifier?

Riff inscrivit au tableau les informations que lui dictait Jerry. Il demanda ensuite le témoignage des autres cadets, puis il sortit de la salle et revint, accompagné des deux « tueurs ». Eh bien, croyez-le ou non, personne ne les reconnut. Ils ne ressemblaient en rien au portrait-robot que nous avions établi.

Nous apprîmes que les deux hommes étaient Mousa M., chargé des cours sur la sécurité active, l'APAM, et son adjoint, Dov L. Mousa ressemblait à Telly Savalas, l'acteur principal de *Kojak*.

– Je vous expliquerai plus tard l'intérêt de cette mise en scène, dit Mousa. Mais sachez dès à présent que nous opérons surtout hors du territoire. Retenez bien ceci : nous n'avons pas d'ami. Nous ne connaissons que des ennemis ou des cibles.

» Ce n'est pas pour autant qu'il faut devenir paranoïaque : si vous êtes obsédés par le danger, vous ne serez jamais opérationnels.

» L'APAM est un outil précieux. C'est l'abréviation de *Avtahat Paylut Modienit*, c'est la protection du Renseignement. Son rôle est de vous fournir des îlots de protection pour que vous puissiez accomplir votre mission en toute sécurité. N'oubliez jamais que, dans la vie, vous avez le droit à l'erreur, dans l'espionnage, jamais.

» Vous apprendrez toutes les ficelles pendant vos stages. Mais rappelez-vous bien ceci : je me fiche de vos performances dans les autres disciplines, si vous ne me donnez pas satisfaction ici, vous serez recalés. L'APAM ne requiert pas de qualités particulières, il faut travailler, c'est tout. Pour cela, vous apprendrez à maîtriser la peur et à garder toujours votre mission présente à l'esprit.

» Le système que je vais vous enseigner pendant les prochaines années est infaillible. Il a fait ses preuves et nous le perfectionnons sans cesse. Il est si parfait, si logique, que même si vos ennemis le connaissaient, ils ne pourraient pas s'en servir contre vous.

Mousa nous apprit que Dov serait notre instructeur, encore que lui-même participerait à quelques cours, ou à certains travaux pratiques. Il brandit ensuite une photocopie de notre emploi du temps et déclara :

– Vous voyez ce vide entre le dernier cours de la journée et le premier du lendemain? C'est votre temps libre, n'est-ce pas? Eh bien, sachez qu'il m'appartient.

» Profitez de votre dernier week-end d'aveugles. A partir de la semaine prochaine, nous allons commencer à vous dessiller les yeux. Ma porte vous est toujours ouverte, si vous avez le moindre problème, n'hésitez pas à venir m'en parler, je suis là pour ça. Mais si je vous donne un conseil, il faudra le suivre.

La dernière fois que j'ai entendu parler de Mousa, il était responsable de la sécurité en Europe. Il avait aussi appartenu à l'Unité 504, une unité de frontaliers qui travaillaient pour l'espionnage militaire. C'était un dur, mais sous ses airs sévères se cachait un être sensible, un idéaliste dévoué et plein d'humour *.

Avant de partir en permission pour le week-end, nous devions nous présenter au secrétariat de l'école, tenu par Ruty Kimchy. Son mari avait été chef du département de recrutement et plus tard, en tant que secrétaire d'État aux Affaires étrangères, il jouerait un rôle de grande importance à l'occasion de la désastreuse guerre du Liban. Il serait également impliqué dans l'affaire de l'Irangate.

Nos journées étaient divisées en cinq tranches horaires. 8 h à 10 h, 10 h à 11 h, 11 h à 13 h, 14 h à 15 h et 15 h à 20 h. Nous avions des pauses régulières de vingt minutes, plus une coupure d'une heure pour le repas, que nous prenions dans un autre bâtiment, un peu plus bas sur la colline. Sur le chemin du réfectoire, nous passions devant un kiosque où l'on pouvait acheter des cigarettes et de quoi améliorer l'ordinaire. A

* Voir chapitre 13.

l'époque, je fumais deux à trois paquets de cigarettes par jour, comme la plupart de mes condisciples, d'ailleurs.

Nous avions donc quatre champs d'étude : le NAKA, l'APAM, l'enseignement militaire et les techniques de couverture.

Le programme de l'enseignement militaire était vaste : blindés, aviation, marine, mais aussi les spécificités de nos pays voisins, leur politique, leur religion, leurs structures sociales – ce dernier point étant traité par des professeurs d'université.

Avec le temps, nous apprenions à nous décontracter, nous plaisantions pendant les classes et l'atmosphère était à la bonne humeur. Trois semaines après le début des cours, nous accueillîmes un nouveau de vingt-quatre ans, Yosy C. C'était un ami de Heim M., un des membres de notre groupe âgé de trente-cinq ans, un chauve corpulent dont le visage au sourire rusé s'ornait d'un nez proéminent. Heim, qui parlait arabe et souriait tout le temps, était marié et père de deux enfants.

Yosy, qui avait travaillé au Liban dans l'Unité 504, revenait juste de Jérusalem où il avait suivi six mois de cours intensif d'arabe, langue qu'il parlait maintenant couramment. Son anglais, en revanche, était déplorable. Il était marié, lui aussi, et sa femme était enceinte. Juif orthodoxe, Yosy portait en permanence une kippa en tricot, mais il se faisait surtout remarquer par ses succès féminins. Il avait du charme, les femmes étaient folles de lui, et il ne se gênait pas pour en profiter.

Les cours terminés, je m'attardais souvent au *Kapulsky*, dans Ramat Hasharon, pour boire un café et manger quelques gâteaux, avant de rentrer chez moi à Herzliya. J'y retrouvais Yosy, Heim et Michel M., un spécialiste français des transmissions arrivé en Israël avant la guerre du Kippour, et qui avait servi dans une unité appelée 8200. Il avait déjà travaillé en Europe pour le Mossad comme « expert à poignées » avant de postuler. Sa maîtrise du français, sa langue maternelle, faisait de lui un bon candidat, il était entré par piston.

Nous formions tous les quatre une joyeuse bande. Nous refaisions le monde, nous discutions stratégie. Souvent, après avoir commandé son café, Yosy nous quittait. « Je reviens tout de suite », disait-il, et il réapparaissait une demi-heure plus tard en s'excusant d'avoir été retardé par l'une ou l'autre. « Je ne pouvais pas lui refuser un petit service, tout de même ! » C'est fou ce qu'il rendait comme « services » ! Lorsque nous le mettions en garde contre les maladies, il nous répondait : « Je suis jeune et Dieu me protège. » A quoi nous rétorquions que ce ne devait pas être une sinécure.

La technique de couverture nous était enseignée par les *katsas* Shai Kauly et Ran S.

– Quand vous récoltez des renseignements, nous dit Kauly, vous êtes un *katsa*, vous ne vous appelez pas Victor, ni Heim, ni Yosy. Vous n'abordez pas un type en lui disant : « Salut! Je suis un espion israélien, je suis prêt à vous payer pour tout renseignement que vous me fournirez.

» Vous utilisez une couverture. C'est-à-dire que vous n'êtes jamais ce que vous prétendez être. Un *katsa* doit faire preuve de souplesse. La souplesse, voilà le maître mot. Il vous arrivera peut-être d'avoir trois rendez-vous dans la même journée et de devoir changer trois fois d'identité. Il vous faudra assez de souplesse pour devenir sans cesse un autre.

» Qu'est-ce qu'une bonne couverture? C'est une identité qui ne réclame pas d'explications, et qui vous ouvre le plus large éventail de possibilités. Dentiste, par exemple. Voilà une excellente couverture. Tout le monde sait ce qu'est un dentiste, tant que vous ne tombez pas sur quelqu'un qui vous demande de lui examiner la bouche, vous êtes couvert.

Nous passions des heures à nous entraîner. Nous étudiions des villes de A à Z, pour en parler comme si nous y avions vécu toute notre vie. Nous apprenions aussi à nous construire un personnage nouveau en une journée, avec une connaissance parfaite de son métier. Nous nous exercions avec des *katsas* expérimentés qui vérifiaient la solidité de notre couverture. Ces exercices se déroulaient dans une salle équipée de caméras pour que les autres cadets puissent suivre les séances sur des écrans de télévision dans une pièce voisine.

L'astuce consiste à ne pas dévoiler trop de détails, ce qui n'est pas aussi facile qu'on le croit. Nous le comprîmes en assistant, devant nos écrans, à l'entretien entre Tsvi, un psychologue de quarante-deux ans, le premier cadet à passer sur le gril, et le *katsa* examinateur. Tsvi monologua pendant vingt minutes d'affilée, racontant tout ce qu'il savait de sa ville et de sa profession de couverture, avant même que le *katsa* lui ait demandé quoi que ce soit. Devant nos écrans, nous étions pliés en quatre. « Ouf, je m'en suis bien tiré! » s'exclama-t-il en nous rejoignant, l'épreuve terminée. Il était content de lui!

A l'armée, nous avions appris la solidarité. Quand Kauly me demanda ce que j'avais pensé de l'entretien, je répondis que Tsvi avait bien potassé son sujet, et connaissait sa ville par cœur. Un autre déclara qu'il avait parlé très clairement.

– Minute! s'écria Ran en se levant d'un bond. Vous voulez me faire croire que vous auriez gobé toutes ces salades? Ne me dites pas que vous n'avez pas remarqué l'erreur qu'il a commise! Dire que ce type se prétend psychologue! Et vous autres, vous n'avez donc rien dans le crâne? Cette fois-ci, je veux entendre ce que vous en avez *vraiment* pensé. Commençons par Tsvi G.

Tsvi concéda que, par anxiété, il en avait trop fait. Son autocritique nous libéra. Ran nous demanda de juger sa performance en insistant sur le fait que nous serions un jour ou l'autre confrontés réellement à cette situation, et que nous risquerions notre peau si nous ne savions pas jouer la comédie.

– C'est en apprenant à préserver votre couverture que vous resterez en vie, expliqua-t-il.

En un peu plus d'une heure, Tsvi fut complètement démoli, ravalé au rang de minable. Nous repassions inlassablement la bande vidéo pour souligner telle ou telle bêtise. Et j'avoue que nous y prenions même plaisir.

Voilà ce qui se passe quand on exacerbe la compétition au sein d'un groupe et qu'on abandonne les règles élémentaires de respect de l'autre. Le déchaînement de violence est surprenant. Quand j'y pense maintenant, j'en suis scandalisé. C'était à qui taperait le plus fort, là où ça fait le plus mal. Et quand les critiques se calmaient, Ran et Kauly rallumaient l'incendie avec une ou deux questions. Ces exercices, d'une rare agressivité, avaient lieu deux ou trois fois par semaine. Ils nous apprirent, c'est vrai, à nous forger des couvertures efficaces.

Parvenus au terme du troisième mois de cours, nous suivîmes un nouveau genre de travaux pratiques. On nous apprit à goûter un vin, à parler de son bouquet, à deviner sa provenance. Nous prenions nos repas à l'Académie même, dans la salle à manger protocolaire du Premier ministre. Là, on nous enseignait à lire les cartes des plus grands restaurants, comment composer un menu, comment nous tenir à table.

Dans la salle de ping-pong, un poste de télévision diffusait vingt-quatre heures sur vingt-quatre les programmes vedettes des télévisions canadiennes, anglaises, américaines et européennes pour nous familiariser avec eux. Nous étions capables de reconnaître n'importe quelle émission à partir de quelques mesures musicales de la bande annonce.

Il faut toujours soigner les détails. Prenez par exemple les nouvelles pièces canadiennes d'un dollar. A Montréal, on les appelle des « loonies » (timbrées). Si vous l'ignorez et que vous prétendez être canadien, votre couverture est fichue.

Avec l'APAM, nous apprîmes l'art des filatures, d'abord en groupe, puis individuellement. Comment se fondre dans la foule, choisir des lieux stratégiques, disparaître, les filatures aux heures de pointe, aux heures creuses, le concept d'espace/temps (évaluer la distance qu'un individu couvre en un temps déterminé).

Supposons que votre cible tourne au coin d'une rue et qu'elle ait disparu lorsque vous-même y parvenez. Vous calculez si elle a eu le temps de tourner à l'angle de la rue suivante, sinon, c'est qu'elle est entrée dans un immeuble.

Après la filature, il y eut la contre-filature : découvrir si on était soi-même suivi.

La technique de la contre-filature s'enseignait dans une salle du bâtiment principal, au deuxième étage. C'était une très grande pièce équipée d'une vingtaine de fauteuils d'avion, cendriers sur les accoudoirs, tables escamotables. Sur une estrade, une table et une chaise, au mur, un écran géant où l'on projetait des diapositives de Tel-Aviv, et juste devant, un tableau en plexiglass. Nous allions au tableau, chacun notre tour, et nous devions expliquer notre itinéraire. L'itinéraire est la base de notre travail, sans lui, rien n'est possible.

On désignait un domicile à chaque cadet, qui devait ensuite le quitter à une heure convenue, suivre un certain itinéraire, et rendre compte si, oui ou non, on l'avait filé. S'il avait été suivi, il devait préciser par combien de personnes, quand, où et avec leur signalement. Ceux qui prétendaient ne pas avoir été suivis devaient indiquer où et quand ils avaient vérifié, et justifier leur certitude. On dessinait l'itinéraire au fur et à mesure sur le panneau en plexiglass.

Ce n'était que le lendemain matin, après notre rapport, qu'on nous dévoilait qui avait été suivi.

Mais filé ou pas, il était important d'en être certain dans un cas comme dans l'autre. Si vous croyez être suivi alors que vous ne l'êtes pas, votre travail doit tout de même être suspendu. En Europe, par exemple, si un *katsa* affirme être suivi, sa section arrête toutes ses activités pendant un mois ou deux, le temps de vérifier qui le file et pourquoi.

Nos domiciles respectifs nous servaient de « planques ». Chaque matin, nous devions nous assurer que nous n'étions pas filés, et le soir en rentrant, même chose.

Un itinéraire se divise en deux segments principaux que l'on précise à l'aide d'une carte. Vous quittez un endroit donné en ayant l'air le plus naturel possible et vous vous dirigez vers un lieu stratégique – une adresse où vous avez de bonnes raisons de vous rendre et d'où vous pouvez voir sans être vu. Par exemple, chez un dentiste dont le cabinet est situé au troisième étage d'un immeuble. De la fenêtre du palier, vous pouvez observer la rue. Si vous êtes filé, vous verrez votre suiveur vous chercher des yeux en faisant le pied de grue.

Si je suis pris en filature par une équipe, et que je sors d'un hôtel, je suis coincé. Je marche alors rapidement pour que mes suiveurs s'espacent puis je fais plusieurs détours pour me rendre dans un de mes lieux stratégiques. De là, je les observe et je les vois se réorganiser. Je ressors, je prends un bus qui m'emmène dans un autre quartier et je recommence l'opération, mais lentement, pour qu'ils ne perdent pas leur filature.

La dernière chose à faire est de semer ses poursuivants, sinon, comment s'assurer si vous vous êtes débarrassé d'eux? Alors, dès que je sais que je suis suivi, j'arrête toute activité et je vais au cinéma, mais je suis grillé.

Nous avions tous une kippa dans notre poche, et si nous étions sûrs d'être suivis, nous devions nous en coiffer, téléphoner d'une cabine, composer un numéro convenu, donner notre nom, indiquer que nous étions pris en filature, et rentrer chez nous. Nous nous retrouvions ensuite, chez les uns ou chez les autres, et nous discutions longuement de la situation.

Pendant toute cette période d'entraînement, je ne fis qu'une erreur. Je crus un jour, à tort, que j'étais suivi. Un des cadets avait copié mon itinéraire et me suivait à cinq minutes près. Or j'avais repéré l'équipe qui le filait et j'avais cru qu'ils en avaient après moi. Lui-même ne s'était pas rendu compte qu'il était filé.

La promotion s'était divisée en petits groupes. On se sentait si vulnérables pendant les cours où chacun était soumis aux attaques conjuguées du reste de la classe! Alors, après les cours, on se regroupait à trois ou quatre pour discuter, se conseiller, et se soutenir le moral.

Nos instructeurs passèrent à la seconde phase de leur enseignement.

– Maintenant que vous avez appris à vous protéger, vous allez apprendre à engager des « recrues ». Vous arrivez dans une ville, vous vérifiez que vous n'êtes pas filés, vous recrutez, et ensuite vous rédigez votre rapport en utilisant la méthode NAKA.

J'entends encore Mousa déclarer :

– Ça y est, mes amis, vous commencez à sortir de votre coquille.

Alors, gare aux intempéries!

3

LES BLEUS

Les connaissances techniques que nous venions d'acquérir demandaient à être testées sur le terrain, ce que nous fîmes deux fois par jour. On appelait cela faire des « boutiques ». L'autre objectif était de nous familiariser avec les réunions qui se tenaient après chaque premier contact avec une nouvelle recrue.

Là encore, nos performances étaient retransmises dans une salle annexe où les cadets les analysaient et les critiquaient. Ces séances, d'une heure et demie chacune, étaient d'une sauvagerie terrifiante.

La moindre parole, le moindre geste étaient décortiqués. « Et tu crois vraiment qu'il va mordre à un ton appât? Pourquoi l'as-tu félicité pour son beau costume? Où voulais-tu en venir? »

Les erreurs commises en « faisant des boutiques » étaient embarrassantes, certes, mais pas fatales. Plus tard, dans le monde de l'espionnage, elles le seraient incontestablement. C'est pourtant dans ce monde-là que nous brûlions de vivre.

Chacun essayait de collectionner les meilleures notes, la hantise de l'échec était permanente. Nous devenions des drogués de l'espionnage. Hors du Mossad, la vie nous semblait terne : où trouver des poussées d'adrénaline aussi excitantes?

Ce fut Amy Yaar, chef du département d'Extrême-Orient et d'Afrique pour le Tevel (liaison), qui nous dispensa l'enseignement suivant. Lorsqu'il eut raconté sa fascinante histoire, nous étions tous prêts à nous engager dans le Tevel.

Les hommes que Yaar avait sous son commandement étaient disséminés à travers tout l'Orient et faisaient peu de Renseignement. Ils jetaient les bases d'une coopération commerciale destinée à créer ou à renforcer des liens diplomatiques. Un de ses hommes, par exemple, vivait à Djakarta sous passeport britannique avec pour mission de faciliter la vente d'armes dans la région. Le gouvernement indonésien connaissait son appartenance au Mossad. Si besoin était, une solution était prévue pour assurer sa retraite. Yaar avait aussi un homme au Japon, un en Inde, un en Afrique, et occasionnellement des hommes au Sri Lanka et en Malaisie. Tous les ans, il réunissait son personnel aux Seychelles. Son boulot n'était pas très dangereux et il se payait du bon temps.

En Afrique, les agents de liaison de Yaar jonglent avec des millions de dollars consacrés aux ventes d'armes. Leur travail se divise en trois étapes. D'abord, évaluer les besoins d'un pays, connaître ses ennemis potentiels et les risques objectifs de conflit. Ensuite, nouer de fortes relations et laisser entendre qu'Israël pourrait fournir au gouvernement des pays en question des armes, un encadrement technique, etc. Une fois que ce pays dépend des armes et de la technologie israéliennes, l'homme du Mossad insiste pour qu'il achète aussi des biens d'équipement agricole, par exemple. Peu à peu, le chef de ce pays est amené à entretenir, ou à rétablir, des liens diplomatiques avec Israël s'il veut continuer à bénéficier de son aide économique et militaire. Le but de l'opération est l'établissement de ces liens diplomatiques, mais trop souvent, les ventes d'armes sont tellement lucratives que les agents de liaison ne prennent même pas la peine de passer à l'étape suivante.

Au Sri Lanka, pourtant, ils remplirent la totalité de leur mission. Amy Yaar s'occupa des contacts, passa des contrats d'équipements militaires, qui comprenaient, entre autres, des torpilleurs pour les garde-côtes. Dans le même temps, Yaar et ses hommes fournissaient des contre-torpilleurs aux Tamouls pour les aider à lutter contre les forces gouvernementales. Les Israéliens entraînaient aussi des unités d'élite des deux camps, (à l'insu de l'un et de l'autre, évidemment *). En outre, ils aidèrent le Sri Lanka à extorquer des millions de dollars à la Banque mondiale et à d'autres investisseurs, afin de se faire payer les armes qu'ils leur vendaient.

Le pays connaissait des problèmes économiques chroniques et l'agitation paysanne inquiétait le gouvernement sri-lankais qui voulait briser leur révolte en déplaçant une partie d'entre eux de l'autre côté de l'île. Mais pour cela, il fallait trouver un prétexte. C'est là qu'Amy Yaar entra en scène. C'est à son initiative que l'on doit le gigantesque projet du « barrage de

* Voir chapitre 6.

Mahaweli », destiné à détourner le cours de la rivière Mahaweli pour irriguer des terres arides. Le barrage devait permettre de doubler la production d'énergie hydro-électrique et d'agrandir la surface de terres cultivables de 300 000 hectares. Outre la Banque mondiale, la Suède, le Canada, le Japon, l'Allemagne, la CEE et les États-Unis acceptèrent de coopérer à ce projet de 2,5 milliards de dollars.

Ce fut, dès le départ, un chantier démesurément ambitieux, mais la Banque mondiale, pas plus que les autres investisseurs, ne s'en aperçut et tous croient que le projet tient toujours. A l'origine, le programme devait s'étaler sur trente ans, mais le président du Sri Lanka, Junius Jayawardene, découvrit en 1977 qu'avec l'aide du Mossad on pouvait l'étaler sur une période plus longue.

La réussite du projet impliquait l'expropriation des paysans et pour convaincre la Banque mondiale, qui avait englouti 250 millions de dollars dans l'affaire, le Mossad avait mis à contribution deux académiciens israéliens. Un économiste de l'université de Jérusalem et un professeur d'agronomie étaient chargés de publier des rapports justifiant l'utilité du projet et chiffrant son coût. En outre, une large part du marché revint à une grande compagnie israélienne, la société Solel Bonah.

De temps en temps, des représentants de la Banque mondiale se rendaient au Sri Lanka pour inspecter l'avancement des travaux, mais Yaar avait expliqué aux autorités locales comment endormir la vigilance de ces représentants : pour de prétendues raisons de sécurité, on les conduisait, par des voies détournées, au même sempiternel chantier, construit pour la circonstance.

Plus tard, alors que je travaillais pour le département de Yaar, au quartier général du Mossad, je fus chargé d'escorter la belle-fille de Jayawardene en visite secrète en Israël. La jeune femme s'appelait Penny et me connut sous le nom de « Simon ».

Je la conduisais partout où elle voulait et nous bavardions de choses et d'autres. Ce fut elle qui aborda le sujet. Elle m'expliqua comment les fonds destinés à la construction du fameux barrage étaient détournés pour financer l'achat d'équipement militaire. Le barrage, lui, restait en plan. M'avouer cela à moi, alors que nous avions inventé ce projet de toutes pièces pour soutirer des fonds à la Banque mondiale, fonds destinés à l'achat des armes!

A l'époque, Israël n'entretenait pas de relations diplomatiques avec le Sri Lanka, bien au contraire puisque ce pays participait à l'embargo contre notre pays. Penny me raconta que des rencontres secrètes se poursuivaient entre les deux États. Certains journaux, ayant eu vent de ces rencontres, firent même état de la présence de cent cinquante *katsas* au Sri Lanka alors que nous n'avons pas autant d'agents dans le monde entier. En réalité, Amy Yaar et un de ses aides étaient nos seuls agents à Colombo, et encore n'y faisaient-ils que de courts séjours.

Nous eûmes une deuxième surprise en assistant au cours sur le PAHA. Le PAHA est le département du *Paylut Hablanit Oyenet*, autrement dit « le sabotage ennemi », et concerne principalement l'OLP. Ceux qui officient au PAHA sont essentiellement des employés de bureau. Ils font le meilleur travail de recherche de toute l'organisation.

On nous conduisit dans une pièce du sixième étage, au quartier général du Mossad, où, nous dit-on, arrivaient des informations quotidiennes sur les déplacements des membres de l'OLP et des autres organisations terroristes. La suite allait nous estomaquer. L'instructeur déplia un gigantesque panneau mural d'une trentaine de mètres de large, au pied duquel étaient disposées des consoles d'ordinateurs. Ce panneau, sur lequel sont projetées des cartes géographiques, se divise en petits carrés qui s'allument ou clignotent. Supposons qu'on programme « Arafat » sur le clavier de l'ordinateur, aussitôt un petit carré s'allume sur la carte, désignant son dernier domicile connu. Si on demande « Arafat, trois jours », on obtient ses déplacements des trois derniers jours. Sa dernière résidence est indiquée par une lumière plus vive, qui va décroissant à mesure que ses déplacements s'éloignent dans le temps.

Si on veut savoir ce que font dix membres influents de l'OLP, il suffit de programmer leur nom sur l'ordinateur et la carte s'éclaire aussitôt de petits carrés de différentes couleurs. On peut aussi obtenir un tirage de ces informations. Cette carte permet d'avoir des informations instantanées : supposons que huit des dix membres en question soient localisés à Paris le même jour, on peut en déduire qu'ils préparent une action, et contrecarrer leur projet.

L'ordinateur central du Mossad mémorise plus d'un million et demi de noms. Ceux qui sont affiliés à l'OLP, ou à d'autres organisations terroristes, sont qualifiés de *paha*, d'après le nom du département. L'ordinateur du PAHA possède son propre programme mais peut aussi utiliser la mémoire de l'ordinateur central, un Burroughs, alors que l'armée et les autres départements de Renseignement utilisent des IBM.

Si besoin est, un détail de la carte murale peut être agrandi, et offrir le plan d'une ville, par exemple. Lorsqu'une information concernant l'OLP parvient à l'ordinateur du PAHA, une lumière clignote aussitôt sur l'écran. L'employé de faction la note et demande un tirage à l'ordinateur. L'OLP ne peut faire un seul geste qui échappe à l'écran géant.

Quand un employé prend son tour de garde, son premier réflexe est de demander à l'ordinateur un rapport complet des faits et gestes des membres de l'OLP pendant les dernières vingt-quatre heures. Si, dans un camp palestinien du Nord-Liban, un observateur a remarqué l'arrivée de deux camions, il en avertit aussitôt le PAHA. L'étape suivante consistera à découvrir ce que contenaient ces camions. De tels contacts avec des observateurs ont lieu tous les jours, parfois même toutes les heures, selon les menaces qui pèsent sur Israël.

L'expérience prouve que les détails les plus anodins peuvent dévoiler des actions de grande envergure. Avant la guerre du Liban, un agent signala qu'une cargaison de viande de bœuf de premier choix, denrée rare chez les Palestiniens, avait été livrée dans un camp de l'OLP. Le Mossad savait que l'OLP préparait une attaque, mais n'en connaissait pas la date. La cargaison éveilla leurs soupçons. Or, apprirent-ils, la viande était destinée à fêter la réussite de l'offensive. Forts de cette information, des commandos marine organisèrent une attaque préventive et abattirent onze guerilleros de l'OLP au moment même où ils montaient dans leurs canots pneumatiques.

Un détail, en apparence insignifiant, peut donc avoir une importance capitale. Voilà pourquoi des rapports minutieux sont si nécessaires.

Au début de notre second mois, on nous remit nos armes personnelles, des Beretta .22 long rifle, arme officielle des *katsas*, lesquels d'ailleurs la portent rarement sur eux, par souci de sécurité. En Grande-Bretagne, par exemple, le port d'arme est prohibé, alors autant ne pas courir le risque de se faire prendre avec. En outre, un bon *katsa* n'a pas besoin d'arme. En cas de pépin, mieux vaut s'enfuir ou utiliser la persuasion.

Cela dit, si on doit se servir de son arme contre un ennemi, pas de pitié, c'est vous ou lui. On nous enseigna donc à tirer pour tuer.

Les exercices de tir sont comme des ballets. On apprend à décomposer les mouvements.

D'habitude, on glisse le pistolet dans sa ceinture, sur la

hanche. Rares sont les *katsas* qui portent des baudriers d'épaule. On vous montre comment lester le pan de votre veste avec du plomb pour n'être pas gêné en dégainant, acte qui implique un mouvement circulaire du corps en même temps que le tireur s'agenouille pour offrir la plus petite cible possible. Le temps perdu à écarter le pan de votre veste ferait de vous un homme mort.

Mis dans l'obligation de tirer, il ne faut pas hésiter à vider votre chargeur sur la cible et, une fois votre adversaire à terre, approchez-vous de lui et brûlez-lui la cervelle. Là, vous êtes tranquille.

Les *katsas* utilisent des balles dum-dum qui provoquent une large déchirure à l'impact. Une seule blessure est souvent mortelle.

Nos séances de tir se déroulaient sur la base militaire de Petah Tiqva, où les Israéliens entraînent certaines unités spécialisées envoyées par des gouvernements étrangers. Nous nous entraînions sur des cibles fixes, et dans des couloirs où des cibles en carton surgissaient soudain au fur et à mesure que nous avancions.

L'un de ces lieux était aménagé en couloir d'hôtel. L'exercice consistait à tourner à droite, puis à gauche, un attaché-case dans une main, la clef dans l'autre. Parfois nous atteignions nos « chambres » sans incident, d'autres fois, une porte s'ouvrait à la volée et une cible surgissait. Il fallait tout laisser tomber et tirer.

On nous enseigna aussi à dégainer au restaurant, soit en roulant à terre et en tirant par-dessous la table, soit en se couchant, en renversant la table et en tirant dans le même mouvement. Pour ma part, je n'ai jamais réussi à maîtriser cette technique.

Et les malheureux clients, me direz-vous? On nous apprit à ne pas nous poser cette question. Si une fusillade éclate, un passant se transforme en témoin et les témoins sont toujours gênants. Le seul et unique but, c'est sa propre sécurité, il faut oublier tout sentiment. Notre devoir est de protéger tout ce qui appartient au Mossad, et nous lui appartenons. Une fois qu'on a compris cela, on ne craint plus de paraître égoïste. Au contraire, l'égoïsme devient une qualité dont on a ensuite du mal à se débarrasser.

– Maintenant que vous avez appris à vous servir de vos armes, nous dit un jour Riff après nos séances de tir, oubliez-les. Vous n'en aurez pas besoin.

Et voilà! Les tireurs les plus rapides de l'Ouest condamnés à l'inaction! Pourtant, chacun se disait : « Cause toujours, moi je sais que je m'en servirai. »

Nous étions arrivés à un stade où de longues heures de cours étaient suivies par des travaux pratiques dans Tel-Aviv destinés à améliorer nos techniques de filature et de contre-filature. Un des cours les plus ennuyeux nous fut donné par le plus vieux général de l'armée israélienne. Dans un monologue inaudible de plus de six heures, il nous parla de camouflage et d'armements en nous montrant des diapositives. Il ne bougeait que pour changer les plaques. « Voici un char égyptien », disait-il. Et encore : « Voici une vue aérienne de quatre chars égyptiens camouflés. » Il n'y avait absolument rien à voir. La photo d'un tank bien camouflé au milieu du désert ressemble à s'y méprendre à la photo du désert lui-même. Il nous montra aussi des jeeps syriennes, américaines, égyptiennes, camouflées ou non. Ce fut le cours le plus fastidieux auquel il me fut donné d'assister.

Le cours suivant était plus d'actualité. Il était animé par Pinhas Aderet et concernait les passeports, cartes d'identité, cartes de crédit, permis de conduire, etc. Le plus important pour le Mossad, ce sont les passeports. Ils se divisent en quatre catégories : premier choix, second choix, opérationnel et ordinaire.

Un passeport « ordinaire » a été soit volé, soit trouvé, et n'est utilisé que s'il y a risque d'un contrôle de routine. On change la photo, parfois le nom, mais le principe reste de le modifier le moins possible et un tel passeport ne résisterait pas à un examen minutieux. Il est utilisé par les officiers *neviot* (ceux chargés des cambriolages, des poses de micros, etc.). On s'en sert aussi pour les travaux pratiques en Israël.

Chaque passeport est accompagné d'une documentation et d'une photocopie du plan de la ville où figure l'adresse du titulaire, ainsi qu'une photo de la maison, ou de l'immeuble, et une description des environs. Ainsi, à supposer qu'on tombe sur quelqu'un qui connaisse le quartier, on ne risque pas d'être pris au dépourvu.

Lorsqu'on utilise un passeport « ordinaire », la documentation indique où il a servi auparavant. Si quelqu'un l'a présenté au *Hilton* peu de temps avant, par exemple, il vaut mieux s'abstenir d'y aller. On vous fournit aussi une histoire pour justifier les tampons et les visas de votre faux passeport.

Un passeport « opérationnel » est utilisé dans un pays étranger, à l'occasion d'une brève mission. Mais jamais pour franchir une frontière. Les *katsas* ne présentent quasiment jamais de faux papiers d'identité aux frontières, sauf s'ils sont en compagnie d'une recrue, chose qu'ils essaient d'éviter. Le faux passeport voyage par valise diplomatique, dans une enveloppe cachetée pour qu'elle ne puisse pas être ouverte sans que cela se sache. Le porteur est couvert par l'immunité diplomatique. Les faux passeports peuvent aussi être remis aux *katsas* par un messager, ou *bodel*.

Le passeport de second choix, en fait un faux « vrai » passeport, est fabriqué entièrement au nom de la couverture du *katsa*, qui est une personne fictive.

Le passeport de premier choix, « vrai » passeport également, appartient lui à un détenteur officiel susceptible de couvrir le *katsa*. De tels papiers résistent à tout contrôle, même effectué par les autorités du pays d'origine.

Chaque pays utilise un papier spécial pour la fabrication de ses passeports. Par exemple, le gouvernement canadien ne vendra jamais le papier dont il se sert pour les passeports de ses ressortissants (les préférés du Mossad). D'un autre côté, on ne peut pas fabriquer de faux passeports sans le papier adéquat. C'est pourquoi le Mossad possède une imprimerie et un laboratoire dans le sous-sol de l'Académie où il fabrique diverses qualités de papier. Des chimistes analysent les papiers des vrais passeports pour découvrir la formule exacte qui permettra de reproduire la qualité de papier requise.

La pièce de stockage équipée d'un humidificateur est gardée à une température constante. Sur ses étagères se trouvent les papiers permettant de fabriquer des passeports de presque tous les pays du monde. L'imprimerie sert aussi à la fabrication de dinars jordaniens qui sont ensuite changés contre de vrais dollars, ou inondent la Jordanie pour accroître ses difficultés inflationnistes.

Lorsque, en tant que stagiaire, on me fit visiter l'imprimerie, je vis des liasses de passeports canadiens vierges, plus de mille sans doute, et certainement volés, ce qu'à ma connaissance aucun journal n'a jamais signalé.

De nombreux émigrants sont priés de faire don de leur passeport à la cause juive en arrivant en Israël. Un Juif argentin, par exemple, accepte d'abandonner son passeport en arrivant à Tel-Aviv, et celui-ci terminera dans une sorte de bibliothèque remplie de pièces d'identité, classées par pays, villes, quartiers même. Les noms à consonance juive, ou pas, sont codés et mémorisés sur ordinateur.

Le Mossad conserve également dans un registre une collection impressionnante de timbres officiels et de signatures, dont la plupart ont été obtenus avec l'aide de la police qui peut conserver un passeport, en photographier les tampons, visas, timbres et signatures avant de le restituer à son propriétaire.

Dans la confection d'un faux passeport, le moindre tampon fait l'objet d'une enquête méthodique. Si, par exemple, mon passeport porte le tampon de l'aéroport d'Athènes un jour donné, le service du Mossad cherchera dans son registre quel était l'officier de police affecté au contrôle des passeports ce jour-là, avec son tampon et sa signature, de sorte que si quelqu'un s'avisait de vérifier mon passage à Athènes, il en trouverait la preuve. Les préposés aux passeports sont très fiers de leur travail et s'enorgueillissent de n'avoir jamais fait échouer une opération à cause de mauvaises pièces d'identité.

Avec mon vrai faux passeport, je recevrais un rapport, à jeter après l'avoir appris par cœur, m'informant du temps qu'il faisait à Athènes ce jour-là, de l'hôtel où j'étais descendu, de l'objet de mon séjour, me résumant la « une » des journaux et les principaux sujets de conversation des Athéniens, etc.

Pour chaque mission, les *katsas* reçoivent un petit aide-mémoire sur leurs déplacements précédents. Par exemple : « N'oubliez pas que vous étiez à tel hôtel à telle date et que vous vous appeliez M. Machin. Voici la liste des gens que vous avez rencontrés... » Encore une raison de consigner chaque détail, même le plus insignifiant, dans les rapports.

Si je devais recruter quelqu'un, l'ordinateur rechercherait toutes les personnes que j'aurais déjà rencontrées. Même chose pour ma future recrue. De la sorte, si j'allais à une soirée avec cette personne, je ne risquerais pas de tomber sur quelqu'un que j'aurais déjà croisé sous une autre identité.

Pendant les six semaines qui suivirent, à raison d'une ou deux heures par jour, un certain professeur Arnon nous apprit tout de la vie quotidienne en pays islamique : les différents courants de l'islam, son histoire et ses coutumes, ses fêtes religieuses, ce qui est interdit aux musulmans, ce qu'ils s'autorisent malgré tout. C'était un cours très instructif qui nous permit de dresser un tableau de l'ennemi, de comprendre ses réactions et de manipuler certains de ses ressorts. Le cours se termina par une interrogation écrite : rédiger, en une journée, un article sur le conflit du Proche-Orient.

Le sujet d'étude suivant porta sur les *bodlim* (pluriel de *bodel*). Les *bodlim* servent de messagers entre les planques et l'ambassade, ou entre les planques elles-mêmes, ou encore à transporter les valises diplomatiques. Un *bodel* doit maîtriser les méthodes de l'APAM pour s'assurer qu'il ne fait pas l'objet d'une filature. Son rôle le plus fréquent consiste à remettre les passeports ou autres documents aux *katsas*, et à acheminer les rapports vers l'ambassade. En effet, les *katsas* sont parfois interdits de séjour à l'ambassade d'Israël, cela dépend de leur mission.

Les *bodlim* sont souvent des jeunes gens de moins de trente ans qui font ce travail un an ou deux pour payer leurs études. Ils ont tous servi dans des unités de combat, ce qui les rend assez fiables. Ils suivent l'apprentissage des techniques de l'APAM conjointement à leurs études, et bien qu'il soit peu glorieux, le travail qu'ils fournissent offre pas mal d'avantages pour un étudiant.

La plupart des antennes emploient deux ou trois *bodlim*, dont l'une des fonctions est l'entretien des planques. Il n'est pas rare qu'un *bodel* loge dans six planques à la fois, veillant à ce que l'attention des voisins ne soit pas attirée par un appartement vide, où le courrier s'accumule. Les *bodlim* sont chargés de remplir le frigidaire, régler les factures, etc. Si les *katsas* ont besoin de la planque, le *bodel* déménage dans une autre en attendant que la mission soit terminée. Il n'a pas le droit d'inviter des amis dans les planques, mais son contrat lui assure entre 1 000 et 1 500 dollars par mois, selon le nombre d'appartements à entretenir. Il est logé, nourri, ses études lui sont payées par le Mossad, ce n'est pas une mauvaise affaire, en somme.

Autre sujet d'étude : les *mishlasim*, autrement dit, en argot d'espionnage, les cachettes et les boîtes aux lettres. Ces dernières, au Mossad, sont à sens unique : elles transmettent nos messages vers le Bureau. Jamais un agent ne les utiliserait pour en joindre un autre, excepté dans l'intention de le piéger.

Un groupe d'agents du Mossad chargés des cachettes nous en expliqua le fonctionnement.

Je vous livre les quatre clefs d'une bonne cachette : 1) être d'accès facile; 2) passer inaperçue; 3) être facile à trouver pour le messager; 4) discrète à transporter.

Je fabriquai un coffret avec une boîte à savon en plastique. Je le peignis en gris métallisé avec un éclair rouge pour signaler le danger. Je sciai quatre vis avec leur écrou, que je peignis ensuite en gris, les collai sur la boîte et adaptai un aimant sur son socle. Je déposai la boîte, fixée par son aimant, sur la batterie, sous le capot de ma voiture. On ne le remarquerait pas, et même si c'était le cas, personne n'aime tripoter les circuits électriques. Le messager pourrait prendre la boîte, la cacher également sous le capot de sa propre voiture et partir.

On nous enseigna aussi à préserver des caches dans son domicile à des endroits d'accès facile, mais impossibles à deviner. C'est encore mieux qu'un coffre-fort. Si vous devez vous débarrasser rapidement de quelque chose, mieux vaut avoir prévu une cache, fabriquée de préférence avec des matériaux courants.

On peut, par exemple, fabriquer une porte creuse avec deux planches en contreplaqué. Il suffit alors de percer un trou sur la tranche supérieure et d'y suspendre les objets à dissimuler. On peut aussi utiliser les tringles qui soutiennent les cintres, dans les penderies. La place n'y manque pas, et même si on fouille vos vêtements, on oublie souvent de regarder dans la tringle.

Un moyen pratique de faire passer des documents aux frontières consiste à utiliser un vieux tour de prestidigitateur. Prenez deux journaux entre lesquels vous ménagez une cache avec deux pages repliées et collées et vous pouvez franchir la douane sans crainte, et même confier les journaux au douanier pendant que vous cherchez vos papiers. Nous lisions beaucoup de livres de magie.

Pour les travaux pratiques suivants, les « cafés », nous travaillions par groupes de trois : Yosy, Arik F., un géant de deux mètres, et moi, accompagnés par notre instructeur, Shai Kauly, allions rue Hayarkon, dans le quartier des hôtels. A tour de rôle, deux d'entre nous patientaient dans un café pendant que le troisième se rendait dans le hall d'un hôtel, muni de faux papiers et d'une couverture. Dans le hall, Kauly lui désignait une personne au hasard, avec qui il devait entrer en contact. Pour compliquer la tâche, c'était parfois un agent du Mossad incognito. Le but était de réunir le maximum d'informations sur le « contact » et d'obtenir un rendez-vous ultérieur.

Pour ma part, il m'est arrivé de demander du feu à un homme qui se trouvait être journaliste à *Afrique-Asie*. J'en profitai pour engager la conversation et je pensais m'en être sorti à mon avantage. Pourtant, le type s'avéra être un agent infiltré, un *katsa* qui avait couvert un congrès de l'OLP à Tunis pour ce journal, auquel il avait même donné plusieurs articles.

Après chaque exercice, nous devions rédiger un rapport détaillé sur les contacts établis, les sujets de discussion abordés, les engagements pris, etc. Le lendemain, selon un rite bien établi, nous disséquions et critiquions les rapports des autres cadets. Nous étions parfois fort surpris de nous trouver nez à nez avec un « contact » de la veille.

Comme tous les autres exercices, nous dûmes répéter

celui-ci inlassablement. Notre emploi du temps, déjà chargé, devint démentiel. Outre l'entraînement proprement dit, nous appliquions ces méthodes dans la vie courante. Nous ne pouvions plus rencontrer quelqu'un sans chercher à en faire une recrue potentielle, en déballant nos appâts. En principe, quand on recrute, mieux vaut paraître riche, tout en restant dans le vague quant à la profession. Mais il ne faut pas être trop vague sous peine d'être pris pour un escroc.

Somme toute, nous étions à l'école de la grande truanderie... On faisait de nous des arnaqueurs au service de la patrie.

Après un exercice où j'avais joué le rôle d'un riche « entrepreneur », j'avais toutes les peines du monde à redescendre sur terre. Je cessai d'être riche pour redevenir un petit fonctionnaire qui n'avait plus qu'à se coltiner avec son rapport.

Les « cafés » pouvaient cacher des problèmes inattendus. Certains cadets, par exemple, avaient tendance à se faire mousser dans leur rapport.

Ce fut le cas de Yoade Avnets, un type vantard et pas très futé. Après chaque séance de « café », pour autant qu'il n'ait pas repéré un *katsa* déguisé, Yoade racontait des histoires extraordinaires. Jusqu'au jour où Shai Kauly surgit à l'improviste pendant une pause.

– Yoade Avnets! tonna-t-il.

– Oui?

– Va faire ton paquetage et fiche le camp!

– Mais, bredouilla Avnets, un sandwich entamé à la main, mais... pourquoi?

– Tu te souviens de ton « café », hier? Eh bien, c'est la goutte qui a fait déborder le vase!

Nous apprîmes par la suite que Yoade s'était présenté devant le sujet à recruter, lui avait demandé la permission de s'asseoir, mais qu'une fois assis, il n'avait plus ouvert la bouche. Son rapport avait ensuite fait état d'une discussion animée. Le silence est d'or, dit-on, mais pas pour Yoade, dont la carrière fut brutalement interrompue.

Chaque jour, la première demi-heure de cours était consacrée à la revue de presse. L'exercice s'appelait *Da*, ou « connaissances générales ». Un cadet faisait une analyse des articles de journaux. Encore un fardeau supplémentaire, mais nos instructeurs tenaient à ce que nous soyons au courant de l'actualité. A changer sans cesse d'identité et jouer la comédie, on se coupe vite du monde réel, travers qui pouvait se révéler fatal. Par ce biais, nous développions aussi une aisance verbale, et comme nous étions forcés de lire les journaux quotidiennement, nous pouvions aborder n'importe quel sujet, donner notre opinion, et, pourquoi pas, contredire les conclusions communément admises.

Avant peu, nous apprîmes à effectuer ce qu'on appelle des missions « vertes », désignant certaines activités de liaison. Supposons qu'on apprenne que des installations ou des équipements d'un pays donné sont menacés par une action terroriste. L'analyse et l'évaluation de la menace donneront lieu à des discussions animées. En gros, si l'attentat concerne des équipements régionaux sans liens avec Israël, vous avertissez le service compétent sans divulguer vos sources, par un coup de téléphone anonyme, par exemple, ou par l'intermédiaire d'agents de liaison. En revanche, si vous avez la certitude qu'on ne vous demandera pas vos sources, vous pourrez prévenir directement le service en question et, dans ce cas, autant dire qui vous êtes pour qu'on vous renvoie l'ascenseur une autre fois.

Si la cible est israélienne, utilisez tous les moyens pour éviter les dommages, au besoin, même, sacrifiez votre source. S'il faut griller un agent d'un pays « cible » (n'importe quel pays arabe) pour empêcher un attentat dans un pays d' « appui », (où le Mossad a ses antennes), n'hésitez jamais. Voilà le genre de sacrifice qu'on nous demandait constamment.

S'il vous faut mettre une de vos sources en danger pour avertir une cible d'un attentat qui n'affecte en rien Israël, ne bougez pas le petit doigt. Cela ne concerne pas le Mossad. Le mieux que vous puissiez faire est de lancer un discret avertissement, lequel avertissement sera bien sûr noyé parmi des milliers d'autres et aura peu de chances d'être reçu *.

Ces conseils se gravèrent dans nos esprits et nous apprîmes à agir selon nos intérêts sans tenir compte des autres, parce que, dans la situation inverse, personne ne se soucierait de nous. C'est précisément ce qu'on entend dans les milieux de droite en Israël, et plus vous allez vers la droite, pire c'est. En Israël, il suffit de garder ses convictions politiques pour se retrouver automatiquement à gauche, puisque tout le pays glisse à droite. « Sous le nazisme, dit-on partout, ceux qui ne nous assassinaient pas aidaient les bourreaux, et les autres étaient indifférents. » Pourtant, je n'ai jamais assisté à une seule manifestation de protestation contre les crimes commis au Cambodge, par exemple. Alors, pourquoi attendre que d'autres se soucient de notre sort? Parce que les Juifs ont souffert, ont-ils le droit d'infliger souffrances et misère à autrui?

* Voir chapitre 17.

Une partie de l'enseignement du Tsomet était consacré aux instructions à donner à un agent envoyé dans un pays cible. L'agent ordinaire est utilisé comme « signal ». Ce peut être une infirmière travaillant dans un hôpital, et dont le rôle consiste à prévenir le Mossad de toute activité inhabituelle dans son service : préparation de lits, ouverture d'une aile nouvelle, stockage de médicaments, ou tout ce qui ressemble aux préparatifs d'une attaque militaire. Des « signaux » dans chaque port annoncent l'arrivée de bateaux ; dans les casernes de pompiers, d'autres notent si des préparatifs se mettent en place. Et jusque dans les bibliothèques, au cas où le personnel serait appelé sous les drapeaux sous prétexte que leur travail n'est pas vital pour le pays.

Il faut être très précis quand on donne des instructions à un agent « signal ». Si le président syrien menace de nous attaquer, comme il l'a souvent fait dans le passé, et qu'il ne passe pas à exécution, c'est parfait. Mais si, dans le même temps, il prépare sa couverture logistique, alors il devient urgent de le savoir.

David Diamond, chef de la *kashat*, devenue ensuite la *neviot*, nous fit des cours théoriques sur la manière de faire parler les objets et de surveiller un immeuble. Supposons que votre cible loge au sixième étage d'un immeuble et qu'il possède un document que vous voulez consulter. Que faire ? Il nous apprit aussi à poser des micros, à répertorier les allées et venues, la fréquence des patrouilles de police, à repérer les endroits « chauds » – à éviter de stationner devant une banque, par exemple –, comment préparer un plan de repli, etc.

Nous eûmes bien d'autres cours sur les transmissions. Les communications envoyées par le Mossad se font par radio, lettre, téléphone, boîte aux lettres, ou au cours d'une simple rencontre. Chaque agent, muni d'une radio, a un horaire spécifique pour recevoir un message codé, et le message ne change qu'une fois par semaine afin d'être à peu près sûr que l'agent à qui il est destiné le captera. Ces agents opèrent avec une radio à antenne fixe, installée soit à leur domicile, soit sur leur lieu de travail.

On utilise aussi des « flotteurs », petits microfilms cachés dans une enveloppe. L'agent doit déchirer l'enveloppe, tremper le microfilm dans un verre d'eau, puis le coller sur la paroi du verre et lire le message à l'aide d'une loupe.

Les agents, eux, peuvent contacter leur *katsa* par téléphone, télex, lettres, écrites avec une encre sympathique ou non, simple rencontre ou par des communications radio sur fréquences spéciales, difficiles à intercepter. Chaque fois qu'un agent utilise cette méthode, il change de fréquence suivant un ordre préétabli.

Le principe est de rendre les communications aussi directes que possible. Plus un agent reste dans un pays cible, plus il détient d'informations, et plus l'équipement dont il a besoin devient sophistiqué. Or, se faire prendre avec un tel matériel est particulièrement dangereux, ce qui renforce l'anxiété des agents.

Pour dynamiser notre sionisme, nous passâmes une journée entière au musée de la Diaspora, sur le campus de l'université de Tel-Aviv. C'est un musée où sont exposées des reproductions de synagogues de tous les pays et où est racontée l'histoire de la nation juive.

Une certaine Ganit, chargée de la section jordanienne, nous fit un cours extrêmement important sur le roi Hussein de Jordanie et le problème palestinien. Ce cours fut suivi d'un autre sur les opérations de l'armée égyptienne. Deux jours à la Shaback nous apprirent les méthodes et les opérations du PAHA en Israël. Et notre programme s'acheva par un cours de Lipean, l'historien du Mossad. Nous étions en juin 1984.

Notre entraînement nous avait surtout appris à nouer des relations avec des quidams inoffensifs qui nous apparaissaient tous comme des recrues. « Il faut que je l'aborde et que j'obtienne un rendez-vous, ça pourra toujours servir », se disait-on. On acquérait un étrange sentiment de pouvoir. Chaque passant devenait un jouet. Tout était mensonge. Seul comptait le pantin qu'on pourrait manipuler. Oui, celui-là n'est pas mal, mais quel ressort l'anime ? Comment l'obliger à travailler pour moi ?... Euh... pour mon pays ?

J'avais toujours su ce que cachait le bâtiment de l'Académie. Tout le monde le savait en Israël. Il arrive que le Premier ministre l'utilise comme résidence d'été, ou y reçoive les invités de marque. C'était ainsi que l'utilisait Golda Meir. Mais nous savions qu'il ne servait pas qu'à *ça*. Ce sont des choses que l'on apprend quand on grandit en Israël.

Israël est une nation de guerriers, plus vous êtes au contact de l'ennemi, plus vous êtes respecté. C'est ce qui fait du Mossad le véritable symbole du pays. Et maintenant j'étais un membre du Mossad. Le sentiment de pouvoir que cela procure est difficile à décrire et vaut bien la peine d'endurer de rudes épreuves. Rares sont ceux, en Israël, qui n'auraient pas changé leur place contre la mienne.

4

LES DEUXIÈME ANNÉE

On nous serinait d'acquérir souplesse et disponibilité, de tirer parti de nos qualités naturelles et de nos compétences, d'emmagasiner un maximum de connaissances. Tout était susceptible de nous servir un jour.

Michel M. et Heim M. appartenaient à notre petite bande. Ils étaient tous deux entrés à l'Académie par piston. Beaux parleurs, ils connaissaient la plupart des chargés de cours, et ils se vantaient d'être capables de recruter des généraux et des officiers haut placés quand il le faudrait. Jerry S. et moi étions les meilleurs en anglais, mais ma qualité principale était ma capacité d'anticipation. Je voyais les obstacles avant tout le monde.

Heim et Michel semblaient avoir une vaste expérience et je les admirais. En retour, ils m'avaient pris sous leur protection. Nous habitions le même quartier, parcourions ensemble le trajet jusqu'à l'Académie, et rentrions le soir ensemble. Nous faisions régulièrement halte au *Kapulsky* où l'on servait des gâteaux au chocolat sublimes que nous savourions tout en discutant avec passion.

Nous formions une bande très solidaire. Nous avions des manières de penser similaires, des intérêts communs. Nous accomplissions, autant que possible, les exercices pratiques ensemble, car nous pouvions compter les uns sur les autres – ou du moins nous le pensions. On n'essaya jamais de nous séparer.

Oren Riff, notre instructeur principal, un ancien du Tevel, insistait beaucoup sur l'importance de la Liaison. Les informations proviennent pour 60 à 65 % des médias, journaux, radio, télévision ; pour 25 % des satellites, télex, téléphone, communications radio, et pour 5 à 10 % de la Liaison. Les *humint*

– agents du Meluckah, ex-Tsomet – ne fournissent, quant à eux, que 2 à 4 % de la masse des informations, mais ce sont justement les plus capitales.

Au programme de cette deuxième session figurait un exposé de deux heures par Zave Alan. Alan, vedette du Tsomet, était l'agent de liaison entre le Mossad et la CIA. Il nous parla des États-Unis et de l'Amérique latine. Lorsque vous travaillez avec un agent d'une autre organisation, nous expliqua-t-il, il vous considère comme un intermédiaire, et vous le considérez comme un intermédiaire et une source. Vous lui communiquez les informations que vos supérieurs ont sélectionnées et lui agit de même. Vous n'êtes qu'un maillon, certes, mais un maillon humain, ce qui implique l'intervention des sentiments.

C'est pourquoi on mute périodiquement les agents de liaison. Si le courant passe entre vous et votre contact, vous pouvez créer une relation personnelle. Si cette relation se resserre, l'agent de l'autre bord peut se mettre à éprouver de la sympathie à votre égard. Il en sera plus sensible aux dangers qui menacent votre pays. Dans le Renseignement, il faut cultiver les relations amicales, mais sans jamais perdre de vue que celui d'en face n'est qu'un pion d'une vaste organisation. Il en sait beaucoup plus qu'il n'a le droit de vous dire.

Si vous êtes son ami, il vous fournira parfois spontanément une information dont vous avez besoin, à condition toutefois que ce soit sans risque pour lui et que vous ne parliez à personne de vos sources. C'est de l'information premier choix et vous devrez la classer « Jumbo » dans votre rapport. Les yeux pétillants de malice derrière ses lunettes à la John Lennon, Alan se vanta d'avoir obtenu plus d'informations « Jumbo » que tout le Mossad réuni.

Alan avait de nombreux amis à la CIA.

– Mais même si j'étais leur ami, nous précisa-t-il, ils n'en étaient pas les miens pour autant.

Sur ce, il nous quitta.

L'exposé d'Alan fut suivi d'un cours sur la coopération technique entre services de différents pays. Nous apprîmes ainsi que pour forcer les serrures, le Mossad les surpassait tous. En Grande-Bretagne, par exemple, plusieurs entrepreneurs en serrurerie soumettent leurs innovations aux services secrets afin qu'ils procèdent à des tests de sécurité. Les services britanniques à leur tour les envoient au Mossad pour analyse. Nous examinons les serrures, trouvons comment les forcer et nous les réexpédions accompagnées d'un rapport certifiant qu'elles sont « inviolables ».

Ce jour-là, après le déjeuner, Dov L. nous conduisit au parking où sept Ford Escort blanches étaient garées. (En Israël, la plupart des voitures du Mossad, de la Shaback et de la police sont blanches. Cependant, le chef du Mossad circule dans une Lincoln lie-de-vin.) On allait nous apprendre comment repérer si une voiture nous filait. Là encore, ne jamais se fier à son intuition, les histoires de poils qui se hérissent, c'est bon pour les romans. Il s'agit d'une technique que l'on acquiert par des heures de pratique.

Le lendemain, Ran S. nous donna un cours sur un réseau unique au monde et qui constitue la force du Mossad. Ce réseau est constitué de *sayanim*, ou assistants, Juifs résidant hors d'Israël. Nous les contactons par l'intermédiaire de membres de leur famille en Israël. On peut, par exemple, demander à un Israélien dont un neveu habite en Angleterre de lui écrire une lettre certifiant que le porteur de celle-ci fait partie d'une organisation dont le rôle est de protéger les Juifs de la diaspora, et demandant de lui apporter l'aide nécessaire à la réussite de son entreprise.

Il y a des milliers de *sayanim* à travers le monde. Rien qu'à Londres, ils sont environ 2 000, et 5 000 autres attendent d'être « activés ». Leurs rôles sont multiples. Un « *sayan* automobile », par exemple, possédant une agence de location de voitures, aidera le Mossad à louer un véhicule sans remplir les formulaires habituels. Un « *sayan* immobilier » trouvera un appartement sans poser de questions indiscrètes. Un « *sayan* banquier » vous procurera de l'argent liquide de jour comme de nuit. Un « *sayan* médecin » vous extraira une balle sans prévenir la police, et ainsi de suite. Le Mossad peut donc s'appuyer sur un réseau de volontaires dont la discrétion est assurée grâce à leur loyauté envers Israël, et qui ne touchent que des dédommagements. Il n'est pas rare que les *sayanim* se laissent abuser par des *katsas* sans scrupules qui profitent de leur aide à des fins personnelles. Et cela, le *sayan* ne s'en aperçoit jamais.

Il y a un autre avantage : jamais un Juif qui a refusé de coopérer avec le Mossad ne le dénoncera aux autorités. Nous disposons donc d'un système de recrutement sans risques, et d'un réservoir de millions de Juifs hors des frontières d'Israël. Il est toujours plus simple d'avoir des appuis sur place quand on opère à l'étranger, et les facilités qu'offrent les *sayanim* sont inestimables. On évite, bien sûr, de leur faire courir un danger, et ils n'ont pas accès aux informations secrètes.

Imaginez qu'au cours d'une opération, un *katsa* utilise

comme couverture un magasin de matériel hi-fi : un simple coup de fil à un *sayan* ayant lui-même un tel magasin et on lui livre sur-le-champ un stock complet de téléviseurs, magnétoscopes, chaînes stéréo, etc.

Le Mossad est actif surtout en Europe, en conséquence il est préférable, pour ces sociétés fictives, d'avoir leur siège en Amérique du Nord. D'où les « *sayanim* adresse » et les « *sayanim* téléphone » auxquels un *katsa* peut faire appel pour avoir une adresse ou un téléphone de couverture. Si le *sayan* reçoit du courrier ou une communication, il saura immédiatement comment procéder. Certains hommes d'affaires *sayanim* dirigent des sociétés où vingt secrétaires répondent au téléphone, tapent le courrier, expédient des fax, pour le compte du Mossad à 60 % de leur activité. Sans lui, ces sociétés feraient faillite.

Si ce système était découvert, cela nuirait sérieusement aux Juifs de la diaspora, mais le Mossad s'en moque. Si vous avez le malheur de protester, on vous répond :

– Qu'est-ce qui peut leur arriver? Qu'on les expulse? Tant mieux! Ils viendront tous en Israël.

Les *katsas* sont responsables des *sayanim* et rencontrent les plus actifs d'entre eux une à trois fois par mois, ce qui, pour le *katsa*, implique une moyenne de deux heures par jour d'entretien en tête à tête, plus de nombreuses conversations téléphoniques. Mais ce système permet au Mossad de fonctionner avec un personnel de base squelettique. Pensez qu'une antenne du KGB emploie au moins cent personnes, là où le Mossad n'en a besoin que de six ou sept!

Les gens se figurent que c'est une faille du Mossad de ne pas disposer d'antenne dans les pays cibles : les États-Unis ont une antenne à Moscou, les Soviétiques ont la leur à Washington et une autre à New York, alors que les Israéliens n'ont pas d'antenne à Damas, par exemple! C'est ne pas comprendre que, pour le Mossad, il n'y a que des cibles, y compris l'Europe et les États-Unis. En général, les pays arabes ne fabriquent pas d'armes et ne possèdent pas d'école militaire de haut niveau. Pour recruter un diplomate syrien, inutile d'aller à Damas, c'est plus facile à Paris. De même, pour obtenir des renseignements sur un missile arabe, mieux vaut s'informer en France, en Grande-Bretagne, ou aux États-Unis, où ces engins sont fabriqués. Les Américains détiennent plus de renseignements sur l'Arabie saoudite que les Saoudiens eux-mêmes! Que possèdent les Saoudiens? Des avions AWACS. Mais les AWACS sont construits par Boeing; et Boeing est américain, alors qu'irions-nous faire à Riyad? A mon époque, l'unique recrue du Mossad en Arabie saoudite était un attaché de l'ambassade du Japon !

Les officiers supérieurs de ces pays font leurs études en Angleterre ou aux États-Unis. Leurs pilotes s'entraînent en Angleterre, en France ou en Amérique, et leurs commandos en Italie et en France. Autant les recruter là, c'est plus facile et moins dangereux.

Ran S. nous parla aussi des agents « blancs », qui sont recrutés par des *katsas* travaillant sous couverture ou pas, et qui, parfois, savent, parfois ignorent qu'ils travaillent pour Israël. Ce ne sont jamais des Arabes, jugés insuffisants dans leurs connaissances scientifiques. Les Israéliens s'imaginent que les Arabes ne comprennent rien à la haute technologie, comme l'atteste cette blague qui court sur leur compte. Un type vend de la cervelle arabe pour 900 francs le kilo et de la cervelle juive pour 10 francs le kilo. On lui demande pourquoi tant d'écart. « C'est que la cervelle arabe est comme neuve. Elle a si peu servi ! » Cette opinion est largement répandue en Israël.

Il est plus facile de travailler avec un agent « blanc » qu'avec un « noir », c'est-à-dire un Arabe. Les Arabes sont souvent soumis à une surveillance stricte quand ils travaillent à l'étranger, et si leurs propres services secrets apprennent qu'ils coopèrent avec un *katsa*, votre vie ne vaudra pas cher. En France, par exemple, si un *katsa* est découvert, il risque au pire l'expulsion. En revanche, son agent « blanc » sera jugé pour trahison par la justice de son pays. Malgré la protection du *katsa*, c'est toujours l'agent qui écopera. Mais quand le *katsa* travaille avec un agent « noir », le *katsa* comme l'agent risquent leur vie.

Parallèlement aux cours théoriques, nous poursuivions notre entraînement pratique. Nous apprîmes la technique *maulter*, autrement dit l'usage improvisé d'une voiture à fin de filature ou contre-filature. Si vous conduisez dans un quartier inconnu sans avoir préparé votre itinéraire, il y a certaines règles à suivre pour vous assurer que vous n'êtes pas suivi : tourner à droite, puis à gauche, s'arrêter, repartir, etc. Mais n'oubliez pas que vous n'êtes pas rivé à votre véhicule. Si vous pensez qu'on vous file, et qu'il vous est impossible de le vérifier, garez-vous, et continuez à pied.

Un *katsa* nommé Rabitz nous familiarisa avec le fonctionnement du bureau Israël qui couvre Chypre, l'Égypte, la Grèce et la Turquie. Les *katsas* qui y travaillent sont surnommés des « puces » ou des « kangourous », parce qu'ils opèrent depuis le quartier général de Tel-Aviv et qu'ils ne vont contrôler sur place leurs agents ou *sayanim* qu'en faisant des sauts de puce de quelques jours. Être *katsa* dans ces pays à politique pro-palestinienne est fort périlleux.

Les *katsas* redoutent d'être nommés au bureau Israël et pendant son cours, Ran S. ne se priva pas d'en dire du mal. Le sort lui réservait une mauvaise surprise : on lui confia la responsabilité du bureau tant décrié.

Pour nous détendre, nous organisâmes des tournois sportifs avec vingt-cinq autres étudiants de l'Académie. C'étaient des comptables, des informaticiens, des secrétaires et autres personnels administratifs à qui l'on inculquait le fonctionnement du Mossad. Ils étaient bien plus sérieux que nous.

Pour les éloigner de la table de ping-pong tant convoitée, nous cachions les balles et les raquettes, mais nous acceptions de les affronter au basket-ball. Mauvais joueurs, nous trichions de manière éhontée. Un des cadets s'occupait du tableau de marque et nous gagnions toujours malgré les protestations des autres. Imperturbables, nous les rencontrions tous les mardis midi pour un match d'une heure.

Nos cours n'en continuaient pas moins de plus belle. Nous savions déjà tout du processus de recrutement, depuis le premier contact jusqu'à l'enrôlement définitif, on nous instruisit ensuite de son aspect financier.

Avant de lui promettre quoi que ce soit, il faut s'enquérir de la situation financière de la recrue. S'il s'agit de quelqu'un de pauvre, une brusque amélioration de son niveau de vie éveillerait les soupçons. Supposons qu'un agent retourne dans son pays cible, et qu'il ait besoin d'argent pour s'installer. Si, par exemple, il a un contrat de deux ans avec le Mossad qui lui verse un salaire mensuel de 4 000 dollars, et que 1 000 dollars ne changent pas son train de vie, le *katsa* ouvrira un compte au nom dudit agent, dans une banque anglaise, ou autre, et y virera le solde du salaire annuel. Ainsi, l'agent touchera 12 000 dollars cash et son compte bancaire sera crédité de 36 000 dollars. Même chose la seconde année. Non seulement son quotidien s'en trouve amélioré, mais son avenir est garanti. Alors le *katsa* tient bien son homme.

Il y avait aussi un système de gratification fondé sur la qualité de l'information, ou sur la situation professionnelle de l'agent. La rétribution habituelle était de 100 à 1 000 dollars par lettre, mais on a vu un ministre syrien toucher 10 000 à 20 000 dollars par communiqué.

Chacun des trente à trente-cinq *katsas* avait en moyenne

vingt agents à son service. Si on compte qu'un agent touchait environ 3 000 dollars de salaire plus 3 000 de bonus – et nombreux sont ceux qui gagnaient largement davantage –, il en coûtait au Mossad 15 millions de dollars par mois pour les six cents agents uniquement. Il fallait compter en outre les frais couvrant le recrutement, les planques, les opérations, les véhicules et bien d'autres dépenses qui se montaient à des centaines de millions de dollars par mois.

Un *katsa* dépensait facilement 200 à 300 dollars par jour en restaurants et plus de 1 000 en frais généraux, ce qui coûtait au Mossad encore plus de 30 000 dollars par jour pour subvenir aux besoins des *katsas*. Et je ne compte pas le salaire qui, selon le rang, s'échelonnait entre 500 et 1 500 dollars par mois.

Personne n'a jamais prétendu que l'espionnage était gratuit.

Pour nous enseigner les techniques de l'itinéraire protégé, Dov nous projeta un film illustrant le rôle de la branche *yarid*, chargée de toutes les opérations de surveillance.

La branche *yarid* se composait, à l'époque, de trois équipes de cinq à sept personnes chacune qui, en Europe, étaient sous le commandement du chef de la Sécurité.

Dov voulait nous montrer quels soutiens logistiques fournissaient les équipes *yarid*, et aussi comment nous en passer si aucune de ces équipes n'était disponible *. Ce que j'appris là changea ma vision du monde. J'avais l'habitude de fréquenter les cafés de Tel-Aviv. Je remarquais soudain que les rues étaient le théâtre de cette intense activité que je n'avais jamais soupçonnée : les filatures de la police. Cela se passe tout le temps, mais à moins que vous ne soyez entraîné, vous ne le voyez pas.

Le cours de Yehuda Gil nous permit d'approfondir toutes les subtilités du recrutement. Gil, que Riff nous présenta comme un maître, était un *katsa* légendaire **. Il commença son cours en insistant sur les trois appâts capitaux que sont l'argent, le sexe, et les sentiments (qu'il s'agisse d'un désir de vengeance ou d'un idéal).

– N'oubliez jamais de prendre votre temps et d'avancer avec discernement, insista Gil. Prenez, par exemple, un type qui appartient à une minorité. Qu'il ait subi des sévices, ou qu'il ait été victime d'une injustice, il voudra se venger. Voilà une recrue potentielle. Dès qu'il accepte votre argent, il est recruté et il le sait. Personne ne croit qu'on donne de l'argent gratuite-

* Voir appendice I.
** Voir prologue, L'opération Sphinx ; voir aussi chapitres 12 et 15.

ment, c'est donc que vous attendez de lui quelque chose en échange.

» Il y a aussi le sexe. C'est un bon levier, mais ce n'est pas un moyen de paiement, car la plupart des recrues sont des hommes. N'oubliez pas le dicton : " La femme donne et pardonne, l'homme prend et oublie. " Alors, nous ne payons pas en nature. L'argent, les hommes s'en souviennent toujours.

Un coup réussi n'est pas forcément un coup bien conçu, nous prévint Gil. Une tactique au point marche à tous les coups, mais même une tactique bancale peut aboutir au succès. Pour illustrer son propos, Gil nous raconta l'histoire d'un agent arabe, un *oter*, ce qu'on peut traduire par « dénicheur », censé organiser une rencontre avec un type que le Mossad voulait recruter. Gil, qui devait se faire passer pour une relation d'affaires, attendait dans sa voiture pendant que l'autre allait à la rencontre de la cible. L'*oter* travaillait pour le Mossad depuis longtemps, et pourtant, en montant dans la voiture avec sa recrue, Ahmed, il fit les présentations sous cette forme :

– Voilà Albert (Gil), le type des services secrets israéliens dont je t'ai parlé. Albert, Ahmed est d'accord pour collaborer. Il demande 10 000 francs par mois, et pour ce prix-là, il est prêt à tout.

Les *oters* sont toujours des Arabes, d'une part parce que peu de *katsas* parlent cette langue, mais surtout parce qu'un Arabe fera davantage confiance à l'un des siens. Le rôle des *oters* est en somme de briser la glace et, peu à peu, ils sont devenus indispensables aux *katsas*.

Ahmed fut recruté, mais Gil nous déconseilla ce type d'approche directe. Nous devions, au contraire, organiser de prétendues coïncidences. Un exemple : la recrue que vous voulez ferrer est dans un bistrot parisien un soir donné et vous savez que l'homme parle arabe. Voici comment procéder : Gil s'assoit à la table voisine et l'*oter* se tient en retrait, au bar. Au bout d'un moment, l'*oter* fait semblant de reconnaître Gil, et ils se mettent à bavarder en arabe. Avant longtemps, la future recrue se mêlera à la conversation, d'autant plus que vous avez étudié son histoire à fond et que vous discuterez de sujets qui l'intéressent.

Au cours de la conversation, Gil glissera à l'*oter* :

– Au fait, tu vois ta copine, ce soir?

– Oui, mais elle viendra avec une amie, ce serait mieux si tu pouvais rester.

Gil prétextera un dîner d'affaires et il y a fort à parier que l'autre se proposera pour le remplacer, préparant ainsi la voie de son recrutement.

– Si vous vous étiez trouvé dans un bar à Paris, et que la même scène se soit déroulée en hébreu, c'est *vous* qu'on aurait recruté, poursuivit Gil. Entendre sa propre langue à l'étranger, c'est irrésistible.

Le premier contact doit toujours paraître naturel pour que la recrue ne se doute de rien. Si elle n'accroche pas, elle ne saura même pas qu'il y a eu tentative. Mais avant toute chose, potassez bien son histoire, ses goûts, ses opinions, vérifiez son emploi du temps de la soirée, et ne laissez aucune part au hasard, vous réduirez d'autant les risques.

Dans un autre cours, Yetzak Knafy nous expliqua, à l'aide de diagrammes, la composition du soutien logistique dont dispose le Tsomet pour ses opérations. Les *sayanim*, l'argent, les voitures, les appartements, etc., tout cela est impressionnant, mais le plus extraordinaire, c'est la perfection de la mise au point des couvertures. Si un *katsa* se prétend P-DG d'une usine de fabrication de bouteilles, ou cadre supérieur d'IBM, il obtiendra tous les justificatifs nécessaires. IBM est une bonne couverture, la compagnie est si grande qu'il faudra des années avant qu'on s'aperçoive que vous n'y travaillez pas. Le Mossad possédait des magasins IBM, des employés, un bureau, et la direction de l'entreprise ne l'a jamais su.

Pour une bonne couverture, il faut des cartes de visite, du papier à en-tête, le téléphone, un télex, etc. Le Mossad conserve tout un stock de sociétés écrans, avec leur numéro de registre de commerce, en attente d'être réactivées. Ces sociétés possèdent leur fonds de roulement qui leur permet de payer les cotisations sociales, les impôts, afin de ne pas éveiller les soupçons. Il existe des centaines de sociétés de ce genre à travers le monde.

Au quartier général, cinq pièces pleines sont consacrées à la paperasserie de ces sociétés, rangées par ordre alphabétique dans des classeurs. Huit hauteurs d'étagères de soixante classeurs chacune par pièce. Tout fichier comporte l'histoire de la compagnie, ses statuts, l'explication de son logo, et toutes les informations utiles au *katsa*.

Après six mois de cours, nous eûmes une réunion de cinq heures, appelée *bablat*, de l'hébreu *bilbul baitsim* qui signifie mélanger les balles, ou si vous préférez : discuter à bâtons rompus.

Deux jours auparavant, nous avions fait un exercice pratique au cours duquel mon collègue Arik F. et moi devions attendre dans un café de la rue Henrietta Sold, pas loin de Kiker Hamdina. Je demandai à Arik s'il avait été suivi. Il me certifia que non.

– D'accord, lui dis-je. Mais alors, qui est ce type qui nous surveille, là-bas ? Moi, je laisse tomber.

Arik me déclara que nous devions rester et attendre qu'on vienne nous chercher. Je lui répondis qu'il faisait ce qu'il voulait.

– En tout cas, moi, je me tire.

Arik répliqua que je me faisais des idées. Je proposai alors de l'attendre à Kiker Hamdina. Je lui accordais encore trente minutes.

J'avais dans l'idée de surveiller le café. Je fis donc un détour, vérifiai qu'on ne me filait pas, revins sur mes pas et montai sur le toit d'un immeuble d'où je pouvais observer le café. J'étais là depuis dix minutes quand l'homme avec qui nous avions rendez-vous arriva et entra dans l'établissement. Deux minutes plus tard, la police cernait les lieux. Ils arrêtèrent les deux hommes et les passèrent sévèrement à tabac. J'appris plus tard que cet épisode faisait partie d'un exercice d'entraînement mené conjointement par l'Académie du Mossad et la police secrète de Tel-Aviv. Nous étions tout simplement les appâts !

Arik, qui avait vingt-huit ans à l'époque, parlait anglais et ressemblait à Terry Waite, le pasteur anglais kidnappé au Liban. Il avait servi dans les services secrets de l'armée avant d'être recruté par le Mossad. C'était le roi des baratineurs, il aurait vendu des chaussures à un cul-de-jatte. Il évita le pire en se mettant à table. Il raconta des salades, bien sûr, mais il savait très bien qu'en parlant, il échapperait aux coups.

Mais l'autre type, Jacob, s'est entêté : « Je ne comprends pas ce que vous me voulez. » Si bien qu'un flic le gifla avec tant de violence que sa tête heurta un mur et qu'il eut le crâne fracturé. Il resta deux jours dans le coma et fut hospitalisé six semaines. On lui versa son salaire pendant une année, mais il démissionna.

Les passages à tabac s'inscrivaient dans une sorte de compétition. Les flics voulaient prouver qu'ils étaient meilleurs que nous, c'était pire que si nous avions réellement été pris. Nos commandants se lançaient des défis :

– Je parie que mes gars ne craqueront pas.

– Ah, tu crois ça ? Eh bien, c'est ce qu'on va voir !

Au *bablat*, nous protestâmes contre la violence des passages à tabac. On nous rétorqua que si nous étions pris, nous n'aurions qu'à parler sans résistance. « Tant que vous parlerez, ils ne vous frapperont pas et ils n'utiliseront pas les drogues sur vous. » A chaque exercice, nous risquions de tomber dans les pattes des flics. Cela nous apprit au moins à être prudents.

Un jour, un cours de Mark Hessner * fut programmé pour le lendemain. Il devait nous parler d'une opération menée en collaboration avec les services français. Nous décidâmes avec mes copains de potasser le cours à l'avance, et après la classe, ce jour-là, nous retournâmes à l'Académie. Nous montâmes au deuxième étage, à la salle n° 6, où étaient conservés les dossiers et nous étudiâmes celui qui traitait de l'affaire. Nous étions en août 1984, c'était un vendredi, la nuit était chaude et nous ne vîmes pas le temps passer. Il ne devait pas être loin de minuit quand nous quittâmes la pièce. Nous retournions à nos voitures, garées sur le parking, du côté de la salle à manger, quand nous entendîmes du bruit provenant de la piscine. Je demandai à Michel :

– Qu'est-ce que c'est ce boucan?

– J'en sais rien. Allons voir.

– Doucement, conseilla Heim. Ne faisons pas de bruit.

– J'ai une meilleure idée, dis-je. Montons au deuxième étage, on verra ce qui se passe par la fenêtre.

Sitôt dit, sitôt fait. Nous montâmes dans la petite salle de bains où j'avais été enfermé pendant les épreuves préliminaires, et dont la fenêtre ouvrait sur la piscine.

Je n'oublierai jamais ce que je vis. Près de vingt-cinq personnes, nues comme des vers, s'agitaient autour de la piscine, ou dans celle-ci. Il y avait là le second du Mossad – qui est aujourd'hui à sa tête –, Hessner, plusieurs secrétaires. Quel spectacle! Les hommes n'étaient pas des Apollons, mais la plupart des femmes étaient superbes. En tout cas, elles étaient plus attirantes qu'avec leurs uniformes! La plupart étaient des femmes soldats en poste au Bureau, et aucune n'avait plus de vingt ans.

Certains jouaient dans l'eau, d'autres dansaient, d'autres encore, enlacés, s'agitaient vigoureusement sur des couvertures étalées çà et là. Je n'avais jamais rien vu de pareil.

– Si nous dressions une liste de ce joli monde? proposai-je.

Heim suggéra de prendre des photos.

– Ah, non! protesta Michel. Sans moi! Je n'ai pas envie de me faire virer.

Yosy l'approuva et Heim reconnut que l'idée était mauvaise.

Nous assistâmes à leurs ébats pendant une vingtaine de minutes. Tous les pontes étaient là, et ils échangeaient leurs

* Voir chapitre 9.

partenaires. J'étais dégoûté. Je m'attendais à tout sauf à ça. Des hommes que je considérais comme des héros, que j'avais mis sur un piédestal, les surprendre en pleine partouze! Heim et Michel n'avaient pas l'air choqués, eux!

Nous sortîmes à pas de loup, poussâmes nos voitures et ne démarrâmes les moteurs qu'une fois la grille franchie.

Nous apprîmes par la suite que ce genre de soirée avait lieu régulièrement. La piscine est l'un des endroits les mieux gardés d'Israël, personne ne peut y pénétrer s'il n'est pas du Mossad. Alors quel est le risque? Être surpris par un cadet? Peu importe, il suffit de nier.

Assister au cours d'Hessner le lendemain me fit une drôle d'impression, après ce que j'avais vu la veille. Je me souviens n'avoir pu m'empêcher de demander :

– Vous avez mal au dos, monsieur?

– Pourquoi cette question?

– Eh bien, on dirait que vous vous êtes froissé un muscle.

Suffoqué, Heim me coula un regard en douce.

Après l'exposé d'Hessner, long et fastidieux, nous eûmes droit à un autre sur l'organisation de l'armée syrienne. Ces cours m'endormaient. Lorsqu'on est sur le Golan, on s'intéresse à ces précisions, mais là, apprendre comment l'armée syrienne se déploie est totalement soporifique! Pourtant, l'idée générale s'incrustait dans mon cerveau, et c'est tout ce que nos instructeurs souhaitaient.

Les cours sur la protection dans les pays d'« appui » se poursuivaient. On nous projeta sur le sujet un film produit par le Mossad. Nous y prêtâmes peu d'attention. On voyait des gens assis au restaurant, vous parlez d'un intérêt! Ce qui compte, c'est comment choisir l'endroit et l'heure. Avant chaque rendez-vous, il faut s'assurer que le lieu ne fait pas l'objet d'une surveillance, que ce n'est pas une souricière. Si on doit rencontrer un agent, on attend qu'il soit entré pour vérifier qu'il n'est pas grillé. Tout dans ce métier obéit à des règles, qui vous coûteront cher si vous ne les observez pas. Si c'est vous qui attendez votre agent dans le restaurant, alors, c'est vous la cible. Et si votre bonhomme s'absente pour aller aux toilettes, fichez le camp avant qu'il ne revienne.

Voici ce qui est arrivé à un *katsa* nommé Tsadok Offir, en Belgique. Il discutait dans un restaurant avec un agent arabe. Celui-ci se leva sous prétexte d'aller chercher quelque chose. Offir l'attendit. Quand l'Arabe revint, il sortit un revolver et truffa de plomb le malheureux Offir. Celui-ci s'en tira par miracle, et l'agent « noir » fut tué au Liban quelque temps plus tard. Depuis, dans l'espoir d'éviter à d'autres de telles erreurs, Offir raconte son histoire à qui veut l'entendre.

On nous rabâchait la liste des précautions de sécurité élémentaires.

– Ce que vous apprenez en ce moment, c'est comme la bicyclette, nous disait-on. Une fois qu'on sait, ça ne s'oublie plus.

Le principe du recrutement, c'est comme les pierres qui dévalent une pente. Nous appelions cela *ledarder*, ce qui signifie faire rouler un rocher du sommet d'une colline. Pareil pour les recrues, on leur fait dégringoler la pente. On choisit un type et on lui fait commettre un acte illégal, ou immoral. Peu à peu, on le pousse à en commettre d'autres. S'il est trop intègre, c'est impossible, et on ne pourra pas le recruter. Il faut quelqu'un de malléable. Un type qui ne boit pas, qui ne couche pas, qui n'a pas besoin d'argent, qui n'a pas de problème politique, qui aime la vie qu'il mène, ce type ne fera jamais une recrue. Mieux vaut trouver un traître. Un agent est un traître, quand bien même essaierait-il de rationaliser ses actes. Nous travaillons avec la lie de l'humanité. Le Mossad affirme qu'il n'utilise pas le chantage. Il n'en a pas besoin, sa force, c'est la manipulation.

Personne n'a jamais dit que l'espionnage était propre.

5

LES NOVICES

En mars 1984, nous avions enfin terminé nos classes!

Nous restions encore treize cadets, et on nous divisa en trois équipes, basée chacune dans un appartement à Tel-Aviv, ou dans ses environs. Mon équipe fut assignée à un appartement dans Givatayim; la deuxième, dans le centre, près de la rue Dizengoff; la troisième, dans l'avenue Ben-Gourion, au nord de la ville.

Chaque appartement servait à la fois de planque et d'antenne. Le nôtre était situé au quatrième étage d'un immeuble sans ascenseur et se composait d'un salon avec balcon, de deux chambres à coucher, d'une cuisine, également avec balcon, d'une salle de bains et de toilettes séparées. Les rares meubles appartenaient à un *katsa* en mission à l'étranger.

Le responsable de ma planque/antenne était Shai Kauly, et je la partageais avec Tsvi G., le psychologue, Arik F., mon copain Avigdor A. et un type nommé Ami, un linguiste plutôt nerveux qui, entre autres défauts, présentait celui d'être un non-fumeur militant dans un milieu où il était bien vu de fumer comme un sapeur.

Ami, un célibataire d'Haïfa au physique de jeune premier, vivait dans la terreur d'un passage à tabac. C'était à se demander comment il avait pu franchir les tests.

Nous emménageâmes avec nos valises vers 9 heures, pourvus de 300 dollars chacun, une somme non négligeable quand on pense qu'un novice touche un salaire de 500 dollars par mois.

Dépités par la présence de cette mauviette d'Ami, nous commençâmes à l'asticoter en évoquant les descentes de police, les moyens d'éviter les coups, comment supporter la souffrance. Il pâlissait à vue d'œil. En bons salauds, nous nous en donnions à cœur joie.

Quand on frappa à la porte, Ami, paniqué, sursauta. Ce n'était que Kauly, venu apporter à chacun une enveloppe en papier kraft.

– Je ne supporterai pas ça plus longtemps! hurla Ami.

Sur quoi Kauly lui ordonna de retourner voir Araleh Sherf, le chef de l'Académie.

Ami fut muté à l'équipe de la rue Dizengoff, mais une nuit, comme la police tambourinait à la porte, il se leva d'un bond en vociférant : « J'en ai marre! J'en ai marre! » et il disparut pour ne jamais revenir.

Nous n'étions donc plus que douze.

Les enveloppes apportées par Kauly renfermaient nos missions. Je devais prendre contact avec un dénommé Mike Harari, que je ne connaissais pas à l'époque, et réunir des informations sur un type qui se faisait appeler « Mickey », un ancien pilote, engagé volontaire pendant la guerre d'Indépendance, vers la fin des années quarante.

Kauly nous expliqua que nous devions nous entraider. Nous établîmes donc un plan des opérations et un processus de protection de notre planque. Kauly nous remit aussi nos papiers d'identité – j'étais de nouveau « Simon » – ainsi que des formulaires pour les rapports.

Avant toute chose, nous devions aménager une cache pour nos documents, et inventer une histoire qui justifierait notre présence en cas de descente de police. Nous choisîmes l'explication à tiroirs : je prétendrais que je venais de Holon, que j'avais rencontré Jack, le propriétaire de l'appartement, dans un café de Tel-Aviv, et qu'il m'aurait laissé les clefs pendant son absence de deux mois. Ensuite, j'aurais rencontré Arik, un vieux copain d'armée de Haïfa, dans un restaurant, et je lui aurais proposé de partager l'appartement. Avigdor se présenterait comme un ami d'Arik, et ils raconteraient chacun une histoire analogue à la mienne, et ainsi de suite. Nous demandâmes à Kauly de se fabriquer une histoire plausible, lui aussi.

Dans le salon, nous avions une de ces tables en bois dont le plateau est recouvert d'une plaque de verre. Nous fabriquâmes une cache en adaptant un « faux plateau » sous la plaque de verre. Il suffisait alors de soulever celle-ci pour glisser les documents entre les deux plateaux. Qui aurait été regarder là?

Nous décidâmes d'un code pour frapper à la porte : deux – un – deux – un, et nous devions téléphoner un message codé à l'appartement avant de rentrer. En cas d'absence, une serviette jaune, accrochée à la corde à linge du balcon de la cuisine, signalerait que la voie était libre.

Le moral était au beau fixe, nous marchions sur un nuage. Nous avions enfin une mission, même si ce n'était encore que de l'entraînement.

Ce jour-là, avant le départ de Kauly, nous étudiâmes un plan d'approche et, comme nous possédions l'adresse de nos cibles, nous décidâmes de commencer par la surveillance de leur domicile. C'est ainsi que Avigdor surveillerait la maison d'Harari, et moi, celle de la cible d'Arik, propriétaire d'une société, les « Jouets Bukis ».

D'Harari, je ne connaissais que le nom et l'adresse. Il ne figurait pas dans le bottin. Toutefois, le *Who's Who* m'apprit qu'il était président d'une des plus importantes compagnies d'assurances, la Migdal, dont le siège se trouvait dans Hakirya, quartier résidentiel accueillant de nombreux ministères. J'appris également que la femme d'Harari était bibliothécaire à l'université de Tel-Aviv.

Je décidai de postuler un emploi à la Migdal et on me dirigea vers le bureau du personnel. En attendant mon tour, j'observai un homme de mon âge qui travaillait dans un bureau voisin. Un employé l'appela par son nom : « Yakov. »

Je me dirigeai alors vers ce bureau et demandai :

– Yakov?

– Lui-même. Qui êtes-vous?

– Simon. Tu ne te souviens pas de moi? Nous étions à Tel Hashomer ensemble, répondis-je en citant la base militaire par où transitent tous les appelés du contingent.

– Quand y étais-tu?

Évitant de répondre directement je lui dis que j'étais un « 203 », début d'une séquence qui évoque un laps de temps plutôt qu'une classe.

– Je suis un « 203 », moi aussi! s'exclama Yakov.

– Tu étais dans l'aviation?

– Non, dans les chars.

– Sans blague! T'es devenu un *pongos*? (Expression hébreu qui joue sur le mot champignon, l'intérieur d'un char étant réputé sombre et humide.)

Je prétendis que je connaissais vaguement Harari et je demandai à Yakov si on embauchait.

– Oui, on recherche des représentants.

– Et c'est toujours Harari le président?

– Non, penses-tu, c'est..., répondit-il en me citant un nom.

– Ah bon! Sais-tu ce que fait Harari, à présent?

– Il est diplomate, me dit Yakov. Et il dirige aussi une société d'import-export dans la tour Kur.

Ça, c'était un renseignement précieux. Avigdor avait mentionné une Mercedes munie d'une plaque d'immatriculation diplomatique, et j'en avais été plus que surpris. En Israël, il est mal vu de fréquenter les diplomates, tous considérés comme des espions. C'est pourquoi un soldat, lorsqu'il fait de l'auto-stop, refuse toujours de monter dans une voiture diplomatique. On le traînerait en cour martiale s'il avait le malheur d'accepter. Quand Avigdor m'avait raconté ce qu'il avait vu, nous avions pensé que la Mercedes appartenait à un visiteur.

Je bavardai quelques instants avec Yakov, puis une femme me signala que c'était mon tour. Pour ne pas éveiller les soupçons, je la suivis pour l'entretien d'embauche, mais je le fis capoter exprès.

Donc, d'après ce que j'avais appris, la femme d'Harari était bibliothécaire, et Harari lui-même, diplomate. Oui, mais où? Pour quel pays? Il eût été facile de filer sa voiture, mais s'il était réellement diplomate, on avait déjà dû lui enseigner les ficelles de la traque et je ne voulais pas me griller dès ma première mission.

Le deuxième jour, je déclarai à Kauly que je remplirais les deux parties de ma mission dans l'ordre. D'abord contacter Harari, ensuite trouver qui était Mickey.

Si, en quittant l'appartement, nous nous apercevions que nous étions suivis, nous devions prévenir les autres que la planque était grillée. Nous savions toujours où nous joindre grâce aux rapports que nous rédigions pour Kauly. J'en étais arrivé à rêver en APAM tellement j'en maîtrisais la technique.

Le quatrième jour, je me rendais à la tour Kur quand je m'aperçus qu'un type me filait le train depuis le quartier Hakirya. Pour mon itinéraire de sûreté, je devais prendre le bus à Givatayim dans la direction de Derah Petha Tiqva et descendre à l'angle de la rue Kaplan, qui traverse Hakirya.

Ce jour-là, je descendis du bus, fis un détour – j'avais fait de même avant de le prendre à Givatayim –, regardai autour de moi, mais ne vis rien. Pourtant, en jetant un dernier coup d'œil, je remarquai une voiture occupée, dans un parking. Les passagers détonnaient tellement dans ce lieu que je me dis : « Ah, c'est comme ça! Attendez mes gaillards, je vais vous faire bouffer vos chapeaux. »

Je me dirigeai au sud, vers Derah Petha Tiqva, une grande artère à trois voies qui bifurquent chacune dans une direction différente. Je parvins à un pont qui enjambe Petha Tiqva pour rejoindre la tour Kalka. Il était près de 11 h 45, et la circulation était bouchée. Je montai sur le pont d'où je pouvais, à son insu, apercevoir le chauffeur me chercher des yeux. Un homme me suivait de loin, et, de l'autre côté du pont, un autre était prêt à m'emboîter le pas pour le cas où je m'engagerais vers le nord, tandis qu'un troisième m'attendait au sud. De mon poste stratégique, sur le pont, j'avais une vision parfaite de leur dispositif.

Au-dessous, une bretelle permettait aux voitures de faire demi-tour. Au lieu de traverser le pont, je fis mine d'avoir oublié quelque chose et je rebroussai chemin. Je pris la rue Kaplan en ralentissant l'allure pour qu'ils me rattrapent. Je riais sous cape en entendant le concert de klaxons qui accompagnait la manœuvre de la voiture au milieu de l'embouteillage.

Dans la rue Kaplan, ils ne pouvaient me suivre que sur une file. Je marchai jusqu'au poste militaire, en face de la porte Victor – du nom de mon ancien adjudant-chef – et je traversai la rue pour acheter une pâtisserie et une *gazouz*, une sorte de limonade.

Tandis que je mangeais, je vis la voiture approcher au pas, et je m'aperçus soudain que le chauffeur n'était autre que Dov L. Je terminai mon gâteau, traversai devant la voiture prise dans le trafic, et m'appuyai au passage sur le capot pour monter sur le trottoir avant de m'éloigner dans l'autre direction. Dov me gratifia d'un coup de klaxon comme pour me dire : « D'accord, tu as gagné. Un point pour toi. »

J'exultai. C'était vraiment le pied! Dov m'avoua plus tard qu'on ne l'avait jamais nargué de la sorte, et qu'il avait été vexé de s'être fait prendre.

Après avoir vérifié que la traque était abandonnée, je demandai à un taxi de m'emmener à l'autre bout de Tel-Aviv, où je recommençai la technique de la contre-filature. Je craignais une astuce de leur part pour m'inciter à relâcher mon attention. Mais non, je n'étais plus suivi. Je retournai à la tour Kur et je déclarai à la réception que j'avais rendez-vous avec Mike Harari. On me dirigea vers le quatrième étage, où une plaque indiquait une compagnie d'import-export.

J'avais choisi l'heure du déjeuner parce que, en Israël, les cadres supérieurs s'absentent pendant le repas, et que je voulais seulement obtenir de la secrétaire un numéro de téléphone. Si, par malchance, Harari était là, je devrais improviser.

Mais ce fut la secrétaire qui me reçut. Elle m'expliqua que la compagnie importait ses propres produits, principalement d'Amérique latine, mais qu'elle acceptait parfois de transporter d'autres chargements si ses containers n'étaient pas pleins.

Je dis à la secrétaire que j'avais appris par ma compagnie d'assurances que je pourrais trouver Harari à cette adresse.

– Non, M. Harari est un associé, il ne travaille pas ici, m'assura-t-elle. Il est l'ambassadeur du Panama.

– Ah bon! fis-je, pris de court. Je croyais qu'il était israélien.

– Il l'est. Mais il est aussi ambassadeur honoraire pour le Panama.

Ayant appris ce que je voulais savoir, je rentrai rédiger mon rapport, non sans avoir auparavant décrit quelques détours pour déjouer toute filature.

Quand Kauly arriva, et après que je lui eus fait mon rapport, il voulut savoir comment je comptais m'y prendre pour la suite.

– J'irai à l'ambassade du Panama, déclarai-je.

– Tiens, pourquoi?

J'avais déjà préparé mon plan. L'archipel des Perles, dans le golfe de Panama, abritait une industrie florissante de perles de culture. En Israël, la mer Rouge présente toutes les caractéristiques favorables à la culture d'huîtres perlières. C'est une mer calme, son taux en sel est excellent et, en allant vers le golfe Persique, on trouve des huîtres perlières en abondance. Je m'étais documenté à la bibliothèque, et notamment sur les procédés de culture. Je décidai donc de me présenter à l'ambassade comme l'associé d'un riche homme d'affaires américain désireux de fonder un élevage d'huîtres perlières à Eilat. Je prétendrais que mon associé souhaitait importer un container entier de perles panaméennes, en raison de leur qualité supérieure. J'avais bâti un plan suggérant que les investisseurs disposaient de fonds importants et que, l'élevage ne devenant rentable qu'après trois ans, nous étions des gens sérieux, et non pas à la recherche du profit immédiat.

Kauly approuva mon projet.

Restait à obtenir un rendez-vous avec Harari. Je téléphonai en me présentant sous le nom de Simon Lahav, et précisai que je voulais investir au Panama. La secrétaire me proposa une rencontre avec un attaché.

– Non, répondis-je. Je veux parler à quelqu'un qui a l'expérience des affaires.

– Dans ce cas, peut-être pourriez-vous rencontrer M. Harari?

Nous convînmes d'un rendez-vous pour le lendemain.

Je lui assurai qu'on pouvait me joindre au *Sheraton*. Le Mossad disposait d'un arrangement avec plusieurs hôtels : ses officiers y étaient enregistrés et possédaient chacun un numéro de chambre comme « boîte aux lettres ».

Ce jour-là on me laissa un message me demandant de venir à l'ambassade à 18 heures, ce qui me sembla bizarre car tous les bureaux ferment à 17 heures.

L'ambassade du Panama est située au premier étage d'un immeuble qui donne sur la plage, au sud de l'aéroport Sede Dov. Je m'y rendis, mis sur mon trente et un. J'avais réclamé à Kaudy un passeport d'homme d'affaires canadien résidant en Colombie-Britannique. Auparavant, j'avais téléphoné au maire d'Eilat, Rafi Hochman, que j'avais connu au lycée d'Eilat où j'avais vécu un an. Je n'avais pas avoué qui j'étais à Hochman, mais nous avions discuté du projet. Harari pouvait donc vérifier, j'étais paré.

Malheureusement, Kauly ne réussit pas à m'obtenir le passeport et je décidai de m'en passer. Si nécessaire, je dirais que j'étais canadien, et que je ne me baladais pas partout avec mon passeport.

A l'ambassade, Harari était seul. Il me reçut dans son bureau luxueux, et m'écouta lui expliquer mon projet. Sa première question fut :

– Êtes-vous soutenu par des investisseurs privés, ou par une banque?

Je lui expliquai qu'il s'agissait de capitaux à risques, ce qui le fit sourire. J'allais entrer dans les détails techniques de l'élevage d'huîtres perlières, mais il m'arrêta.

– De combien d'argent disposez-vous? demanda-t-il.

– Nous investirons ce qu'il faudra jusqu'à un plafond de 15 millions de dollars. Mais nous avons une grande liberté de manœuvre. Nous estimons que les coûts d'exploitation ne devraient pas excéder 3,5 millions de dollars sur trois ans.

– Alors, pourquoi un plafond si élevé? s'étonna Harari.

– Nous attendons de gros bénéfices et mon associé dispose de bons crédits pour lever des fonds.

J'avais hâte d'aborder les détails techniques, d'avancer le nom du maire d'Eilat, le grand jeu, quoi! Mais Harari me devança, et, se penchant par-dessus son bureau, il murmura :

– Si vous êtes prêts à payer le prix, vous trouverez tout ce que vous voudrez au Panama.

J'étais décontenancé. Je venais pour appâter un bonhomme, le corrompre. Je commençais par jouer au type honnête, et avant que j'aie pu placer mes pions, c'est lui qui me faisait des propositions. L'ambassadeur honoraire, qui ne me connaissait ni d'Ève ni d'Adam, me parlait pots-de-vin!

– Que voulez-vous dire? demandai-je.

– Ah! Le Panama est un pays singulier. D'ailleurs, ce n'est pas exactement un pays. C'est plutôt un grand magasin. Il se trouve que j'ai les contacts, ou, si vous préférez, je connais les magasiniers. Au Panama, la main droite ignore ce que fait la gauche. Supposons que nous vous aidions à réaliser votre projet, demain, nous aurons peut-être besoin de vous. C'est le futur qui nous intéresse, comprenez-vous?... Mais avant d'approfondir notre coopération, reprit-il après un court silence, puis-je voir vos papiers?

– Quels papiers?

– Mais... votre passeport canadien, bien sûr.

– Je ne le porte jamais sur moi.

– Vous avez tort. En Israël, c'est obligatoire. Eh bien, rappelez-moi quand vous l'aurez, nous reprendrons cette petite conversation. Pour aujourd'hui, comme vous le voyez, l'ambassade est fermée.

Sur ces entrefaites, il se leva et me raccompagna sans un mot.

Quand Harari m'avait demandé mon passeport, j'avais marqué un temps d'hésitation fatal. J'avais presque bredouillé. J'avais éveillé sa vigilance et son comportement avait subitement changé. Cet homme était dangereux.

Je rentrai à l'appartement, après avoir pris les précautions d'usage, et je rédigeai mon rapport. Je l'avais terminé à 22 heures, quand Kauly arriva. Il s'était dérangé exprès pour en prendre connaissance.

Kauly parti, la police ne tarda pas à débarquer. Des coups violents défoncèrent la porte. Les flics firent irruption dans l'appartement et nous embarquèrent au commissariat de Ramat Gan, où on nous enferma chacun dans une cellule. Je vérifiai, encore une fois, que notre pire ennemi était la police locale. En cas de filature, nous devions préciser dans nos rapports s'il s'agissait des autorités du quartier, ou d'une autre police.

Nous passâmes la nuit au poste, et, à notre retour, la porte de l'appartement avait déjà été réparée. Nous n'étions pas là depuis dix minutes que le téléphone sonna. C'était Araleh Sherf, le chef de l'Académie.

– Allô! Victor? Viens immédiatement, m'ordonna-t-il. Laisse tomber tout le reste, et dépêche-toi, c'est compris?

Je pris un taxi et lui demandai de me déposer à un carrefour, près de l'Académie. Je fis le reste à pied. Quelque chose allait de travers. Peut-être le fabricant de jouets était-il un ancien du Mossad, et le propriétaire de la distillerie, le contact d'Avigdor, l'était-il lui aussi?

– Je vais te parler franchement, m'annonça Sherf. Mike Harari est un ancien chef de la Metsada. La seule connerie qu'il ait faite, c'était à Lillehammer.

» Shai Kauly était très fier de toi. Il m'a montré ton rapport. L'ennui, c'est que tu donnes un mauvais rôle à Harari. Alors, je l'ai appelé la nuit dernière pour connaître sa version. Je lui ai lu ton rapport, et tu sais ce qu'il m'a dit? Que c'était un tissu de mensonges.

Sherf me donna la version d'Harari. D'après lui, il m'aurait fait attendre vingt minutes avant de me recevoir. Je me serais exprimé dans un mauvais anglais. Il aurait tout de suite compris qui j'étais et m'aurait jeté dehors. Il prétendait ne rien savoir de l'élevage d'huîtres et maintenait que j'avais inventé l'histoire de toutes pièces.

– Harari était mon commandant, m'expliqua Sherf. C'est sa parole contre la tienne. Crois-tu que j'hésite un seul instant?

Mon sang ne fit qu'un tour.

Je n'ai pas une bonne mémoire des noms, c'est vrai, mais qu'on ne vienne pas mettre mes rapports en doute! J'avais branché le magnétophone caché dans mon attaché-case, avant d'entrer dans le bureau d'Harari. Je tendis la bande à Sherf.

– Tenez, voilà l'enregistrement de notre conversation, et vous me direz ensuite qui vous croyez. Mon rapport est la transcription exacte de cette bande, mot pour mot.

Sherf prit la bande et sortit. Il revint un quart d'heure plus tard.

– Viens, je te reconduis à ta planque, me dit-il. Il a dû y avoir un malentendu. Prends ces enveloppes, c'est l'argent pour ton équipe.

– Puis-je récupérer ma bande magnéto? demandai-je. Il y a dessus d'autres enregistrements d'une opération précédente. J'en ai besoin.

– Quelle bande?

– Mais... mais celle que je vous ai remise!

– Écoute, mon garçon, je sais que tu as passé une mauvaise nuit au poste et je suis désolé de t'avoir dérangé, juste pour te remettre l'argent de ton équipe. Mais, c'est la vie.

Plus tard, Kauly m'avoua qu'il avait été soulagé que j'aie pensé à enregistrer la conversation avec Harari.

– Sinon, ajouta-t-il, tu étais cuit. Et je crois que tu n'aurais pas remis les pieds au bureau de sitôt.

Je n'ai plus jamais revu la bande, mais j'ai retenu la leçon. Ma vision du Mossad en prit un coup. J'avais souvent entendu parler des exploits d'Harari, que je ne connaissais que sous son nom de code, « le Cobra ». Et je venais de découvrir qui il était vraiment!

Lorsque le 20 décembre 1989, peu après minuit, les États-Unis envahirent le Panama du général Noriega, les premiers communiqués firent état de l'arrestation d'Harari. Sur les téléscripteurs, il était décrit comme « un ancien officier du Mossad, les services secrets israéliens, devenu l'un des conseillers les plus influents de Noriega ». Un représentant du nouveau gouvernement, mis en place par les Américains, exprima sa satisfaction, car Harari était, après Noriega, « le personnage le plus important du Panama ». Toutefois, la joie fut de courte durée. On avait capturé Noriega, mais Harari s'était volatilisé. Il réapparut peu après en Israël, où il vit toujours.

Restait encore la deuxième partie de ma mission : recueillir des renseignements sur « Mickey », l'ancien pilote. Mon père, Syd, qui avait anglicisé son nom en Osten et vivait maintenant dans le Nebraska, avait été capitaine dans l'aviation israélienne. J'étais donc familiarisé avec les équipées héroïques et les glorieux faits d'armes de la guerre d'Indépendance. Ceux qui s'étaient portés volontaires pour défendre Israël avaient servi, pour la plupart, dans l'aviation anglaise, américaine ou canadienne pendant la Seconde Guerre mondiale.

La majorité d'entre eux avait pour port d'attache la base de Sede Dov que mon père avait commandée. J'avais fouillé dans les archives, mais je n'avais trouvé nulle trace d'un dénommé « Mickey ».

J'appelai Mousa M., le chef de la sécurité, pour qu'il m'inscrive à l'hôtel *Hilton*. Je me procurai des pancartes, deux trépieds et téléphonai à l'officier de liaison de la base aérienne, disant que j'étais un cinéaste canadien et que je voulais tourner un documentaire sur les volontaires qui avaient lutté pour la création de l'État d'Israël. J'ajoutai que j'habitais au *Hilton* pour deux jours, et que j'aimerais rencontrer ces héros.

L'officier me rappela et m'apprit qu'un mois auparavant, l'armée de l'air avait organisé une cérémonie commémorative et leur liste était donc à jour. Il m'affirma qu'il avait réussi à joindre vingt-trois anciens volontaires et qu'une quinzaine avait promis de me rencontrer au *Hilton*. Si j'avais besoin de quoi que ce soit, ajouta-t-il, que je n'hésite pas à l'appeler.

J'écrivis sur mes pancartes : « Les Chevaliers du Ciel. Histoire de la guerre d'Indépendance. » Et au-dessus : « Office canadien du Film documentaire. »

Le vendredi, à 10 heures, Avigdor et moi pénétrâmes au *Hilton*. Avigdor, en bleu de travail, portait les pancartes. J'étais vêtu d'un costume trois-pièces. Avigdor disposa une des pancartes à l'entrée principale, avec le numéro de la chambre où la réunion se tenait, et l'autre dans le hall. Les employés de l'hôtel ne s'inquiétèrent même pas de savoir ce que nous fabriquions.

La rencontre dura cinq heures, et fut enregistrée dans son intégralité. L'un des hommes me parla même de mon père, sans savoir qui j'étais.

A un moment, alors que trois conversations se déroulaient en même temps, je m'exclamai :

– Mickey? Qui est ce Mickey?

Personne, bien sûr, n'avait mentionné son nom.

– Oh! c'est Jake Cohen! déclara l'un des pilotes. Il était médecin en Afrique du Sud.

Ils se mirent à raconter des anecdotes sur « Mickey », qui partageait maintenant son temps entre Israël et les États-Unis. Peu après, je remerciai les hommes et, prétextant une occupation, je pris congé.

Je ne donnai aucune carte de visite, ne fis aucune promesse. Je pris les noms de chacun. Ils voulaient tous m'inviter à déjeuner. La pâte avait levé, on aurait pu en faire ce qu'on voulait. Mais j'en restai là.

Je retournai à l'appartement, rédigeai mon rapport, et lançai à Kauly :

– S'il y a quelque chose sur cette bande que je ne dois pas écrire dans mon rapport, il faut me le dire.

Cela le fit beaucoup rire.

En mars 1984, Araleh Sherf nous enrôla dans un spectacle monté par Amos Etinger, le producteur de cinéma. Ce spectacle devait être présenté à l'auditorium Mann de Tel-Aviv, en clôture de la convention annuelle du Mossad. Tamar Avidar, la femme d'Etinger, célèbre chroniqueuse, fut un temps attachée culturelle à l'ambassade de Washington.

C'était l'une des rares manifestations publiques organisées par le Mossad, encore qu'on restât « en famille » – politiciens, militaires du Renseignement, anciens du Bureau et quelques éditeurs de journaux.

Le jour de la représentation, nous étions épuisés. Entre la rédaction des rapports pour Kauly et les répétitions, nous n'avions plus le temps de dormir. Comme nous devions jouer le soir ensemble, Yosy nous avait proposé de venir chez lui dormir une heure ou deux. A peine arrivé, il s'éclipsa et alla rejoindre une voisine à qui il avait promis un « service », ce qui fit qu'il ne dormit pas du tout.

– Tu viens à peine de te marier, lui fis-je remarquer, ta femme attend un enfant, vraiment je ne te comprends pas! J'aimerais bien que tu m'expliques.

Yosy m'expliqua volontiers que ses beaux-parents étaient propriétaires d'un magasin de luxe place Kiker Hamdina et il n'avait donc plus de soucis d'argent. D'autre part, il venait d'une famille de Juifs orthodoxes, et ses parents voulaient un petit-fils.

– Est-ce que ça répond à ta question? me demanda-t-il.

– Oui, en partie. Mais tu n'aimes pas ta femme?

– Si... deux fois par semaine.

Le seul capable de concurrencer les prouesses de Yosy était Heim. Cela tenait du prodige. Yosy était très malin, mais pas Heim. Je n'ai jamais compris pourquoi le Mossad avait recruté un type aussi bête que lui. A part les combines de la rue, il ne comprenait rien à rien. Ses succès étaient d'autant plus surprenants qu'il était laid comme un pou, avec un nez énorme. Mais il recherchait la quantité, pas la qualité.

S'ils apprennent que vous travaillez pour le Mossad, les gens sont très impressionnés, ils pensent que vous avez du pouvoir. Eh bien, ces deux types se vantaient d'appartenir au Mossad pour emballer leurs conquêtes. C'était dangereux, contraire aux règles, mais ils s'en moquaient.

Heim, qui était marié, venait souvent à des soirées chez nous avec sa femme. Un jour, celle-ci déclara à Bella, ma propre épouse, que Heim « était le plus fidèle des maris ». Devant tant d'aveuglement, les bras m'en tombèrent.

Là où Yosy dépassa les bornes, ce fut quand il utilisa la salle « muette » du quartier général au quatorzième étage. C'est la pièce d'où les *katsas* téléphonent à leurs agents. Le système permet de téléphoner au Liban, par exemple, tout en faisant croire à ceux qui chercheraient l'origine de l'appel qu'il vient de Londres, ou Paris, ou d'une quelconque capitale européenne. Quand la salle est occupée, une lumière rouge s'allume pour en interdire l'accès.

Yosy y amena une secrétaire, ce qui constituait déjà un

sérieux accroc au règlement, et en profita pendant qu'il téléphonait à son agent au Liban. Comme preuve de son « exploit », il avait glissé la petite culotte de la fille sous un appareil. Heim alla vérifier, trouva l'objet du délit et le rapporta à sa propriétaire.

– Tiens, je crois que ça t'appartient.

– Oh, non, pas du tout, protesta-t-elle, gênée.

Heim jeta la petite culotte sur le bureau et sortit en déclarant :

– Ne prends pas froid, surtout.

Ces rencontres éphémères étaient fréquentes pour nombre d'entre nous, et tissaient des liens. Trop sérieux, je m'exclus moi-même de ce monde et me privai de nombreuses relations. J'éprouvais une profonde déception. J'avais cru pénétrer dans l'Olympe d'Israël, et j'avais atterri à Sodome et Gomorrhe. Le quartier général s'était transformé en un immense baisodrome. Tu me dois ci, je te dois ça. Tu me donnes ci, je te revaudrai ça. Les *katsas* grimpaient les échelons grâce à des histoires de fesses.

Recrutées surtout pour leurs qualités physiques, les secrétaires étaient pour la plupart très jolies, mais aucune n'était une première main. Une règle pourtant : ne pas coucher avec sa propre secrétaire, c'eût été nuisible au service.

Les combattants, eux, partaient en mission pour deux, trois, quatre ans même. Les *katsas* qui les dirigeaient, ceux de la Metsada, étaient les seuls liens qui les rattachaient à leurs épouses. Ils commençaient par rendre visite à celles-ci chaque semaine, et, de fil en aiguille, les visites ne servaient plus seulement à donner des nouvelles du mari, mais à prendre sa place. Confiez-leur votre vie, mais jamais votre femme. Pendant que vous risquiez votre vie dans un pays arabe, vous perdiez votre femme dans les bras d'un *katsa*. La pratique était si courante que si vous postuliez pour la Metsada, on vous demandait :

– Pourquoi? Tu veux tirer un coup?

Le spectacle donné par les novices s'intitulait « les Ombres », une histoire d'espionnage jouée en ombres chinoises derrière trois écrans. Les futurs *katsas* ne devaient pas dévoiler leur visage en public.

Une danse du ventre accompagnée d'une musique turque ouvrit le spectacle. Un homme portant un attaché-case traversa la scène, clin d'œil aux initiés. On plaisantait en disant que le *katsa* se reconnaissait à ses trois S : Samsonite, Sept Étoiles (marque d'un agenda de cuir) et montre Seïko.

La scène suivante illustrait une opération de recrutement, suivie d'une satire sur l'ouverture de la valise diplomatique. Ensuite, on découvrait un appartement londonien où un homme parlait dans une pièce pendant que dans celle d'à côté (dans le cas présent, derrière l'écran voisin), un autre, casque sur les oreilles, écoutait la conversation.

La scène suivante décrivait une soirée londonienne, avec des Arabes vêtus de leurs costumes traditionnels. Tout le monde buvait et l'atmosphère devenait de plus en plus amicale. Sur l'écran voisin, un *katsa* rencontrait un des Arabes dans la rue. Ils échangeaient leurs Samsonite.

A la fin du spectacle, tous les acteurs saluèrent main dans la main et entamèrent le chant hébreu *En attendant le jour*. Transposition musicale du fameux *L'année prochaine à Jérusalem*, vœu traditionnel des Juifs avant la création de l'État d'Israël.

Deux jours plus tard, nous organisâmes un barbecue dans la cour intérieure de l'Académie. Nos épouses, nos instructeurs et tous ceux qui avaient participé à notre stage étaient présents.

Nous avions réussi.

DEUXIÈME PARTIE

DEDANS ET DEHORS

6

LA TABLE BELGE

En avril 1984, nous n'étions pas encore des *katsas*, mais nous n'étions plus des cadets. Nous étions des stagiaires que diverses tâches attendaient au quartier général avant de poursuivre une deuxième session de formation sur le Renseignement, et de prétendre enfin au glorieux titre de *katsa*.

Je fus assigné à la Recherche. Comme nous l'expliqua Kauly, pendant environ un an les stagiaires allaient changer de service tous les deux mois pour acquérir une vision d'ensemble du Bureau, avant d'entamer leur deuxième session.

Un jour, au terme d'une longue discussion, émaillée des plaisanteries habituelles, et arrosée de café dans une atmosphère enfumée, Kauly nous annonça que Aaron Shahar désirait nous voir. Aaron était le chef du *Komemiute*, anciennement Metsada, dont on avait changé le nom en même temps que celui des autres services après qu'un registre des codes eut disparu à Londres en juillet 1984. Shahar choisit deux d'entre nous pour entrer au Komemiute, Tsvi G., le psychologue, et Amiram, un garçon calme et sympathique qui avait rejoint directement le Bureau depuis l'armée où il était lieutenant-colonel. Ils allaient devenir officiers traitants pour les combattants.

Le Komemiute, que l'on peut traduire par « Indépendance et Fierté », agit comme un Mossad dans le Mossad. C'est un département ultra-secret regroupant les combattants, les vrais « espions », qui sont des Israéliens envoyés dans les pays arabes avec une couverture en béton. Ce service renferme une petite unité appelée *kidon*, la baïonnette, qui se compose de trois équipes de douze hommes chacune. Ce sont les « tueurs », qu'on appelle par euphémisme : « Le long bras de la justice d'Israël ». En principe, une équipe est en mission à l'étranger pendant que les deux autres s'entraînent en Israël. Les combattants ignorent les mécanismes du Mossad ainsi que le vrai nom de leurs collègues.

Les combattants forment, deux par deux, des équipes très soudées. L'un est un combattant « pays-cible », l'autre un combattant « pays d'appui ». Il n'ont pas d'activité spécifique dans les pays amis, comme l'Angleterre, mais ils peuvent y créer ensemble une société. Quand c'est nécessaire, le combattant « pays-cible » part pour un pays-cible, se servant de cette société comme couverture, pendant que son partenaire, le combattant « pays-d'appui », qui continue à mener sa vie habituelle, lui procure tout ce dont il a besoin.

Au cours des années, le rôle des combattants a évolué, tout comme Israël. A une époque, le Mossad avait des hommes dans les pays arabes, mais ils y séjournaient trop longtemps et finissaient par se griller. Ceux-là étaient surtout des « arabisants », des Israéliens, de langue et d'éducation arabe. A la naissance de l'État d'Israël, de nombreux Juifs vivant dans les pays arabes émigrèrent vers la Terre promise, et les arabisants étaient légion. Ce n'est plus vrai aujourd'hui, et l'arabe qu'on enseigne à l'école ne suffit pas.

Aujourd'hui, les hommes du Komemiute se font passer pour des Européens. Ils s'engagent pour quatre ans, période minimum pour leur permettre de créer une société réclamant de fréquents voyages d'affaires dans les pays arabes. Le Mossad leur désigne un partenaire, le combattant du pays d'appui. Les sociétés ainsi créées sont plus que de simples couvertures, on y négocie de vraies affaires, dans l'import-export généralement.

Environ 70 % de ces sociétés ont leur siège au Canada. Leurs dirigeants n'ont de contact avec le Bureau que par l'intermédiaire de l'officier traitant, lequel ne s'occupe que de quatre ou cinq équipes de combattants, jamais plus.

Une vingtaine d'experts commerciaux travaillent pour le Komemiute. Ils analysent chaque société, évaluent le marché et communiquent leurs conclusions à l'officier traitant, qui, à son tour, conseille les combattants dans la gestion de leurs affaires.

Les combattants sont recrutés dans toutes les couches de la population, médecins, avocats, ingénieurs, universitaires. Ce sont tous des patriotes qui acceptent de donner quatre années de leur vie pour servir leur pays. Leur famille perçoit une compensation correspondant au salaire israélien moyen, et une somme est versée sur un compte séparé pour le combattant, qui touchera ainsi, à la fin de son engagement, une prime s'élevant de 20 000 à 30 000 dollars.

Les agents du Komemiute ne s'intéressent pas au renseignement direct – mouvements de troupe, préparatifs de défense civile – mais se spécialisent dans les informations « synthétiques », c'est-à-dire l'analyse de l'économie, des rumeurs, des mœurs, de l'opinion, etc. Libres de leurs mouvements, ils peuvent, sans risque, observer la société dans laquelle ils vivent. Ils ne transmettent jamais leurs observations par radio depuis un pays-cible. On leur confie parfois de l'argent, des messages pour les agents « noirs ». Dans les pays arabes, de nombreux ponts ont été minés par des combattants, pendant leur construction – tous les combattants reçoivent une formation dans les techniques de sabotage. En cas de guerre, un combattant équipé d'un détonateur suffirait à les faire sauter.

Après le départ de Tsvi et d'Amiran pour le Komemiute, Shai Kauly nous réservait une surprise.

– Les plans sont faits pour être changés, commença-t-il. Je sais que vous attendez vos vacances avec impatience, mais auparavant, le Bureau vous accorde un immense privilège. Vous serez les premiers à recevoir une formation informatique intensive, avec accès à l'ordinateur du QG. Ça ne vous prendra pas plus de trois semaines, et il vous restera encore un peu de temps pour vos vacances.

Nous avions appris à ne pas nous étonner de ces contretemps. Il n'était pas rare qu'au moment d'un congé, quelqu'un se rappelle soudain qu'il avait encore besoin de nous, mais pour vingt-quatre heures, pas plus, et on nous accordait généreusement vingt minutes pour prévenir notre famille. Bien sûr, le téléphone était pris d'assaut.

Les *katsas*, eux, utilisent un message enregistré qui se déclenche automatiquement : « Bonjour, j'appelle du Bureau. Votre mari a un empêchement, il ne pourra pas rentrer comme prévu. Il vous rappellera dès que possible. En cas d'urgence, contactez Jacob. »

L'incertitude est voulue. Vu l'importance extraordinaire que joue le sexe dans leur vie, les *katsas* considèrent cette incertitude comme un facteur de liberté. Si l'un d'eux s'éprend d'une femme soldat et veut passer un week-end avec elle, son épouse, habituée aux empêchements de dernière minute, ne s'inquiétera pas de son absence. Le comique de l'histoire, c'est qu'on ne peut pas devenir *katsa* sans être marié. On le justifie par la crainte qu'un célibataire coure les filles et devienne une proie facile pour une belle espionne téléguidée par un pays ennemi. Mais comme l'occupation principale du *katsa* est la drague, que tout le monde le sait, et qu'il offre ainsi à ses ennemis mille occasions de le faire chanter, je n'ai jamais compris pourquoi on ne recrute que des hommes mariés. Cela reste un mystère.

L'une des salles du second étage de l'Académie avait été aménagée, les tables disposées en demi-cercle et équipées de consoles, pour notre formation informatique. L'instructeur nous projetait des diapos explicatives. Nous apprîmes d'abord comment remplir une fiche signalétique à l'aide d'une feuille orange, dite « carotte », comportant une série de questions à remplir pour avoir accès au fichier de l'ordinateur. Nous travaillions sur de vraies consoles, reliées au quartier général, nous donnant accès aux vrais fichiers sur lesquels nous apprenions à utiliser programmes et données.

On nous enseignait l'utilisation d'un logiciel appelé *Ksharim* (nœuds), qui traite des liens personnels de tel ou tel, et voici ce qu'il arriva : Arik P. s'installa devant la console de notre professeur qui était absente et tapa comme entrée *Arafat* suivi de *Ksharim*. Le code Arafat bénéficiait d'une priorité d'accès à la mémoire de l'ordinateur. En fonction de l'importance de la personne sur laquelle on désirait des renseignements, on obtenait une réponse plus ou moins rapide, mais Arafat était la priorité des priorités. L'ordinateur central travailla donc sur la question qui lui était posée, mais étant donné les centaines de milliers de noms liés, pour une raison ou pour une autre, à Arafat, il utilisa toute sa capacité à résoudre ce problème, mettant hors circuit tous les autres ordinateurs. Arik réussit à paralyser l'ordinateur du Mossad pendant huit heures d'affilée.

Depuis, le système a été modifié, les questions doivent être plus spécifiques et les réponses sont limitées à 300 lignes. Dorénavant, plutôt que de demander en bloc la liste des contacts d'Arafat, on doit préciser s'il s'agit, par exemple, de ses contacts syriens.

Après cet apprentissage et les trois jours de vacances qu'il m'était restés, je rejoignis ma première affectation, la recherche, au bureau Arabie saoudite du Mossad, sous la direction de Mme Aerna. Ce bureau était proche de celui de Jordanie que dirigeait Ganit, et aucun des deux n'était important. Le Mossad n'avait qu'une taupe en Arabie saoudite, un attaché de l'ambassade du Japon. Les autres informations sur la région provenaient des journaux, magazines et autres médias. S'y ajoutaient des détournements de renseignements orchestrés par l'Unité 8200.

Mme Aerna travaillait à la rédaction d'un livre sur la généalogie de la famille royale saoudienne. Parallèlement, elle réunissait une documentation sur un projet de second oléoduc auquel les Irakiens envisageaient de se raccorder pour écouler leur pétrole dans le but de financer leur effort de guerre contre l'Iran, la guerre rendant hasardeux les déplacements des pétroliers dans le golfe Persique. Nous eûmes entre les mains des rapports fort instructifs des services secrets britanniques sur l'Arabie saoudite. Les rapports anglais étaient extrêmement documentés, mais il s'agissait plus d'analyse politique que de Renseignement. Les Britanniques n'aiment pas partager le vrai Renseignement. L'un de ces rapports indiquait que les Saoudiens envisageaient une extension de leurs exploitations pétrolifères, ce qui rendait nécessaire un second pipeline. Mais les Anglais faisaient aussi état d'une future surproduction mondiale qui menacerait l'économie saoudienne, lourdement pénalisée déjà par sa politique de gratuité des soins et du système éducatif.

Nous prîmes les informations des Anglais très au sérieux, mais tout le monde dans le service pensait qu'ils avaient été influencés par « la Garce », nom dont le Mossad affublait Margaret Thatcher, étiquetée une fois pour toute comme antisémite. Les prises de position n'étaient jamais analysées en fonction de critères politiques, on se demandait simplement : « Est-ce bon pour les Juifs ? », et si la réponse était négative, les gens étaient catalogués antisémites, que le jugement fût mérité ou pas.

Nous recevions de longues feuilles de papier, qui ressemblaient à du papier carbone blanc, sur lesquelles était transcrite la traduction des écoutes des conversations téléphoniques entre le roi d'Arabie saoudite et ses proches. Comme celle-ci : un prince saoudien avait téléphoné à un parent en Europe pour le prévenir qu'il était à court de liquidités. Il le mettait alors en correspondance avec quelqu'un capable d'y remédier. Une autre concernait un cargo, transportant des milliers de tonnes de pétrole, qui se dirigeait vers Amsterdam, et la personne en question donnait au parent des instructions pour transférer le chargement au nom du prince et déposer l'argent de la livraison sur un compte suisse. La famille royale jonglait ainsi avec des sommes colossales.

L'une des conversations les plus mémorables fut celle d'Arafat sollicitant l'intervention du roi auprès du Syrien Assad, qui refusait de lui parler. Le roi téléphona donc à Assad, le flattant, l'appelant « Père des Arabes » ou « Fils de la Sainte Épée ». Assad acceptait de parler au roi d'Arabie, mais pas à Arafat !

Je rencontrai un certain Éphraïm (que nous appelions Effy), ancien agent de liaison avec la CIA à Washington. Effy se vantait d'avoir été le responsable, en 1977, de la chute d'Itzhak Rabin, alors Premier ministre travailliste depuis trois ans. Le Mossad n'aimait pas Rabin. Ambassadeur aux États-Unis, il avait démissionné en 1974 pour prendre la tête du Parti et avait succédé au poste de Premier ministre à Golda Meir. Rabin exigeait du Mossad des données brutes et non plus la version édulcorée habituellement servie, ce qui compliquait la tâche du Mossad, toujours désireux d'infléchir la politique israélienne dans le sens de ses intérêts.

En décembre 1976, Rabin et son cabinet démissionnèrent après avoir contraint les trois ministres du Parti national religieux à quitter le gouvernement à la suite de leur abstention lors d'un vote de confiance à la Knesset. Rabin resta Premier ministre du gouvernement intérimaire jusqu'aux élections de mai 1977, qui virent la victoire de Menahem Begin, à la grande satisfaction du Mossad. Toutefois, ce fut un « scandale », dévoilé par le célèbre journaliste Dan Margalit, peu avant les élections, qui coula Rabin.

La loi israélienne interdit d'ouvrir un compte en banque à l'étranger. Or l'épouse de Rabin avait justement à New York un compte dont le crédit n'excédait pas 10 000 dollars, et qu'elle utilisait lors de ses déplacements aux États-Unis. Pourtant, femme du Premier ministre, ses dépenses étaient prises en charge par le gouvernement. Le Mossad connaissait l'existence du compte et Rabin savait qu'il savait, mais le Premier ministre ne prit pas la menace au sérieux. Grave erreur!

Le Mossad attendit le moment opportun et renseigna Margalit. D'après Éphraïm, ce fut lui qui fournit les précisions nécessaires à Margalit lorsque celui-ci se rendit aux États-Unis pour vérifier l'information. Ce fut ce scandale qui aida Begin à battre Rabin, un homme intègre pourtant, mais que le Mossad n'aimait pas. Ils eurent sa peau. Éphraïm raconta partout qu'il était l'artisan de cette chute et je n'ai jamais entendu personne le contredire.

Quand nous étions cadets à l'Académie, on nous avait fait visiter les installations des Industries Aéronautiques Israéliennes (IAI). Pendant mon stage au bureau Arabie saoudite, j'appris que les Israéliens vendaient aux Saoudiens par l'intermédiaire d'un pays tiers (je ne sais pas lequel), des réservoirs de secours (fabriqués par IAI), permettant ainsi aux avions de chasse arabes de transporter plus de carburant et d'étendre leur rayon d'action. Israël avait également signé un contrat avec les États-Unis pour leur fournir ces mêmes réservoirs.

Les Saoudiens, trouvant l'arrangement ruineux, se tournèrent vers les Américains pour acheter les réservoirs à meilleur prix. Israël se cabra et hurla qu'il n'en était pas question. Le lobby juif se mobilisa pour empêcher la vente, arguant que les Saoudiens seraient alors en mesure d'attaquer Israël avec leurs F-16. Comble de la mauvaise foi quand on sait que les réservoirs étaient déjà vendus, sous couverture civile, à un prix largement supérieur à celui que les Américains auraient demandé. Beaucoup de choses étaient vendues aux Saoudiens de cette façon, c'était un gros marché.

Le département Recherche occupait le sous-sol et le rez-de-chaussée du quartier général, et abritait le bureau du responsable, de son adjoint, la bibliothèque, une salle d'ordinateurs, un secrétariat et un bureau de liaison. Le personnel se répartissait entre les différents bureaux : États-Unis, Amérique du Sud, le bureau général englobant le Canada et l'Europe de l'Ouest, le bureau Nucléaire, surnommé « Kaput » par dérision, et les bureaux Égypte, Syrie, Irak, Jordanie, Arabie saoudite et Émirats arabes unis, Libye, Maghreb (Maroc/Algérie/Tunisie), Afrique, Union soviétique et Chine.

Le département rédigeait de courts rapports quotidiens dont chacun pouvait prendre connaissance en interrogeant son ordinateur chaque matin, dès son arrivée. Un rapport plus complet de quatre feuillets verts paraissait chaque semaine et relatait les faits les plus marquants en provenance du monde arabe, un autre, d'une vingtaine de pages, extrêmement détaillé avec des cartes et des graphiques, paraissant tous les mois.

J'eus à dessiner une carte du projet d'oléoduc et un graphique statistique évaluant les chances pour un pétrolier de franchir indemne le golfe Persique. A l'époque, je les avais évaluées à 30 %. Au-delà de 48 %, la politique du Mossad consistait à signaler à chaque camp les déplacements des navires de l'autre. Un de nos hommes à Londres téléphonait aux ambassades irakienne et iranienne en se déclarant patriote, et les renseignait. Ils voulurent le payer tant les informations étaient justes, mais il refusa l'argent, prétendant n'agir que pour le bien de son pays. Nous permettions aux bâtiments iraniens et irakiens de naviguer librement, mais dès que les 48 % étaient dépassés, nous avertissions le camp d'en face et les pétroliers essuyaient des bombardements. Une façon comme une autre de mettre de l'huile sur le feu : tant qu'ils se battaient entre eux, ils ne nous menaçaient pas.

Après plusieurs mois à la Recherche, je fus muté dans le service qui me semblait le plus passionnant, la Liaison, ou *Kaisarut*. Je travaillais dans la section appelée *Dardasim* (ou « Smerfs »), qui couvrait l'Extrême-Orient et l'Afrique, sous la direction d'Amy Yaar.

C'était un ministère des Affaires étrangères modèle réduit traitant avec les pays qui n'entretenaient pas de relations diplomatiques avec Israël. On aurait dit une gare de chemin de fer. Des généraux à la retraite et d'anciens officiers du Bureau allaient et venaient, badge de visiteur à la boutonnière, utilisant leurs anciennes relations au Mossad pour négocier des contrats, principalement de ventes d'armes, pour le compte de leurs sociétés. Israéliens, ces divers « consultants » ne pouvaient se rendre dans certains pays, et la Liaison facilitait leur négoce en leur procurant des faux passeports, ou d'autres papiers indispensables.

C'était illégal, mais personne ne disait rien. Chacun savait qu'il serait un jour à la retraite, et ferait vraisemblablement la même chose.

Amy me prévint qu'en cas de demande inhabituelle, je ne devais pas poser de questions, mais le prévenir directement. Un jour, un homme me présenta un contrat à faire signer par le Premier ministre. Ce contrat prévoyait la vente à l'Indonésie de vingt ou trente chasseurs Skyhawk de fabrication américaine, vente qui contrevenait aux accords américano-israéliens. Israël ne pouvait revendre ces appareils sans l'approbation des Américains.

– Pouvez-vous revenir demain? demandai-je. A moins que vous ne me laissiez votre numéro de téléphone. Je vous appellerai quand ce sera prêt.

– Non, j'attends, répondit l'homme.

Lorsque nous avions visité IAI, j'avais vu, sur les pistes d'atterrissage, une trentaine de ces Skyhawk, recouverts de housses en plastique d'un jaune vif. Quand nous demandâmes ce qu'ils faisaient là, on nous répondit qu'ils attendaient d'être embarqués, sans nous préciser leur destination. J'étais persuadé que les Américains n'approuveraient pas la vente de ces avions à l'Indonésie, parce que cela risquait de modifier l'équilibre des forces dans cette région du monde. Mais ce n'était pas à moi d'en décider. Quand l'homme déclara qu'il attendait la réponse de Shimon Pérès, le Premier ministre, j'ouvris mon tiroir, appelai : « Shimon! Shimon! Je suis désolé, M. Peres n'est pas là pour le moment. »

Le type piqua une colère noire et m'ordonna d'aller chercher Amy. Je n'avais même pas pris la peine de lui demander son nom, mais quand je lui en parlai, Amy, soudain intéressé, s'écria :

– Où est-il ? Où est-il ?

– Là, dans le hall.

– Alors, envoie-le-moi avec son contrat.

Vingt minutes plus tard, l'homme sortit du bureau d'Amy et passa devant le mien, le contrat bien en évidence, un sourire fendu jusqu'aux oreilles.

– Finalement, M. Peres était là, claironna-t-il.

En fait, Peres était probablement à Jérusalem, ignorant que sa signature figurait au bas de ces documents. Le papier en question était ce que nous appelions un « bidon », à usage interne seulement, et ne servait qu'à rassurer le transporteur, couvert financièrement puisque le marché avait recueilli l'accord du Premier ministre.

Officiellement, les employés du Mossad travaillaient pour le cabinet du Premier ministre, qui était au courant de tractations financières sans pourtant connaître le détail des marchés en cause. Bien souvent, il était préférable qu'il l'ignorât, cela lui évitait d'avoir à prendre des décisions. De sorte que, en cas de protestation des Américains, il aurait pu prétendre qu'il n'était pas au courant. C'eût été ce que les Américains appellent « un déni plausible ».

L'Asia Building, apppartenant au riche industriel israélien Saül Eisenberg, jouxtait le quartier général. Grâce à ses multiples contacts en Extrême-Orient, Eisenberg était le lien du Mossad avec la Chine, et vendait des armements partout dans le monde. La plupart de ces ventes concernaient des surplus, du matériel de fabrication russe pris aux Égyptiens et aux Syriens pendant les guerres. Quand Israël eut vendu tous ses stocks d'AK-47 russes, il fabriqua un modèle qui s'appela le Galil, à mi-chemin entre le fusil d'assaut AK-47 et le M-16 américain. Il s'en vendit dans le monde entier.

J'avais plutôt l'impression de travailler dans un supermarché. Les consultants privés étaient censés être nos pions, mais les pions jouaient leur propre jeu. Mieux, ayant une plus grande expérience que n'importe lequel d'entre nous, ce sont eux qui faisaient de nous leurs pions.

En 1984, vers la mi-juillet, l'une de mes missions fut d'escorter un groupe d'atomistes indiens, inquiets de la menace d'une « bombe islamique » (pakistanaise), et venus en mission secrète en Israël pour y rencontrer des savants israéliens spécialistes du nucléaire et échanger des informations. En fait, si les Israéliens acceptèrent de bonne grâce les informations qu'on leur donna, ils étaient peu disposés à communiquer les leurs.

Le lendemain du départ des Indiens, je rangeais mes documents de travail quand Amy me convoqua dans son bureau. Il me chargea de deux missions. Je devais d'abord aider au chargement des bagages et à l'embarquement d'un groupe d'Israéliens qui partaient en Afrique du Sud entraîner des unités de la police secrète du pays. Ensuite, je devais aller chercher un ressortissant africain à son ambassade, le conduire à son domicile de Herzliya Pituah, et l'emmener à l'aéroport, où je l'aiderais à franchir les contrôles de sécurité.

– Je te rejoins à l'aéroport, me dit Amy. Je dois prendre un groupe du Sri Lanka que nous allons entraîner.

Lorsque j'arrivai à l'aéroport, Amy attendait l'avion des Sri-Lankais en provenance de Londres.

– Quand ils arriveront, me prévint-il, ne tire pas la tête. Ne fais pas de bêtises.

– Pourquoi me dites-vous ça?

– Eh bien, c'est qu'ils ont tout du singe. Tu sais, ils viennent d'un coin sous-développé et ça ne fait pas longtemps qu'ils sont descendus de leur arbre.

Nous conduisîmes les neuf Sri-Lankais par la porte de secours et les escortâmes jusqu'à un minibus à air conditionné. Ils étaient les premiers d'un groupe de près de cinquante personnes. Ils seraient répartis en trois plus petits groupes :

- Un groupe qui s'entraînerait à la lutte antiterroriste à Kfar Sirkin, la base militaire proche de Petah Tiqva. On leur apprendrait comment s'opposer aux détournements d'avion ou de bus, comment maîtriser un preneur d'otages réfugié dans un immeuble, comment descendre d'un hélicoptère à l'aide d'un filin, etc. Et, bien sûr, on leur vendrait des Uzis, et d'autres équipements fabriqués en Israël tels que gilets pare-balles, grenades spéciales, etc.
- Une équipe d'acheteurs venus négocier d'importants contrats d'armes. Ainsi, les Sri-Lankais commandèrent sept ou huit torpilleurs *Devora*, pour patrouiller le long des côtes nord, et se protéger des Tamouls.
- Un groupe d'officiers supérieurs désireux d'acquérir des radars et un équipement naval pour contrecarrer les infiltrations des Tamouls, qui continuaient à affluer de l'Inde et minaient les eaux territoriales sri-lankaises.

Je devais escorter pendant deux jours Penny *, la belle-fille du président Jayawardene, et lui faire visiter les sites tou-

* Voir chapitre 3.

ristiques. Ensuite, quelqu'un du Bureau prendrait le relais. Penny était une femme charmante, version indienne de Cory Aquino. Bouddhiste, parce que son mari l'était, elle était tout de même restée un peu chrétienne et voulut visiter tous les lieux sacrés du christianisme. Le second jour, je la conduisis au *Vered Haglil*, ou Rose de Galilée, un excellent ranch-restaurant à flanc de montagne avec vue panoramique. Le Mossad y avait un crédit.

Ensuite, on me confia le groupe d'officiers supérieurs qui étaient venus chercher leur équipement radar. On m'avait dit de les conduire à Ashdod, chez un fabricant nommé Alta qui s'occuperait de l'affaire. Mais quand je montrai les spécifications au représentant d'Alta, il protesta :

– Ils font semblant d'acheter, ce ne sont pas des clients!

– Mais, pourquoi? demandai-je.

– Ces singes n'auraient pas pondu un tel cahier des charges. C'est un Anglais, Deca, un fabricant de radar, qui l'a rédigé. Alors, un bon conseil, donnez-leur des bananes et renvoyez-les chez eux. Vous perdez votre temps.

– Bon, d'accord. Mais offrez-leur au moins une brochure, qu'ils ne soient pas venus pour rien.

Nous prenions le thé et le café tous ensemble, mais la conversation se déroulait en hébreu. Le représentant d'Alta accepta de faire un cours aux officiers pour qu'ils n'aient pas le sentiment de se faire envoyer sur les roses. « Attendez, on va rigoler », me dit-il en aparté.

Là-dessus, il alla dans un bureau et en revint avec un jeu de diapositives montrant un système d'aspirateur utilisé dans les ports pour nettoyer les flaques d'huile. Certaines diapos représentaient des schémas en couleurs. Les explications étaient écrites en hébreu, mais il traduisit en anglais « les immenses capacités de cet équipement radar ». J'avais du mal à garder mon sérieux. Le type insistait lourdement, vantant les mérites du radar qui, disait-il, pouvait repérer un nageur, préciser sa taille, et même sa pointure, son nom, son adresse et son groupe sanguin. Lorsqu'il eut terminé, les Sri-Lankais le remercièrent, se déclarèrent extrêmement impressionnés par ces prodigieuses avancées technologiques, mais regrettèrent de ne pouvoir acheter ce radar qui ne s'adapterait pas à leurs bateaux. Leurs bateaux! C'est nous qui les construisions!

Quand Amy me déposa à l'hôtel, je lui expliquai que les Sri-Lankais n'achèteraient pas le radar. « Oui, nous le savions », répondit-il.

Amy m'ordonna de me rendre à Kfar Sirkin, où les forces

spéciales sri-lankaises s'entraînaient, de leur procurer ce dont ils avaient besoin, puis de les ramener à Tel-Aviv pour la soirée. Il me prévint de faire très attention et de bien coordonner mes déplacements avec Yosy, qui venait d'être muté dans le même service.

Yosy s'occupait, lui aussi, d'un groupe entraîné par les Israéliens, mais qui ne devait en aucun cas rencontrer mes Cinghalais. C'était en effet des Tamouls, les ennemis jurés des Cinghalais. Les Tamouls, hindous pour la plupart, clament qu'ils sont victimes de discrimination de la part des bouddhistes cinghalais, majoritaires dans l'île, depuis que l'Angleterre a accordé l'indépendance au Sri Lanka (Ceylan, à l'époque) en 1948. Sur les 16 millions de Sri-Lankais, environ 74 % sont cinghalais et seulement 20 % tamouls, concentrés pour la plupart dans le nord de l'île. Vers 1983, un groupe de rebelles, les Tigres Tamouls, engagèrent la lutte armée pour créer un État indépendant, l'Eelam. La guérilla dure toujours et a déjà fait des milliers de victimes.

L'État de Tamil Nadu (l'ancien État de Madras), au sud de l'Inde, où vivent 40 millions de Tamouls, ne cache pas ses sympathies pour les rebelles. De nombreux Tamouls sri-lankais, fuyant les massacres, y ont trouvé refuge, et le gouvernement du Sri Lanka a souvent accusé les officiels indiens d'armer et d'entraîner les troupes tamoules. Il ferait mieux de s'en prendre au Mossad!

Les Tamouls suivaient un entraînement à la base de commandos marins, pour acquérir les techniques de pénétration, minage d'installations portuaires, communications, sabotage de torpilleurs (modèle Devora!).

Chaque groupe comportait une trentaine d'hommes, et nous décidâmes, Yosy et moi, que, pendant qu'il emmènerait son groupe de Tamouls passer la soirée à Haïfa, je resterais à Tel-Aviv avec mes Cinghalais.

Au bout de deux semaines, les choses faillirent se gâter lorsque les Tamouls et les Cinghalais – chaque groupe ignorant la présence de l'autre bien sûr – suivirent à la même période un entraînement à Kfar Sirkin où, même si l'espace ne manquait pas, les deux groupes se croisèrent un jour à l'occasion d'une marche d'échauffement.

Leur entraînement à Kfar Sirkin terminé, les Cinghalais furent conduits à leur tour à la base navale, où on leur enseigna les mêmes techniques que les Tamouls venaient d'apprendre. Nous étions à la merci de la moindre erreur. Nous devions sans cesse inventer des sanctions ou des exercices de nuit pour que les deux groupes ne se rencontrent pas à Tel-Aviv, le soir. Sinon, les combines d'Amy auraient vraiment pu compromettre la situation politique en Israël. Si Pérès avait appris ce qui se passait, il n'en aurait plus dormi la nuit, j'en suis sûr. Mais, comme de juste, personne ne le tenait au courant.

A la fin de la troisième semaine, les Cinghalais se préparèrent à partir pour Atlit, la base ultrasecrète des commandos marine. Amy m'expliqua qu'il ne pouvait pas les accompagner et que le *Sayret Matcal*, commando d'élite de reconnaissance et de renseignement, celui-là même qui avait effectué le fameux raid d'Entebbe, prendrait le relais.

– Il y a un os, m'annonça Amy. J'ai une équipe de 27 SWAT qui arrive d'Inde.

– Bon sang! m'exclamai-je. Qu'est-ce que c'est que ce cirque? Des Cinghalais, des Tamouls, et maintenant des Indiens! Qui d'autre encore?

L'équipe SWAT était censée s'entraîner à la base où se trouvaient Yosy et ses Tamouls. La situation était explosive. Le soir, ma journée de bureau terminée, mes rapports rédigés, j'emmenai les Indiens dîner en ville en ayant bien garde de ne pas choisir le même restaurant que Yosy. On me remettait chaque jour une enveloppe de 300 dollars en monnaie israélienne pour payer les frais.

A la même époque, je rencontrai un général de l'armée de l'air de Taiwan, le général Ky, responsable du Renseignement en Israël pour son pays, et qui voulait acheter des armes. On me demanda de lui servir de guide, mais de ne rien lui vendre. Les Chinois de Taiwan ont la réputation de pouvoir reproduire en deux jours tout ce qu'ils achètent, et ils cherchent à concurrencer Israël sur le marché mondial.

J'emmenai mon Chinois à l'usine Sultan où se fabriquent des mortiers et leurs obus, et il se montra très impressionné. Cependant, le directeur me déclara qu'il ne pouvait rien lui vendre. Parce qu'il achetait pour le compte de Taiwan, en premier lieu, et ensuite, pour la bonne raison que toute sa production avait déjà été achetée. Je manifestai ma surprise en apprenant que nous utilisions une telle quantité de matériel pour les entraînements.

– Oh non, ce n'est pas pour nous, rectifia-t-il. Ce sont les Iraniens qui les ont commandés.

Voilà ce qui faisait tourner l'usine.

Le Mossad réussit à passer un accord pour qu'un groupe de Chinois de Taiwan vienne se former en Israël. C'était un compromis obtenu après de longs marchandages. En effet, Taiwan avait d'abord demandé au Mossad d'envoyer des combattants en Chine populaire, ce que celui-ci refusa, mais il accepta d'enseigner à une unité spéciale, semblable à la *neviot*, l'art de faire parler les objets.

A la même époque, toutes sortes d'Africains passaient dans le service où je me trouvais pour conclure diverses affaires. A la demande expresse d'Amy, je restai à ce poste deux mois supplémentaires. C'était à la fois flatteur pour moi et un atout majeur pour mon dossier.

Une blague circulait, qui illustre bien la bizarrerie des Africains et leur propension à jeter l'argent par les fenêtres pour acheter des gadgets inutiles : on demande à un leader africain s'il possède une machine Mégafloc, il répond que non, et on propose de lui en construire une pour 25 millions de dollars. On commence par édifier un bras gigantesque de près de trois cents mètres de long, à deux cents mètres au-dessus de l'eau, et on demande une rallonge de 5 millions de dollars pour achever les travaux. On construit alors un monte-charge qui supporte une énorme bille d'acier de deux mètres de diamètre. On invite l'entourage du leader et les plus hauts dignitaires du régime à l'inauguration de la merveille, et que voient-ils? Le monte-charge s'élève lentement, lentement, jusqu'à l'extrémité du bras, bascule, et l'énorme bille tombe à l'eau dans un « mégafloc ».

Bien sûr, ce n'est qu'une blague, mais qui reflète assez bien la réalité.

Je n'ai jamais vu autant d'argent changer de mains aussi vite que pendant le temps que j'ai passé auprès d'Amy. Le Mossad pensait utiliser ces premiers contacts comme tremplin pour nouer ultérieurement des relations diplomatiques avec certains pays, et ne voyait aucune objection aux profits que réalisaient les intermédiaires. Mais ceux-ci ne s'intéressaient qu'à l'argent et prélevaient des commissions énormes sans jamais préparer le terrain pour une quelconque action diplomatique.

La dernière mission dont me chargea Amy fut de servir de guide pendant quatre jours à un homme et une femme venus de Chine populaire pour négocier des contrats d'armement.

Furieux qu'on leur montre des équipements de qualité inférieure aux leurs, ils me demandèrent si, par hasard, nous n'avions pas l'intention de leur vendre des chaussettes. Cela me fit beaucoup rire, songeant que si nous obtenions un marché pareil avec l'armée chinoise, tout le monde se mettrait à tricoter et l'économie israélienne deviendrait florissante.

Les deux Chinois furent traités de façon indigne, simplement parce qu'Amy avait décidé de son propre chef qu'ils n'étaient que des sous-fifres. Il se comportait, lui, en ministre des Affaires étrangères, sans en référer à quiconque. Toute sa vie, il avait travaillé pour le gouvernement avec un salaire de fonctionnaire, mais il habitait une propriété immense, au nord de Tel-Aviv. Sa villa somptueuse donnait sur un bois privé. Nous nous y arrêtions parfois pour y prendre un verre à l'issue d'un week-end de travail, et nous y croisions des hommes d'affaires qui y circulaient comme chez eux.

– Comment avez-vous réussi à vous offrir tout ça? lui demandai-je un jour.

– Oh, c'est simple. Il suffit de travailler dur et d'économiser sou à sou.

Tu parles, Charles!

Mon stage suivant se déroula au Tsomet. On m'affecta au bureau Benelux, où une partie de ma tâche consistait à examiner les demandes de visa pour le Danemark.

Au Tsomet, le bureau d'un pays donné est au service de l'antenne installée dans ce pays, et non l'inverse. Le chef d'une antenne est, dans bien des cas, sur un pied d'égalité avec le chef de la branche qui le coiffe. (Au *Kaisarut*, d'où je venais, c'était exactement le contraire. Les décisions y sont prises dans les bureaux et les branches, de sorte que le chef de l'antenne de la Liaison de Londres, par exemple, est le subordonné direct du chef du bureau Grande-Bretagne de Tel-Aviv, et ce dernier a la haute main sur les opérations.)

La première branche du Tsomet est divisée en plusieurs desks, ou bureaux. Celui du Benelux contrôle la Belgique, les Pays-Bas, le Luxembourg, mais aussi la Scandinavie (les antennes sont à Bruxelles et à Copenhague). Les bureaux France et Grande-Bretagne ont des antennes à Paris, Marseille et Londres.

La deuxième branche du Tsomet couvre le bureau Italie, avec ses antennes à Rome et à Milan, le bureau Allemagne-Autriche dont l'antenne était à Hambourg et est maintenant à Berlin.

La troisième branche, dite israélienne, gère des bureaux dont le siège se trouve au QG de Tel-Aviv. De là, les *katsas* effectuent des « sauts de puce » en Grèce, Turquie, Égypte ou en Espagne.

Le chef d'une antenne a le même pouvoir qu'un chef de

branche et peut même annuler les décisions de ce dernier, si besoin est, et demander l'arbitrage du chef du Tsomet. Ce système, en raison des mouvements incessants de personnel, donne lieu à des luttes internes permanentes.

Pour éviter les conflits, le Mossad n'impose pas ses ordres, ce qui a ses bons côtés. Beaucoup en profitent pour avoir deux fers au feu, c'est-à-dire deux protecteurs : l'un pour gravir les échelons hiérarchiques, l'autre pour se sortir d'un mauvais pas si nécessaire. On passait ainsi son temps à essayer de deviner qui protégeait qui et pourquoi.

Un jour, une information tomba sur l'ordinateur. Un agent, à l'époque attaché de l'armée de l'air à l'ambassade de Syrie à Paris, nous prévint que le chef de l'aviation syrienne (qui était aussi chef des services secrets) se rendait en Europe pour acheter du mobilier haut de gamme. Le quartier général eut aussitôt l'idée de faire parler ces meubles, autrement dit d'y dissimuler des émetteurs.

On demanda à l'ordinateur de dresser une liste de tous les « *sayanim* mobilier ». Un projet de table « parlante », destinée à l'ameublement des bureaux du quartier général des forces aériennes syriennes, fut mis à l'étude. On dépêcha à Paris un *katsa* de l'antenne londonienne pour organiser la vente, bien que le Mossad sût que l'affaire se traiterait en Belgique et non en France. (Il ignorait pourquoi.)

Avant l'arrivée du général syrien, le *katsa* de Londres prit l'identité d'un intermédiaire réputé vendre n'importe quel meuble à des prix défiant toute concurrence. Le Mossad savait que le général ne marchanderait pas ses achats, il était riche, et de toute façon, l'ambassade paierait. Le but n'était donc pas de l'atteindre, lui, mais son aide de camp, qui s'occuperait des détails de la vente. Nous avions moins de trois semaines pour nous organiser.

Nous contactâmes un décorateur renommé, un *sayan*, qui nous remit des photos de ses créations, avec lesquelles, en deux jours, nous éditâmes le catalogue d'une société capable de fournir du mobilier de qualité à des prix compétitifs. Pour appâter l'aide de camp du général, nous établîmes un plan en trois volets. Nous tenterions d'abord l'approche directe, en lui remettant le catalogue. S'il mordait à l'hameçon et achetait les meubles au Mossad, tant mieux. Si cela ne marchait pas, nous essayerions de découvrir où il comptait acquérir les meubles, et nous nous chargerions du transport. Si tout échouait, restait encore à détourner la marchandise, ou à la remplacer.

Nous connaissions l'hôtel où le général devait descendre à

Bruxelles, et nous savions qu'il y resterait trois jours, avec ses gardes du corps, avant de se rendre à Paris. Nous le suivîmes, de magasin en magasin, lui et son aide de camp qui prenait des notes. Un moment, le *katsa* pensa que l'affaire allait rater. Nous ne savions que faire. A la fin de la journée, le général rentra à son hôtel. Notre taupe à l'ambassade syrienne nous avertit que le général partirait pour Paris le lendemain, mais qu'un des deux billets avait été annulé. Nous décidâmes que ce devait être celui de l'aide de camp, chargé de régler les derniers détails de l'achat.

Nous avions vu juste. Le lendemain, on fila l'aide de camp jusqu'à un magasin de meubles ultra-chic où il entra en grande conversation avec les vendeurs. Le *katsa* décida alors d'intervenir. Il pénétra dans le magasin. Un *sayan* entra à son tour, le remercia avec effusion à haute voix de lui avoir procuré le mobilier qu'il cherchait en lui faisant faire une économie de plusieurs milliers de dollars, et il s'en alla.

Après le départ du *sayan*, l'aide de camp du général dévisagea le *katsa* avec intérêt.

– Vous voulez acheter des meubles? demanda le *katsa*.

– Oui.

– Tenez, jetez un coup d'œil là-dessus, dit le *katsa* en tendant le catalogue.

– Vous travaillez dans ce magasin? s'étonna l'aide de camp.

– Non, non, je traite pour mes clients. J'achète en gros avec une forte remise. Je m'occupe du transport et j'accorde de larges facilités de paiement.

– C'est-à-dire?

– Oh, j'ai des clients un peu partout, voyez-vous. Ils viennent ici faire leur choix, et moi, j'achète directement chez le fabricant. Je m'occupe du transport et mes clients me payent à la réception de la marchandise. Si quoi que ce soit arrive endommagé, je me charge de tout, assurance, remboursement, tout.

– Et comment êtes-vous sûr d'être payé?

– Oh, je ne m'inquiète pas pour ça!

L'aide de camp allait-il mordre à l'hameçon? Tous ses clignotants étaient allumés et sa calculatrice s'était mise en route. Le *katsa* passa trois heures avec lui et obtint la liste complète des meubles choisis par le général. La facture se montait à 180 000 dollars, sans compter les frais de port et d'emballage, et le *katsa* lui vendit le tout pour 105 000, ce qui lui laissait à lui 75 000 dollars de bénéfice.

Bizarrement, l'aide de camp syrien demanda à ce que la marchandise soit acheminée à Lattaquié, mais donna de faux noms pour le général et lui-même. Il précisa que, si des vérifications s'avéraient nécessaires, on pouvait téléphoner à l'ambassade de Syrie à Paris. Une demi-heure après avoir quitté le *katsa*, il téléphona à notre taupe parisienne de l'ambassade syrienne pour le prévenir de répondre à toute demande de vérification des noms et adresses qu'il lui donna, indiquant qu'il s'agissait d'une opération de priorité absolue.

Deux jours plus tard, une table en provenance de Belgique fut livrée en Israël. Elle y fut désossée et un équipement électronique, d'une valeur de 50 000 de dollars – comprenant en outre une batterie pouvant fonctionner pendant trois ou quatre ans –, y fut camouflé. La table fut ensuite remontée avec tant de soin qu'il eût été impossible de découvrir le système d'écoute, sauf à scier le meuble en deux. La table fut ensuite réexpédiée en Belgique, d'où elle fut embarquée pour la Syrie avec le restant du mobilier.

Le Mossad attend toujours des nouvelles de sa table. Il a déjà envoyé nombre de combattants, équipés de postes récepteurs, tenter de capter un message, en vain. Si le procédé avait marché, c'eût été une vraie bénédiction. Il est possible que le mobilier ait été destiné à des bureaux de Damas enfermés dans un bunker comme les Russes en ont construit en Syrie et qui sont imperméables aux ondes radio. Mais s'ils ont découvert les micros, les Syriens s'en seront servis pour leur propre compte.

En dehors de cette anecdote, mon travail au Tsomet était fastidieux. Je remplissais des fichiers, surveillais les horaires, mais la plupart du temps, je répondais au téléphone, principalement aux épouses des huiles du service, répétant invariablement que leur mari n'était pas là, « Je suis navré, madame, il est en mission... »

En fait, je travaillais dans un bordel.

7

LA MOUMOUTE

27 octobre 1984. Nos stages au QG étaient terminés, nous allions aborder la phase finale de notre formation. Les cours auraient lieu maintenant au deuxième étage du bâtiment principal de l'Académie. Nous n'étions plus que douze, mais trois hommes vinrent compenser les défections. Leur promotion avait vu fondre ses effectifs en cours de route, de sorte que l'Aca démie avait décidé de suspendre leur formation. Nos trois nouveaux condisciples s'appelaient Oded L., Pinhas M. et Yegal A.

Mais là n'étaient pas les seuls changements. Araleh Sherf avait quitté la tête de l'Académie pour s'occuper de la *Tsafririm*, ou « Brise du matin » (qui regroupait les organisations de défense des Juifs de la diaspora), et avait été remplacé par David Arbel, ex-patron du bureau parisien, rescapé de la honteuse affaire de Lillehammer * où il avait balancé tout ce qu'il savait aux autorités locales. Shai Kauly était toujours là, mais Oren Riff avait été muté au cabinet du chef du Mossad. Notre nouveau responsable de cours était Itsik E. **, un *katsa* à la carrière peu glorieuse – l'un des deux *katsas* dont la conversation à l'aéroport d'Orly, après avoir mis dans l'avion de Rome un agent important, avait été surprise par des membres de l'OLP parlant hébreu.

Arbel, un petit homme timide, portant lunettes et cheveux blancs coupés court, n'inspirait guère confiance. Itsik, pour sa part, offrait l'apparence d'un homme capable, revenant d'une mission où il avait occupé le poste de second de l'antenne parisienne. Il parlait couramment anglais, français et grec, et se lia tout de suite d'amitié avec Michel M. Les deux hommes par-

* Voir chapitre 10.
** Voir prologue, L'opération Sphinx.

laient constamment français ensemble et ne se quittaient quasiment pas, ce qui aggrava l'antipathie qu'inspirait Michel à ses collègues. Il avait pourtant fait partie de notre petite bande, mais non seulement il s'était mis à cirer les pompes d'Itsik, mais il débinait aussi les autres, y compris nous. Nous le tînmes donc à l'écart et le traitions de « grenouille » * derrière son dos. Dès qu'on le voyait arriver, on mimait avec la main la grenouille qui saute. Michel nous rebattait les oreilles de sa cuisine française, ses vins français, ses trucs et ses machins français. Nous ne nous lassions pas de cette histoire : un Israélien entre dans un restaurant français et demande au garçon :

– Garçon ! Vous avez des cuisses de grenouilles ?

– Oui, monsieur, bien sûr.

– Parfait. Alors, faites donc un saut à la cuisine et rapportez-moi du houmous.

Yosy, Heim et moi étions inséparables et nous étions devenus de plus en plus cruels et mauvais, de parfaits salauds qui croyaient tout connaître. Nos instructeurs nous annoncèrent que nous allions passer aux choses sérieuses, car jusqu'à présent, nous n'avions étudié que le B.A.BA du Renseignement.

Nahaman Lavy et un dénommé Tal commencèrent par nous projeter un film réalisé par le Mossad, racontant l'histoire d'une bataille perdue parce qu'il manquait un fer au cheval du commandant. La morale étant que la moindre négligence peut faire échouer toute une opération.

Après cela, nous eûmes ensuite un cours d'une heure donné par Ury Dinure, notre nouveau moniteur de NAKA. Nous commençâmes aussi une formation intensive de commerce international, incluant la direction d'entreprise, l'achat par correspondance, les structures dirigeantes, les rapports qu'entretiennent la direction et les actionnaires, le rôle du président du conseil d'administration, le fonctionnement de la Bourse, la préparation des contrats internationaux, le paiement à la livraison, et tout ce que nous devions savoir pour comprendre la marche des sociétés qui nous serviraient de couverture. Ce cours s'étendit sur toute la durée de notre dernière session, au rythme de deux heures deux ou trois fois par semaine, sans compter de nombreux tests de contrôle et toute une paperasserie à remplir.

Itsik nous donna un exercice destiné à nous apprendre à utiliser au mieux nos agents. Fait nouveau, on apprit comment se débarrasser d'un agent devenu dangereux, au cas où nous ne pourrions compter sur la Metsada pour nous envoyer une unité

* *Froggy*. Grenouille, ou mangeur de grenouilles. Surnom injurieux donné aux Français par les Anglo-Saxons.

kidon. On nous répartit en trois équipes de cinq. Chacune travaillait sur un « sujet », réunissant les informations nécessaires à son élimination future.

Mon équipe récolta lesdites informations en trois jours. La seule chose qui pût noous servir était que notre sujet achetait ses deux paquets de cigarettes quotidiens au même bureau de tabac, toujours à la même heure, 17 h 30. Il était réglé comme une horloge. Le bureau de tabac était donc le lieu idéal pour le cueillir. Conduit par un chauffeur, assis à l'arrière avec un autre stagiaire, j'appelai mon agent qui, reconnaissant son *katsa*, monta dans la voiture près de nous. Nous sortîmes de la ville jusqu'à un endroit convenu. Là, nous lui appliquâmes un tampon de chloroforme. Tout ceci n'était qu'une simulation, bien entendu.

Le reste du plan consistait à maquiller le crime en accident. Ayant auparavant caché sa voiture près d'une falaise, nous aurions donc transporté notre homme inconscient dans son véhicule, à son volant. Nous lui aurions versé de la vodka (qui brûle facilement) dans le gosier, à l'aide d'un entonnoir fait avec un journal. Ensuite, après avoir attendu, en prévision d'une autopsie, que l'alcool soit passé dans le sang, nous aurions versé le restant de la vodka sur les sièges, déposé un briquet et un mégot de cigarette à côté de lui. Ce détail étant censé expliquer la cause de l'incendie. Dès que le feu aurait pris, le plan prévoyait qu'on pousse la voiture en bas de la falaise.

Une autre équipe découvrit que son « sujet » aimait aller dans un club tous les soirs. Ils adoptèrent une tactique plus directe. Ils allèrent à sa rencontre alors qu'il se rendait au club, tirèrent sur lui cinq coups à blanc, remontèrent en voiture, et démarrèrent tout simplement.

Dans le même temps, nous nous perfectionnions dans l'art de la couverture, apprenant comment utiliser différents passeports. On nous lâchait avec un passeport dans la rue, où nous étions rapidement arrêtés. Nous devions subir les interrogatoires sans nous couper. On nous laissait filer, un *bodel* nous accostait pour nous remettre un nouveau passeport, et vlan! un autre flic nous arrêtait et nous devions justifier de notre nouvelle identité.

On nous familiarisa avec la Tsafririm et les organisations de défense conçues par les Juifs de la diaspora. Cela posait un problème moral, du moins à certains. Je m'insurgeais contre cette idée de groupes d'autodéfense. Je pensais qu'en Angleterre, par exemple, ces organisations où les gosses apprennent à construire des caches pour leurs armes, et à protéger les synagogues, font du tort à la communauté juive. Mon argumentation était la suivante : même si une population a été opprimée, si on a essayé de l'exterminer – comme ce fut le cas pour les Juifs –, elle n'a pas le droit d'agir contre la loi, dans les pays démocratiques. Je comprends qu'on se protège au Chili, en Argentine, dans tous les pays où les gens sont enlevés en pleine rue, mais pas en Angleterre, en France ni en Belgique.

L'existence de groupuscules antisémites, réels ou imaginaires, ne constitue pas une excuse. Si on balaie devant notre porte, on constate qu'il y a des groupes antipalestiniens en Israël. Trouvons-nous normal pour autant que les Palestiniens s'organisent en milices d'autodéfense et stockent des armes ? Ou considérons-nous cela comme du terrorisme ?

Ce genre de raisonnement n'était bien sûr pas apprécié au Mossad, surtout dans le contexte de l'Holocauste. Je ne conteste pas que l'Holocauste fut la pire des calamités que les Juifs aient eu à subir. Le père de Bella a passé quatre ans à Auschwitz et presque toute sa famille a été exterminée par les Allemands. Mais n'oublions pas les 50 millions d'autres victimes. Les Allemands ont tenté d'éliminer les Tziganes, diverses communautés religieuses, des millions de Russes, de Polonais. L'Holocauste aurait pu être, aurait dû être, un motif de rassemblement pour les peuples, plutôt qu'un prétexte à les diviser. Mais cela, c'était juste mon opinion.

Nos activités sportives prirent une tournure éminemment dangereuse, avec un nouveau sport en particulier : nous allions dans le bâtiment d'un camp militaire proche de Herzliya, et nous devions gravir des escaliers au pas de charge et les redescendre de même en tirant des balles réelles, pendant qu'une mitrailleuse nous arrosait de balles en bois extrêmement douloureuses à bout portant. Tout ceci pour nous obliger à faire feu en plongeant, à maîtriser nos armes, en sus d'un entraînement sportif.

Nous nous exerçâmes aussi au rappel, à glisser le long d'une corde en rebondissant sur la façade d'un immeuble, à descendre d'un hélicoptère à l'aide d'un filin, et autres techniques de style commando, comme celle appelée « saut et tir » utilisée contre un « pirate » qui se trouve à l'intérieur d'un autocar.

Un de nos cours était intitulé : « Recruter un agent en commun avec un service ami », avec la CIA, par exemple. C'est ce qu'on nomme le recrutement mutuel. Après l'introduction à son cours, le prof nous déclara :

– Comment procède-t-on ? Eh bien, on ne procède pas. Nous ne pratiquons pas ce genre de recrutement. Si on nous propose de partager les services d'un agent, pourquoi pas, mais si nous pouvons opérer seuls, nous le ferons.

Il nous apprit comment piquer un agent à un service ami. Voici : on commence l'opération en commun, et dès qu'on peut, on donne à l'agent nos propres instructions qui l'envoient ailleurs que prévu, et on prétend auprès du service ami qu'on a perdu sa trace. C'est simple, si on estime que l'agent en vaut la peine, on le fait disparaître, en lui offrant le double de ce que les autres le payent, et il devient *notre* agent, ce que nous appelons un agent « bleu et blanc », aux couleurs du drapeau israélien.

Un film m'intrigua. Il s'intitulait *Un président au bout de la lunette* et montrait en détail l'assassinat de John F. Kennedy, le 22 novembre 1963. D'après le Mossad, les assassins – des tueurs de la Mafia et non Lee Harvey Oswald – voulaient, en fait, abattre le gouverneur du Texas, John Connally, qui accompagnait Kennedy dans la voiture, mais ne fut que blessé. Le Bureau pensait que Oswald était un leurre, et Connally la vraie cible d'une bande cherchant à se frayer une voie dans les affaires pétrolières. Le Mossad tenait la version officielle pour de la pure foutaise. Pour vérifier sa théorie, il avait organisé des reconstitutions du défilé présidentiel et posté des tireurs d'élite, équipés de matériel plus performant que celui d'Oswald, à la distance attestée de 80 mètres. Ils ratèrent la cible.

La couverture était parfaite. Si Connally avait été tué, tout le monde aurait pensé que la cible était Kennedy. Pourtant, s'ils voulaient Kennedy, ils auraient pu l'assassiner n'importe où. On a dit que la balle qui a atteint Connally a traversé le crâne du président, est ressortie par sa poitrine pour frapper le gouverneur. En visionnant le film, on voit bien que les trois points en question ne sont pas dans l'alignement. Cette balle était une vraie valseuse.

Le Mossad conservait tous les films sur l'assassinat de Dallas, possédait des photos de la région, la topographie des lieux, des photos aériennes. Il fabriqua des mannequins et recommença un nombre incalculable de fois l'expérience du défilé avec le raisonnement suivant : si je dois utiliser un fusil de haute précision, je ne me poste pas n'importe où. Je choisis un endroit d'où je pourrai apercevoir ma cible le plus longtemps possible, à une distance la plus réduite possible, tout en évitant de me faire remarquer. Avec ces données, le Mossad choisit les points de tir les plus appropriés, y posta plusieurs tireurs qui tirèrent simultanément.

Oswald avait utilisé un fusil à culasse Mannlicher-Carcano 6 mm 5 à chargeur et à lunette télescopique, qu'il avait acheté par correspondance. Il l'avait choisi sur catalogue et l'avait payé 21 dollars 45 cents. Il avait aussi un revolver Smith & Wesson .38. On n'a jamais su s'il avait tiré deux ou trois coups, mais il utilisait des cartouches ordinaires de l'armée d'une vitesse initiale de 660 mètres/seconde.

Pendant les reconstitutions, les tireurs du Mossad, avec un équipement plus puissant, visaient la cible, leurs armes calées sur des trépieds, et criaient « feu » dans un micro pour déclencher un rayon laser désignant l'impact des balles sur les corps, dans la voiture, et leurs points de sortie. L'analyse de ces multiples reconstitutions démontre que le tireur visait sans doute la nuque de Connally, et que Kennedy fit un geste ou un mouvement au mauvais moment, à moins encore que l'assassin ait hésité.

Ce n'étaient que des reconstitutions, mais elles démontraient qu'Oswald n'avait pas pu agir comme on l'a prétendu. Ce n'était même pas un professionnel. Regardez à quelle distance il se trouvait, au sixième étage, examinez son matériel. Et il n'utilisait pas de balles renforcées. Réfléchissez, ce type venait juste d'acheter son flingue. Tout le monde sait qu'il faut du temps et de l'adresse pour s'habituer à tirer avec une lunette. Non, la version officielle est proprement incroyable.

Un autre que je trouvais incroyable dans son genre, c'était Dan Drory, qui se présenta un beau matin, vers la fin du premier mois de la session finale. Pas plus d'un mètre soixante-dix, trapu, il commença son cours de la manière suivante :

– Bonjour. Mon nom importe peu, je suis ici pour vous parler d'une opération à laquelle j'ai participé avec un type qui s'appelait Amikan. A l'époque, je travaillais pour une unité *kidon* et mon équipe reçut l'ordre d'éliminer le chef de la section palestinienne d'Athènes ainsi que son assistant. Amikan est un colosse de deux mètres, une armoire à glace, et c'est aussi un homme profondément religieux.

L'opération que nous raconta Dan Drory s'appelait PASAT, et fut une réussite du Mossad dans le milieu des années 70.

Visiblement, Drory aimait son boulot. Il sortit de son attaché-case un Parabellum, pistolet allemand équivalant au Luger, et le déposa devant lui, sur la table.

– J'aime bien celui-ci... Et celui-là aussi, déclara-t-il en sortant un Eagle, magnum israélien avec système de refroidissement, mais on m'interdit de le porter. Celui-là, en revanche, j'ai le droit de m'en servir. (Il nous présenta alors un Beretta 22.) Et avec lui, pas besoin de silencieux.

Il fit une pause, puis il brandit un stylet dont la lame s'évasait avant de s'effiler en une pointe aiguë.

– Ça, c'est ma préférée. Lorsque vous la ressortez du corps, les chairs se referment et empêchent la plaie de saigner. Vous pouvez, par exemple, l'enfoncer entre les côtes, tourner la lame, de sorte que vous déchirez tout à l'intérieur, ensuite vous la retirez simplement.

Enfin, il exhiba une sorte de gant griffu. Au pouce était fixée une lame épaisse comme celle d'un couteau suisse, et à l'index une autre lame qui rappelait celle d'un cutter pour moquette.

– Voilà l'outil favori d'Amikan, déclara-t-il en enfilant le gant. Vous attrapez votre bonhomme à la gorge, et vous serrez. C'est comme des ciseaux, ça coupe tout. En plus, la mort n'est pas instantanée, ce qu'Amikan apprécie beaucoup. Mais pour se servir de ce gant, il faut avoir une poigne de fer, comme Amikan.

Cela me suffisait pour m'ôter toute envie de rencontrer ce type.

Amikan ne sortait jamais sans sa kippa. Obligé d'agir dans l'ombre, et dans des pays hostiles, il serait difficilement passé inaperçu avec sa calotte. Il avait donc décidé de se tondre le sommet du crâne et de porter une moumoute... une kippa en vrais cheveux.

Ayant reçu l'ordre de faire disparaître deux membres de l'OLP, Drory, Amikan et leur équipe se rendirent à Athènes et localisèrent les deux cibles. Les Palestiniens habitaient en ville dans des appartements séparés, et ne se rencontraient régulièrement que pour des séances de travail.

Le Bureau n'avait pas encore digéré le scandale de Lillehammer, où un innocent avait été tué par mégarde *, et le nouveau chef du Mossad, Itzhak Hofi, surveillait personnellement l'opération. Il ne donnerait son feu vert qu'après avoir vérifié sur place que les cibles étaient bien les bonnes.

Pour simplifier l'exposé, j'appellerai le chef de la section palestinienne « Abdul », et son assistant « Saïd ». Après analyse, il fut décidé que le travail ne pourrait pas être exécuté dans l'appartement d'Abdul. Les deux hommes se rencontraient tous les mardis et jeudis, avec d'autres officiels de l'OLP, dans un hôtel situé dans une rue principale d'Athènes. Une étroite filature des deux hommes se prolongea tout un mois avant qu'une décision soit prise.

Amikan et ses agents photographièrent les deux hommes à plusieurs reprises et vérifièrent leurs dossiers, plutôt deux fois

* Voir chapitre 10.

qu'une, pour s'assurer de leur identité. Ils découvrirent qu'Abdul avait été arrêté par la police jordanienne, dans sa jeunesse, grâce aux dossiers retrouvés dans Jérusalem-Est après l'occupation de ce secteur par Israël. Ils réussirent à se procurer un verre qu'Abdul avait utilisé à son hôtel, et comparèrent les empreintes digitales obtenues avec celles de son dossier. C'était bien lui.

Après chaque réunion, Abdul quittait l'hôtel pour se rendre, en voiture, chez une petite amie. Saïd partait de son côté. Il arrivait aux réunions en vêtements de tous les jours, rentrait se changer dans son appartement de la banlieue résidentielle, situé à vingt minutes en voiture, et ressortait pour la soirée. Il habitait au second et dernier étage d'une maison de quatre appartements. Une rampe descendait au garage du sous-sol, qui comprenait quatre boxes alignés. Les boxes étaient éclairés par des ampoules murales et le garage par un plafonnier. Saïd garait sa voiture dans le deuxième box à partir du fond, remontait la rampe et pénétrait dans la maison par la porte d'entrée.

Abdul était un politique et prenait peu de précautions de sécurité, mais Saïd faisait partie de la branche militaire de l'OLP et il partageait son appartement, sorte d'équivalent de nos planques, avec trois autres Palestiniens, dont deux, au moins, étaient ses gardes du corps.

La rue de l'hôtel était une artère à deux voies séparées par une bande médiane. Le quartier était tranquille et les piétons rares. L'hôtel possédait un parking privé adjacent réservé aux clients du restaurant, où Abdul et Saïd laissaient leurs voitures, et un autre derrière l'immeuble, réservé aux clients de l'hôtel.

Après analyse, Drory et Amikan décidèrent d'opérer un jeudi soir, à la fin de la réunion.

Il y avait une cabine téléphonique de l'autre côté de la rue, à un demi-pâté de maisons, et une autre près de l'appartement de Saïd. Comme ce dernier quittait toujours l'hôtel avant Abdul, le plan consistait à descendre celui-ci devant l'hôtel, et à prévenir par téléphone un complice qui attendrait dans l'autre cabine d'abattre Saïd à son arrivée.

Amikan dirigait l'équipe chargée de Saïd. On avait exigé qu'il se serve d'un pistolet 9 mm et son commandant vérifia qu'il n'était pas chargé avec des balles dum-dum. En effet, tout le monde savait que le Mossad utilisait ces projectiles et il fallait éviter que les exécutions soient signées. Au contraire, on devait faire croire à un règlement de comptes entre factions rivales de l'OLP.

Le soir dit, une camionnette se gara en face de l'hôtel, de

l'autre côté de la rue. Un homme devait attendre dans un fauteuil du hall, et Drory arriverait par le parking du restaurant, suivi de près par Itzhak Hofi. Drory et Hofi resteraient dans leur voiture jusqu'au signal, une série de clics dans leurs talkies-walkies.

Ce soir-là, pour une raison inconnue, Abdul et Saïd sortirent pour la première fois ensemble de l'hôtel et personne n'intervint. Les tueurs se contentèrent de regarder les deux hommes monter dans leurs voitures et démarrer.

Le jeudi suivant, l'équipe se remit en position. Cette fois, Saïd sortit de l'hôtel aux environs de 21 heures et se dirigea vers sa voiture. Les hommes du Mossad avancèrent la camionnette de quelques pas – comme s'ils venaient d'arriver et effectuaient un créneau – pendant que Saïd démarrait.

Deux minutes plus tard, l'homme assis dans le hall envoya le signal convenu : Abdul s'apprêtait à sortir. L'hôtel avait deux portes, une ordinaire et une à tambour. Pour s'assurer qu'Abdul utiliserait la porte à tambour, on avait coincé l'autre.

L'homme du Mossad en faction dans le hall franchit la porte juste derrière Abdul, et la bloqua pour que personne ne puisse sortir. Un autre homme occupait la cabine téléphonique située un peu plus bas dans la rue, et était en liaison avec un équipier posté dans celle du quartier de Saïd.

Abdul descendit les marches, tourna à gauche et pénétra dans le parking. Drory venait à sa rencontre, Hofi sur les talons. « Abdul ? » demanda Hofi. Sur sa réponse positive, Drory lui déchargea deux balles à bout portant dans la poitrine et une autre dans la tête. Abdul tomba raide, tué sur le coup. Hofi avait déjà traversé la rue et était monté dans la camionnette qui avançait au pas. L'homme de la cabine annonça : « Mission accomplie » à son complice au bout du fil, indiquant que la seconde phase de l'opération pouvait commencer.

Drory, quant à lui, retourna tranquillement sur ses pas, remonta dans sa voiture et s'éloigna. L'homme du hall retourna dans l'hôtel et sortit par la porte de derrière, où une voiture l'attendait. La scène ne dura en tout que dix secondes et, si un client l'avait observée, il en aurait conclu que l'homme était sorti, puis, ayant oublié quelque chose, retournait le chercher. Il fallut dix minutes pour qu'on découvre le corps d'Abdul dans le parking.

Quand Saïd se gara dans son box, Amikan l'attendait caché dans la haie de buisson qui séparait les deux maisons voisines. L'ampoule du plafonnier était grillée, mais, grâce à l'éclairage mural, Amikan vit, à travers le soupirail, que Saïd avait pris quelqu'un en cours de route. D'où il se trouvait, Amikan ne pouvait pas deviner lequel des deux était Saïd, il décida donc que l'ami de son ennemi était aussi son ennemi. Il s'approcha de l'arrière du véhicule, et, recouvrant son pistolet 9 mm d'un magazine, il vida son chargeur sur les deux hommes, en visant la tête.

Il s'approcha de la portière avant, pour vérifier qu'ils étaient bien morts. Les balles étaient entrées par l'arrière des crânes, et avaient laissé, en ressortant, un trou béant à la place du front.

La fusillade fut brève mais bruyante. Amikan utilisait un silencieux, mais les bruits des vitres brisées et des ricochets des balles contre les murs avaient attiré l'attention des gardes du corps de Saïd. Ils sortirent de l'appartement éclairé et se penchèrent au balcon, dans le contre-jour, criant « Saïd! Saïd! » Un membre de l'équipe d'Amikan, qui était posté en face de l'immeuble, leur répondit en arabe « Descendez! Descendez vite! », ce qu'ils firent. Sans les attendre, il courut avec Amikan jusqu'à la voiture stationnée de l'autre côté de la rue, où attendait l'homme de la cabine téléphonique. L'auto démarra et se perdit dans la nuit.

Je me souviendrai toujours de l'expression de Drory. Il décrivait l'opération comme on parle d'un bon repas, avec gourmandise. Je ne suis pas près d'oublier son visage. Il leva les mains devant lui comme s'il tenait un pistolet, et fit feu. Mais quel rictus...! Il en salivait.

A la fin du cours, quelqu'un lui demanda quels sentiments on éprouvait quand on tuait un homme et qu'on n'était ni en état de légitime défense, ni sur un champ de bataille.

– Mais c'était de la légitime défense nationale! déclara Drory. Bien sûr, il ne me menaçait pas avec son arme, mais il la pointait symboliquement sur Israël. Les sentiments n'ont rien à voir là-dedans.

Comme on lui demandait à quoi pouvait bien penser son collègue Amikan quand il attendait, caché dans les buissons, Drory expliqua qu'il ne cessait de regarder l'heure parce qu'il se faisait tard et qu'il mourait de faim. Il était pressé que ça se termine, pour filer et aller manger un morceau... comme n'importe quel employé retardé par son travail.

Soudain, nous n'eûmes plus envie de poser d'autres questions.

Peu après commença un cours de photo. Nous apprîmes à utiliser divers types d'appareils ainsi qu'à développer les pellicules. L'une des techniques consistait à dissoudre deux comprimés dans de l'eau tiède, puis à y faire tremper la pellicule quatre-vingt-dix secondes, de sorte que le film ne soit pas entièrement développé – il était toujours temps de le faire par la suite – mais permette de s'assurer que le sujet choisi avait bien été photographié. On fit aussi des essais avec des objectifs différents et on nous montra comment prendre des photos avec l'appareil caché, dans un sac de sport par exemple.

Pinhas M., l'un des trois nouveaux, décida de passer aux travaux pratiques pour se faire de l'argent.

Près de la plage nord de Tel-Aviv, pas loin du Country Club, se trouve Tel Barbach. C'est là que travaillent les prostituées. Elles attendent le client qui passe en voiture, et l'emmènent derrière les dunes où ils font leur petite affaire. Pinhas installa son appareil équipé pour les prises de vue de nuit sur une colline dominant les dunes, et photographia des hommes en galante compagnie dans leurs voitures. Il obtint d'excellents clichés, grâce à la qualité de son appareil et à la puissance de son téléobjectif. Nous savions comment nous brancher sur l'ordinateur de la police, et Maidan, qui avait pris soin de noter les numéros d'immatriculation de ses victimes, n'eut aucun mal à retrouver leur nom et leur adresse. Par téléphone, il leur proposa d'échanger les documents compromettants contre de l'argent.

Il se vantait de faire de jolis bénéfices, sans préciser leur montant. Quelqu'un finit par porter plainte et il fut sanctionné. Je m'attendais à ce qu'on l'exclue, mais il n'en fut rien. Les responsables pensèrent certainement qu'un tel esprit d'initiative méritait récompense. A force de se vautrer dans la merde, on ne discerne plus ce qui pue.

Dans l'esprit du Mossad, de telles photos pouvaient représenter un puissant moyen de persuasion en cas de recrutement, encore que... On racontait l'histoire d'un fonctionnaire d'Arabie saoudite qui avait été photographié au lit avec une michetonneuse. Le Mossad avait averti la fille pour qu'elle amène son client dans des endroits précis et prenne des postures révélant à la fois les visages et l'acte de pénétration. Un jour, un *katsa* confronta l'Arabe avec les preuves de ses frasques.

– Que diriez-vous de collaborer avec nous? demanda l'homme du Mossad en étalant les photos sur la table.

Mais, au lieu de la réaction attendue, le Saoudien s'exclama :

– Ah, superbes! Ces photos sont superbes! Je prends ces trois-là, et ces deux-ci. Il faut absolument que je les montre à mes amis.

Inutile d'ajouter que le recrutement échoua.

Le programme se poursuivit par un exposé sur les méthodes du Renseignement dans les pays arabes. Ensuite nous interrogeâmes les détectives d'hôtel sur leurs techniques de surveillance. Les *katsas* utilisent souvent les hôtels dans leurs opérations, et il est important de savoir comment éviter d'attirer l'attention. Toujours les petits détails. Par exemple, si une femme de chambre frappe à la porte, entre et s'aperçoit que les conversations cessent brusquement, elle risque de prévenir le détective que, dans telle chambre, il se passe des choses louches. A l'inverse, si la conversation continue comme si elle n'était pas là, sa méfiance n'est pas éveillée.

Nous eûmes aussi une série de leçons sur les polices européennes, pays par pays. Nous analysâmes leurs forces, leurs faiblesses, leurs méthodes d'investigation. Nous étudiâmes la bombe islamique (la bombe pakistanaise), et visitâmes diverses bases militaires, ainsi que l'usine atomique du centre de recherche de Dimona, dans le Néguev, à une soixantaine de kilomètres de Beersheba. L'usine avait originellement été camouflée en fabrique de textile, ensuite en « station d'épuisement » jusqu'à ce que la CIA obtienne la preuve, grâce à des photos prises par un U-2 en décembre 1960, que l'usine cachait un réacteur nucléaire. Un autre réacteur, plus petit, se trouvait à Nahl Sorek, dans une base aérienne au sud de Tel-Aviv. On l'appelait le KAMG (abréviation du *Kure Garny Le Machkar*, autrement dit Centre de recherches nucléaires). J'ai visité ces deux centres.

Une fois le secret dévoilé, David Ben Gourion annonça officiellement l'existence d'un projet de centre nucléaire à usage pacifique. Pieux mensonge!

En 1986, un Israélien d'origine marocaine, Mordechaï Vanunu, qui avait travaillé à Dimona de 1976 à 1985 avant d'émigrer en Australie, révéla avoir pris 57 photographies des parties les plus secrètes de la centrale, à plusieurs niveaux au-dessous du sol, et où était stocké assez de plutonium pour fabriquer 150 charges nucléaires et thermonucléaires. Il confirma aussi qu'Israël avait aidé l'Afrique du Sud à procéder à des essais nucléaires dans l'extrême sud de l'océan Indien, au-dessus des îles désertes du Prince-Edouard et Marion en septembre 1979.

Vanunu fut condamné à dix-huit ans de prison pour espionnage, à l'issue d'un jugement à huis clos, à Jérusalem. Séduit par une belle complice du Mossad, attiré dans un yacht ancré au large de Rome, il fut drogué, traîné à bord d'un bateau israélien et conduit en Israël. Le *Sunday Times* de Londres s'apprêtait à publier ses confessions accompagnées des photos quand le Mossad le fit kidnapper et juger.

Le kidnapping fut une erreur. Vanunu n'était pas un professionnel et ne représentait aucun danger, mais les moyens employés par le Mossad contribuèrent à donner une large publicité à l'affaire, allant à l'encontre du but recherché. Vanunu fut bien ramené en Israël, mais le Mossad n'avait pas lieu d'en être fier.

D'après ce que j'ai vu à l'usine de Dimona, les informations de Vanunu étaient exactes. Comme étaient exactes ses conclusions. Il prétendait que nous fabriquions des bombes atomiques et que nous avions l'intention de nous en servir, en cas de besoin. C'est exact. Et ce n'était un secret pour personne, à l'Institut, que nous aidions les Sud-Africains. Nous leur fournissions la majeure partie de leurs équipements militaires, nous entraînions leurs unités spéciales, nous avons travaillé avec eux pendant des années, main dans la main. Israël et l'Afrique du Sud croient nécessaire de détenir l'arme nucléaire. Et tous deux sont prêts à s'en servir.

Les mesures de sécurité très strictes qui prévalaient à Dimona me rappelèrent l'histoire des missiles sol-air Hawk et Chapparal. Ces redoutables missiles faisaient l'objet d'innombrables plaisanteries dans ma promotion. Lorsque nous avions visité les rampes de lancement, nous nous étions aperçus que les engins rouillaient sur place. Ah, nous étions bien protégés! Israël les avait ensuite vendus à l'Iran. Ce qui nous fit rire encore davantage.

Nous eûmes de multiples cours sur les systèmes de communications internationales, et particulièrement sur le câble méditerranéen qui émerge à Palerme, en Sicile, où il communique avec les satellites qui transmettent la plupart des communications arabes. L'Unité 8200 avait réussi à s'y raccorder et captait tout ce que les Arabes émettaient.

Toutes les deux semaines, nous devions rédiger un devoir de « sociométrie ». Chacun de nous classait ses condisciples par ordre de préférence, et par catégorie : opérations, confiance, sérieux, amabilité, fraternité, etc. En principe, les résultats étaient confidentiels, mais nous les découvrions quand même. Nous inscrivions ceux que nous n'aimions pas en dernier, bien sûr, alors comme la confiance ne régnait plus, Yosy, Heim et moi vérifiions chacun ce que son « copain » avait écrit, au cas où...

Nous étions fin prêts pour la dernière épreuve. Encore quinze jours, et nous serions des *katsas* à part entière.

8

SALUT ET ADIEU

La veille de l'exercice final de deux semaines, je reçus un coup de téléphone de mon collègue Jerry S. A l'époque, je n'imaginais pas l'importance de cet appel en apparence anodin.

Jerry, alors âgé de trente-deux ans, était citoyen américain. Barbe, moustache, cheveux grisonnants, mince, il avait été avocat dans le cabinet juridique de Cyrus Vance, l'ancien secrétaire d'État du président Jimmy Carter. Nous étions alors amis, Jerry et moi, même si je n'ignorais pas les rumeurs concernant son homosexualité. Il avait un moment parlé à tout le monde d'une petite amie venue des États-Unis et vivant chez lui, mais qui avait dû retourner là-bas parce qu'elle était mariée. Comme personne ne l'avait jamais vue, les rumeurs persistèrent. Jerry était souvent venu chez moi, et moi chez lui. Je l'avais fréquemment aidé à se fabriquer une « couverture » et, mis à part quelques désaccords mineurs de temps à autre, nous nous entendions bien. Il n'y avait donc rien d'inhabituel à ce qu'il m'invite à son appartement. Il voulait simplement bavarder et me montrer quelque chose, disait-il. Pourquoi pas? répondis-je.

A mon arrivée, il nous prépara son cocktail favori, un mélange de vodka, de glace et de framboises écrasées. Avant de se rasseoir, il mit une cassette vidéo.

– J'ai quelque chose à te montrer, fit-il, mais avant, laisse-moi te dire que j'ai dégoté une source intérieure et que dorénavant, avant un exercice, je saurai si nous sommes suivis. Je pourrai te dire où et quand. Plus besoin de nous embêter avec ça.

– Franchement, Jerry, répondis-je, cela ne m'embête pas d'être suivi. En fait, je trouve ça excitant.

– Écoute, j'en ai parlé à Ran H. (autre élève qui avait de sérieux problèmes avec l'APAM), il a été ravi.

– Je n'en doute pas. Mais tu penses rendre service à qui, comme ça?

– N'empêche que tu ne sais toujours pas *comment* on te suit, répliqua Jerry sèchement.

– D'accord, fais ton numéro, ça m'est égal. Si tu penses que ça t'aidera, très bien. Quand même, je *suis* curieux de savoir comment tu obtiens ce genre d'information.

– Cette femme qu'Itsik se tape, c'est le fameux n° 4. Moi aussi, j'ai une petite liaison avec elle, et elle me file tous ces renseignements.

– Tu plaisantes?

– Je savais que tu ne me croirais pas, alors assieds-toi, détends-toi, et regarde la cassette.

Quelque temps plus tôt, Jerry était passé chez Itsik et avait vu une femme sortir de la maison. Jolie, bronzée, cheveux châtain clair, un corps splendide. Il avait attendu un moment après son départ puis était allé voir Itsik, dont l'épouse n'était pas là, et qui n'avait rien dit de l'inconnue.

La yarid, l'équipe qui s'occupait de la sécurité en Europe, formait naturellement ses membres en Israël. Une des meilleures méthodes d'entraînement consistait à éprouver leur habileté à suivre les jeunes *katsas*. Ils utilisaient des numéros, pas de noms, et les *katsas* n'étaient pas censés savoir qui ils étaient. L'équipe était informée la veille de l'identité de la personne à filer, de l'heure, du point de départ, et on leur montrait une photo du sujet. Cette femme avait le n° 4.

Jerry l'avait repérée au cours d'un exercice précédent, et, bien que ne sachant pas à l'époque qui elle était, il avait signalé le fait dans son rapport. Plus tard, quand il l'avait vue quitter la maison d'Itsik, il avait additionné deux et deux. Lorsqu'elle était montée dans sa voiture, il avait relevé le numéro, ce qui lui avait permis d'obtenir son nom et son adresse grâce à l'ordinateur de la police.

Il voulait maintenant exploiter ce qu'il avait appris. D'abord il savait ce qu'on disait de lui et désirait mettre fin aux rumeurs. Il voulait aussi savoir qui serait suivi tel ou tel jour de l'exercice pour ne pas avoir à se soucier continuellement de l'APAM. Ne brillant pas dans cet exercice, il voulait le court-circuiter parce qu'il comptait beaucoup dans la formation. Un *katsa* ne pouvait se rendre à l'étranger sans le feu vert de l'APAM.

Son appartement, équipé de tous les gadgets électroniques imaginables, possédait aussi un appareil de musculation appelé Soloflex, avec un banc et une barre suspendue à un cadre. Un des exercices consistait à se pendre à la barre par les chevilles à l'aide d'attaches en caoutchouc et à exécuter des flexions du torse pour faire travailler les abdominaux.

Autre élément important de l'équipement, une petite caméra vidéo sertie dans un attaché-case. On s'en servait pour de nombreux exercices et on pouvait l'emprunter à l'Académie quand on en avait besoin. Non seulement les vedettes des films réalisés ne se doutaient pas de leur statut, mais la haute qualité du matériel donnait des images dignes du cinéma.

La cassette commençait par un plan d'ensemble de la pièce. Les rideaux étaient fermés mais elle était très bien éclairée. Il y avait un secrétaire en bois clair, un table de salle à manger sur le côté, et le Soloflex qui trônait au centre de la pièce.

D'abord Jerry et N° 4 bavardèrent puis ils se mirent à s'embrasser, à se caresser. « Un peu d'exercice », proposa-t-il. Il fixa les attaches de caoutchouc aux chevilles de la fille quand elle eut enlevé son pantalon de survêtement, la suspendit à la barre, tête en bas.

Je n'arrivais pas à y croire. Mon Dieu, ce n'est pas possible! pensai-je.

Jerry s'éloigna de la fille suspendue, écarta les bras, comme pour la caméra, et s'exclama :

– Ta-da!

Naturellement, la blouse de N° 4 était tombée sur sa tête, dévoilant ses seins. Jerry la lui ôta, se pencha; il redressa la fille et ils s'embrassèrent. Puis il glissa une main sous sa culotte et la caressa. Au bout d'un moment, il se déshabilla, et les dernières minutes de la cassette la montrèrent pendue à l'envers, suçant Jerry, assis nu sur le banc.

– Jerry, tu n'avais pas besoin de faire un film pour l'inciter à coopérer, déclarai-je quand la cassette fut finie.

– Peut-être pas. Mais je me suis dit que si elle refusait, je lui montrerais le film et elle changerait d'avis. Excitant, non?

– D'une certaine façon, répondis-je, prudemment.

– Tu sais ce qu'on dit de moi, au bureau?

– Que tu es homo?

– Oui.

– C'est ton problème, pas le mien. Je ne suis pas ici pour te juger.

Jerry s'assit alors près de moi. Tout près.

– Tu as bien vu que je ne suis pas homo.

– Pourquoi tu me dis tout ça? demandai-je, un peu nerveux, maintenant.

– Écoute, je suis à voile et à vapeur. Nous pourrions nous amuser, ensemble...

– Jerry, j'ai bien compris ce que tu viens de dire?

– Je l'espère.

J'étais abasourdi – et furieux. Je me levai du canapé, me dirigeai vers la porte. Quand Jerry posa la main sur mon épaule pour m'arrêter, je vis rouge. J'écartai sa main, le frappai. Jamais je n'avais cogné aussi fort dans le ventre de quelqu'un. Je dévalai l'escalier, me ruai dehors pour respirer. Puis je courus tout le long du chemin – probablement huit ou neuf kilomètres – jusqu'à l'Académie. Je n'étais pas en forme, je toussais, mais je continuai.

A l'Académie, je tombai sur Itsik.

– Je dois vous parler, lui dis-je. Il faut que ça cesse.

– Viens dans mon bureau.

Je lui racontai toute l'histoire. Je ne peux assurer que je lui en donnai une version cohérente car je bafouillais, mais c'était suffisamment clair : Jerry avait une cassette le montrant en train de baiser sa petite amie, et il m'avait fait des avances.

– Calme-toi, calme-toi, dit Itsik. Je vais te ramener chez toi.

Je le remerciai, répondis que j'avais mon vélo à l'Académie et que je préférais le prendre pour rentrer.

– Écoute, reprit Itsik. Tu m'as raconté ton histoire. Maintenant, oublie-la.

– Qu'est-ce que ça veut dire, « oublie-la »?

– Ça veut dire oublie-la. Je ne veux plus en entendre parler.

– Quel genre de « cheval » (piston interne) il a, ce type? Le Cheval de Troie?

– *Oublie-la.*

Je ne pouvais pas faire grand-chose. Qu'Itsik m'ordonne carrément d'oublier cette histoire, sans même vérifier, c'était incroyable. Il ajouta :

– Et je ne veux entendre personne d'autre en parler, pas un mot à Heim, à Yosy ou n'importe qui d'autre. Compris?

– D'accord, j'oublie. Mais je vous fais un rapport écrit et je veux une copie-pour-archives.

– Fais-le.

Une copie-pour-archives signifiait que le double d'une lettre confidentielle pouvait être placé dans une enveloppe cachetée, rangée dans un dossier, où elle demeurait cachetée. Mais la personne à qui elle était adressée devait signer pour indiquer qu'elle l'avait lue, et la date était notée. Supposons qu'un *katsa* informe ses supérieurs d'une attaque syrienne imminente et que ceux-ci ne tiennent pas compte de l'avertissement. Quand l'attaque se produit, les gens demandent pourquoi ils n'en ont pas été prévenus. Si le *katsa* a une copie-pour-archives, il lui suffit de la montrer pour prouver qu'il les *avait* bel et bien avertis.

En rentrant, je m'arrêtai chez Mousa M., chef de la sécurité, et lui exposai l'affaire.

– Vous devriez modifier le programme et virer la fille, suggérai-je.

– Tu en as parlé à Itsik?

– Oui.

– Qu'est-ce qu'il a dit?

– Il m'a demandé de tout oublier.

– Impossible de virer la fille, sinon Itsik saura que tu m'as mis au courant, conclut Mousa.

Lorsque le dernier exercice commença, vers le 15 octobre 1985, la première tâche fixée aux trois équipes de cinq membres consista à s'installer dans leurs appartements. Une équipe se trouvait à Haïfa, une autre à Jérusalem, et la mienne au deuxième étage d'un immeuble voisin du cinéma Mugraby, près des rues Allenby et Ben Yehuda, dans le centre-sud de Tel-Aviv, un quartier plutôt moche fréquenté par les putains.

En plus de Jerry, mon équipe se composait d'Arik, d'Oded L. et de Michel. Après avoir installé notre cache dans un snack et effectué tout le travail de sécurité nécessaire pour notre « planque », on nous donna des passeports, on nous conduisit à l'aéroport, on nous fit passer par la douane comme si nous venions de débarquer en Israël. J'avais un passeport canadien.

Je pris un taxi pour l'appartement, explorai les environs, repérai les cabines téléphoniques, etc., et arrivai bien à l'avance au briefing de 13 heures. (De temps en temps, nous étions autorisés à rentrer chez nous, par roulement, parce qu'il devait toujours y avoir quelqu'un la nuit dans l'appartement.) Lorsque je revins à la « planque », c'était comme s'il ne s'était rien passé entre Jerry et moi, sauf que je savais à présent que je ne pouvais ni le « toucher » ni me protéger de lui. Son « cheval » était trop puissant.

Premier exercice sur le terrain : aller au *Grand Beach Hotel*, au coin de la rue Dizengoff et de l'avenue Ben Gourion, en face de l'ancien *Sheraton*. L'ancien *Sheraton* avait été affecté aux Américains construisant des pistes d'atterrissage au Néguev dans le cadre des accords de paix de Camp David, après qu'Israël eut renoncé à ses pistes dans le Sinaï. Je réservai une chambre au *Grand Beach* par téléphone tandis que Jerry était censé rencontrer un « contact » dans le hall de cet hôtel. Ce contact avait des documents dans le coffre de sa voiture; il s'agissait de les photographier et de les remettre en place sans que personne ne s'en aperçoive.

Nous avions déjà la clef du véhicule, qui aurait dû être garé sur le sixième emplacement à partir de l'entrée de l'ancien *Sheraton*. En l'occurrence, il se trouvait sur le troisième emplacement seulement, bien en vue du portier.

Jerry avait pour tâche de parler au contact dans le hall du *Grand Beach*, à un endroit d'où il pourrait me voir entrer avec l'attaché-case contenant les documents et traverser le hall en direction des ascenseurs. Une fois les documents photographiés dans la chambre d'hôtel, je devais effacer toute empreinte sur l'attaché-case et le rapporter à la voiture. Je ferais ensuite signe à Arik, qui ferait signe à Jerry qu'il pouvait laisser partir le « contact ».

La seule difficulté de l'exercice, c'était la voiture sous les yeux du portier. Je demandai donc à Arik de vider son portefeuille, de n'y laisser que quelques billets qu'il ferait dépasser, de le donner au portier en disant qu'il l'avait trouvé et qu'il voulait qu'on le porte aux objets trouvés. Comme cela, il serait ailleurs quand je prendrais la serviette dans le coffre.

Lorsque je redescendis, Arik connaissait déjà le nom du portier, qu'il fit appeler d'urgence au téléphone. Et pendant que le portier rentrait prendre la communication, je remis l'attaché-case dans la voiture.

Deux heures plus tard, nous nous retrouvâmes tous à l'appartement. Itsik et Shai Kauly ne tardèrent pas à nous rejoindre. Nous leur fîmes un compte rendu détaillé de ce qui s'était passé, mais lorsque chacun eut fini, Jerry se tourna vers Itsik et dit :

– J'ai une critique à faire de la conduite de Vic.

Je fus sidéré. J'avais fait plus que ce qu'on attendait de moi et ce petit con me critiquait.

– Quand Victor travaillait pour les Smerfs du Kaisarut, il a logé des Africains dans cet hôtel. En faisant cet exercice dans un hôtel où il est connu, il a compromis toute l'opération.

– Une minute, protestai-je. Nous avons fait des exercices dans *tous* les hôtels de la ville. D'ailleurs, nous sommes censés être à Paris, et personne ne me connaît, là-bas.

Itsik n'en griffonna pas moins dans son carnet en disant :

– Remarque pertinente.

Je me tournai vers Kauly.

– Shai...

– Ne me mêle pas à ça, dit-il.

Le lendemain, je demandai à commencer tout de suite ma seconde mission. Cela me donnerait l'occasion de quitter la planque pendant plusieurs jours : j'en avais déjà assez d'être dans le même endroit que Jerry.

Ma mission consistait à prendre contact avec un diplomate britannique chargé d'entretenir tous les cimetières militaires (principalement de la Première Guerre mondiale) d'Israël. Il avait un bureau à Ramlah – où se trouve un grand cimetière –, un autre à l'ambassade britannique de Tel-Aviv. La Shaback l'avait vu plusieurs fois arrêter sa voiture sur l'autoroute, photographier des installations militaires et repartir. Nous le soupçonnions d'appartenir lui-même à un service de renseignements ou de travailler pour quelqu'un d'autre. La Shaback avait demandé qu'on procède à une enquête.

Je devais commencer par inventer une raison de rencontrer cet homme. Pourquoi pas à nouveau un film ? Après avoir pris une chambre au *Carlton*, en face de la Marina, rue Hayarkon, à Tel-Aviv, je me rendis au monument édifié près de l'endroit où les troupes du général britannique Allenby avaient franchi le Yarkon pendant la Première Guerre mondiale, mettant fin à quatre siècles de domination ottomane sur la Terre sainte. Gardant en mémoire les dates des batailles et les noms des unités qui avaient combattu, j'allai dans un autre grand cimetière anglais situé à la sortie d'Haïfa, déchiffrai les pierres tombales jusqu'à trouver le nom d'un soldat (McPhee) mort au combat à cette époque.

Me présentant comme un Canadien de Toronto, je racontai que je tournais un film sur une famille qui avait quitté Londres pour le Canada et dont un membre était tombé dans la bataille pour libérer la Terre sainte. J'appelai d'abord le bureau de Ramlah, servis mon boniment à une employée arabe chrétienne qui me donna le numéro de téléphone de la « cible » à l'ambassade. Je resservis la même histoire au diplomate, lui parlai de McPhee (en disant que j'ignorais où il était enterré), précisai que j'étais au *Carlton* et demandai un rendez-vous. Pas de problème.

Comme je m'y attendais, le Britannique se pointa avec un autre homme et nous parlâmes tous les trois pendant deux heures et demie. Paysagiste de formation, le diplomate se montra tout disposé à m'aider et m'indiqua avec précision où trouver la tombe. Mon histoire lui avait paru tout à fait authentique et nous commençâmes même à discuter de sa participation au tournage des grandes scènes de bataille que j'étais censé vouloir faire. Je lui dis que je devais partir bientôt mais que je le rappellerais dans un mois. J'avais pour instructions de me limiter à établir le contact et à ouvrir une porte.

Pour ma mission suivante, je devais prendre contact avec un type de Jérusalem-Est tenant une boutique de souvenirs rue Salaha Adin. J'inspectai le quartier, pris des photos avec un appareil miniaturisé et me liai d'amitié avec l'homme, membre de l'OLP – ce qui était la raison pour laquelle nous voulions en savoir plus sur lui.

Dans le cadre d'une autre mission, Itsik me conduisit à un immeuble de Tel-Aviv, me dit qu'il y avait dans l'appartement du deuxième étage un homme qui recevait quelqu'un, et que j'avais vingt minutes pour entrer en conversation avec l'invité.

– *Chutzpah*, dis-je.

– Ça veut dire quoi, *chutzpah* ?

– Vous chiez devant la porte du gars, vous frappez et vous lui demandez du papier. C'est ça, *chutzpah*.

J'allai dans un magasin proche acheter deux bouteilles de mouton-cadet ; je revins à l'immeuble, lus les noms des locataires, appuyai sur un bouton et annonçai dans l'interphone que j'avais un paquet à livrer à une dame.

– C'est sûrement Dina que vous cherchez, répondit une voix.

– Elle est mariée ?

– Non.

Je pressai le bouton de l'appartement de Dina mais, par chance, elle n'était pas chez elle. J'entrai dans le hall, commençai à gravir l'escalier : c'était le genre d'immeuble où l'on passe devant toutes les portes en montant. Parvenu au deuxième étage, où se trouvait ma cible, je pris une des bouteilles, la soulevai, la laissai tomber : elle se brisa bruyamment devant la porte de l'appartement indiqué. Je frappai.

– Je suis vraiment désolé, dis-je quand la porte s'ouvrit. J'étais monté voir Dina mais elle n'est pas là. En redescendant, j'ai laissé tomber une bouteille. Vous pouvez me donner quelque chose pour nettoyer ?

L'homme et son invité m'aidèrent ; je proposai que nous partagions l'autre bouteille et je restai là-bas deux heures à les écouter raconter leur vie. Mission accomplie.

Pendant ce temps, l'équipe de l'appartement d'Haïfa se

concentrait sur les troupes de l'ONU, en particulier les Canadiens. Les Canadiens étaient une cible formidable. Amicaux, gentils, ils se sentaient en Israël comme dans un pays occidental, tout à fait à l'aise – beaucoup plus que dans un pays arabe. Si vous voulez vous amuser, vous allez à Damas, vous?

Il y avait plusieurs *duvshanim* (littéralement, tartes au miel, forces de l'ONU chargées de transporter des messages et des paquets) canadiennes qui acheminaient des colis pour nous de l'autre côté de la frontière. Dans le cadre d'un exercice, nous devions pénétrer par effraction au siège du Mador, rue Dizengoff, à Tel-Aviv, ainsi que dans celui de la police spéciale de Jérusalem, où un nommé Zigel dirigeait une importante unité spéciale d'enquête. L'une des affaires dont il s'occupait à l'époque portait le nom de « Dossier Pêche » (*Tik Afarsek* en hébreu).

Pour cette expédition, nous emmenâmes avec nous un « expert à poignées » qui nous indiqua quels dossiers prendre. Il s'avéra que le « Dossier Pêche » parlait d'une enquête à laquelle était mêlé Yosef Burg, ministre, vieux routier du parti religieux, un des plus anciens membres du Parlement israélien. Burg faisait de la politique depuis si longtemps qu'on racontait la blague suivante : trois archéologues, un Américain, un Anglais et un Israélien, découvrent une momie égyptienne vieille de trois mille ans. Lorsqu'ils ouvrent le sarcophage, la momie se réveille et demande à l'Américain :

– D'où venez-vous?

– D'Amérique. Un grand pays de l'autre côté de l'océan. Le pays le plus puissant du monde.

– Jamais entendu parler, répond la momie.

Même chose avec l'Anglais, mais quand le troisième archéologue répond qu'il vient d'Israël, la momie s'exclame :

– Oh! oui, je connais. A propos, Burg est toujours ministre?

J'ignore ce que contenait le dossier et le sujet de l'enquête mais je sais que le « Dossier Pêche » fut emporté à la demande du cabinet du Premier ministre, et que l'enquête s'effondra faute de documents. Que ce soit Begin, Pérès ou Shamir, peu importe. Quand on a un outil qu'on peut utiliser, on s'en sert. Et le Mossad le faisait toujours.

Si les jeunes *katsas* effectuaient peu d'exercices de cette nature, c'était une pratique régulière pour les hommes suivant l'entraînement de la *neviot*. Choqué, je demandai pourquoi nous nous permettions des choses contraires à notre propre règlement. Nous étions censés opérer à l'étranger, pas dans le pays.

Oren Riff, que je considérais comme un ami, me répondit :
– Quand on a perdu quelque chose, on cherche à l'endroit où on l'a perdu, pas là où il y a de la lumière.

Allusion à l'histoire de l'homme qui a perdu quelque chose dans le noir mais qui cherche à la lumière pour plus de commodité.

– Ferme-la et fais ton boulot, ajouta Riff, parce que ça ne te regarde pas.

Il me raconta ensuite l'histoire de l'homme qui vient du désert et s'arrête sur la voie ferrée. Il entend siffler le train mais il ne sait pas ce que ça veut dire. Il voit une masse foncer vers lui mais comme il ne sait pas non plus ce qu'est un train, il ne bouge pas et se fait écraser. Il en réchappe, et après un long séjour à l'hôpital, on le ramène chez lui, où ses amis organisent une petite fête. Quelqu'un met de l'eau à chauffer pour faire du thé, et quand le type entend siffler la bouilloire, il se lève d'un bond, saisit une hache, se rue à la cuisine et fend la bouilloire en deux. Quand on lui demande pourquoi, il répond : « Ces trucs-là, faut les tuer quand ils sont petits. »

– Alors, arrête de siffler, conclut Oren. Tu pourras le faire quand tu seras plus grand que les types à propos de qui tu siffles.

– Va te faire foutre! rétorquai-je, furieux, avant de sortir en trombe du bureau.

Je savais que j'avais raison. Quand je parlais aux autres, des sous-fifres comme moi, ils étaient tous d'accord. Mais personne n'osait l'ouvrir parce que tout le monde espérait partir pour l'étranger, c'était la seule chose qui comptait. Avec ce genre d'attitude, on se casse la gueule. Ça ne peut pas marcher.

Lorsqu'en novembre 1985 nous devînmes enfin *katsas* – après trois années de formation au total – l'atmosphère était tellement mauvaise que nous n'organisâmes même pas de fête. Oded n'obtint pas son diplôme mais devint expert en communications pour notre bureau en Europe. Avigdor ne réussit pas non plus. Par l'intermédiaire de Mike Harari, il fut prêté comme homme de main à certaines personnes d'Amérique du Sud. Michel partit pour la Belgique et Agasy Y. devint agent de liaison au Caire. Jerry rejoignit la Tsafririm pour travailler avec Araleh Sherf. La dernière fois que j'ai entendu parler de lui, il projetait une opération au Yemen pour ramener des Juifs en Israël. Heim, Yosy et moi fûmes affectés au bureau d'Israël.

J'avais obtenu de bons résultats mais je m'étais fait plusieurs ennemis influents. Efraïm Halevy, par exemple, chef des agents de liaison, me traitait d'« emmerdeur ».

Deux semaines après mon affectation, je reçus l'ordre de m'occuper d'un paquet arrivé d'Extrême-Orient par un vol d'El Al et destiné à une adresse du Panama fournie par Mike Harari. Je partis le chercher en Suburu mais quand j'arrivai à l'aéroport, je découvris avec étonnement un paquet de 2 mètres x 3 x 2, enveloppé de plastique, avec de nombreux paquets plus petits à l'intérieur. Trop volumineux pour la voiture. Je fis donc venir un camion pour porter le paquet au bureau, refaire l'emballage et l'envoyer au Panama.

Je demandai à Amy Yaar ce qu'il y avait dedans.

– Ça ne te regarde pas, répondit-il. Fais juste ce qu'on te dit.

A l'aéroport, le colis ne fut pas chargé sur un avion panaméen, comme on me l'avait dit, mais à bord d'un appareil de l'armée de l'air israélienne.

– Il doit y avoir une erreur, dis-je.

– Non, non. L'avion est prêté au Panama.

C'était un avion de transport de troupes Hercules. A mon retour au bureau, je me plaignis. Je savais ce que contenait le paquet, je n'étais pas idiot. Nous ne servions pas d'intermédiaires pour des armes en provenance d'Extrême-Orient. Il ne pouvait donc s'agir que de drogue. Je demandai pourquoi nous utilisions un avion israélien et on me répondit que le patron de l'aviation panaméenne, c'était Harari, alors, pas de problème.

Au déjeuner et plus tard, au bureau, on put m'entendre me plaindre et demander pourquoi nous soutenions Harari dans ce genre d'activités. Il y avait au bureau une sorte de « cahier de doléances » : on formulait sa plainte sur l'ordinateur et elle était transmise à la sécurité intérieure. Je me plaignis officiellement. Le problème, avec ce système, c'est que les pontes avaient accès aux plaintes, et Harari ne manqua pas d'être informé de la mienne.

Ce fut la goutte qui fit déborder le vase. J'avais touché le point faible de Harari, qui ne m'aimait déjà pas beaucoup parce que nous avions eu une histoire.

Il y avait à l'époque une affaire en cours qui motiva mon départ pour Chypre. Je n'étais pas vraiment censé partir mais Itsik tenait à ce que j'y aille. Je fus aussi surpris qu'excité qu'il veuille m'envoyer à l'étranger.

Ma tâche consistait à servir d'intermédiaire dans une opération déjà lancée. Je connaissais peu les détails mais je devais rencontrer un homme et mettre sur pied un système grâce auquel il recevrait divers explosifs en Europe. Je ne connaissais même pas son nom. Il était européen, assurait à Chypre la liaison avec l'OLP et se livrait en même temps au trafic d'armes. L'objectif était d'étouffer l'opération dans l'œuf. Les acheteurs de l'homme étaient des trafiquants d'armes, et nous pensions que si nous pouvions les avoir, ils se diraient que les factions militantes de l'OLP les avaient balancés.

Je devais veiller à ce que les types impliqués dans l'affaire se rendent à un certain endroit de Bruxelles pour prendre livraison de la marchandise. La transaction se faisait à Bruxelles parce que les explosifs et les détonateurs étaient envoyés du siège du Mossad à Tel-Aviv à son antenne européenne de Bruxelles par la valise diplomatique.

Les acheteurs étaient des marchands d'équipement de Belgique et des Pays-Bas. Le but était de les compromettre, de déclencher une enquête de la police dans leur pays respectif, et de laisser ensuite les policiers prendre le relais. Naturellement, la police voulait des preuves ; le Mossad, sans qu'elle le sache, les lui fournissait.

Pour une certaine partie de l'opération, nous avions recours à Michel, dont le français était parfait : il devait téléphoner des tuyaux à la police jusqu'au moment où la livraison aurait vraiment lieu.

J'étais descendu au *Sun Hall Hotel*, qui donne sur le port de Larnaca. La marchandise devait être expédiée en Belgique et placée dans une voiture. J'avais un jeu de clefs à donner à l'un des hommes de Chypre en disant qu'ils seraient informés plus tard du lieu exact où ils trouveraient le véhicule. Ils voulurent me rencontrer sur la colline du Papillon mais j'insistai pour leur remettre les clefs à mon hôtel.

La police belge les prit en flagrant délit au moment où ils approchaient de la voiture, notamment l'homme à qui j'avais donné les clefs le 2 février 1986. Plus de cent kilos de plastic et deux ou trois cents détonateurs furent saisis.

Je m'attendais à rentrer en Israël. J'ignorais que j'avais en fait été envoyé à Chypre dans un autre but – dans le cadre d'une opération que je connaissais vaguement pour avoir travaillé sur l'ordinateur du Bureau.

Mes nouvelles instructions me demandaient de rester à l'hôtel et d'attendre un coup de téléphone d'un combattant de la *Metsada* surveillant l'aéroport de Tripoli, en Libye. La formule magique était : « Les poulets se sont envolés. » Une fois ce message reçu, je devais le répéter toutes les quinze secondes dans un émetteur. Il serait capté par une vedette lance-missiles, transmis à l'armée de l'air israélienne, dont des appareils en vol attendaient de contraindre un *jet* Gulfstream-11 libyen à se poser en Israël.

Les « poulets » en question étaient quelques-uns des terroristes de l'OLP les plus durs et les plus recherchés au monde, à savoir : Abou Khaled Amli, Abou Ali Moustapha, Abdoul Fatah Ghamen et Arabi Aouad Ahmed Djibril, du FPLP commandement général. Djibril avait participé au détournement de l'*Achille Lauro* et était l'homme qui inquiétait tellement le colonel américain Oliver North que celui-ci avait acheté un système de sécurité fort coûteux pour protéger sa maison.

L'homme fort de la Libye, Kadhafi, avait convoqué à Tripoli une réunion de ce qu'il appelait la Direction unie des forces révolutionnaires de la nation arabe, avec des représentants de vingt-deux organisations palestiniennes et arabes dans sa forteresse, la caserne de Bal al Azizia. Kadhafi réagissait aux manœuvres navales américaines au large de la côte libyenne, et les délégués approuvèrent la création de commandos-suicide pour frapper des cibles américaines aux États-Unis et ailleurs si les États-Unis osaient se livrer à une agression contre la Libye ou n'importe quel autre pays arabe.

Naturellement, le Mossad surveillait la rencontre. Naturellement, les Palestiniens s'en doutaient. Et l'on apprit par une fuite que les dirigeants de l'OLP avaient l'intention de partir tôt avec leur *jet* et de survoler la côte sud-est de Chypre pour se rendre à Damas. Le Mossad avait deux combattants qui ne se connaissaient pas – ce qui est tout à fait normal – et qui attendaient sur une ligne téléphonique. L'un surveillait l'aéroport. Il devait voir les Palestiniens embarquer et décoller, prévenir l'autre combattant qui m'avertirait à son tour.

J'étais entré à Chypre sous le nom de Jason Burton. Transporté d'abord par une vedette lance-torpilles israélienne puis par un yacht privé, j'avais un tampon sur mon visa d'entrée comme si j'étais passé par l'aéroport.

Il faisait froid, les touristes étaient rares. Il y avait cependant quelques Palestiniens à mon hôtel. Après avoir rempli ma première mission, je n'avais pas grand-chose à faire à part attendre le coup de téléphone. Je pouvais quitter ma chambre mais pas l'hôtel, et j'avais donc demandé à la réception de me passer tout appel, où que je me trouve dans l'établissement.

C'est le soir du 3 février 1986 que je repérai l'homme dans le hall. Très bien vêtu, il portait des lunettes à monture dorée et trois grosses bagues à la main droite. Il avait une barbiche et une moustache, quarante-cinq ans environ, des cheveux noirs qui commençaient à grisonner.

Assis dans le hall, il lisait un magazine arabe, mais je pouvais voir qu'il y avait dissimulé un numéro de *Playboy*. Je savais qu'il était arabe, et je sentais qu'il se considérait comme un personnage important. « Bah, me dis-je, je n'ai rien d'autre à faire », et j'établis le contact.

Contact direct. Je m'approchai de lui et demandai en anglais :

– Je peux jeter un coup d'œil aux pages du milieu?

– Pardon? fit-il, avec un fort accent.

– La fille. La fille du milieu.

Il éclata de rire, me la montra. Je me fis passer pour un homme d'affaires britannique vivant depuis longtemps au Canada. Nous eûmes une conversation très amicale et décidâmes de dîner ensemble. L'homme était un Palestinien vivant à Amman et, comme ma « couverture », travaillait à l'import-export. Il aimait boire, et après le repas nous allâmes au bar où il entreprit de se soûler.

Pendant ce temps, j'exprimai ma vive sympathie pour la cause palestinienne. Je racontai même que j'avais perdu beaucoup d'argent sur une cargaison expédiée à Beyrouth et soupirai : « Ces foutus Israéliens! »

L'homme parlait sans cesse d'affaires qu'il faisait en Libye et finalement, l'alcool et mon apparente sympathie l'incitèrent à me confier :

– Demain, nous leur ferons manger de la merde, aux Israéliens.

– Formidable. Vous ferez ça comment?

– Nous avons appris que les Israéliens surveillent la réunion de l'OLP avec Kadhafi. Nous allons leur jouer un tour à l'aéroport. Ils pensent que tous les dirigeants palestiniens prendront le même avion, mais ce n'est pas le cas.

Je luttai pour rester calme. Je n'étais pas censé avoir établi le contact mais je devais faire quelque chose. Finalement, vers 1 heure du matin, je quittai mon « ami », retournai à ma chambre pour composer un numéro réservé aux urgences. Je demandai Itsik.

– On ne peut pas le joindre. Il est occupé.

– Alors le chef du Tsomet.

– Désolé, il est occupé aussi.

Je m'étais identifié en donnant mon nom de code mais, chose incroyable, on refusait de me passer un responsable.

J'appelai Araleh Sherf chez lui, il n'y était pas. J'appelai un ami des services secrets de la marine et demandai à être mis en communication avec le lieu où se trouvaient tous ses patrons, une salle établie par l'Unité 8 200 dans une base aérienne de Galilée.

Comme de bien entendu, Itsik vint au téléphone.

– Pourquoi tu m'appelles ici?

– Tout est bidon. Les types ne seront pas à bord de l'avion.

– Comment le sais-tu?

Je lui racontai ma rencontre mais il répondit :

– Ça ressemble à du LAP (guerre psychologique). Et d'ailleurs, tu n'étais pas autorisé à établir le contact.

– C'est bien le moment de dire ça, répliquai-je. C'est ridicule!

– Écoute, nous savons ce que nous avons à faire. Toi, occupe-toi de ton travail. Tu te souviens de ce que tu dois faire?

– Oui, mais je vous aurai prévenu.

– D'accord. Maintenant, au boulot.

Je ne dormis pas de la nuit. Vers midi, le lendemain, le message arriva enfin : « Les poulets se sont envolés. » Malheureusement pour le Mossad, c'était faux. Je le transmis quand même, quittai immédiatement l'hôtel, me rendis au port, montai à bord du yacht qui me conduisit à la vedette lance-torpilles devant me ramener en Israël.

Ce jour-là, 4 février, les Israéliens forcèrent le *jet* à se poser à la base aérienne Ramat David, près d'Haïfa. Mais au lieu des ténors de l'OLP, les neuf passagers étaient des hommes politiques syriens et libanais de moindre importance, situation extrêmement embarrassante pour le Mossad et Israël. Quatre jours plus tard, ils furent relâchés, mais pas avant que Djibril n'eût annoncé au cours d'une conférence de presse : « Dites aux gens du monde entier de ne pas prendre d'avions américains ou israéliens. Dorénavant, nous n'épargnerons plus les civils qui prendront de tels avions. »

A Damas, le ministre syrien des Affaires étrangères Farouk al Shara'a réclama une réunion d'urgence du Conseil de sécurité de l'ONU. Elle se tint dans la semaine mais les États-Unis opposèrent leur veto à une résolution condamnant Israël. En Syrie, le général Hikmat Shehabi, chef d'état-major de l'armée de terre, menaça : « Nous répondrons à ce crime en donnant à ceux qui l'ont commis une leçon qu'ils n'oublieront pas. Nous choisirons la méthode, le moment et le lieu. » Kadhafi annonça alors qu'il avait donné l'ordre à son aviation d'intercepter les avions civils israéliens au-dessus de la Méditerranée, de les contraindre à se poser en Libye et de chercher parmi les passagers des « terroristes israéliens ». La Libye accusa aussi la VIe flotte américaine d'avoir pris part à l'opération.

Embarrassé, le Premier ministre Shimon Pérès déclara à la Commission de la Knesset pour la Défense et les Affaires étrangères que, sur la foi d'une information faisant état de la présence d'un haut dirigeant palestinien à bord, « nous avions décidé qu'il fallait vérifier s'il se trouvait effectivement dans l'avion. L'information était de telle nature qu'elle donnait une base solide à notre décision d'intercepter l'appareil... Il s'avéra que c'était une erreur. »

Le ministre de la Défense Itzhak Rabin dit pour sa part : « Nous n'avons pas trouvé ce que nous espérions. »

Pendant que ces événements se déroulaient, j'étais encore à bord de la vedette qui me ramenait en Israël. Je ne tardai pas à apprendre que les dirigeants du Mossad m'accusaient du fiasco de l'opération. Afin d'être sûrs que je ne puisse être là pour me défendre, ils ordonnèrent au capitaine de la vedette, un homme que j'avais connu quand j'étais dans la marine, d'avoir « des problèmes de moteur » à une dizaine de milles au large d'Haïfa.

Lorsque le bateau s'arrêta, je buvais le café avec le capitaine, à qui je demandai ce qu'il se passait.

– On vient de m'aviser que j'ai des ennuis de moteur, répondit-il.

Nous restâmes immobilisés deux jours. Je n'avais pas le droit d'utiliser les communications-radio. Le capitaine, qui commandait en fait une flottille de onze vedettes lance-torpilles, avait été choisi tout particulièrement pour cette mission. On craignait apparemment que je sois capable d'intimider un homme plus jeune.

Ce capitaine n'avait peur de rien. Il s'était rendu célèbre des années plus tôt, une nuit de brouillard, en repérant un navire sur son écran de radar. Apparemment, sa radio marchait mal ; il pouvait émettre mais pas recevoir. L'ombre se rapprochant, il lança cet avertissement : « Arrêtez ou je tire. » Juste au moment où il s'apprêtait à faire feu avec le petit canon antiaérien installé à l'arrière de la vedette, un énorme porte-avions surgit de la brume et braqua ses projecteurs sur lui. L'ancre du mastodonte était plus grande que la vedette lance-torpilles. Cette histoire fit beaucoup rire.

En revanche, la bourde de l'interception ne faisait rire personne – sauf les Arabes et les Palestiniens – et quand on me permit enfin de retourner à terre, Oren Riff m'annonça :

– Ce coup-ci, t'as gagné.

Je tentai de lui expliquer ce qui s'était passé mais il m'interrompit :

– Je ne veux pas t'entendre.

J'essayai de voir Nahum Admony, le patron du Mossad, mais il refusa de me parler. On me fit ensuite savoir par le chef du personnel, Amiram Arnon, qu'on était disposé à me laisser partir. Il me conseilla de démissionner. Je répondis qu'il n'en était pas question et Arnon soupira :

– Bon, alors, passez prendre votre compte.

J'allai voir Riff et lui dis que je voulais toujours parler à Admony.

– Non seulement il ne veut pas te recevoir, répondit-il, mais il ne veut pas que tu l'abordes dans le couloir ou dans l'ascenseur. Et si tu essaies dehors, il considérera ça comme une agression.

Ce qui signifiait que ses gardes du corps tireraient.

Je m'adressai à Sherf, qui déclara qu'il ne pouvait rien faire non plus.

– Mais c'est un coup monté, protestai-je.

– Peu importe, dit-il. Tu n'y peux rien.

Je donnai donc ma démission. La dernière semaine de mars 1986.

Le lendemain, un ami que j'avais dans la marine me téléphona pour me demander pourquoi mon dossier avait disparu de l'endroit spécial où sont conservés les dossiers des officiers du Mossad afin qu'ils ne fassent pas de périodes de réserviste. (La plupart des Israéliens passent trente, soixante ou quatre-vingt-dix jours par an dans l'armée de réserve. Cela concerne les femmes non mariées et tous les hommes jusqu'à cinquante-cinq ans. Plus le grade est élevé, plus les périodes sont longues.)

Normalement, quand vous quittez le Mossad, votre dossier retourne avec ceux des réservistes, mais vous ne pouvez cependant pas être affecté au front, parce que vous en savez trop. Et mon ami, qui ne soupçonnait pas du tout mes problèmes, s'étonnait que mon dossier eût déjà été enlevé. Il présumait que j'en avais fait moi-même la demande parce que, d'ordinaire, le dossier n'était transféré que cinq ou six mois après le départ du Mossad. Moi, je l'avais quitté la veille. Pis, on réclamait mon affectation comme officier de liaison avec l'armée du Sud-

Liban, ce qui équivalait à une condamnation à mort pour un ancien membre du Mossad.

Je décidai que c'en était trop. Je prévins Bella, fis mes bagages, pris un avion charter Tower Air pour Londres puis un vol TWA pour New York. Après un ou deux jours là-bas, je me rendis à Omaha dans le Nebraska pour voir mon père.

Le jour de mon départ, ma feuille de route arriva à ma maison de Tel-Aviv en recommandé. Normalement, cela prenait deux mois, avec trente jours de plus pour se préparer.

Bella accepta le recommandé. Mais le lendemain le téléphone se mit à sonner, les autorités voulaient savoir où j'étais. Pourquoi je n'avais pas encore rejoint mon corps. Elle répondit que j'avais quitté le pays.

– Comment est-ce possible? demanda l'un des interlocuteurs. Il n'a pas eu son ordre de libération.

En fait, je l'avais eu, mais pas de l'armée. Je l'avais rempli et tamponné moi-même, puis j'avais filé.

Je passai quelques jours à Washington pour tenter de joindre l'agent de liaison du Mossad. En vain. Personne n'acceptait de me parler et je ne voulais pas dire où j'étais. Bella prit ensuite l'avion pour Washington tandis que nos deux filles allaient à Montréal. Nous nous installâmes finalement à Ottawa.

Je ne suis pas sûr que mon problème, c'était seulement parler. Ils se seraient servi de moi comme bouc émissaire et m'auraient balancé de toute façon. Ce sont des choses qui arrivent.

Mais le Palestinien de Chypre qui m'avait révélé le coup de l'avion m'avait dit quelque chose de plus consternant encore. Il avait deux amis qui parlaient hébreu comme des Israéliens, des Arabes qui avaient grandi en Israël, qui étaient en train de monter une firme en Europe comme s'ils étaient des agents israéliens, et recrutaient des Israéliens pour rédiger des manuels d'entraînement de groupes clandestins. Tout était bidon. En fait, ils recueillaient des informations – ils faisaient parler des Israéliens librement, comme ils le font quand il n'y a personne autour d'eux. Lorsque j'en parlai à plusieurs personnes du Bureau, on me répondit que j'étais fou, que ce n'était pas possible, et que de toute façon ça ne pouvait pas sortir du service parce que cela provoquerait un désastre. « Qu'est-ce que vous racontez? avais-je dit. Il faut prévenir les gens. » Mais ils s'étaient montrés inflexibles.

Le Palestinien s'était probablement confié à moi parce qu'il était trop tard, que c'était la veille de l'opération. Qu'aurais-je pu faire? Nous étions dans un hôtel de Larnaca. Par parenthèse, le combattant de Tripoli vit bien trois « poids lourds » de l'OLP monter à bord de l'avion. Mais il ne les vit pas en redescendre derrière un hangar avant que l'appareil ne se place en position de décollage.

Le Mossad aurait dû me permettre de poursuivre l'opération avec l'Arabe de Chypre. Manifestement, il savait des choses. Mais on ne m'en donna pas la possibilité. Si la situation était normale, puisque j'étais *katsa*, mes chefs n'auraient pas dû, après mon coup de téléphone, se laisser influencer par des facteurs personnels. Nous nous serions épargné une situation embarrassante et nous aurions même retourné le piège contre l'autre camp.

D'ailleurs, nous n'aurions pas dû y tomber. Ces hommes qui avaient de nous une trouille bleue prenaient le même avion tous les cinq? Ils étaient rusés, ils avaient de l'expérience. Nous aurions dû comprendre que c'était un piège. Et le Mossad n'avait pas besoin non plus de quelqu'un à Chypre pour transmettre un message. Ce qu'il lui fallait, c'était un bouc émissaire. Et j'ai joué ce rôle.

Mes problèmes avaient commencé quand j'étais entré à l'Académie mais mes instructeurs espéraient que je changerais, que je m'adapterais au système. J'étais doué pour ce travail et je représentais pour eux un gros investissement. Comme par ailleurs je n'avais pas tout le monde contre moi, il fallut un certain temps pour en arriver au point où on décida finalement que je présentais plus d'inconvénients que d'avantages. Ce furent probablement mes problèmes avec Jerry qui firent basculer les choses. Il avait à l'évidence un « cheval » qui travaillait pour lui. Et contre moi.

Il est clair que le Mossad n'apprécie pas ceux qui mettent le système en question. Il préfère ceux qui l'acceptent docilement tel qu'il est et l'utilisent même à leur profit. Tant qu'ils ne secouent pas la barque, tout le monde s'en fout.

Quoi qu'il en soit, j'ai appris assez de choses pendant ma période de formation et ma brève carrière de *katsa* pour tenir un journal et rassembler des informations sur de nombreuses opérations du Mossad.

Beaucoup de cours étaient donnés par des hommes ayant effectué diverses missions pour le Mossad. Les élèves étudiaient ces opérations avec soin, les reconstituaient en se faisant expliquer chaque détail. En outre, le libre accès à l'ordinateur du service me permit d'acquérir une vaste connaissance de l'organisation et de ses activités, dont un grand nombre vont maintenant vous être exposées, et beaucoup pour la première fois.

TROISIÈME PARTIE

TROMPERIES EN TOUS GENRES

9

LES STRELLA

Le 28 novembre 1971, quatre terroristes assassinèrent le Premier ministre jordanien Wasfi Tall au moment où il pénétrait à l'hôtel *Sheraton* du Caire. Arabe pro-occidental résolu à négocier avec Israël, Tall devint ainsi la première victime d'un groupe terroriste palestinien appelé Septembre noir (*Ailul al Aswad* en arabe), en souvenir du mois de 1970 où le roi Hussein de Jordanie écrasa les commandos palestiniens dans son pays.

De loin le plus sanglant et le plus extrémiste des groupes de fedayins, Septembre noir fit rapidement suivre l'exécution de Tall par l'assassinat de cinq Jordaniens vivant en Allemagne de l'Ouest et qu'il accusa d'espionnage pour Israël. Il tenta de tuer l'ambassadeur de Jordanie à Londres, plaça des explosifs dans une usine de Hambourg fabriquant des composants électroniques vendus à Israël, ainsi que dans une raffinerie de Trieste qui, prétendit-il, raffinait du pétrole pour le compte de « groupes d'intérêts sionistes » d'Allemagne et d'Autriche.

Le 8 mai 1972, à Lod, l'aéroport international de Tel-Aviv, deux hommes et deux femmes s'emparèrent d'un avion de la Sabena avec quatre-vingt-dix passagers et un équipage de dix personnes à bord, pour essayer d'arracher la libération de cent dix-sept fedayins emprisonnés en Israël. Le lendemain, les deux hommes furent abattus par un commando israélien, les femmes capturées et condamnées à la prison à vie. Le 30 mai, trois extrémistes japonais, armés de mitraillettes et payés par les fedayins, ouvrirent le feu dans ce même aéroport de Lod, faisant vingt-six morts et quatre-vingt-cinq blessés parmi les touristes.

Le 5 septembre 1972, aux XXes Jeux Olympiques, à Munich,

un commando de Septembre noir pénétra dans le Village olympique, massacra onze athlètes et entraîneurs israéliens. L'affrontement avec la police allemande fut transmis en direct par les télévisions du monde entier. Certains membres du groupe opéraient déjà en Allemagne, et une semaine avant l'ouverture des Jeux, plusieurs d'entre eux, voyageant séparément, s'étaient rendus à Munich avec un arsenal de fusils d'assaut Kalachnikov de fabrication soviétique, de pistolets et de grenades.

Trois jours plus tard, Israël réagit à ces atrocités en envoyant soixante-quinze avions – raid le plus important depuis la guerre de 1967 – bombarder ce qu'il qualifiait de bases de guérilla en Syrie et au Liban, faisant soixante-six morts et des dizaines de blessés. Les avions israéliens abattirent même trois appareils syriens au-dessus des hauteurs du Golan, tandis que la Syrie détruisait deux *jets* israéliens. Israël envoya des unités terrestres au Liban combattre les terroristes palestiniens qui avaient miné des routes israéliennes, et la Syrie massa des troupes sur la frontière libanaise dans l'éventualité d'une guerre généralisée.

Déjà profondément ébranlés par les opérations menées contre eux de l'extérieur, les Israéliens furent littéralement atterrés lorsque, le 7 décembre, le Shin Bet, service de renseignements intérieur, arrêta quarante-six personnes soit parce qu'elles espionnaient pour le Deuxième Bureau syrien, soit parce qu'elles connaissaient l'existence du réseau et ne l'avaient pas dénoncé. Ce qui consterna véritablement les Israéliens, c'est que quatre de ces personnes étaient juives, et que deux d'entre elles, y compris le chef, étaient des *sabras* – nés en Israël – espionnant pour le compte d'un pays arabe.

Immédiatement après Munich, le Premier ministre Golda Meir avait ordonné des représailles. Grand-mère de plus de soixante-dix ans, elle avait réagi au massacre de Munich en promettant publiquement une guerre de revanche dans laquelle Israël combattrait « avec ténacité et intelligence (sur un front) étendu, dangereux et vital ». En clair, cela signifiait que le Mossad les aurait ou, comme on dit : « Personne n'échappe au long bras de la justice israélienne. » Meir signa l'arrêt de mort d'environ trente-cinq terroristes connus de Septembre noir, notamment de leur dirigeant résidant à Beyrouth, Mohammed Yousef Nadjar, *alias* Abou Yousouf, ancien officier supérieur des services de renseignements du Fatah de Yasser Arafat. Le groupe comprenait aussi le pittoresque mais barbare Ali Hassan Salameh, que le Mossad appelait « le

Prince Rouge », qui avait organisé la tuerie de Munich et opérait alors à partir de l'Allemagne de l'Est. Il finit par trouver la mort en 1979 dans l'explosion d'une voiture piégée à Beyrouth.

Meir ayant ordonné au Mossad de retrouver et de liquider les tueurs de Septembre noir, elle devint elle-même la cible n° 1 des terroristes. Pour le Mossad, cela signifiait mettre en branle la branche exécution de la *Metsada*, la *kidon*.

La première visite que la *kidon* rendit après Munich, ce fut au représentant de l'OLP à Rome, Abdel Wa'il Zwaiter, trente-huit ans, qui attendait l'ascenseur de son immeuble, le 16 octobre 1972, lorsqu'il fut tué de douze balles à bout portant.

Le 8 décembre, Mahmoud Hamchari, trente-quatre ans, principal représentant de l'OLP en France, répondit à un coup de téléphone à son domicile parisien.

– Allô?

– C'est Hamchari?

– Oui.

Boum! L'équipe du Mossad avait installé un engin explosif dans l'appareil. Lorsque Hamchari porta le combiné à son oreille et s'identifia, l'explosion fut déclenchée à distance. Gravement mutilé, le Palestinien mourut un mois plus tard.

Fin janvier 1973, Hussein al Bachir, trente-trois ans, directeur de Palmyra Entreprises et voyageant avec un passeport syrien, alla se coucher dans sa chambre du premier étage de l'*Olympic Hotel* de Nicosie. Quelques instants plus tard, une explosion détruisait la chambre et l'homme, représentant du Fatah à Chypre. Le tueur avait observé Bachir jusqu'à ce qu'il éteigne la lumière, puis avait déclenché à distance l'explosion de l'engin placé sous le lit.

En faisant l'éloge funèbre de son camarade disparu, Arafat jura de le venger lui-même mais « pas à Chypre, pas en Israël, ni dans les territoires occupés », ce qui laissait clairement entendre qu'il projetait une escalade internationale de la bataille des terroristes. Au total, le Mossad tua une douzaine de membres de Septembre noir dans la guerre de revanche de Golda Meir.

Pour mieux se faire comprendre, le Mossad publia dans des journaux arabes locaux des notices nécrologiques annonçant le décès de présumés terroristes encore en vie. D'autres reçurent des lettres anonymes révélant une connaissance intime de leur vie privée, en particulier dans le domaine sexuel, et leur conseillant de quitter la ville où ils résidaient. En outre, de nombreux Arabes furent blessés en Europe et au Proche-Orient en ouvrant des lettres piégées par le Mossad. Bien que celui-ci ne l'eût pas voulu, beaucoup d'innocents furent également touchés dans cette campagne de représailles.

L'OLP envoyait elle aussi des lettres piégées : à des représentants israéliens dans le monde entier et à des personnalités juives, les enveloppes portant le cachet de postes d'Amsterdam. Le 19 septembre 1972, Ami Shachori, quarante-quatre ans, conseiller agricole à l'ambassade israélienne de Londres, mourut sur le coup en ouvrant une de ces lettres. Un certain nombre d'attentats contre des membres du Mossad dont la presse parla beaucoup à l'époque n'étaient en fait que ce qu'on appelle du « bruit blanc » : informations fausses diffusées par le Mossad lui-même pour ajouter à la confusion de l'opinion. On en eut un exemple classique le 26 janvier 1973, quand l'homme d'affaires israélien Moshe Hanan Ishaï (plus tard identifié comme le *katsa* Baruch Cohen, trente-sept ans) fut liquidé dans une rue animée de Madrid, Gran Via, par un terroriste de Septembre noir qu'il était censé filer. Il ne filait en fait personne ; c'était simplement ce que le Mossad voulait qu'on croie.

Autre exemple, la mort en novembre 1972 du journaliste syrien Khader Kanou, trente-six ans, prétendu agent double, abattu sur le seuil de son appartement parisien parce que Septembre noir croyait qu'il renseignait le Mossad sur ses activités. Il n'en était rien, mais c'est ainsi que les journaux présentèrent le meurtre. Si l'on écrit beaucoup au sujet des agents doubles, il n'en existe en fait que fort peu. Ceux qui pratiquent le double jeu doivent se trouver dans l'environnement stable des bureaux pour remplir ce rôle.

En automne 1972, Golda Meir cherchait un moyen de détourner l'opinion israélienne des horreurs du terrorisme international et de l'isolement croissant du pays depuis la guerre des Six-Jours. Sur le plan politique au moins, elle avait besoin d'une diversion. Israël réclamait depuis longtemps une audience au pape Paul VI à Rome, et lorsqu'en novembre, le Vatican donna une réponse favorable, Meir demanda à ses collaborateurs de prendre les dispositions nécessaires.

Elle ajouta cependant : « Je ne veux pas aller à Canossa » – allusion au château italien où Henri IV, régnant sur le Saint Empire romain germanique, s'humilia en se présentant en pénitent devant le pape Grégoire VII, en 1077.

Il fut décidé que Meir se rendrait à Paris pour assister à une conférence de l'Internationale socialiste les 13 et 14 janvier –

conférence sévèrement critiquée par le président Pompidou –, passerait un jour au Vatican, le 15, puis deux jours en Côte-d'Ivoire avec le président Houphouët-Boigny avant de rentrer en Israël.

Une semaine après la requête de Meir, l'audience fut officiellement accordée, mais pas annoncée publiquement.

Trois pour cent de la population israélienne – environ cent mille personnes – étant des Arabes chrétiens, l'OLP a des relations au sein du Vatican, des sources au fait des discussions internes. C'est ainsi qu'Abou Yousouf fut rapidement mis au courant du projet de Golda Meir. Il envoya aussitôt un message à Ali Hassan Salameh, en Allemagne de l'Est : « Supprimons celle qui répand notre sang dans toute l'Europe. » (Ce message et une grande partie des faits exposés dans ce chapitre ne furent connus des Israéliens qu'après la saisie d'une montagne de documents de l'OLP pendant la guerre du Liban de 1982.)

Comment Meir serait tuée et où, c'était du ressort du Prince Rouge, mais la décision avait été prise et il était résolu à l'appliquer. Outre que Meir était l'ennemie la plus visible de Septembre noir, Yousouf voyait aussi dans l'attentat une occasion spectaculaire de montrer au monde que son groupe restait une force puissante avec laquelle il fallait compter.

Fin novembre 1972, l'antenne de Londres du Mossad reçut un coup de téléphone inattendu d'un nommé Akbar, étudiant palestinien qui se faisait un peu d'argent en vendant des informations aux Israéliens mais dont on n'avait pas entendu parler depuis longtemps.

Bien que ce fût un « agent éventé », Akbar avait des contacts au sein de l'OLP et il réclamait une rencontre. Comme il ne s'était pas manifesté depuis très longtemps, il n'était pas sous la responsabilité directe d'un *katsa* particulier, et bien que le nom sous lequel il se présentait permît de l'identifier, il dut néanmoins laisser un numéro où on pouvait le rappeler. Son message fut donc quelque chose comme : « Dites à Robert que c'est Isaac qui appelle », suivi du numéro de téléphone et du nom de la ville, comme s'il s'agissait de quelqu'un opérant normalement à Paris mais appelant maintenant de Londres. Le message fut ensuite introduit dans l'ordinateur, ce qui permit de découvrir que si Akbar était effectivement allé en Angleterre faire des études – dans l'espoir d'échapper au monde du renseignement – c'était bien un ancien agent « noir » (ou arabe). Son dossier indiquait la date de son dernier contact et comportait des photos de lui : une grande en haut, trois autres en bas, montrant chaque profil, et le sujet avec ou sans barbe.

Lorsqu'on avait affaire à l'OLP, même de fort loin, on prenait toujours des précautions supplémentaires, et la procédure très stricte de l'APAM devait être suivie avant que le *katsa* ne rencontre effectivement Akbar.

Après avoir satisfait aux vérifications, Akbar révéla que son contact de l'OLP lui avait demandé d'aller à Paris pour une réunion. Il soupçonnait qu'il devait s'agir d'une vaste opération pour qu'un sous-fifre comme lui soit convoqué, mais il ne possédait pas pour le moment d'informations précises.

Il voulait de l'argent. Il était tendu, excité. Il ne tenait vraiment pas à se retrouver de nouveau mêlé à tout cela mais il n'avait pas le choix, pensait-il, puisque l'OLP savait où il était. Le *katsa* lui donna de l'argent tout de suite et un numéro de téléphone à appeler à Paris.

Comme il est difficile, surtout quand on dispose de peu de temps, de faire venir des équipes de pays arabes, dont les ressortissants connaissent mal les manières occidentales et peuvent se faire plus facilement repérer dans un cadre européen, l'OLP puise dans son réservoir d'étudiants et de travailleurs qui vivent déjà en Europe et peuvent donc voyager sans éveiller de soupçons ni avoir besoin d'une « couverture ». Pour la même raison, elle a fréquemment recours aux services de groupes révolutionnaires européens, bien qu'elle n'ait pour eux ni confiance ni respect.

C'était maintenant le tour d'Akbar, et il se rendit à Paris pour rencontrer à la station de métro Pyramides d'autres agents de l'OLP. L'antenne parisienne du Mossad aurait dû suivre le Palestinien à son rendez-vous mais, suite à un malentendu, les Israéliens arrivèrent trop tard : Akbar et ses camarades étaient partis. Si le Mossad avait surveillé la rencontre, pris des photos, cela l'aurait peut-être aidé à démêler la toile complexe d'intrigues que Septembre noir tissait autour de Golda Meir.

Pour des raisons de sécurité interne, les agents de l'OLP voyageaient par deux une fois les instructions reçues, mais Akbar parvint cependant à appeler en vitesse le numéro parisien pendant que son coéquipier allait aux toilettes. Il annonça qu'une autre réunion était prévue. « Cible ? » demanda le *katsa*. « Un des vôtres, répondit Akbar. Je ne peux pas parler maintenant. » Il raccrocha.

Ce fut la panique. Toutes les stations israéliennes à travers le monde furent prévenues que l'OLP se préparait à frapper une cible israélienne. Et tout le monde de s'interroger fébrilement sur l'identité de cette cible. Mais comme le voyage de Golda Meir ne devait avoir lieu que deux mois plus tard et qu'il n'avait pas été annoncé publiquement, personne ne pensa à elle.

Le lendemain, Akbar téléphona à nouveau et dit qu'il partait pour Rome dans l'après-midi. Il avait besoin d'argent, il voulait rencontrer quelqu'un mais il n'avait pas beaucoup de temps parce qu'il devait se rendre à l'aéroport. Comme il se trouvait près de la station de métro Franklin-Roosevelt, on lui donna pour instruction de prendre la première rame pour la place de la Concorde, de marcher dans une certaine direction, en reprenant de manière différente les mesures de sécurité de la fois précédente.

Le Mossad aurait souhaité le rencontrer dans une chambre d'hôtel, mais là encore, l'acte apparemment banal de réserver une chambre est tout sauf simple dans le monde de l'espionnage. Pour commencer, il faut deux pièces qui communiquent, avec une caméra filmant celle où se déroule la rencontre, et deux hommes armés dans l'autre chambre, près de la porte, prêts à bondir au premier geste menaçant de l'agent contre le *katsa*. Celui-ci doit en outre recevoir à l'avance la clef de la chambre pour ne pas perdre de temps à la réception.

Puisque Akbar devait prendre l'avion pour Rome et qu'il n'avait pas beaucoup de temps, on abandonna l'idée de la chambre d'hôtel et on le rejoignit dans la rue où il marchait. Il précisa cette fois que l'opération, quelle qu'elle fût, avait un aspect technique et nécessitait de faire passer clandestinement du matériel en Italie. Cette information apparemment anodine se révélerait plus tard un élément clef dans l'assemblage du puzzle. L'opération relevant de l'antenne de Paris, on décida d'envoyer un *katsa* à Rome pour servir de contact à Akbar.

Deux hommes furent ensuite chargés de conduire le Palestinien à l'aéroport. Faute de membres des services de sécurité, on prit deux *katsas*. L'un d'eux, Itsik, devint plus tard l'un de mes professeurs à l'Académie *. Mais son comportement ce jour-là ne fut pas un modèle à suivre. Bien au contraire.

Venant d'une rencontre « sûre » dans une voiture « sûre », Itsik et son collègue se croyaient « propres ». Le règlement exige néanmoins qu'un *katsa* ne traîne pas dans un aéroport de crainte d'être vu et peut-être reconnu plus tard pendant une autre opération, dans un autre aéroport ou ailleurs. Il ne doit jamais non plus se défaire de sa « couverture » sans avoir d'abord « stérilisé » le secteur.

* Voir chapitre 7.

En arrivant à Orly, l'un des *katsas* alla prendre un café tandis que l'autre accompagnait Akbar au guichet des billets, à l'enregistrement des bagages, et restait assez longtemps avec lui pour s'assurer qu'il partirait bien. Ils pensaient peut-être qu'Akbar serait le seul Palestinien à aller à Rome, ce qui n'était pas le cas.

Ainsi que le Mossad devait le découvrir plus tard dans les documents saisis durant la guerre du Liban, un autre membre de l'OLP repéra Akbar avec l'inconnu, suivit celui-ci, le vit rejoindre son collègue à la cafétéria. Fait incroyable, les deux hommes, qui auraient dû avoir quitté l'aéroport depuis longtemps, se mirent à bavarder en hébreu. L'agent de l'OLP se dirigea aussitôt vers le téléphone pour prévenir Rome qu'Akbar n'était pas « propre ».

Akbar et le Mossad paieraient cher la négligence d'Itsik et de son coéquipier.

Ali Hassan Salameh, le Prince Rouge, plus connu sous le nom d'Abou Hassan, était un personnage audacieux, aimant l'aventure, dont la deuxième femme était la beauté libanaise Georgina Rizak, Miss Univers 1971. Aussi sanguinaire qu'intelligent, c'était le cerveau qui avait organisé la tuerie de Munich. Cette fois, il décida d'utiliser des missiles Strella de fabrication russe – appelés SA-7 par les Soviétiques, et auxquels l'OTAN donnait le nom de code de « Grêle » – pour faire exploser l'avion de Golda Meir lorsqu'il se poserait à l'aéroport de Fiumicino.

Ces missiles, fonctionnant selon le même système que le Redeye américain, sont dirigés vers leur cible par un lanceur de 10,6 kg, tenu à la main et appuyé sur l'épaule. Le missile lui-même, d'un poids de 9,2 kg, est propulsé par une fusée à trois étages, avec un système de guidage par infrarouges et une portée de trois kilomètres et demi. Comparé aux autres missiles, il n'est pas particulièrement perfectionné. Tiré sur des chasseurs à réaction rapides, très maniables, il est la plupart du temps inefficace du fait de son manque de souplesse. Mais pour des cibles grosses et lentes comme un avion de ligne, il est mortel.

S'approvisionner en Strella n'était pas un problème. L'OLP en avait dans ses camps d'entraînement de Yougoslavie : il suffisait de trouver le moyen de leur faire traverser secrètement l'Adriatique. A l'époque, l'OLP possédait aussi un petit yacht ancré près de Bari, sur la côte est de l'Italie, en face de Dubrovnik.

Salameh explora les bars louches de Hambourg jusqu'à ce qu'il déniche un Allemand s'y connaissant un peu en navigation et disposé à faire n'importe quoi pour de l'argent. Il embaucha ensuite deux femmes qu'il rencontra dans un autre bar et à qui il fit miroiter une croisière dans l'Adriatique, avec argent, drogue et sexe à la clef.

Le trio allemand prit l'avion pour Rome, se rendit ensuite à Bari et monta à bord du bateau de l'OLP, ravitaillé en drogue, en alcool et en nourriture. Seules instructions : gagner une petite île au large de Dubrovnik, attendre qu'on charge des caisses, retourner à Bari et toucher plusieurs milliers de dollars chacun. On leur recommanda aussi de prendre du bon temps pendant trois ou quatre jours, de s'adonner à tous les plaisirs terrestres qu'ils voudraient – conseil qu'ils suivirent sans nul doute religieusement.

Salameh avait choisi des Allemands parce que s'ils étaient pris, les autorités penseraient plutôt à la Fraction armée rouge ou à quelque autre groupe extrémiste qu'à l'OLP. Malheureusement pour eux, le Palestinien n'avait pas l'habitude de prendre des risques avec des amateurs une fois le travail accompli. Lorsque les Allemands arrivèrent avec les caisses contenant les missiles, les agents de l'OLP prirent livraison de la cargaison avec un petit bateau, emmenèrent les Allemands, les égorgèrent puis coulèrent le yacht à un quart de mille de la côte.

Les Strella furent chargés dans une camionnette Fiat, et de Bari, l'équipe de l'OLP gagna Rome via Avelino, Terracina, Anzio, Ostie, évitant les grandes routes et ne roulant que de jour pour ne pas éveiller de soupçons. Elle entreposa les caisses dans un appartement où elles resteraient jusqu'à ce qu'on en ait besoin.

A Beyrouth, le chef de Septembre noir, Abou Yousouf, avait été immédiatement averti qu'Akbar était une taupe. Mais plutôt que de le tuer et compromettre peut-être toute l'opération, il décida d'utiliser ce qu'il savait pour détourner les Israéliens de la piste. Si ceux-ci savaient que l'OLP les avait pris pour cible, ils ignoraient *comment*, car Akbar n'avait qu'une connaissance limitée de l'opération.

– Nous devons faire quelque chose qui incitera les Israéliens à s'exclamer : « Ah! c'était donc ça », dit Yousouf à ses lieutenants.

Voilà pourquoi le 28 décembre 1972, moins de trois

semaines avant la visite à Rome de Meir, fixée au 15 janvier, Septembre noir mit sur pied l'attaque – alors considérée comme inexplicable – contre l'ambassade israélienne à Bangkok, en Thaïlande. De toute évidence, l'opération avait été mal préparée : l'OLP avait choisi le jour où le prince Vajiralongkorn était désigné héritier de la couronne au Parlement, et l'ambassadeur israélien Rehevam Amir, ainsi que la plupart des diplomates étrangers, assistaient à la cérémonie.

Le magazine *Time* décrivit la prise de l'ambassade de Soi Lang Suan (l'allée derrière le verger) : « Sous le soleil brûlant de midi, deux hommes en veste de cuir escaladèrent le mur du jardin tandis que deux autres, en costume sombre, franchissaient la grille d'un pas nonchalant. Avant de pouvoir donner l'alarme, le garde se retrouva sous la menace de mitraillettes. Le groupe arabe terroriste Septembre noir, auteur du massacre de Munich, avait à nouveau frappé. »

En effet, mais il ne s'agissait que d'une diversion. Le commando s'empara de l'ambassade, suspendit à une fenêtre le drapeau palestinien vert et blanc. Il laissa le garde et tous les employés thaïs partir mais retint en otage six Israéliens, y compris Shimon Avimor, ambassadeur au Cambodge. Bientôt, cinq cents policiers et soldats thaïlandais cernèrent le bâtiment ; les terroristes jetèrent par la fenêtre des messages exigeant qu'Israël libère trente-six prisonniers palestiniens, et menacèrent de faire sauter l'ambassade et tous ceux qui s'y trouvaient, eux-mêmes compris.

Finalement, le vice-ministre thaïlandais des Affaires étrangères, Chartichai Choonhaven, le maréchal Dawee Chullasapya, et l'ambassadeur d'Égypte en Thaïlande, Moustapha el Essaway, furent autorisés à pénétrer dans l'ambassade pour ouvrir des négociations. Amir, l'ambassadeur israélien, demeurait dehors, un télex installé dans un bureau proche assurant un contact direct avec Meir et son gouvernement à Jérusalem.

Après une heure seulement de pourparlers, les terroristes acceptèrent la possibilité qui leur était offerte de quitter la Thaïlande s'ils relâchaient les otages. Ils mangèrent ensuite du poulet au curry arrosé de scotch, aux frais du gouvernement thaïlandais, et partirent à l'aube pour Le Caire dans un avion thaïlandais en compagnie d'Essaway et de deux négociateurs thaïlandais de haut rang.

Dans son compte rendu de l'événement, le *Time* souligna aussi que grâce à Essaway, ce fut « un rare exemple de coopération arabo-israélienne... Plus rare encore, le fait que les terroristes aient entendu raison. C'est la première fois que Septembre noir recule. »

Les journalistes ne pouvaient naturellement pas deviner que c'était prévu depuis le début. Les Israéliens non plus, et à une exception près – Shai Kauly, alors responsable de l'antenne de Milan du Mossad – ils crurent qu'il s'agissait de l'opération sur laquelle Akbar les avait renseignés.

Pour s'assurer que la diversion abuserait le Mossad, l'OLP dit à Akbar, avant le raid thaïlandais, de rester à Rome pour le moment mais que l'opération se déroulerait dans un pays très éloigné des champs de bataille habituels – Europe et Proche-Orient – des terroristes. Naturellement, le Palestinien transmit l'information au Mossad, de sorte que lorsque l'attaque de Bangkok eut lieu, le siège de Tel-Aviv fut non seulement convaincu que c'était l'opération en question mais aussi ravi qu'aucun Israélien n'ait été tué ni même blessé.

Convaincu que Bangkok était la cible désignée depuis le début, Akbar prit contact avec son *katsa* à Rome pour obtenir une autre rencontre. Les services de sécurité du Mossad étant méticuleux, les Palestiniens n'auraient jamais couru le risque de suivre Akbar à un autre rendez-vous de crainte de se faire repérer et d'avertir ainsi le Mossad qu'ils étaient au courant. Leur principal objectif était de lui donner des informations qu'il transmettrait aux Israéliens.

Croyant l'opération terminée, Akbar réclama de l'argent. Puisqu'il rentrerait bientôt à Londres, son *katsa* lui demanda d'emporter le plus de documents possibles de la planque de l'OLP. La rencontre aurait lieu dans un petit village au sud de Rome mais elle commencerait de la manière habituelle – envoi d'Akbar dans une *trattoria* de la capitale – et suivrait ensuite la procédure normale de l'APAM.

Ce qui ne fut pas habituel, c'est le résultat de la rencontre. Quand Akbar fut poussé dans la voiture du *katsa* et son attaché-case lancé sur la banquette avant, comme d'habitude, un membre des services de sécurité l'ouvrit. Le véhicule explosa, tuant Akbar, le *katsa* et les deux hommes de la sécurité. Le chauffeur survécut mais fut si grièvement blessé qu'il est encore aujourd'hui réduit à l'état de légume.

Trois autres membres du Mossad suivaient dans une autre voiture et l'un d'eux jura plus tard qu'il avait entendu, dans son talkie-walkie, Akbar s'écrier, pris de panique : « Ne l'ouvrez pas! », comme s'il avait su que l'attaché-case contenait un engin explosif. Toutefois, le Mossad ne put jamais déterminer si le Palestinien savait ou non que son attaché-case avait été piégé.

Quoi qu'il en soit, les hommes de la deuxième voiture appelèrent une autre équipe de *sayanim* locaux – avec ambulance, infirmière et médecin. Les restes des trois collègues morts et le chauffeur grièvement blessé furent évacués rapidement et ramenés plus tard en Israël. Le cadavre calciné d'Akbar fut laissé dans l'épave pour que la police italienne le retrouve.

Il s'avéra que l'OLP commit une erreur en exécutant Akbar avant l'opération Meir, alors qu'elle aurait très bien pu attendre son retour à Londres. Certes, le Mossad aurait su qui l'avait tué mais cela n'aurait plus eu d'importance à ce moment-là.

Pendant ce temps, Meir était arrivée en France pour la première étape du voyage qui la mènerait à Rome. Les pontes du Mossad se réjouissaient qu'elle n'ait pas emmené Israel Galili, ministre sans portefeuille avec qui elle avait une relation de longue date. Les deux tourtereaux se retrouvaient souvent à l'Académie pour leurs rendez-vous, et leur idylle divertissait beaucoup l'école.

Mark Hessner *, chef de l'antenne de Rome, avait été totalement berné par la ruse de Bangkok. Mais à Milan, Shai Kauly restait convaincu que quelque chose clochait dans le scénario. C'était un homme résolu, consciencieux, avec une réputation méritée d'obsédé du détail. Cela se révélait parfois dangereux : il retarda un jour un message urgent pour qu'on puisse corriger une faute de grammaire. Mais le plus souvent, sa méticulosité constituait un atout. En l'occurrence, elle sauva la vie de Golda Meir.

Kauly ne cessait de lire et de relire tous les rapports concernant Akbar et les activités de l'OLP liées au Palestinien. Il lui semblait aberrant que l'attaque de Bangkok soit l'opération dont Akbar avait parlé : pourquoi aurait-elle nécessité de faire passer du matériel en Italie? Après l'exécution du Palestinien, les soupçons de Kauly grandirent. Pourquoi l'OLP l'aurait-elle tué, si ce n'est parce qu'elle savait que c'était un agent israélien? Et si elle le savait, l'opération de Bangkok était un leurre, raisonnait Kauly.

Il n'avait toutefois rien de solide pour continuer. Le Mossad rendait le *katsa* de Londres responsable de l'attentat, en arguant que lorsqu'il avait demandé à Akbar de rapporter des documents, il ne lui avait pas expliqué comment procéder pour ne pas se faire prendre.

Quant à Hessner, son animosité personnelle envers Kauly

* Voir chapitre 4.

constituerait une cause sérieuse de complication dans le déroulement des événements. Lorsque Hessner était élève à l'Académie, il avait été pris plusieurs fois à mentir sur ce qu'il faisait – notamment par Kauly, son instructeur à l'époque – alors qu'il était suivi à son insu. Au lieu de remplir sa mission, Hessner était rentré tout droit chez lui et avait donné à Kauly un rapport complètement différent de ce qui s'était passé en réalité. Qu'il n'ait pas été renvoyé signifiait qu'il avait un « cheval » influent dans la maison, mais il n'avait jamais pardonné à Kauly de l'avoir pris en faute, et Kauly ne l'avait jamais considéré comme un professionnel.

Comme cela se produit souvent dans ce genre de situation, c'est un élément extérieur inattendu qui fit progresser Kauly de manière décisive. Une femme de Bruxelles parlant plusieurs langues et possédant de multiples talents tenait un appartement à la disposition de combattants de l'OLP cherchant un havre temporaire dans leur guerre incessante contre Israël. Tapineuse de luxe, c'était une compagne de jeu pleine d'imagination pour les membres de l'OLP. Le Mossad ayant installé des micros dans son appartement, les enregistrements des ébats de la jeune femme et de ses amis à divers stades de l'extase amoureuse étaient devenus la distraction préférée des chefs des services israéliens dans le monde entier. On disait qu'elle était capable de gémir en six langues au moins.

Quelques jours avant l'arrivée de Golda Meir à Rome, quelqu'un – Kauly pensa qu'il s'agissait de Salameh mais n'en fut jamais sûr – dans l'appartement de Bruxelles dit à la femme qu'il devait téléphoner à Rome. Puis il ordonna à la personne qui prit la communication de « vider l'appartement et d'emporter les quatorze gâteaux ». Normalement, un coup de téléphone à Rome n'aurait pas particulièrement retenu l'attention, mais avec l'arrivée prochaine de Golda Meir, et les soupçons que nourrissait déjà Kauly, il n'en fallait pas plus pour provoquer une réaction.

Né en Allemagne, Kauly mesurait seulement un mètre soixante-cinq, il avait un visage anguleux, des cheveux châtains, le teint clair. Personnalité effacée, il n'essayait pas d'impressionner ses supérieurs, et c'était pour cette raison qu'il se trouvait à Milan, antenne peu importante, alors que Hessner dirigeait celle de Rome.

Quand Kauly entendit l'enregistrement de Bruxelles, il téléphona aussitôt à un ami agent de liaison, qui appela lui-même son ami des services de renseignements italiens, Vito Michele, et dit qu'il lui fallait d'urgence l'adresse correspondant à un numéro de téléphone. (Kauly appartenant au Tsomet – recrutement – il était enregistré comme attaché et ne voulait donc pas révéler sa qualité de *katsa* aux services secrets locaux. Pas question de téléphoner directement à Michele.)

Michele répondit qu'il ne pouvait satisfaire la requête sans l'autorisation de son patron, Amburgo Vivani, et l'agent de liaison dit qu'il appellerait Vivani – ce qu'il fit. Par quels canaux les services italiens passaient pour obtenir l'information, cela n'intéressait pas Kauly. Il savait seulement que l'homme de l'appartement de Rome avait reçu l'ordre de partir le lendemain, ce qui leur laissait très peu de temps pour retrouver l'adresse et déterminer si elle avait quoi que ce soit à voir avec une opération de l'OLP.

Vivani réussit à obtenir l'adresse mais, chose incroyable, l'officier de liaison à Rome, au lieu de transmettre l'information à Kauly, l'envoya à l'antenne de Rome, qui ignorait tout de son importance – et du conflit Kauly-Hessner – et qui la garda dans un tiroir jusqu'au lendemain. Finalement, Kauly retrouva l'adresse lui-même et téléphona à l'antenne de Rome en leur demandant de se rendre directement à l'appartement parce que cela pouvait avoir un rapport avec la visite de Meir. A ce stade, Kauly n'avait encore aucune certitude mais il était persuadé qu'il allait se produire un événement capital.

Lorsque le Mossad retrouva l'appartement, il était vide, mais une fouille permit de mettre la main sur une preuve importante : un morceau de papier déchiré montrant l'arrière d'un missile Strella et plusieurs mots russes expliquant le mécanisme.

Kauly était à présent survolté. Moins de deux jours pleins avant l'arrivée du Premier ministre, il savait que Rome grouillait d'agents de l'OLP, qu'une opération était en cours, que les Palestiniens avaient des missiles, et que Meir arriverait bientôt. Mais de ce dernier point seulement il était absolument sûr.

En conséquence, on avisa Golda Meir qu'elle courait un risque mais elle répondit au patron du Mossad : « Je rencontrerai le pape. Vous et vos gars, faites en sorte que j'atterrisse sans problème. »

Kauly alla alors trouver Hessner pour savoir s'ils devaient ou non mettre dans le coup les services italiens. Hessner remercia Kauly de son aide mais ajouta : « Ton antenne, c'est Milan. Ici, c'est Rome. » Et il lui enjoignit de partir. En sa qualité de chef de l'antenne de Rome, Hessner était automatiquement chargé de la direction des opérations. Si l'un de ses supérieurs en Israël voulait la lui prendre, il devait venir à l'antenne de Rome. Ce n'est pas ce qui se produisit. Aujourd'hui, c'est probablement ce qui arriverait.

Mais Kauly se souciait plus de la sécurité du Premier ministre que d'un différend en matière de juridiction. Il répliqua à Hessner d'aller se faire voir. « Je reste », dit-il avec détermination. Furieux, Hessner se plaignit au siège que Kauly semait la confusion dans le système de commandement. Tel-Aviv ordonna alors à Kauly d'abandonner l'affaire et de retourner illico à Milan.

Kauly ne quitta pas Rome. Il avait avec lui deux de ses *katsas* de Milan – ce qui laissait son antenne déserte – et il promit à Hessner qu'ils se contenteraient de fureter un peu sans gêner personne. Hessner n'était pas trop content de cela non plus, mais, ayant affirmé son autorité, il ordonna à tout son personnel de se rendre à l'aéroport et de ratisser les environs pour tenter de trouver la piste des terroristes. Mais supposant que le Mossad en savait peut-être plus sur leurs plans que ce n'était le cas en réalité, les Palestiniens avaient pris la précaution supplémentaire de s'installer pour la nuit dans le secteur de la plage, campant dans leurs véhicules. La visite, la veille de l'arrivée de Golda Meir, de tous les hôtels et pensions de Lido di Ostia et des alentours, ainsi que de tous les endroits fréquentés par des membres de l'OLP, ne donna rien.

Connaissant la portée des missiles, le Mossad savait au moins quel secteur fouiller avant l'atterrissage de l'avion. Ce secteur était toutefois immense – huit kilomètres de large sur vingt de long – et la décision stupide de Hessner de ne pas prévenir la police locale d'un problème potentiel n'arrangea rien. Les Strella peuvent être déclenchés à distance. Lorsque la cible entre dans le rayon d'action du missile, une impulsion électrique met en marche un émetteur de signaux ; une fois lancé, le missile cherche lui-même sa cible. Les terroristes auraient des renseignements horaires sur l'avion de Meir puisqu'ils seraient informés par leurs agents de l'heure exacte à laquelle il quitterait Paris, et de l'heure prévue pour l'atterrissage. Ce serait en outre un vol El Al – le seul attendu à cette heure de la journée.

A l'époque, les dirigeants d'Alitalia eux-mêmes disaient de l'aéroport Leonardo da Vinci de Fiumicino qu'il était « le pire au monde ». Bondés, les avions étaient presque toujours en retard, parfois de plus de trois heures, parce que l'aéroport n'avait que deux pistes pour accueillir jusqu'à cinq cents appareils par jour en période de pointe.

Bien entendu, le *jet* du Premier ministre serait prioritaire, mais la confusion régnant à l'aéroport n'aidait pas les agents du Mossad courant çà et là pour trouver un groupe de terroristes et leurs missiles. Les Palestiniens pouvaient être n'importe où : dans l'aéroport même, dans les hangars proches, ou dans les champs voisins.

En patrouillant de son côté dans l'aéroport, Kauly tomba sur un *katsa* de l'antenne de Rome et lui demanda où étaient les agents de liaison du Mossad. (C'étaient eux et non les *katsas* eux-mêmes qui, en cas de besoin, préviendraient la police italienne.)

– Quels agents de liaison? fit l'homme.

– Tu veux dire qu'il n'y en a pas? s'exclama Kauly, interloqué.

– Non.

Kauly appela aussitôt l'officier de liaison de Rome, lui demanda de téléphoner à Vivani et de lui expliquer ce qui se passait.

– Tire toutes les ficelles qu'il faudra. Il nous faut absolument des renforts, ici.

Les terroristes étaient probablement installés en dehors du périmètre de l'aéroport – assez près pour que l'avion de Meir soit à portée de missile – car il y avait très peu de bons endroits où se cacher dans l'aéroport même. Les Israéliens fouillèrent cependant partout, et furent bientôt rejoints par Adaglio Malti, du contre-espionnage italien.

Malti ignorait totalement que l'endroit fourmillait d'agents du Mossad. Il était venu simplement à cause d'un « tuyau » de l'officier de liaison de Rome le prévenant, sur la foi d'informations sûres, que l'OLP avait l'intention d'abattre l'avion de Meir au-dessus de l'aéroport avec des missiles de fabrication soviétique – ce qui ne manquerait pas de mettre les Italiens dans l'embarras. (Il avait d'abord fallu faire approuver le message par le service Liaison de Tel-Aviv avant de le transmettre aux Italiens.)

A ce stade, les terroristes s'étaient scindés en deux groupes. Le premier, muni de quatre missiles, s'installa au sud de l'aéroport; le second, armé de huit autres Strella, au nord. Le fait qu'on ne put expliquer, après l'opération, la disparition de deux des quatorze « gâteaux » devait s'avérer important par la suite. Mais pour le moment, le groupe Nord installait deux missiles dans un champ, près de la camionnette Fiat.

Un membre des services de sécurité du Mossad inspectant le secteur ne tarda toutefois pas à les repérer. Il cria. Les Palestiniens ouvrirent le feu. Les policiers italiens accoururent et l'homme du Mossad – qui ne les attendait pas puisque c'était Kauly qui les avait prévenus – prit la fuite. Dans la confusion, un des terroristes essaya de s'échapper mais les officiers du Mossad qui avaient observé la scène le rattrapèrent, le ligotèrent, le jetèrent dans une voiture et l'emmenèrent dans un hangar.

Roué de coups, le Palestinien avoua que son organisation avait l'intention de tuer Golda Meir et lança d'un ton de défi :

– Vous ne pouvez rien faire!

– On ne peut rien faire? répliqua un Israélien. Mais on te tient, toi!

Et le tabassage reprit. Entre-temps, Kauly avait entendu sur son talkie-walkie qu'on avait fait un prisonnier. Il se précipita au hangar. Ses collègues lui montrèrent le terroriste qu'ils avaient capturé et précisèrent que les Italiens en avaient pincé d'autres, avec neuf ou dix missiles.

Kauly gardait en mémoire le coup de téléphone de Bruxelles au sujet des « quatorze gâteaux ». Non seulement le Mossad avait toujours un problème, mais il ne restait qu'une demi-heure avant l'arrivée de l'avion. Il devait y avoir d'autres missiles, mais où?

Kauly jeta de l'eau sur le prisonnier inconscient.

– C'est fini pour toi, lui dit-il. Vous avez raté votre coup, cette fois. Elle atterrit dans quatre minutes. Vous n'y pouvez rien.

– Il est mort, votre Premier ministre! cria le terroriste aux Israéliens. Vous ne nous avez pas tous pris.

Les pires craintes de Kauly se trouvèrent confirmées : il y avait quelque part un missile russe sur lequel était inscrit le nom de Golda Meir.

Un homme de la sécurité assomma alors le Palestinien. Lorsqu'on l'avait capturé, il portait sur lui un engin explosif appelé « Betty la sauteuse », souvent utilisé par les terroristes. On le plante dans le sol comme une mine mais il est relié à un petit piquet par une ficelle attachée à la goupille. Les Israéliens placèrent l'engin près du prisonnier, mirent une ficelle plus longue, sortirent du hangar et tirèrent sur la ficelle, réduisant l'homme en miettes.

La tension était incroyable. Kauly appela Hessner avec son talkie-walkie et lui demanda d'ordonner par radio au pilote de Meir de retarder l'atterrissage. On ne sait si Hessner le fit ou non. Ce qu'on sait, c'est qu'un agent du Mossad patrouillant en voiture le long d'une route remarqua quelque chose de bizarre en passant pour la troisième fois devant une baraque de restauration : trois tuyaux émergeaient du toit mais un seul fumait. Les terroristes s'étaient débarrassés du marchand, avaient percé deux trous par lesquels ils avaient fait passer les Strella. Le plan était le suivant : quand l'avion de Meir serait assez près et que le missile commencerait à émettre son signal sonore, il suffirait aux terroristes d'appuyer sur la détente, et quinze secondes plus tard, l'avion serait détruit.

Sans perdre un instant, l'homme du Mossad fit demi-tour, lança sa voiture droit sur la baraque, la renversa, coinçant les deux terroristes dessous. Il descendit, vérifia qu'il y avait bien deux missiles – et que les Palestiniens étaient pris au piège. Voyant alors des voitures de police foncer vers lui, il remonta dans la sienne et fila en direction de Rome. Dès qu'il eut prévenu ses collègues du Mossad, tous disparurent du secteur comme s'ils n'y avaient jamais mis les pieds.

La police italienne arrêta cinq membres de Septembre noir. Mais, fait étrange si l'on considère qu'ils avaient été pris en flagrant délit alors qu'ils tentaient d'assassiner Golda Meir, ils furent relâchés quelques mois plus tard et expédiés par avion en Libye.

10

CARLOS

Le 21 février 1973, les Israéliens envoyèrent deux chasseurs à réaction Phantom contre un Boeing 727 des Libyan Arab Airlines dont la destination était Le Caire mais qui s'était écarté de sa route. Ils l'abattirent, tuant cent cinq des cent onze personnes à bord. Le drame se produisit douze heures après qu'un commando israélien eut opéré un raid audacieux sur Beyrouth, détruisant diverses installations de l'OLP, s'emparant d'un nombre considérable de documents et liquidant plusieurs dirigeants palestiniens, notamment Abou Yousouf, le chef de Septembre noir, et sa femme.

La destruction de l'avion civil fut une erreur tragique. A l'époque, on avait menacé Israël de lancer sur Tel-Aviv un avion rempli de bombes. Le Boeing se dirigeait droit vers l'une des principales bases militaires du Sinaï, et l'état-major de l'armée de l'air ne pouvant être joint, ce fut un capitaine qui prit la décision de faire abattre l'appareil.

Six années s'écouleraient avant que le Mossad ne prenne finalement sa revanche sur le Prince Rouge, mais la vendetta personnelle de Golda Meir contre Septembre noir changea radicalement le rôle de l'Institut. L'OLP devint la partie la plus importante des activités du Mossad – chose néfaste puisqu'on accordait moins d'attention à d'autres ennemis, comme la Syrie et l'Égypte, qui criaient à la guerre et qui en fait la préparaient. Anouar al-Sadate avait mis sur pied dans toute l'Égypte des organisations appelées « Comités de guerre ». Mais le Mossad consacrait presque tout son temps et ses ressources à pourchasser les terroristes de Septembre noir.

Le 6 octobre 1973, quelques mois après l'épisode des Strella, le général Eliahu Zeira, chef des services de renseignements de l'armée israélienne, tenait une conférence de presse à Tel-Aviv : « Il n'y aura pas de guerre. » En pleine conférence, un major entra dans la salle et remit un télégramme au général. Zeira le lut, partit aussitôt sans dire un mot.

Les Égyptiens et les Syriens avaient attaqué, la guerre du Kippour avait commencé, faisant dès le premier jour cinq cents morts et plus de mille blessés dans les rangs israéliens. Quelques jours plus tard, Israël se ressaisit et commença à repousser les envahisseurs, mais la guerre altéra à jamais – pour Israël lui-même comme pour les autres – l'image de force invincible qu'il avait auparavant.

Golda Meir était toujours en vie, grâce au Mossad, mais une des conséquences de cette guerre fut sa démission du poste de Premier ministre le 10 avril 1974.

Quant à Shai Kauly, il savait qu'il y avait deux missiles Strella qu'on n'avait pas retrouvés après la tentative d'assassinat de Meir. Toutefois, la menace immédiate était écartée, il était de retour à Milan, et la guerre prit bientôt le pas sur tous les autres problèmes.

Après l'incident de l'aéroport, les policiers italiens avaient été très embarrassés : on avait essayé d'assassiner sous leur nez un personnage politique important et ils n'avaient rien fait, sinon arriver en retard et ramasser les morceaux que le Mossad avait laissés derrière lui. Les services de renseignements italiens n'avaient absolument pas soupçonné l'existence d'un plan pour tuer Meir. Si l'opinion ne savait rien de l'affaire, certains membres du monde du renseignement étaient au courant. Et les Italiens demandèrent aux Israéliens de ne pas divulguer les détails.

Le Mossad estimait qu'en aidant les autres à se « couvrir », il retirait un certain avantage. Il était donc toujours disposé à laisser quelqu'un sauver la face – tant que ce quelqu'un savait que, pour le Mossad, il était quand même un beau crétin.

La LAP, ou *Lohamah Psichlogit*, service de guerre psychologique du Mossad, fut donc chargée de mettre au point une histoire pour tirer les Italiens d'embarras. A l'époque, la situation entre Israël et l'Égypte était extrêmement tendue, mais le Mossad était tellement occupé par la recherche des membres de Septembre noir qu'il n'avait pas remarqué les signes indiquant qu'une guerre était en préparation. Avec trente-cinq ou quarante *katsas* seulement opérant dans le monde à n'importe quel moment, se concentrer sur les activités de l'OLP – qui, elle, possédait des milliers d'hommes dans ses diverses factions – pouvait occuper tout le service et provoquer de graves lacunes dans la surveillance d'autres ennemis importants d'Israël.

Quoi qu'il en soit, la LAP concocta une fable que les Italiens pourraient publier mais informa en même temps les services de renseignements britanniques, français et américains de ce qui s'était réellement passé. Il y a dans le monde de l'espionnage une règle dite « règle du tiers » : si, par exemple, le Mossad transmet des informations à la CIA parce qu'il entretient avec l'agence de bonnes relations de travail, celle-ci ne peut communiquer ces informations à un tiers parce qu'elles proviennent d'un autre service de renseignements. Naturellement, on peut tourner cette règle en paraphrasant ces informations avant de les transmettre.

A l'époque de l'incident de l'aéroport, le Mossad fournissait fréquemment à la CIA des listes de matériel militaire soviétique envoyé à l'Égypte et à la Syrie, y compris les numéros de série des armes. L'objectif était double : donner une bonne image du Mossad, capable de recueillir de telles informations, et démontrer la constitution d'un arsenal dans la région. Cela aiderait la CIA à convaincre le gouvernement américain d'accroître son soutien à Israël. L'agence ne pouvait révéler au Congrès d'où elle tenait ces informations, qui confirmaient toutefois celles que donnait le lobby juif.

Les Américains considéraient déjà le Libyen Muammar al-Kadhafi comme un fou dangereux, et au milieu des années 1970, le monde entier fut secoué par l'apparition, un peu partout, de groupuscules révolutionnaires terroristes : Action directe en France, la Bande Baader-Meinhof en Allemagne, l'Armée rouge japonaise, les Brigades rouges italiennes (qui assassinèrent le président du Conseil Aldo Moro en 1978), l'ETA basque (qui revendiqua la mort de Carrero Blanco, président du gouvernement espagnol, en 1973), et plusieurs organisations palestiniennes distinctes. Même aux États-Unis, il y avait les Weathermen et l'Armée symbionèse de libération – qui enleva en 1974 l'héritière Patricia Hearst.

Dans ce monde agité, un grand nombre de synagogues et d'institutions juives d'Europe firent l'objet d'attentats à la bombe, et le Mossad jugea le moment bien choisi pour accuser les Égyptiens et les Libyens des événements d'Italie, même s'ils n'y étaient absolument pour rien.

Le Mossad obtint la liste des missiles Strella que les Italiens avaient saisis. Il n'y en avait toujours que douze, mais il ne se préoccuperait des deux missiles manquants que plus tard. Les numéros de série des Strella furent ajoutés aux listes d'armes livrées à l'Égypte par les Russes, bien que le Mossad eût appris en interrogeant les terroristes que ces missiles particuliers venaient de Yougoslavie.

Selon l'histoire inventée par la LAP pour l'opinion publique italienne, les terroristes, qui avaient obtenu leurs armes de la Libye, avaient quitté Beyrouth en voiture fin décembre 1972 avec les Strella, étaient arrivés en Italie par ferry-boat et s'étaient rendus à Rome, d'où ils devaient ensuite gagner Vienne pour s'en prendre à une cible juive. La raison de ce détour, expliqua-t-on, c'est qu'il est plus facile de passer d'un pays occidental à un autre que de franchir la frontière en venant d'un pays communiste. Les terroristes, « officiellement » arrêtés le 26 janvier 1973 par la police italienne pour transport d'explosifs, étaient détenus au secret depuis leur tentative manquée à l'aéroport tandis que la LAP mettait son scénario au point. Chose ahurissante, la police italienne libéra alors les Palestiniens – deux d'abord puis trois autres ensuite.

Pendant ce temps, les militaires américains introduisaient dans leurs ordinateurs toutes les informations fournies par le Mossad. Lorsque les Italiens finirent par annoncer, le 26 janvier, qu'ils avaient arrêté les terroristes et saisi les armes, eux aussi livrèrent les numéros de série des Strella à la CIA, qui les transmit à son tour aux services de renseignements de l'armée américaine. Lorsque les numéros de série furent comparés à ceux que le Mossad avait donnés d'armes fournies à l'Égypte et à la Libye par l'Union soviétique, l'ordinateur indiqua que c'étaient les mêmes. Les Américains furent désormais convaincus que les Russes avaient approvisionné l'Égypte, qui avait elle-même livré les missiles à Kadhafi, qui avait armé les terroristes – preuve supplémentaire que le dirigeant libyen était exactement ce que les États-Unis pensaient de lui. Seul le Mossad savait la vérité.

La principale raison pour laquelle les Italiens relâchèrent les terroristes, c'est qu'ils craignaient que l'affaire ne passe en jugement et que la vérité éclate : les services italiens avaient failli laisser un groupe de terroristes assassiner un dirigeant de stature mondiale. Énorme scandale.

Le Mossad se préoccupait toujours des deux missiles manquants mais les Italiens étaient satisfaits, puisqu'on avait dissimulé leur bévue, et les Américains pensaient que Kadhafi était derrière toute l'affaire.

Pendant que les terroristes étaient encore en prison, des

membres de la Shaback les avaient interrogés et avaient découvert qu'Ali Hassan Salameh, le Prince Rouge, était effectivement mêlé à l'affaire. Le Mossad voulait plus que jamais mettre la main sur lui.

La police italienne avait autorisé la Shaback à interroger les Palestiniens à Rome. Selon toute probabilité, une équipe de deux membres de la Shaback fut introduite dans une pièce où un prisonnier était assis sur une chaise, les mains attachées derrière le dos par des menottes, les jambes entravées elles aussi, avec une chaîne les reliant aux poignets. La première chose que firent les agents de la Shaback, c'est de demander aux policiers italiens de sortir. « C'est une pièce israélienne, maintenant. Nous serons responsables du prisonnier. » Le Palestinien fut certainement terrifié : il était venu en Europe pour éviter de finir aux mains des Israéliens.

Après avoir refermé la porte, les officiers de la Shaback dirent en arabe quelque chose comme : « Nous sommes tes amis du *Moukhabarat* (terme par lequel les Arabes désignent le Renseignement en général. De fait, un grand nombre de SR arabes portent ce nom).

Ils voulaient s'assurer que le prisonnier savait exactement à qui il avait affaire et quelle était sa situation. Ensuite, ils lui ôtèrent sans doute ses menottes ordinaires et les remplacèrent par le modèle beaucoup plus barbare qu'ils affectionnent. En matière plastique, ces menottes ressemblent aux attaches utilisées pour fixer les étiquettes sur les valises, mais sont beaucoup plus solides et munies de petites lames de rasoir sur les fermoirs. A la différence des menottes ordinaires, qui laissent un peu de place pour bouger le poignet, elles serrent fort, coupent la circulation sanguine et causent une très vive douleur.

Après lui avoir passé *leurs* menottes tout en commentant négligemment son triste sort, ils lui mirent sans doute un sac de jute sur la tête. Puis ils ouvrirent sa braguette, sortirent son pénis et lui demandèrent d'un ton moqueur :

– Tu te sens à l'aise, maintenant ? On peut commencer à parler ?

A ce stade, il ne fallait pas attendre longtemps pour que le prisonnier craque. En l'occurrence, les hommes de la Shaback ne savaient malheureusement pas qu'il serait libéré si vite et lui posèrent donc un grand nombre de questions sur Salameh. Un si grand nombre qu'après leur libération, le Prince Rouge ne tarda pas à apprendre qu'il était la cible n° 1 du Mossad.

A l'époque, Septembre noir maintenait une très forte pression : lettres piégées, attentats à la bombe et à la grenade dans toute l'Europe. Si le Mossad voulait à tout prix liquider Salameh, les dirigeants de l'organisation à Beyrouth tenaient tout autant à le sauver et lui recommandèrent de se mettre au vert un moment.

Abou Yousouf, chef de Septembre noir – qui serait tué quelques semaines plus tard par un commando israélien pendant le raid du 20 février 1973 contre son quartier général de Beyrouth – décida alors qu'il fallait remplacer Salameh, au moins temporairement, à la tête des opérations européennes. Le choix se porta sur Mohammed Boudia, d'origine algérienne, et bien connu des milieux chics parisiens. Ce dernier constitua sa propre cellule, à laquelle il donna son nom : « cellule Boudia. »

L'idée de Boudia était de coordonner tous les groupes terroristes opérant en Europe en une seule armée clandestine. Il permit aux membres de divers groupes de s'entraîner au Liban et, quasiment du jour au lendemain, créa une grande organisation terroriste, une sorte de bureau central pour toutes les factions. L'idée était bonne en théorie ; le problème, c'était que les organisations de l'OLP étaient d'un nationalisme extrême alors que la plupart des autres groupes étaient marxistes, et marxisme et islam ne vont pas ensemble.

Boudia avait son propre agent de liaison faisant la navette entre Paris et Beyrouth, un Palestinien nommé Moukharbel. Lors du raid israélien contre le quartier général de Septembre noir, le dossier de Moukharbel, avec sa photo, fit partie des nombreux documents saisis et emportés à Tel-Aviv.

Entrée en scène d'Oren Riff, *katsa* du Mossad. La situation était explosive, on n'avait pas le temps de monter les coups avec la prudence habituelle. Et Riff, qui parlait arabe, fut chargé en juin 1973 de faire une tentative directe de recrutement sur Moukharbel, c'est-à-dire de lui proposer carrément un marché. (Cette technique présente des avantages : elle débouche quelquefois sur un recrutement ; si elle échoue, elle peut suffisamment effrayer la cible pour la faire renoncer à travailler pour l'autre camp – ou alors elle conduit à une exécution pure et simple, comme ce fut le cas pour Meshad, le physicien égyptien *.)

Descendu dans un grand hôtel de Londres, Moukharbel fut filé pendant un jour et demi et son hôtel surveillé. Riff devait se présenter à sa porte peu après qu'il serait rentré de sa prome-

* Voir *Prologue*.

nade. On avait déjà fouillé sa chambre : pas d'arme cachée, pas d'autre occupant. Dans l'ascenseur, un homme heurta le Palestinien « par mégarde », le palpa rapidement pour vérifier qu'il ne portait pas d'arme non plus sur lui. Moukharbel appartenait à l'OLP et était à ce titre jugé extrêmement dangereux, mais, ayant pris toutes les précautions que permettaient les circonstances, Riff attendit que l'homme pénètre dans sa chambre et s'approcha de la porte.

L'Israélien entra, récita rapidement le contenu du dossier de Moukharbel au quartier général de Septembre noir et ajouta :

– J'appartiens aux services israéliens, nous sommes prêts à vous payer cher. Nous voulons que vous travailliez pour nous.

Homme séduisant, distingué, à la garde-robe coûteuse, Moukharbel regarda Riff droit dans les yeux, sourit d'une oreille à l'autre et répondit :

– Vous en avez mis, du temps.

Les deux hommes eurent un entretien de quelques minutes et convinrent d'une autre rencontre plus formelle avec des mesures de sécurité adéquates. Ce n'était pas tant l'argent qui intéressait Moukharbel – encore qu'il en voulût aussi – mais une double « couverture », afin d'être à l'abri quoi qu'il arrive à l'un ou l'autre camp. Il s'agissait de sa propre survie, et si en plus les deux camps le payaient, tant mieux.

Le Palestinien donna tout de suite à Riff les adresses de Boudia. Celui-ci aimait les femmes, il avait plusieurs maîtresses à Paris. Se sachant visé, il utilisait les appartements de ces femmes comme planques, dormant chaque nuit dans un endroit différent. Moukharbel, qui devait rester en contact permanent avec lui, connaissait toutefois ces adresses. Une fois que Riff les eut transmises à la Metsada, les Israéliens se mirent à filer Boudia. Ils apprirent rapidement qu'il transférait de l'argent sur le compte d'un Vénézuélien nommé Ilitch Ramirez Sanchez, issu d'une famille riche, ayant fait des études à Londres et à Moscou, vivant à Paris et travaillant parfois pour l'OLP.

La Metsada ne tarda pas à découvrir que Boudia était un homme prudent. La première chose qu'un SR recherche en pareil cas, c'est une constante – une chose que la cible fait régulièrement. Dans ce métier, on n'agit pas sur une impulsion : « Il est là, tuons-le ! » Cela ne se fait pas. Il faut tout prévoir pour éviter des complications. La constante, pour Boudia, c'était la Renault 16 bleue avec laquelle il circulait partout. Il avait aussi un appartement rue des Fossés-Saint-Bernard où il se rendait plus fréquemment qu'à ses autres adresses.

Cependant, Boudia ne montait jamais dans sa voiture sans ouvrir le capot, regarder sous le châssis et dans le coffre, inspecter le tuyau d'échappement à la recherche d'explosifs. La Metsada décida donc de placer une mine à pression dans le siège de la Renault. Mais, pour que les Français ne soupçonnent pas le Mossad, on donna délibérément à l'engin l'allure d'une bombe artisanale, bourrée de boulons et de ferraille. La bombe fut équipée d'une épaisse plaque métallique par-dessous, de manière qu'elle explose vers le haut, non vers le bas, quand une pression serait exercée.

Le 28 juin 1973, Boudia quitta l'immeuble, se livra aux vérifications habituelles, ouvrit la portière, s'assit. Au moment où il refermait la portière, l'engin sauta, le tuant sur le coup. L'explosion fut si forte qu'un grand nombre de boulons traversèrent son corps et criblèrent le plafond de la voiture.

La police française, qui connaissait les liens de Boudia avec des groupes terroristes, crut à l'explosion accidentelle d'un engin qu'il transportait – conclusion souvent avancée par divers services de police faute d'autre explication.

Même sans en avoir de preuve directe, Septembre noir savait que c'était le Mossad qui avait liquidé Boudia. Il décida l'exécution immédiate d'un Israélien en représailles. Un étudiant palestinien à l'UCLA, en Californie, reçut l'ordre de se procurer une arme et de se rendre à l'ambassade israélienne à Washington. Une personne totalement inconnue, raisonnait Septembre noir, aurait plus de chances de frapper et de s'enfuir que quelqu'un déjà lié à un groupe terroriste et peut-être déjà filé par les SR américains. C'est ainsi que le 1er juillet 1973, un jeune homme non identifié s'approcha du colonel Yosef Alon, attaché adjoint à l'ambassade, et l'abattit dans la rue avant de prendre la fuite. Le meurtrier ne fut jamais retrouvé. Le Mossad ne découvrit que plus tard le rapport avec l'opération Boudia dans des documents saisis après la guerre du Kippour.

Après l'assassinat de Boudia, Moukharbel informa Riff que Septembre noir avait confié au Vénézuélien Sanchez les opérations européennes. Le Mossad savait peu de choses sur lui mais découvrit rapidement qu'un de ses pseudonymes préférés était Carlos Ramirez – ou, par la suite, simplement Carlos. Il ne tarderait pas à devenir l'un des hommes les plus célèbres et les plus craints au monde.

Ali Hassan Salameh, qui n'était pas stupide non plus, s'occupait activement de renforcer sa sécurité personnelle. Il voulait à la fois échapper au Mossad et ternir l'image d'Israël. Il demanda donc à des volontaires de se faire recruter par les SR israéliens en passant par deux ambassades différentes. La tâche de ces hommes consisterait à fournir aux Israéliens une série de dates et de lieux rendant compte des déplacements de Salameh. Pas de ses déplacements véritables, bien sûr, mais de ceux auxquels il voulait qu'ils croient. Cette intox conduisit finalement le Mossad dans une petite ville de Norvège nommée Lillehammer, à cent cinquante kilomètres environ au nord d'Oslo, où un serveur de restaurant présentait une ressemblance inouïe – et pour lui fatale – avec le Prince Rouge.

Mike Harari, chef de la Metsada, était chargé de la liquidation de Salameh. Celui-ci fit en sorte que certains de ses hommes parlent au serveur – que les Israéliens surveillaient à son insu – et confirment ainsi ce que pensait le Mossad. Le 21 juillet 1973, le Mossad exécuta l'innocent serveur. Trois personnes furent arrêtées et emprisonnées. L'une d'elles, David Arbel *, parla beaucoup et « l'affaire de Lillehammer » devint le plus gros scandale, peut-être, de l'histoire du Mossad.

A Paris, Carlos prenait le relais. Les milieux européens du Renseignement ne savaient rien de lui. Il ne parlait pas arabe; en fait, il n'aimait même pas les Arabes. (Il disait par exemple des Palestiniens : « Si ces types sont aussi forts qu'ils le prétendent, pourquoi les Israéliens occupent encore la Palestine ? ») Mais Moukharbel, récemment recruté par Oren Riff, continua à être l'agent de liaison de Carlos.

Dans le cadre du renforcement du centre parisien, Carlos prit le contrôle des stocks d'armes de Septembre noir dans toute l'Europe. Il hérita entre autres des deux missiles Strella « manquants » après la tentative d'assassinat de Golda Meir.

Moukharbel, outre ses activités d'agent de liaison pour Septembre noir, jouait le même rôle pour deux autres groupes palestiniens, le FPLP, Front populaire de libération de la Palestine, et l'Organisation des jeunesses palestiniennes. Le volume d'informations que les Israéliens obtenaient grâce à lui était étonnant, et le Mossad, après les avoir digérées et en en gardant une partie pour lui, commença à fournir aux SR européens et à la CIA tant d'informations qu'ils ne surent qu'en faire. Cela devint un sujet de plaisanterie entre agents : « Nous avons reçu le livre du Mossad, aujourd'hui ? » La liaison avec la CIA était alors si étroite qu'on surnommait l'agence « le bureau du Mossad à Langley » (siège de la CIA en Virginie). Cette avalanche d'informations disponible sur le marché ne profita

* Voir chapitres 7 et 15.

peut-être à personne mais interdit au moins à quiconque de prétendre plus tard qu'il n'avait pas été mis au courant. C'est un système que le Mossad utilisa ultérieurement avec succès.

Carlos s'intéressa bien entendu aux deux Strella restés à Rome. Apparemment, au moment de se séparer, les deux équipes avaient simplement laissé les missiles dans une planque dont le Mossad ne connaissait pas l'existence. Si les Israéliens n'avaient pas tué le terroriste capturé au moment de la tentative d'assassinat, ils l'auraient peut-être découverte puisqu'il faisait partie de l'équipe utilisant cet appartement.

Bien que Carlos ne s'en fût pas encore pris à des cibles israéliennes, le Mossad commençait à se rendre compte qu'il était dangereux. Les Israéliens avaient été mis au courant pour les missiles par Moukharbel mais il n'y avait pour le moment aucune raison d'intervenir. D'ailleurs, ils ne pouvaient faire une descente sur la planque sans « brûler » Moukharbel, qui leur téléphonait tous les deux ou trois jours avec des informations. Un temps, ils eurent même un opérateur attendant ses messages vingt-quatre heures sur vingt-quatre.

Carlos voulait que les missiles soient utilisés contre un avion israélien, mais il se refusait à participer personnellement à l'opération. C'était la règle qu'il s'imposait – et une des raisons pour lesquelles il ne fut jamais pris. Il dressait les plans d'une opération, veillait à sa mise en œuvre mais n'y participait pas.

Le Mossad avait un problème avec les missiles. A l'évidence, Moukharbel était trop précieux pour qu'on le « grille » sur cette seule opération; mais si on laissait les Palestiniens s'approcher de l'aéroport avec les missiles, ils seraient en mesure d'abattre un avion israélien.

Oren Riff, *katsa* de Moukharbel, dirigeait les opérations. C'était un type direct, ne s'embarrassant pas de boniment. A la fin de 1975, il fut l'un des onze « infâmes » *katsas* qui envoyèrent au patron du Mossad une lettre déclarant que l'organisation croupissait, gaspillait ses ressources et avait une curieuse conception de la démocratie. Ce document est connu à l'intérieur du service seulement comme la « lettre des onze », et Riff est le seul signataire qui lui ait survécu. Tous les autres furent virés. On bloqua cependant deux fois son avancement, et en 1984, quand il exigea de voir son dossier pour savoir pourquoi il n'avait pas eu de promotion, on lui répondit qu'on l'avait égaré – explication peu vraisemblable puisque l'organisation ne comptait au total que mille deux cents personnes, y compris les secrétaires et les chauffeurs.

Par parenthèse, cette lettre fut à l'origine d'une modification du règlement du NAKA, qui interdit désormais qu'une lettre interne ait plus d'un signataire.

Riff demanda aux agents de liaison de Rome de téléphoner à leur ami des SR italiens, Amburgo Vivani, et de lui communiquer l'adresse de la planque où se trouvaient les missiles. « Dites-lui que vous l'appellerez à un moment où tous les oiseaux seront au nid, et qu'il devra pénétrer dans l'appartement à ce moment-là seulement, recommanda Riff. De cette façon, il pourra tous les pincer. »

Une équipe d'hommes de la *neviot* surveillait la planque pour le Mossad, et le 5 septembre 1973, lorsqu'ils virent tous les terroristes entrer, ils prévinrent les Italiens. Ceux-ci se trouvaient à proximité – comme les agents du Mossad, qui virent les Italiens mais ne se montrèrent pas –, ils pénétrèrent dans l'appartement, arrêtèrent cinq hommes – un Libanais, un Libyen, un Algérien, un Irakien et un Syrien – et saisirent les deux missiles.

Selon la version officielle, les cinq hommes avaient l'intention d'abattre des appareils civils du toit de leur immeuble au moment où ceux-ci décolleraient de l'aéroport de Fiumicino. Thèse ridicule puisque les avions ne survolaient pas l'immeuble, mais aucune importance, on la crut.

A cette époque, le chef des services italiens était très proche du Mossad. Porteurs d'appareils miniaturisés, les Italiens se rendaient dans des pays arabes et photographiaient des installations militaires pour le Mossad.

Bien que les terroristes aient été pris en possession des missiles, les Italiens relâchèrent aussitôt deux d'entre eux sous caution. Naturellement, ils quittèrent Rome. Les trois autres furent remis à la Libye, mais le 1er mars 1974, le Dakota qui les avait emmenés là-bas explosa en revenant à Rome, tuant le pilote et l'équipage. L'enquête reste ouverte.

Les Italiens prétendent que l'explosion fut l'œuvre du Mossad mais il n'en est rien. Plus vraisemblablement, l'OLP jugea que le pilote et l'équipage avaient vu les terroristes et étaient capables de les reconnaître plus tard dans une autre opération. Si le Mossad avait fait exploser l'avion, il n'aurait pas attendu que les terroristes en soient descendus.

Le 20 décembre 1973, Carlos était à Paris. Il avait une planque en banlieue, un endroit où l'OLP stockait des munitions. Le Mossad cherchait une occasion de donner l'adresse aux Français sans « brûler » son précieux informateur, Moukharbel.

Ce matin-là, Carlos se livra à un acte de terrorisme comme il les aimait : « pan-pan, et on file ». Il quitta l'appartement avec une grenade, monta dans sa voiture, descendit une rue, jeta la grenade dans une librairie israélite, faisant un mort et six blessés. C'était une raison suffisante pour que le Mossad transmette l'adresse du dépôt de munitions. Toutefois, lorsque la police française y descendit, elle trouva des armes, des grenades, des bâtons de TNT, du matériel de propagande et une douzaine de personnes – mais pas Carlos. Il avait quitté la France le jour même.

Le lendemain, il appela Moukharbel de Londres, où il voulait que celui-ci le rejoigne. Le Palestinien répondit que c'était impossible, la police britannique le recherchait. Le Mossad essaya lui aussi de le persuader de s'y rendre mais il refusa, et pendant un moment, les Israéliens perdirent trace de Carlos.

Le 22 janvier 1974, le chef terroriste reprit contact avec Moukharbel. « C'est Ilitch, dit-il. Je rentre à Paris. Je dois juste signer un accord demain ou après-demain. »

Toutes les antennes israéliennes en Grande-Bretagne furent immédiatement mises en alerte – mais pas de façon visible, au cas où l'appel de Carlos n'aurait été qu'un test pour éprouver la loyauté de Moukharbel. Le Mossad savait que Carlos avait toujours une longueur d'avance sur tout le monde.

Deux jours plus tard, le 24 janvier, une voiture passa devant une banque israélienne de Londres et l'homme qui la conduisait jeta une grenade en direction de l'établissement, blessant une femme.

Le lendemain, Carlos rencontra Moukharbel à Paris. Il lui dit qu'il devait renoncer pour le moment aux cibles israéliennes parce que la situation était trop dangereuse, et qu'il avait des dettes à rembourser aux groupes japonais et allemands avant de pouvoir faire quoi que ce soit pour l'OLP.

Cela détendit quelque peu le Mossad, mais avec Carlos, on ne pouvait rester détendu longtemps. Le 3 août, trois bombes furent posées à Paris, deux devant les sièges de journaux et une (détectée avant explosion) devant une station de radio. La police française crut à une opération d'Action directe. C'était bien le cas, mais Carlos l'avait aidée à fabriquer et à placer les bombes. Puis il s'était rendu dans une autre partie de Paris pour être loin de l'endroit où se déroulerait l'opération.

Le Mossad apprit par la suite que Carlos avait reçu une fournée de lance-roquettes RPG-7 antichars de fabrication russe. Le RPG-7 est une arme compacte, facile à porter, qui ne pèse que neuf kilos, a une portée maximale de cinq cents mètres sur une cible fixe et de trois cents mètres sur une cible mobile. Elle peut pénétrer des blindages de vingt-cinq centimètres d'épaisseur.

Le 15 janvier 1975, Carlos et un collègue, Wilfred Bose, longeaient en voiture l'aéroport d'Orly à la recherche d'une cible. (Bose, membre de la Bande Baader-Meinhof, fut tué le 27 juin 1976 pendant le fameux raid mené par les Israéliens pour délivrer les otages d'Entebbe, en Ouganda.) Les deux hommes repérèrent sur la piste la queue d'un appareil israélien.

Carlos repassa pour regarder à nouveau, arrêta sa 2 CV et répandit une petite bouteille de lait sur la route afin de marquer l'endroit d'où l'on pouvait le mieux voir l'avion. Pendant que Carlos se tenait accroupi à l'arrière de la voiture, qu'il avait pris soin de décapoter, Bose fit marche arrière puis repartit lentement en avant, à quinze à l'heure. Lorsqu'il approcha de la tache de lait, Carlos se leva et fit feu, manquant l'appareil israélien mais endommageant un avion yougoslave et un bâtiment de l'aéroport. Les deux hommes roulèrent encore quelques mètres, puis s'arrêtèrent. Carlos recapota rapidement la 2 CV et sauta sur le siège du passager tandis que Bose redémarrait.

De retour à l'appartement, le chef terroriste informa Moukharbel de ses activités mais le Palestinien répondit qu'il les avait apprises par la radio et qu'il n'avait pas touché l'avion israélien.

– Nous l'avons raté cette fois, dit Carlos, mais nous y retournons le 19 pour recommencer.

Bien entendu, Moukharbel transmit l'information à Oren Riff. Cette fois encore, Riff ne voulut pas « griller » un agent aussi précieux. Il ordonna de renforcer la sécurité et de déplacer les avions israéliens vers le côté nord de l'aéroport pour qu'il n'y eût qu'une seule façon de s'en approcher, si Carlos devait mettre sa menace à exécution.

Le 19 janvier, après que les Français eurent été avertis de l'éventualité d'une attaque terroriste, Carlos arriva en voiture avec deux hommes. Les trois terroristes lancèrent des grenades dans le hall de l'aéroport, tirèrent sur la foule, faisant une vingtaine de blessés. Dans la confusion générale, au milieu du hurlement des sirènes de la police, ils prirent la fuite en s'emparant de deux otages et se réfugièrent dans les toilettes. Pendant une demi-heure, la situation fut bloquée. Puis on négocia.

Les terroristes obtinrent finalement un Boeing 707 d'Air France. Il semble que Carlos ait disparu à ce moment-là. Une étrange odyssée aérienne de quarante-huit heures s'ensuivit.

Rome, Naples, Tunis, Athènes, Damas. L'une après l'autre, les tours de contrôle des aéroports refusaient l'atterrissage. L'avion finit par se poser à Bagdad.

Pendant cinq mois, tout fut calme. Moukharbel continuait à fournir des tuyaux intéressants mais il n'avait rien entendu concernant Carlos. A ce stade, le Palestinien commençait à s'inquiéter : des amis lui avaient appris que certains dirigeants de Beyrouth avaient des soupçons et voulaient lui parler. Le Mossad était alors résolu à se débarrasser de Carlos mais tout ce que Moukharbel désirait, c'était une nouvelle identité pour sortir du jeu le plus vite possible. Il commençait à craindre que Carlos ne soit sur sa piste.

Le siège ne souhaitait pas que Riff se charge lui-même de Carlos, ni que la Metsada l'élimine. On décida donc de laisser l'affaire aux Français, tout en les aidant en leur fournissant des informations.

Le 10 juin 1975, Carlos téléphona à Moukharbel qui, pris de panique, lui dit qu'il devait absolument quitter Paris. Mais le Vénézuélien lui demanda de le rejoindre dans un appartement qu'il avait dans un immeuble de la rue Toullier, dans le Ve arrondissement. C'était un de ces immeubles situés en fait derrière un autre bâtiment, et auquel on peut accéder soit en traversant le premier immeuble et la cour, soit en montant un escalier et en empruntant une passerelle. Comme il ne possédait qu'une entrée, et donc une seule vraie sortie, c'était un curieux endroit pour Carlos.

Par l'intermédiaire d'un *sayan*, Riff avait réussi à louer une chambre de l'immeuble de devant qu'on louait à la semaine ou à la journée aux touristes. Elle donnait sur la cour et avait une vue plongeante sur l'appartement de Carlos. La police française fut informée qu'il y avait dans l'appartement un homme lié à un trafiquant d'armes connu, et un autre (Moukharbel) qui voulait se tirer d'une situation délicate et était prêt à parler. Les Français ne furent pas avisés qu'il s'agissait de Carlos, ni que Moukharbel était un agent double.

A Moukharbel, Riff raconta qu'il demanderait aux policiers français de le joindre. « Dis-leur que tu veux tout plaquer, filer à Tunis. Nous nous arrangerons pour qu'ils n'aient rien contre toi. Tu sais que tu n'es pas en sécurité tant que Carlos traîne dans la nature. Ils te montreront une photo de Carlos et de toi, ils te demanderont qui est l'autre homme.

» Essaie de te dérober, réponds que c'est un zéro. Ils insisteront, tu les conduiras à Carlos. Ils l'arrêteront pour l'interroger et nous ferons en sorte qu'ils apprennent son identité et qu'ils le bouclent pour toujours, pendant que tu vivras tranquillement à Tunis.

Ce plan présentait d'énormes failles, mais tant qu'il permettait de pincer Carlos, le Mossad s'en moquait.

Riff demanda à Tel-Aviv la permission de transmettre aux Français la majeure partie du dossier de Carlos, afin qu'ils sachent à qui ils avaient affaire. Son argument était que le Mossad leur livrait un agent, que s'ils ignoraient qui était Carlos, cet agent, Moukharbel, serait en grand danger. En outre, Riff craignait aussi que les policiers français soient en danger s'ils n'étaient pas préparés à affronter quelqu'un comme Carlos. Après tout, ils savaient encore fort peu de choses sur lui.

Tel-Aviv répondit à Riff que le service Liaison se chargerait de transmettre les informations quand ce serait nécessaire, une fois Carlos arrêté, et selon ce qu'on pourrait négocier avec les Français. Autrement dit, si les Français voulaient des informations, ils devraient payer.

La raison pour laquelle les Français ne furent pas informés de l'identité de Carlos, c'était une simple question de rivalités et de jalousie entre deux départements du Mossad : le Tsomet, ou plus tard Meluckah, qui dirigeait les trente-cinq *katsas* du service et était le principal recruteur d'agents ennemis; et le Tevel, ou Kaisarut, chargé du travail de liaison.

Le Tevel ferraillait toujours avec le Tsomet afin de pouvoir transmettre aux autres SR plus d'informations. Plus nous tuyautons les autres services, plus ils deviennent amicaux et nous livrent des informations en échange, arguait-on à la Liaison. Mais le Tsomet, toujours réticent, faisait valoir qu'on ne devait pas offrir d'informations trop facilement, qu'il fallait obtenir quelque chose en échange tout de suite pour chaque tuyau donné.

En l'occurrence, quand les chefs des deux départements se réunirent pour discuter de la requête d'Oren Riff (appartenant alors au Tsomet) de transmettre aux Français l'essentiel du dossier de Carlos, la situation habituelle était renversée. Le Tsomet était d'accord pour fournir des détails, le Tevel s'y opposait. Le chef de la Liaison saisit l'occasion pour faire remarquer :

– Qu'est-ce qu'il se passe? Vous voulez donner des informations aux Français? Quand nous voulons en donner, vous n'êtes pas d'accord. Cette fois, nous nous y opposons.

Les membres du Tevel pouvaient se permettre cette attitude

parce qu'ils n'avaient de compte à rendre à personne. Ils suivaient leurs propres règles.

Le jour convenu, Riff regarda Carlos entrer dans son appartement. Les officiers de liaison avaient indiqué aux Français où passer prendre Moukharbel – ce qu'ils firent. Il y avait dans l'appartement de Carlos un groupe de Sud-Américains, comme lui invités à une party.

Moukharbel arriva dans une voiture banalisée avec trois policiers français. Deux d'entre eux restèrent avec lui près de l'escalier tandis que le troisième frappait à la porte. Carlos ouvrit, le policier en civil se présenta, le Vénézuélien le fit entrer. Les deux hommes parlèrent une vingtaine de minutes. Carlos semblait sympathique, pas de problème. Les policiers français ne l'avaient jamais vu, ils n'avaient jamais entendu parler de lui. Ils intervenaient sur un simple tuyau. De la broutille.

Riff raconterait plus tard qu'il devint si nerveux en observant la scène qu'il eut envie d'envoyer promener le règlement, de se précipiter sur les lieux et de prévenir les policiers. Il ne le fit pas.

Finalement, le flic dut dire à Carlos qu'il avait avec lui quelqu'un qu'il connaissait peut-être.

– J'aimerais que vous lui parliez. Vous voulez bien m'accompagner?

Le policier fit alors signe à ses deux collègues de faire avancer Moukharbel. En le voyant, Carlos supposa qu'il était grillé.

– D'accord, je vous suis, dit-il.

Carlos tenait à la main la guitare avec laquelle il jouait quand le policier avait frappé à la porte. Les autres Sud-Américains ne se doutaient pas du tout de ce qui se passait, la party continuait. Carlos demanda s'il pouvait ranger sa guitare, prendre une veste, et le policier ne vit aucune raison de refuser. Pendant ce temps, les trois autres hommes s'approchaient de la porte.

Carlos passa dans la pièce voisine, prit dans l'étui de la guitare une mitraillette de calibre 38. Il revint à la porte, ouvrit aussitôt le feu, blessant gravement le premier policier d'une balle dans le cou. Il tua ensuite les deux autres, abattit Moukharbel – trois balles dans la poitrine, une dans la tête à bout portant pour être sûr qu'il soit bien mort.

De son appartement, Riff, impuissant – il n'avait pas d'arme –, vit Carlos achever Moukharbel et quitter tranquillement les lieux.

L'Israélien pensa à une chose : les Français savaient qui il était, *lui*. Ils savaient qu'il avait branché leurs hommes sur cette affaire qui avait tout l'air d'un piège. Deux heures et demie plus tard, Riff, en uniforme de steward, montait à bord d'un avion d'El Al à destination d'Israël *.

Le policier blessé fut secouru par les invités, qui appelèrent une ambulance. Ils n'avaient aucune idée de l'identité de leur hôte. L'homme survécut et révéla plus tard que le terroriste, en tirant, n'avait cessé de crier : « Je suis Carlos! Je suis Carlos! »

Carlos devint célèbre ce jour-là.

Le 21 décembre 1975, on soupçonna Carlos d'avoir participé à une opération au siège de l'OPEP à Vienne, où un commando propalestinien de six hommes pénétra dans une salle où se tenait une conférence, tua trois personnes, en blessa sept autres et prit quatre-vingt-un otages. Au cours des années qui suivirent, on attribua à Carlos des dizaines d'attentats à la bombe et autres actes de terrorisme. Rien qu'en 1979-1980 – dernière occasion où le Mossad entendit parler de lui – seize opérations attribuées à Action directe avaient toutes été menées « à la Carlos ».

Un service de renseignements sans un organisme qui le contrôle, c'est comme un canon déréglé – à une différence près. C'est un canon déréglé avec préméditation.

La mort des policiers français n'avait pas plus de justification que celle de toutes les autres victimes de Carlos. Ne rendant de compte à personne, le Mossad nuit non seulement à l'Institut mais aussi à Israël.

On ne peut fonder la coopération sur le troc. A la longue, les branches Liaison des autres SR cesseront de faire confiance au Mossad, qui commencera alors à perdre de sa crédibilité au sein de la communauté du renseignement. C'est ce qui est en train de se passer. Israël pourrait être le plus formidable pays du monde mais le Mossad le détruit par des manipulations de pouvoir qui ne sont pas de l'intérêt du pays mais du sien propre.

* Voir chapitre 2 : *L'école*.

11

L'EXOCET

Par un matin pluvieux, le 21 septembre 1976, Orlando Letelier, quarante-quatre ans, quitta son domicile d'Embassy Row, artère résidentielle de Washington, et, comme tous les jours, se glissa au volant de sa Chevelle bleue. Ancien ministre du président chilien Salvador Allende, au destin fatal, Letelier était accompagné par une collègue américaine, Ronni Moffit, vingt-cinq ans.

Quelques instants plus tard, une bombe déclenchée à distance déchiqueta la voiture, tuant sur le coup l'ancien homme politique et la jeune chercheuse.

Comme souvent dans ce genre d'affaires, beaucoup de gens accusèrent la CIA. On lui avait attribué un rôle plus important que celui qu'elle avait en fait joué dans la chute d'Allende, en 1973, et depuis longtemps, l'agence servait à la communauté internationale de bouc émissaire pour expliquer toutes sortes d'actes de violence. D'autres désignèrent à juste titre la DINA, police secrète chilienne, qui fut d'ailleurs dissoute un an plus tard suite à de très fortes pressions américaines (mais qui reverrait le jour avec une direction différente) par le nouveau chef du pays, le général Augusto Pinochet.

Personne ne montra du doigt le Mossad.

Pourtant, si le service israélien ne participa pas directement à l'attentat ordonné par le chef de la DINA chilienne, Manuel Contreras Sepulveda, il joua un rôle indirect important dans l'opération du fait d'un accord secret avec Contreras pour l'achat au Chili d'un missile Exocet de fabrication française.

L'équipe d'exécution n'utilisa pas des membres du Mossad pour tuer Letelier mais elle eut sans nul doute recours aux techniques que le Mossad lui apprit dans le cadre de l'accord passé avec Contreras pour la livraison du missile.

En août 1978, un grand jury fédéral américain inculpa Contreras, le directeur des opérations de la DINA Pedro Espinoza Bravo, l'agent de la DINA Armando Fernandez, et quatre exilés cubains membres aux États-Unis d'une organisation fanatiquement anticastriste. Tous les sept furent accusés de meurtre.

La preuve décisive dans un dossier d'inculpation de quinze pages fut apportée par Michael Vernon Townley, né aux États-Unis, qui était parti pour le Chili avec ses parents à l'âge de quinze ans, y était resté comme mécanicien automobile et avait été recruté par la DINA. Désigné comme complice non inculpé, il coopéra avec l'accusation en échange d'une peine légère de trois ans et quatre mois de prison. Le régime de Pinochet livra les Chiliens aux autorités américaines – les exilés cubains s'échappèrent, l'un d'eux étant toutefois arrêté le 11 avril 1990 en Floride – mais refusa obstinément de leur donner Contreras, l'homme qui avait organisé l'assassinat de Letelier. Contreras ne fut jamais jugé pour ce crime, mais en octobre 1977, Pinochet le contraignit à démissionner pour tenter d'améliorer l'image mondialement délabrée de la junte militaire.

Une fois par an, tous les services de renseignements militaires d'Israël se rencontrent pour préparer un calendrier de réunions, dont celle, annuelle, de tous les SR du pays, militaires et civils, appelée *Tsorech Yediot Hasuvot*, ou *Tsiach* en abrégé, ce qui signifie simplement « informations nécessaires ». À cette réunion, les destinataires des informations – par exemple l'AMAN, le cabinet du Premier ministre, et les unités militaires – considèrent la qualité des informations reçues au cours de l'année écoulée et examinent ce qui sera nécessaire pour l'année suivante, par ordre d'importance. Le document qui sort de cette réunion porte aussi le nom de *Tsiach* et équivaut à un bon de commande au Mossad et autres fournisseurs – par exemple les SR de l'armée – pour l'année qui vient.

Il y a essentiellement trois sortes de fournisseurs : *Humint*, ou recueil d'informations par des personnes, tels les *katsas* du Mossad travaillant avec leurs divers agents ; *Elint*, ou signaux, tâche effectuée par l'Unité 8 200 de l'armée ; et *Signint*, ou recueil d'informations par les médias ordinaires, travail qui occupe des centaines de personnes dans une autre unité spéciale militaire.

Au Tsiach, les « clients » décident non seulement de ce qu'il leur faut en matière d'informations mais notent les agents en fonction de leurs activités de l'année précédente. Chaque agent a deux noms de code, l'un utilisé dans les rapports concernant les opérations, l'autre dans les rapports concernant les informations. Les premiers, rédigés par des *katsas* du Mossad, ne sont pas communiqués aux « clients ». Ceux-ci ne savent pas qu'ils existent. Les seconds, scindés en diverses catégories, sont envoyés séparément.

Sur la base de ces rapports, les « utilisateurs » notent les agents de A à E. En réalité, aucun agent n'a droit à la note A, bien que des combattants puissent l'obtenir. B : source très sûre. C : moyen. D : à prendre avec précaution. E : ne pas travailler avec lui. Chaque *katsa* connaît la note de ses agents et s'efforce de l'améliorer. La note est valable pour un an, et l'agent est payé en fonction de sa note. En passant de C à B, par exemple, il a droit à une augmentation.

Lorsque les *katsas* écrivent ces rapports, ils remplissent un petit encadré en haut du formulaire. A gauche, la note de l'agent, avec à côté un nombre – 1 si l'agent a entendu ou vu lui-même ce qu'il rapporte ; 2 s'il le tient d'une source sûre ; 3 si c'est une information de troisième main, une rumeur. Un rapport B 1 contient donc des informations de première main fournies par un bon agent.

Si le chef du service de renseignements de l'armée de terre est l'officier le plus élevé en grade des SR militaires, chaque arme possède son unité de renseignements. Ainsi, il existe un SR de l'infanterie, un SR des blindés, un SR de l'aviation, un SR de la marine. (Les deux premiers sont maintenant regroupés en un SR des forces terrestres.) Le chef de l'armée, appelée officiellement Force de défense israélienne, ou FDI, est un général de corps d'armée, portant sur l'épaulette un sabre croisant un rameau d'olivier, et deux feuilles de figuier, ou falafels.

A la différence de l'armée américaine, divisée en forces séparées, la FDI est fondamentalement une seule armée possédant diverses armes, comme la marine et l'aviation. Les chefs de ces armes, généraux de division, portent eux aussi le sabre et le rameau d'olivier, mais avec un seul falafel. Un échelon audessous, on trouve les généraux de brigade, chefs des divers SR militaires. Au-dessous encore, les colonels – mon grade quand je suis entré au Mossad et que j'ai reçu de l'avancement.

Fait qui souligne l'importance du Renseignement pour les Israéliens, le chef du corps de renseignements de l'armée a le même grade – général de division – que les chefs de la marine, de l'aviation, des forces terrestres, des blindés et du système judiciaire militaire. Le chef du SR de la marine est un échelon plus bas.

Le patron de l'AMAN, ou renseignements militaires, a le même grade que les chefs des autres services mais prévaut en réalité sur tout autre officier du renseignement militaire parce qu'il ne rend de comptes qu'au Premier ministre, directement. L'AMAN est le réceptacle des informations alors que le corps de renseignements est chargé de recueillir des informations tactiques sur le terrain.

Fin 1975, le SR de la marine annonça à la réunion annuelle des services de renseignements militaires qu'il avait besoin d'un missile Exocet. L'engin, fabriqué en France par l'Aérospatiale, est un missile à vol rasant. Tiré d'un navire, il s'élève pour repérer sa cible grâce à un système à tête chercheuse, redescend au ras des vagues, ce qui rend difficile sa détection par radar. La seule façon de mettre au point une défense contre un tel missile, c'est de l'expérimenter.

Israël craignait surtout que certains pays arabes, l'Égypte en particulier, n'achètent des Exocet, et la marine voulait être prête à cette éventualité. En fait, il ne lui fallait pas un missile entier – juste la tête, où se trouvent tous les systèmes électroniques.

L'homme qui vend un missile ne donne pas à l'acheteur toutes les informations. Il ne procède pas non plus à des essais concernant le côté défense. Et même si vous parvenez à obtenir tous les détails techniques d'une firme comme l'Aérospatiale, elle ne vous montrera que les meilleures performances du missile. Elle essaie de le vendre, après tout!

C'est pourquoi Israël voulait un Exocet à lui pour procéder à des essais. Il ne pouvait l'acheter aux Français, qui avaient décrété un embargo sur les ventes d'armes à Israël. Beaucoup de pays maintiennent encore cet embargo car ils savent qu'une fois qu'Israël aura certaines armes en sa possession, il les copiera.

L'acquisition d'une ogive d'Exocet fut confiée au chef du Mossad, qui chargea à son tour le Tevel de répondre à la demande de la marine.

Le Mossad possédait déjà un nombre considérable d'informations sur le missile, en partie grâce à un *sayan* qui travaillait à l'Aérospatiale. Une équipe avait aussi pénétré dans l'usine avec un expert en missiles – envoyé d'Israël pour l'occasion – qui lui avait montré quels documents il fallait photographier. L'équipe avait passé quatre heures et demie dans l'usine avant de repartir sans laisser de trace.

Malgré les photos, un véritable missile en état de marche demeurait indispensable. Les Britanniques avaient des Exocet mais n'étaient pas disposés à en céder un à Israël.

Pour cette opération, l'Europe était une impasse, mais le Mossad savait que plusieurs pays d'Amérique du Sud possédaient des Exocet. Normalement, l'Argentine aurait constitué une bonne source, mais à l'époque, les Argentins achetaient des moteurs à réaction fabriqués en Israël et le Mossad se méfiait de toute opération pouvant compromettre ce marché lucratif.

La meilleure solution semblait donc le Chili. Il se trouvait que ce pays venait de demander à Israël de former ses services de sécurité – un domaine où les compétences israéliennes sont notoires. Même s'il ne s'en vante pas ouvertement, Israël a entraîné des services aussi divers que la redoutable Savak iranienne, les forces de sécurité de Colombie, d'Argentine, d'Allemagne de l'Ouest, d'Afrique du Sud et de plusieurs autres pays africains, dont la police secrète de l'ancien dictateur ougandais Idi Amin Dada. Les Israéliens ont également formé la police secrète de l'homme fort du Panama récemment renversé, Manuel Noriega *. Celui-ci, qui avait lui-même suivi un stage en Israël, portait toujours l'insigne des parachutistes israéliens sur le côté droit de son uniforme (on le porte normalement à gauche). Et pour montrer qu'il ne faisait pas de discrimination, le Mossad avait entraîné les deux camps de la sanglante guerre civile se déroulant au Sri Lanka : les Tamouls et les Cinghalais – ainsi que les Indiens envoyés rétablir l'ordre.

A cause de la mauvaise réputation de la DINA dans le monde, Pinochet envisageait de remodeler le service et chargea son chef, le général Manuel Contreras, de s'occuper des détails.

Comme Contreras avait demandé l'aide d'Israël, Nahum Admony, alors chef du service Liaison, confia au MALAT la requête de la marine. Le MALAT, qui couvrait l'Amérique latine, était un petit département ne comptant que trois officiers et leur chef. Deux d'entre eux passaient pas mal de temps à parcourir l'Amérique du Sud en s'efforçant essentiellement d'établir des liens commerciaux avec Israël. L'un d'eux, un nommé Amir, se trouvait en Bolivie où il s'occupait d'une usine bâtie par l'industriel israélien Saül Eisenberg **, homme si puissant que le gouvernement d'Israël avait adopté une loi spé-

* Voir chapitre 5.
** Voir chapitre 6.

ciale l'exemptant d'un grand nombre d'impôts pour qu'il transfère son siège en Israël. Eisenberg était spécialisé dans les opérations clef en main : construire une usine et, une fois le projet complètement réalisé, remettre la clef à son propriétaire.

En 1976, Eisenberg se retrouva au centre d'un scandale politique et d'une enquête policière au Canada après que le rapport du Contrôleur général des Comptes eut mis en cause le versement de vingt millions de dollars au moins aux diverses firmes de l'industriel pour leur rôle d'intermédiaire de l'Atomic Energy of Canada Limited (AECL) dans la vente du réacteur nucléaire CANDU à l'Argentine et à la Corée du Sud. Le président de l'AECL, L. Lorne Grey, reconnut à l'époque : « Personne au Canada ne sait où est passé l'argent. »

Avant de quitter la Bolivie, Amir reçut de l'ambassade israélienne des informations sur les personnes qu'il rencontrerait, leurs points forts et leurs faiblesses – tout ce qui, selon le siège, pourrait l'aider. Tel-Aviv s'occupa de ses billets d'avion, de sa chambre d'hôtel et autres détails – y compris une bouteille du vin français préféré de Contreras, cru noté dans son dossier au Mossad.

Amir reçut l'ordre d'attendre une réunion à Santiago et de ne prendre aucun engagement.

Le siège de Tel-Aviv avait déjà répondu à la requête chilienne d'entraînement de la police secrète en disant qu'il envoyait Amir, officier administratif, discuter du projet, mais sans s'avancer dans un sens ou un autre. La réunion de Santiago avait simplement pour but une première évaluation.

Amir fut accueilli à l'aéroport par un représentant de l'ambassade israélienne et conduit à son hôtel. Le lendemain, il rencontra Contreras et plusieurs responsables de ses services. Le Chilien révéla qu'il bénéficiait déjà d'une assistance de la CIA mais que l'agence ne l'aiderait pas, supposait-il, dans certains domaines. Fondamentalement, il voulait former une unité chargée du terrorisme local – enlèvements et attentats à la bombe – ainsi que de la protection des personnalités en visite.

Après la rencontre, Amir se rendit à New York pour voir le chef du MALAT dans une maison que le Mossad avait là-bas. (Elle était en fait prêtée au MALAT par un autre département, « Al », qui opère exclusivement aux États-Unis et y possède des planques. Il était plus sûr d'organiser une rencontre dans l'une d'elles que d'envoyer un autre homme au Chili.)

Après avoir écouté le compte rendu d'Amir, son patron lui dit :

– Nous voulons quelque chose de ces types. Appâtons-les, d'abord. On lâche quelque chose puis on fait marche arrière et on formule notre demande. Nous leur faisons avaler l'hameçon avant de ramener la ligne.

Il fut décidé qu'Amir rencontrerait à nouveau Contreras pour mettre au point un accord sur l'entraînement d'une unité de police. A l'époque, de tels stages étaient organisés uniquement en Israël. Par la suite, il arriva que des instructeurs israéliens soient envoyés à l'étranger, en Afrique du Sud et au Sri Lanka, par exemple. Mais en 1975-1976, il était de règle de faire venir les stagiaires.

L'entraînement a toujours lieu dans une ancienne base aérienne britannique située à l'est de Tel-Aviv et appelée Kfar Sirkin. Israël s'en servit un temps pour former ses officiers puis elle devint une base des services spéciaux, utilisée principalement pour l'entraînement de collègues étrangers.

Les stages durent généralement de six semaines à trois mois, selon l'ampleur de l'entraînement souhaité. Ils sont chers. Israël demandait à l'époque entre cinquante et soixante-quinze dollars par stagiaire et par nuit, plus cent dollars par jour pour payer les instructeurs. (Ceux-ci, bien sûr, ne voyaient pas la couleur de cet argent. Ils devaient se contenter de leur solde normale.) Les Israéliens réclamaient aussi de trente à quarante dollars par jour et par homme pour la nourriture, plus cinquante dollars environ pour les armes, les munitions et autres frais. Une unité de soixante stagiaires, à trois cents dollars environ par homme, revenait à dix-huit mille dollars par jour, soit un million six cent mille dollars pour un stage de trois mois.

A cela s'ajoutaient cinq à six mille dollars de l'heure pour la location d'hélicoptères, et il en fallait jusqu'à quinze pour un exercice. Il y avait encore le prix des munitions spéciales utilisées pendant l'entraînement : un obus de bazooka coûte deux cent vingt dollars tandis que les mortiers lourds sont facturés mille dollars chacun ; les batteries antiaériennes, dont certaines possèdent jusqu'à huit canons, peuvent tirer en quelques secondes des milliers de projectiles – au prix de trente, quarante dollars pièce.

C'est d'un très bon rapport. Les Israéliens gagnent beaucoup d'argent avec ces stages avant même de vendre des armes. Ensuite, les stagiaires formés à se servir d'armes israéliennes veulent naturellement continuer à les utiliser une fois rentrés chez eux, et donc acheter les armes et les munitions qui vont avec.

Amir demanda à Contreras de choisir soixante de ses meilleurs hommes pour le stage. Le programme serait divisé en trois niveaux : soldats, sergents et commandants, avec des méthodes d'entraînement spécifiques pour chaque niveau. Trois groupes de vingt hommes commenceraient l'entraînement de base, les vingt meilleurs suivant ensuite la formation de commandement. Ce groupe fournirait les sergents et les officiers.

Lorsque Amir eut exposé la proposition à Contreras, le Chilien répondit sans hésitation :

– Nous sommes preneurs.

Il souhaitait acheter tout l'équipement avec lequel ses hommes seraient formés et demanda soit l'installation d'une petite usine, soit un stock de munitions et de pièces de rechange pour six ans.

Ayant décidé d'accepter l'offre globale, Contreras marchanda un peu sur le prix, proposant même à Amir un pot-de-vin de plusieurs milliers de dollars pour le faire baisser. L'Israélien refusa, le Chilien finit par accepter le prix demandé.

Juste avant la fin de l'entraînement de base, Amir retourna à Santiago pour rencontrer Contreras.

– Cela se passe très bien, dit-il. Nous allons sélectionner les hommes pour l'entraînement de sergent. Ils ont été excellents. Nous avons dû en renvoyer deux seulement.

Le Chilien, qui avait choisi les hommes lui-même, fut ravi. Après avoir parlé un moment du programme, Amir enchaîna :

– Nous avons quelque chose à vous demander.

– Qu'est-ce que c'est?

– Une tête de missile Exocet.

– Cela ne devrait pas poser de problème, répondit Contreras. Restez un jour ou deux pendant que je me renseigne. Je vous appellerai.

Deux jours plus tard, Contreras demanda à rencontrer Amir.

– Ils refusent, annonça-t-il. J'ai demandé, mais ils ne sont pas d'accord.

– Nous en avons besoin, fit valoir Amir. Nous vous avons fait une faveur avec le stage d'entraînement. Nous espérions que vous pourriez nous aider...

– Écoutez, j'en obtiendrai une pour vous personnellement, déclara Contreras. Sans passer par les voies officielles. Un million de dollars américains, en liquide, et vous avez votre missile.

– Il me faut le feu vert, dit Amir.

– D'accord. Vous savez où me trouver.

Amir joignit son patron à New York, l'informa de la proposition du Chilien. Ils savaient que le général était en mesure de leur donner satisfaction mais le chef du département ne pouvait pas non plus prendre sur lui d'accepter. Il appela donc Admony à Tel-Aviv, et le Mossad demanda à son tour au SR de la marine si celle-ci était prête à payer un million de dollars pour le missile. Elle l'était.

– C'est entendu, dit Amir à Contreras.

– Très bien. Faites venir quelqu'un qui sait ce dont vous avez besoin, nous le conduirons à une base navale. Il me montrera ce que vous voulez exactement, et nous le prendrons.

Un expert israélien de Bamtam, firme israélienne fabriquant des missiles à Atlit, petite ville au sud d'Haïfa où le missile Gabriel avait été mis au point, prit l'avion pour le Chili. Comme les Israéliens désiraient un Exocet en état de marche, il insista pour qu'on leur livre une tête chargée. Ainsi, les Israéliens seraient sûrs qu'on ne les roulait pas en leur donnant une fausse tête, ou une tête endommagée, non opérationnelle.

Sur l'ordre de Contreras, le missile fut débarqué, placé sur une remorque. Les Israéliens avaient déjà payé d'avance le million de dollars.

– C'est ce que vous voulez? demanda Contreras.

Après inspection du missile, Amir acquiesça.

– Bon, reprit le Chilien, alors, nous allons mettre la tête dans une caisse, la fermer avec des bandes de métal et l'entreposer à Santiago. Vous pouvez la faire garder si vous voulez, ça m'est égal. Mais avant que vous l'emportiez, je veux quelque chose.

– Quoi? demanda Amir, inquiet. Nous étions d'accord. Nous avons rempli notre part du marché.

– Et je remplirai la mienne, promit Contreras. Mais d'abord, appelez votre patron et dites-lui que je veux lui parler.

– Je peux le faire moi-même, protesta Amir.

– Non, dites-lui que je veux qu'il vienne ici. Je veux lui parler d'homme à homme.

Amir n'avait guère le choix. Manifestement, Contreras se rendait compte que l'Israélien n'avait pas un grade très élevé, et faisait le forcing pour obtenir tous les avantages possibles. De sa chambre d'hôtel, Amir téléphona à son chef à New York, qui lui-même appela Admony à Tel-Aviv pour expliquer la situation. Le jour même, Admony prit l'avion pour Santiago afin de rencontrer le général chilien.

– Je désire que vous m'aidiez à former une unité de sécurité, lui demanda Contreras.

– Nous le faisons déjà, répondit Admony. Et vos hommes se débrouillent très bien.

– Non, non, vous ne comprenez pas. Je veux une unité qui m'aide à liquider nos ennemis, où qu'ils se trouvent. Comme vous le faites avec l'OLP. Nos ennemis ne sont pas tous au Chili. Nous voulons pouvoir frapper ceux qui constituent une menace directe pour nous. Il y a à l'étranger des groupes terroristes qui nous menacent. Nous souhaitons être en mesure de les éliminer.

» Vous avez deux façons de nous aider. Vous pouvez accepter qu'en cas de problème, vos hommes se chargent du travail. Nous savons que Taiwan vous a demandé ce genre de service et que vous avez refusé.

» Nous, nous préférons utiliser nos propres hommes – un groupe que vous formeriez à répondre aux menaces terroristes à l'étranger. Faites cela, et le missile est à vous.

Ce nouveau développement stupéfia Admony comme Amir. Étant donné la nature de la requête, le chef du service Liaison répondit au Chilien qu'il devait aviser ses supérieurs avant de s'engager.

A cette fin, Admony retourna à Tel-Aviv pour une réunion au sommet au siège du Mossad. Il était furieux que Contreras ait ajouté une clause inattendue au marché. Il décida que la question était de nature politique et qu'il appartenait au gouvernement de décider s'il fallait donner satisfaction à Contreras ou tout laisser tomber.

De son côté, le gouvernement ne tenait pas du tout à être mêlé à ce genre d'accord, et la décision qu'il prit fut de celles qui signifient : « Nous ne voulons pas être au courant. »

Il fallut donc faire appel à une personne extérieure pour conclure l'affaire. Le choix se porta sur le patron d'une grande compagnie d'assurances israélienne, Mike Harari, dirigeant du Mossad récemment mis à la retraite, qui avait été responsable de la bavure de Lillehammer. Il avait aussi été l'un des conseillers les plus influents du dictateur Manuel Noriega, et avait apporté son aide à la formation de la K-7, unité spéciale antiterroriste panaméenne.

Outre la mission consistant à trouver un accord avec le général chilien, Harari était directement associé avec une importante compagnie maritime, moyen idéal pour transporter l'ogive en Israël discrètement et en toute sécurité.

Au Mossad, Harari avait dirigé la Metsada, branche responsable des combattants, et la kidon, qui en faisait partie. On le chargea de déclarer à Contreras qu'il apprendrait à son unité spéciale antiterroriste tout ce qu'il savait. Si ce n'est « tout » – Harari avait besoin de l'approbation du Mossad pour ce qu'il enseignait, et le Bureau préférait garder pour lui certaines techniques –, il lui en apprit assez pour organiser l'exécution à l'étranger d'ennemis réels ou supposés. Le règlement de cet entraînement fut pris sur une caisse noire gérée par la DINA et envoyé directement à Harari.

Les membres de l'unité spéciale étaient en fait les hommes de Contreras. Ils n'avaient pas de statut officiel. Il les choisissait, il les payait. Ils faisaient le travail qu'il leur donnait. Leurs méthodes d'interrogatoire allèrent peut-être au-delà de ce qu'on leur avait appris, mais le fait demeure que le général obtint de faire entraîner son unité spéciale, et qu'Israël eut son Exocet. Harari leur apprit des techniques de torture telles que les décharges électriques, et leur montra les points douloureux. Le but essentiel d'un interrogatoire est de recueillir des informations. Mais les Chiliens y ajoutèrent quelque chose de leur cru. Ils aimaient l'interrogatoire pour lui-même et, souvent, ne recherchaient même pas d'informations. Ils aimaient juste faire souffrir.

Ce jour humide de septembre 1976 à Washington, lorsque Letelier partit pour sa dernière promenade, personne ne soupçonna que le tueur avait été formé par le Mossad. Et personne ne savait non plus qu'Israël était en possession d'un Exocet.

Les Israéliens procédèrent à des essais en attachant la tête du missile sous le ventre d'un chasseur à réaction Phantom, en reliant tous les orifices d'émission à une série de capteurs pouvant être lus dans diverses conditions, et en simulant des vols de missile. Les essais durèrent quatre mois et furent réalisés avec des *jets* décollant de la base aérienne d'Hatsrim, près de Beersheba.

12

ÉCHEC ET MAT

Élevé en Syrie, Magid avait rêvé dans son adolescence de jouer un jour aux échecs au niveau international. Il avait une passion pour ce jeu, étudiait son histoire, mémorisait les coups des grands maîtres.

Musulman sunnite, Magid vivait en Égypte depuis l'époque enivrante de la fin des années 1950, où Gamal Abdel Nasser avait transformé l'union officielle de l'Égypte et de la Syrie en République Arabe Unie.

C'était l'été 1985, et Magid, débarquant à Copenhague, espérait se lancer dans les affaires en créant une banque d'investissements privée. Le jour de son arrivée, il remarqua dans le hall de son hôtel un homme élégant étudiant un livre, penché au-dessus d'un échiquier. En retard à un rendez-vous, Magid n'eut pas le temps de s'arrêter. Le lendemain l'homme était à nouveau là. Attiré par l'échiquier comme par un aimant, Magid s'approcha de l'inconnu, lui tapota l'épaule et commença, dans son anglais irréprochable :

– Excusez-moi...

– Pas maintenant! répliqua l'homme.

Magid recula, observa un moment en silence puis suggéra un coup logique. L'inconnu s'intéressa alors à lui :

– Vous jouez aux échecs?

Les deux hommes engagèrent la conversation. Pendant les deux heures et demie qui suivirent, Magid et son nouvel ami – qui se présenta sous le nom de Mark, entrepreneur canadien d'origine libanaise chrétienne – parlèrent du jeu qui les fascinait.

Mark était en réalité Yehuda Gil, un des *katsas* de l'antenne de Bruxelles, chargé d'établir le contact avec Magid. La cible, ce n'était cependant pas Magid mais son frère Jadid, haut fonctionnaire syrien que le Mossad espérait recruter. Le service avait déjà fait une tentative en France mais, faute de temps, cela n'avait pas marché. Toutefois, comme dans la plupart de ces opérations, Jadid ne s'était même pas aperçu de cette tentative – et ne savait certainement pas que le Mossad lui avait donné le nom de code de « Tire-bouchon ».

L'histoire avait en fait commencé le 13 juin 1985, quand un *katsa* nommé Ami, de service au bureau Danemark, au sixième étage du siège du Mossad à Tel-Aviv (alors situé dans le bâtiment Hadar Dafna de la rue du Roi-Saül), reçut un message de routine de l'officier de liaison au Danemark. Celui-ci transmettait une requête de « Pourpre A », nom de code du Service Danois de Sécurité Civile (SDSC), les priant de vérifier une liste d'une quarantaine de personnes de nom et/ou d'origine arabes ayant demandé un visa danois.

Ce que les Danois ignorent – et que seuls quelques-uns de leurs dirigeants savent – c'est que le Mossad vérifie régulièrement ces listes à la demande du Danemark et met une croix en face du nom s'il n'y a pas de problème. Quand il y a problème, il prévient les Danois ou, si c'est de l'intérêt d'Israël, retarde l'obtention du visa pour approfondir son enquête.

Les relations entre le Mossad et les SR danois sont si intimes qu'elles frôlent l'indécence. Ce n'est pas la vertu du Mossad qui est compromise dans cette liaison mais celle du Danemark. Les Danois pensent à tort que, parce qu'ils ont sauvé un grand nombre de Juifs pendant la Seconde Guerre mondiale, les Israéliens leur sont reconnaissants et qu'ils peuvent faire confiance au Mossad.

Un agent du Mossad, un *marats*, travaille par exemple au siège du SDSC où il étudie tous les messages concernant Arabes et Palestiniens parvenant au service d'écoute – arrangement incroyable pour un service de renseignements étranger. Seul homme du siège à parler arabe, il comprend les messages mais envoie les bandes en Israël pour traduction (tout passe par un agent de liaison de l'antenne du Mossad à Copenhague ayant pour nom de code « Hombre »). Les informations ne sont pas toujours partagées avec le Danemark puisque les traductions renvoyées sont souvent lourdement tronquées et que les bandes originales ne sont pas restituées.

A l'évidence, le Mossad ne tient pas les Danois en haute estime. Il les traite de *fertsalach*, terme hébreu pour vent, pet.

Ils révèlent au Mossad tout ce qu'ils font, mais celui-ci ne laisse personne avoir accès à ses secrets.

Normalement, vérifier une quarantaine de noms avec l'ordinateur du Mossad prend une heure environ. Maïs comme c'était la première fois qu'Ami s'occupait des Danois, il commença par faire sortir sur son terminal les informations concernant le SDSC. Apparut sur l'écran une lettre portant le numéro 4647 et l'estampille « secret », description détaillée de l'organigramme, du personnel, du fonctionnement du service danois, et même de quelques opérations.

Tous les trois ans, des dirigeants du SR danois se rendent en Israël pour un séminaire organisé par le Mossad afin de discuter des derniers développements en matière d'activités terroristes et de techniques antiterroristes. Grâce à ces relations, Israël reçoit toutes les informations disponibles sur la communauté palestinienne, de cinq cents membres environ, vivant au Danemark, et bénéficie d'une « coopération totale dans le domaine de la danse (filature) ».

La lettre donnait comme chef du SDSC Henning Fode, trente-huit ans, nommé en novembre 1984, et devant se rendre en Israël à l'automne 1985. Numéro deux du service, Michael Lyngbo qui, malgré son manque d'expérience, s'occupait du bloc communiste. Paul Moza Hanson, conseiller juridique de Fode, contact du Mossad, devait bientôt quitter ses fonctions. Halburt Winter Hinagay, chef du département antiterrorisme et subversion, avait lui aussi participé au dernier séminaire organisé en Israël sur le terrorisme.

(Le Mossad tient en fait une *série* de séminaires, invite un service de renseignements à la fois, et noue ainsi de précieux liens tout en entretenant l'idée qu'aucune organisation ne connaît le terrorisme mieux que lui.)

Sur l'écran d'Ami, un autre document indiquait le nom complet du service danois : *Politiets Efterreingsjtneste Politistatonen* (PEP) et énumérait diverses branches.

Les écoutes téléphoniques relevaient de la Branche S : dans un document du 25 août 1982, les Danois avaient avisé Hombre qu'ils envisageaient de se doter d'un nouveau système informatique et qu'ils pouvaient se permettre de donner au Mossad soixante écoutes (soixante lieux où ils avaient installé des micros pour le service israélien). Ils avaient également mis sur écoute des cabines téléphoniques publiques, « sur notre [Mossad] suggestion, dans des quartiers connus pour être sensibles aux activités subversives ».

Le document se plaignait ensuite de la piètre qualité de

pe de filature : « Les hommes sont faciles à repérer. Ils ne dent pas dans le paysage, probablement à cause d'une rotation rapide du personnel de l'unité... deux ans environ et ils passent à d'autres activités. »

La police était chargée de recruter pour le service, tâche difficile parce que celui-ci n'offrait guère de possibilités d'avancement. Le 25 juillet 1982, Hombre demanda des renseignements sur une opération secrète au Danemark concernant les Nord-Coréens, mais on lui répondit qu'elle était menée pour les Américains, alors « motus ».

En réclamant à l'ordinateur d'autres informations, Ami sortit le document « Pourpre B », décrivant en détail le Service de Renseignements de la Défense Danoise (SRDD), SR de l'armée danoise placé sous la responsabilité directe du chef des forces armées et du ministre de la Défense. Ce service est structuré en quatre unités : gestion, écoute, recherche et collecte d'informations.

Dans le cadre de l'OTAN, il couvre la Pologne, l'Allemagne de l'Est et les mouvements des navires soviétiques dans la Baltique, au moyen d'un matériel électronique perfectionné fourni par les Américains.

Sur le plan intérieur, il est chargé de la recherche militaire et politique, de la collecte « positive » (informations de citoyens danois sur des choses qu'ils ont vues) par opposition à « négative » (informations recueillies à l'extérieur des frontières). Il assure aussi le travail de liaison au niveau international et fournit au gouvernement des évaluations sur divers pays. A l'époque, il projetait d'établir une unité sur les problèmes du Proche-Orient, en commençant avec un homme qui travaillerait sur la question un jour par semaine.

Le service est renommé pour ses photos très nettes d'activités aériennes, terrestres et navales soviétiques. Ce fut le premier SR qui fournit à Israël des photographies du système soviétique SSC-3 (ou missiles sol-sol). Pourpre B est dirigé depuis 1976 par Mogens Telling qui s'est rendu en Israël en 1980. Ib Bangsbore, chef de la section ressources humaines, devait prendre sa retraite en 1986. Le Mossad avait d'excellentes sources au sein du SRDD et de l'Institut de recherche de la Défense danoise (IRDD). Les services danois travaillaient en collaboration plus étroite avec la Suède (nom de code « Bourgogne ») qu'avec leur allié de l'OTAN, la Norvège. A l'occasion, Pourpre B rencontrait « Carrousel », nom de code des services britanniques, travaillait avec eux au coup par coup et participait à diverses opérations contre les SR soviétiques.

Ami prit connaissance de toutes ces informations avant de faire apparaître un formulaire permettant d'introduire une donnée dans l'ordinateur : un nom, un numéro, n'importe quoi pour explorer la mémoire de l'appareil. Si la personne en question était palestinienne et que rien n'apparaissait sur l'écran, Ami passait le formulaire au bureau palestinien du Mossad qui pouvait décider de pousser la vérification ou de garder simplement le nom dans l'ordinateur de la centrale. Toutes les branches du Mossad sont reliées à l'ordinateur géant installé au siège de Tel-Aviv. Chaque soir, un disque dur contenant les informations de la journée est mis en lieu sûr.

Ami n'était plus qu'à quatre noms de la fin de la liste quand celui de Magid apparut. Et lui rappela quelque chose. Lors d'une conversation avec un ami de la branche Recherche, quelque temps plus tôt, il avait vu la photo d'un homme du même nom se tenant au côté du président syrien Hafez el Assad. Beaucoup d'Arabes portent des noms similaires, mais autant vérifier. Ne trouvant rien sur l'ordinateur concernant Magid, Ami appela la branche Recherche, demanda à son copain du bureau Syrie de lui apporter la photo à midi, au restaurant du huitième étage, afin qu'il la compare avec celle de Magid sur la demande de visa danois.

Après le déjeuner, photo de Jadid en main, Ami réclama à l'ordinateur d'autres détails, vérifia si Jadid avait de la famille – et découvrit ainsi qu'il avait un frère dont le signalement et la biographie correspondaient à ceux de Magid.

Cette découverte offrait une possibilité de « filon » – recrutement d'une personne pour parvenir à une autre –, ce qu'Ami souligna dans son rapport avant de le déposer dans le courrier intérieur.

Dans le *Tsiach*, document annuel du Mossad sur les informations nécessaires, l'armée syrienne était une priorité depuis de nombreuses années. Le Mossad avait donc demandé à l'AMAN, SR de l'armée israélienne, de dresser la liste de ce qu'il avait besoin de savoir sur l'état de préparation des forces syriennes, par ordre d'importance. Le questionnaire de onze pages fourni en retour par l'AMAN portait notamment sur le nombre de bataillons syriens disponibles, l'état des brigades blindées 60 et 67 ainsi que de la brigade mécanisée 87; le nombre de brigades de la division 14 de « Forces Spéciales », et toute une série de questions liées, comme des détails sur la rumeur de remplacement d'Ahmad Diab, chef du Bureau de Sécurité nationale, par Rifat el Assad, frère du président.

Le Mossad avait déjà un certain nombre de sources en Syrie

(ce qu'il appelait son « premier système d'alarme ») dans les hôpitaux et la construction, par exemple, partout où l'on pouvait obtenir et transmettre des fragments d'information qui, réunis, pouvaient avertir Israël d'éventuels préparatifs de guerre. Depuis des années, les Syriens étaient en formation offensive le long des hauteurs du Golan, et le Mossad avait toujours estimé essentiel de recueillir des informations sûres et récentes dans le domaine militaire. Recruter un Syrien de haut niveau constituerait un événement majeur.

Pour le Mossad, la Syrie est un pays « capricieux ». Cela signifie simplement qu'il est dirigé par un seul homme, Assad, qui peut se lever un matin en disant : « Je veux faire la guerre. » L'unique moyen d'en être avisé au plus vite, c'est d'avoir une source aussi proche du sommet que possible. En outre, le Mossad savait qu'Assad tenait à reprendre les hauteurs du Golan. De son côté, le président syrien avait conscience qu'il pouvait gagner du terrain par une offensive éclair mais qu'il ne contiendrait pas durablement les Israéliens. Longtemps il chercha à obtenir des Russes, dans les années 1980, la garantie qu'ils interviendraient, par l'intermédiaire des Nations unies ou autrement, pour mettre rapidement fin à toute guerre de ce genre. N'obtenant pas leur accord, Assad n'envoya jamais ses chars à l'assaut du Golan.

Telle était la situation complexe qui faisait du recrutement du frère de Magid une priorité, et quelques heures plus tard, Yehuda Gil (Mark, pour Magid) allait à Copenhague attendre l'arrivée du « sujet ». Une autre équipe fut chargée d'installer dans la chambre d'hôtel de Magid le matériel d'écoute et de surveillance requis – tout ce qui pouvait aider à le recruter et, à travers lui, son frère si important.

L'idée d'utiliser un échiquier pour prendre contact avec Magid revenait à Gil, bien qu'elle provînt d'une longue réunion tenue dans une planque de Copenhague.

Au cours de sa première conversation avec Mark, Magid dut avoir l'impression de pouvoir lui faire confiance puisqu'il lui raconta une grande partie de sa vie et suggéra qu'ils dînent ensemble ce soir-là. Mark accepta, retourna à la planque discuter du dîner avec ses collègues.

Pendant le repas, Gil s'efforcerait de sonder ce que Magid avait à offrir – l'étendue de ce qu'il savait. En même temps, il se présenterait comme un homme d'affaires prospère (couverture toujours appréciée) ayant accès à diverses transactions.

Magid expliqua que sa famille vivait en Égypte et qu'il voulait la faire venir au Danemark, quoique pas tout de suite. Il désirait s'offrir d'abord un peu de bon temps. Il cherchait pour le moment un appartement à louer ; plus tard, quand sa femme le rejoindrait, il en achèterait un. Mark proposa de l'aider en lui envoyant un agent immobilier le lendemain. Moins d'une semaine plus tard, Magid avait son appartement. Et le Mossad le truffa de micros, installant même des caméras dans le plafond.

Au cours de la réunion suivante à la planque de Copenhague, il fut décidé que Mark dirait à Magid qu'il devait retourner passer un mois au Canada pour affaires, ce qui donnerait au Mossad le temps d'utiliser son matériel d'écoute et de surveillance. L'Institut apprit ainsi que Magid ne trafiquait pas dans la drogue mais aimait beaucoup les femmes. Son somptueux appartement était équipé des appareils électroniques les plus récents : magnétoscope, magnétophone, etc.

Par chance pour le Mossad, Magid téléphonait à son frère deux fois par semaine. Il apparut bientôt que Jadid n'était pas un ange et travaillait avec Magid sur quelques sombres opérations lucratives. Il avait par exemple acheté au Danemark une grande quantité de films pornographiques qu'il revendait en Syrie avec de gros bénéfices. Au cours d'une conversation, il annonça à Magid qu'il lui rendrait visite à Copenhague dans six semaines.

Fort de cette information, Mark fixa une nouvelle rencontre avec Magid et, jouant le rôle d'un cadre supérieur de la société canadienne (jamais le P-DG, car cela aurait empêché de gagner du temps en en référant au « patron » – en réalité, le groupe de la planque), il commença à poser les jalons d'un accord commercial.

– Ce que nous faisons en général, c'est donner à nos clients une évaluation sur les investissements possibles, dit Mark. Nous leur conseillons d'investir ou pas dans tel pays, et nous devons donc recueillir des informations sur ce pays. Nous sommes une sorte de CIA privée.

La référence à la CIA n'eut apparemment pas d'effet sur Magid, ce qui inquiéta les Israéliens dans un premier temps. Toute mention de l'agence suscitant d'ordinaire chez les Arabes une réaction négative, le Mossad commença à craindre que Magid ait déjà été recruté par quelqu'un d'autre. Ce n'était pas le cas. Simplement, il avait un sacré sang-froid.

– Bien entendu, continua Mark, nous sommes prêts à payer pour des informations nous permettant de savoir si un investissement est sûr, s'il peut être garanti dans diverses parties du monde. Nous avons affaire à de gros joueurs, vous comprenez, alors il nous faut des informations détaillées et sûres, pas des choses que n'importe qui peut ramasser à un coin de rue.

Mark donna comme exemple l'Irak, mondialement connu pour ses dattes.

– Mais vous commanderiez des dattes avec la guerre (Iran-Irak) qui se déroule en ce moment? Seulement si la cargaison pouvait être garantie. Pour cela, il faut introduire des données politiques et militaires sur le marché. C'est ce que nous faisons.

Magid se montra intéressé.

– Ce n'est pas vraiment mon domaine, dit-il, mais je connais quelqu'un qui pourrait vous convenir. Qu'est-ce que j'y gagnerais?

– Nous versons généralement une somme forfaitaire plus un pourcentage sur ce que nous obtenons. Cela dépend de la valeur des informations, des pays concernés. Quelques milliers de dollars, ou quelques centaines de milliers de dollars, cela dépend.

– A quels pays vous intéressez-vous? demanda Magid.

– Pour le moment, nous avons besoin d'informations sur la Jordanie, Israël, Chypre et la Thaïlande.

– Et la Syrie?

– Peut-être. Il faudrait que je vérifie. Je vous le ferai savoir. Encore une fois, tout dépend des besoins de notre client et du niveau d'où proviennent les informations.

– Bon, renseignez-vous. Mais mon type occupe un poste très haut placé en Syrie.

Les deux hommes convinrent de se revoir le surlendemain. Continuant à jouer sans s'emballer, Mark déclara à Magid que la Syrie présentait un certain intérêt.

– Ce n'est pas une de nos priorités, dit-il à l'Arabe, mais ça pourrait être rentable si les informations sont vraiment bonnes.

La veille, Magid avait déjà téléphoné à son frère pour lui demander d'avancer sa visite à Copenhague : il avait quelque chose d'important pour lui. Jadid avait accepté.

Le lendemain de l'arrivée du frère, Mark rencontra les deux hommes dans l'appartement de Magid. Sans laisser voir qu'il connaissait les fonctions de Jadid, il lui posa une série de questions sur la nature des informations qu'il pouvait attendre de lui, de manière à pouvoir évaluer l'offre de sa société. Mark aborda les questions militaires, mais mêlées à un grand nombre de sujets « civils » pour dissimuler son véritable but. Après quelques séances de négociations – suivies chacune d'un compte rendu à la planque – Mark offrit trente mille dollars à Magid, vingt mille dollars par mois à Jadid – plus dix pour cent, soit deux mille dollars mensuels, à Magid. Les six premiers mois seraient payés d'avance, l'argent déposé sur le compte d'une banque de Copenhague que Mark ouvrirait pour Jadid.

L'étape suivante consista à apprendre à Jadid à utiliser un crayon ayant subi un traitement chimique spécial, avec lequel il écrirait les informations au dos de lettres ordinaires destinées à son frère.

Mark proposa de donner tout de suite le matériel à Jadid pour qu'il l'emporte en Syrie mais ce dernier refusa, et l'on convint qu'il lui serait envoyé à Damas.

– Vous travaillez vraiment comme un service de renseignements, fit observer Jadid.

– Tout à fait, répondit Mark. Nous employons même d'anciens agents. La différence, c'est que nous sommes sur le circuit pour gagner de l'argent. Nous communiquons nos informations uniquement à des gens disposés à les payer et à les utiliser pour investir.

Mark dut alors passer en revue avec Jadid les questions qui l'intéressaient. Il inclut dans sa liste un grand nombre de sujets bidon – valeurs immobilières et changements dans l'administration, par exemple –, toujours pour présenter le questionnaire de façon que les questions militaires n'y prédominent pas. Après plusieurs essais avec le crayon spécial, l'assurance qu'on prendrait contact avec lui pour lui dire où, à Damas, il pourrait passer prendre la liste de questions, Jadid sembla satisfait.

Pendant toute l'opération, le Mossad soupçonna les deux frères de savoir qu'ils travaillaient pour Israël, mais continua quand même à jouer le jeu. Du fait de ces soupçons, on renforça cependant la sécurité du *katsa*.

Si la promesse faite à Jadid de lui envoyer le matériel semblait facile à tenir, elle impliquait en fait une série de manœuvres complexes pour éviter tout risque d'être découvert.

Le Mossad utilisa un agent « blanc » (non arabe) – en l'occurrence un de ses courriers préférés, officier canadien de l'ONU en poste à Naharia, ville balnéaire du nord d'Israël, près de la zone démilitarisée le séparant de la Syrie. Ces officiers peuvent franchir les frontières à leur guise. Le Canadien toucha la somme habituelle de cinq cents dollars pour laisser une pierre creuse contenant le matériel à un endroit précis du bas-côté de la route de Damas : à cinq pas d'un poteau portant une indication kilométrique particulière.

Une fois le Canadien rentré de l'autre côté de la frontière, un combattant du Mossad ramassa la pierre, la porta à son hôtel, l'ouvrit, en sortit le crayon, le questionnaire et une partie de l'argent destiné à Jadid. Il déposa le paquet à la poste, empocha le bulletin permettant de le récupérer, prit l'avion pour l'Italie. De là, il expédia le bulletin au siège du Mossad, à Tel-Aviv. Celui-ci le mit dans une enveloppe, l'adressa à Magid qui, finalement, l'envoya à son frère par la poste.

Le bulletin arriva donc dans le courrier de Jadid, comme une lettre normale de son frère, sans éveiller de soupçons. Bientôt, les réponses commencèrent à parvenir, fournissant aux Israéliens tout ce qu'ils désiraient savoir sur l'état de préparation de l'armée syrienne.

Le système fonctionna à merveille pendant cinq mois, avec un Mossad convaincu d'avoir une taupe en haut lieu pour un long moment. Puis, comme cela arrive trop souvent dans le monde de l'espionnage, les choses changèrent.

Si les Syriens ne se doutaient pas que Jadid travaillait pour les services israéliens, ils le soupçonnaient de trafiquer dans la drogue et la pornographie. Ils décidèrent de lui tendre un piège : il serait arrêté porteur d'héroïne de provenance libanaise au moment où il quitterait la Syrie pour se rendre dans diverses capitales européennes. Jadid devait en effet faire partie d'une équipe contrôlant les registres de plusieurs ambassades syriennes en matière d'opérations militaires.

Ironie de la chose, Jadid fut sauvé par la cupidité d'un autre Syrien, un nommé Haled, attaché militaire adjoint à l'ambassade de Londres. Recruté par le Mossad lors d'une opération antérieure, il lui vendait le code des ambassades, qui changeait tous les mois. Les Israéliens pouvaient ainsi déchiffrer les messages envoyés ou reçus par toutes les ambassades syriennes dans le monde.

L'un de ces messages leur apprit que Jadid devait faire partie de l'équipe de contrôle des comptes. Mais un autre, envoyé de Damas à Beyrouth, indiquait que le Syrien serait arrêté pour avoir fait sortir de l'héroïne du pays.

Les Israéliens devaient absolument prévenir Jadid. Trois jours seulement avant la date prévue pour l'arrestation, ils envoyèrent en Syrie un combattant se faisant passer pour un touriste anglais. De sa chambre d'hôtel, l'homme téléphona à Jadid, lui dit simplement qu'il y avait un ennui, qu'il ne devait pas passer prendre la marchandise comme convenu, qu'elle lui serait livrée plus tard après son arrivée en Hollande.

Lorsque les trafiquants arrivèrent au lieu de rendez-vous, la police n'était pas loin derrière et procéda à plusieurs arrestations. Dès lors, les trafiquants voulurent eux aussi mettre la main sur Jadid, qu'ils croyaient coupable de les avoir balancés.

Jadid, lui, ignorait tout cela. Lorsqu'il arriva aux Pays-Bas et que personne ne chercha à le joindre, il téléphona en Syrie pour découvrir ce qui se passait. Il apprit alors qu'il était soupçonné par le gouvernement comme par les trafiquants, et qu'il ferait mieux de ne pas rentrer en Syrie. Après lui avoir soutiré toutes les autres informations qu'il détenait – un nombre considérable – le Mossad lui offrit une nouvelle identité et l'installa en Europe.

Pour Haled, à Londres, ce fut une autre histoire. A leur arrivée, les contrôleurs mirent l'ambassade syrienne sous « black-out », ce qui interdisait toute communication avec une autre ambassade. Comme dans la plupart des ambassades, le secteur militaire est séparé des activités diplomatiques. En qualité d'attaché militaire adjoint, Haled avait accès au coffre militaire, et en avait profité pour « emprunter » quinze mille dollars afin d'acheter une nouvelle voiture. Il avait prévu de rembourser cet « emprunt » avec le chèque mensuel du Mossad et ne s'attendait pas à un contrôle surprise.

Heureusement pour Haled, le Mossad était au courant de la vérification. Son *katsa* l'appela sur sa ligne personnelle à l'ambassade, utilisa le nom de code et le message habituels pour fixer un rendez-vous : dans un certain restaurant – on en changeait régulièrement pour plus de sûreté – à une heure convenue. Haled devait attendre un quart d'heure et, si son *katsa* ne se montrait pas, appeler un numéro de téléphone. Si on ne répondait pas, cela voulait dire qu'il devait se rendre à un autre lieu de rendez-vous fixé à l'avance – presque toujours un restaurant. Mais si Haled était filé, ou s'il y avait quelque autre raison d'éviter un rendez-vous, le *katsa* répondait au téléphone et lui donnait ses instructions.

En l'occurrence, il n'y eut pas de problème avec le premier restaurant : l'officier traitant rencontra Haled, le prévint de l'arrivée d'une équipe de contrôleurs le lendemain et partit quand Haled lui eut assuré qu'il n'y avait aucune raison de s'inquiéter. Du moins le croyait-il...

Une heure plus tard, tandis que l'Israélien, de retour à la planque, rédigeait son rapport, Haled appela le numéro réservé aux cas d'urgence. Il ignorait que c'était celui d'une ligne de l'ambassade israélienne (chaque ambassade ayant un certain nombre de lignes ne figurant pas sur l'annuaire). Il délivra un message codé du genre « Michael appelle Albert ». Quand l'homme qui prit la communication introduisit le message dans l'ordinateur, il apprit que le Syrien réclamait d'urgence une rencontre. Haled, qui avait le grade de colonel, n'avait jamais utilisé cette procédure depuis trois ans qu'il figurait sur les feuilles de paie du Mossad. Selon les rapports psychologiques qu'Israël avait sur lui, c'était un homme tout à fait équilibré. Il se passait manifestement quelque chose.

Sachant que le *katsa* de Haled se trouvait encore à la planque, le Mossad lui envoya un *bodel*. Après s'être assuré qu'il n'était pas suivi, celui-ci téléphona à la planque et dit quelque chose comme : « Je te retrouve chez Jack dans quinze minutes. » Chez Jack, c'était simplement une cabine téléphonique désignée à l'avance, par exemple.

Le *katsa* quitta aussitôt la planque et, après avoir parcouru tout un circuit pour vérifier qu'il n'était pas suivi, alla à la cabine, appela le *bodel* qui l'avisa, toujours en code, que Haled lui donnait rendez-vous dans tel restaurant.

Pendant ce temps, les deux autres *katsas* de service à l'ambassade partirent, firent un détour puis se rendirent au restaurant pour s'assurer qu'il était « propre ». L'un entra à l'intérieur, l'autre alla se poster à un endroit convenu où le *katsa* de Haled le retrouverait et lui expliquerait ce qui se passait. Haled étant syrien, et le Mossad ignorant toujours ce qui n'allait pas, la rencontre était considérée comme dangereuse : une heure plus tôt, quand Haled avait vu son *katsa*, tout semblait en ordre.

Après avoir parlé à l'homme en faction à l'extérieur, l'officier traitant de Haled téléphona au restaurant, demanda à lui parler – en donnant son nom de code – et l'envoya dans un autre restaurant. L'Israélien posté à l'intérieur vérifia que le Syrien ne téléphonait pas avant de partir pour le nouveau lieu de rendez-vous.

Normalement, une opération de ce genre n'aurait pas été confiée aux *katsas* de service, mais comme il y avait urgence, on utilisa un « système d'antenne » pour arranger le rendez-vous, ce qui signifie simplement qu'on confia la tâche à des officiers traitants de l'antenne.

Lorsque les deux hommes finirent par se rencontrer, le Syrien était pâle et tremblant. Il avait tellement peur qu'il avait déféqué dans son pantalon et dégageait une épouvantable odeur.

– Qu'est-ce qu'il y a? demanda le *katsa*. On vient de se rencontrer, tout allait bien.

– Je ne sais pas quoi faire, je ne sais pas quoi faire! répétait Haled.

– Calmez-vous. Quel est le problème?

– Ils vont me tuer. Je suis un homme mort.

– Qui? Pourquoi?

– J'ai risqué ma peau pour vous. Vous devez m'aider, exigea Haled.

– Nous vous aiderons. Mais quel est le problème?

– C'est ma voiture – l'argent pour ma voiture.

– Vous êtes dingue? Vous me téléphonez en pleine nuit parce que vous voulez acheter une bagnole?

– Non, non, je l'ai, la voiture.

– Alors qu'est-ce qu'elle a?

– Rien. Mais j'ai pris de l'argent dans le coffre de l'ambassade pour la payer. Vous m'avez dit qu'ils allaient vérifier les comptes. Demain matin, quand j'irai au travail, ils me tueront.

Haled ne s'était tout d'abord pas inquiété parce qu'il avait un ami riche qui l'avait déjà tiré d'embarras passagers. Le Syrien avait prévu d'emprunter l'argent pour deux ou trois jours seulement, pendant le séjour des contrôleurs. Après leur départ, il le reprendrait dans le coffre pour le rendre à son ami puis rembourserait peu à peu « l'emprunt » avec son salaire du Mossad. Mais Haled avait découvert que son ami avait quitté Londres; il n'avait plus la possibilité de trouver une telle somme en vingt-quatre heures pour la remettre dans le coffre. Il réclama une avance à son officier traitant.

– Six mois d'avance. C'est tout ce que je demande.

– Bon, nous allons régler le problème, ne vous en faites pas. Mais il faut d'abord que j'en réfère à quelqu'un.

Avant de partir avec Haled, le *katsa* appela son collègue à la cabine téléphonique, lui récita un message codé signifiant qu'il devait se rendre rapidement dans un hôtel proche et réserver une chambre à un nom convenu. Une fois dans la chambre, l'Israélien envoya Haled dans la salle de bains.

Pendant ce temps, le *katsa* appela le chef d'antenne à la planque, lui exposa le problème à grands traits et demanda quinze mille dollars en liquide. En principe, pour toute somme supérieure à dix mille dollars, il fallait l'accord de Tel-Aviv, mais vu l'urgence, le chef d'antenne prit sur lui d'accepter, donna rendez-vous au *katsa* une heure et demie plus tard et ajouta : « Gare à tes fesses si ça ne marche pas. »

Le chef d'antenne connaissait un *sayan* qui tenait un casino et disposait toujours de grosses sommes en liquide – on avait déjà fait appel à lui et on l'avait remboursé le lendemain. Le *sayan* lui donna même trois mille dollars de plus en disant :

– Vous en aurez peut-être besoin.

Le hasard voulut qu'au même moment, le numéro deux de l'antenne rencontrât un *katsa* d'attaque nommé Barda, venu à Londres pour une autre mission. Se faisant passer pour un officier de Scotland Yard, Barda avait recruté les deux gardiens de nuit de l'ambassade syrienne afin de préparer une autre opération nécessitant de pénétrer par effraction dans le bâtiment.

Maintenant que les Israéliens disposaient de l'argent, le problème était de le remettre dans le coffre avant le lendemain matin. Haled, qui connaissait la combinaison et pouvait inventer une excuse justifiant sa présence à l'ambassade en pleine nuit au cas où il se ferait surprendre, fut chargé de cette tâche.

Barda, de son côté, fixa rendez-vous à un gardien puis à l'autre dans des restaurants différents (chacun d'eux pensant que l'autre continuait à assurer son service) pour laisser la voie libre à Haled.

De retour à la chambre d'hôtel, le *katsa* de Haled avisa son agent que l'argent ne constituait pas une avance (les Israéliens s'étaient dit que, s'ils le payaient d'avance, il ne serait plus motivé) et que mille dollars seraient déduits chaque mois de son salaire pendant quinze mois.

– Si vous nous apportez quelque chose de spécial, nous doublerons votre salaire pour que vous puissiez rembourser plus vite, dit l'officier traitant. Mais si vous refaites quelque chose d'illégal à l'ambassade, je vous tue.

Apparemment, Haled prit la menace au sérieux puisqu'il n'« emprunta » plus jamais un sou par la suite.

13

AIDER ARAFAT

1981 fut une année agitée. Le jour même où Ronald Reagan prêtait serment et devenait président des États-Unis, l'Iran libérait cinquante-deux otages américains après quatre cent quarante-quatre jours de captivité. Le 30 mars, John Hinckley tirait sur Reagan. En Pologne, Lech Walesa, hérault de Solidarnoc, poursuivait une quête de la liberté qui ouvrirait la porte à des changements politiques gigantesques en Europe de l'Est à la fin de la décennie. A Londres, le 29 juillet, par une matinée éclatante, le prince Charles et lady Diana Spencer ravirent les cœurs des personnes romanesques et entichées de royauté par la retransmission télévisée de leur mariage dans le monde entier. En Espagne, les terroristes basques livraient des batailles rangées aux autorités. Et à Washington, le directeur de la CIA, William Casey, faisait l'objet de pressions le poussant à démissionner pour avoir soutenu une tentative secrète d'assassinat de l'homme fort libyen, Muammar al-Kadhafi, et pour désigner son compère politique Max Hugel chef des opérations secrètes de la CIA, bien que celui-ci n'eût apparemment pas les compétences requises. Hugel lui-même fut contraint à donner sa démission le 14 juillet lorsque deux anciens associés d'affaires l'accusèrent de manipulations frauduleuses de stocks.

En Israël, ce fut une année tumultueuse, même à l'aune de ce pays. En 1980, l'inflation avait atteint deux cents pour cent et continuait à grimper si vite qu'on racontait qu'on pouvait acheter du fromage blanc avec six augmentations de prix marquées sur le paquet et que le fromage était encore frais. Ça c'est de l'inflation!

Le Premier ministre Menahem Begin et le parti au pouvoir,

le Likoud, étaient confrontés à une rude offensive politique de la part de Shimon Pérès et du Parti travailliste, situation d'autant plus complexe qu'un des ministres de Begin, Abou Hatsrea, compromis dans une affaire d'achat de votes, avait été emprisonné. Les élections du 29 juin débouchèrent sur un match nul – quarante-huit députés partout – mais Begin parvint à s'assurer l'aide de quelques petits partis pour obtenir une majorité de soixante et une voix sur les cent vingt membres de la Knesset.

Peu de temps auparavant, le 7 juin, Israël avait provoqué la fureur des États-Unis en attaquant et en détruisant la centrale nucléaire irakienne *. Décrétant un embargo temporaire sur les livraisons de F-16 à Israël, les Américains avaient même soutenu une résolution de l'ONU condamnant le raid. Israël avait aussi intensifié ses attaques contre le Liban et, pendant quelques jours, fin juillet, avait paru s'engager dans une guerre totale contre la Syrie. L'envoyé spécial américain, Philip Habib, diplomate de carrière en retraite d'origine libanaise, faisait le tour des capitales du Proche-Orient pour négocier un accord sur un plan de paix. Robert McFarlane, conseiller du Département d'État, alla voir Begin en juillet pour le convaincre d'arrêter sa machine de guerre.

Pour le Mossad, tout cela n'était pas si mauvais. La seule chose qu'il ne voulait pas, c'était voir la paix percer partout. Il déployait donc un grand nombre d'activités destinées à empêcher des négociations sérieuses – nouvel exemple du danger que constitue un service secret qui ne doit de comptes à personne.

Pour Yasser Arafat et l'OLP, l'année ne fut pas calme non plus. En 1974, il avait condamné les actes terroristes commis par son organisation en dehors des frontières d'Israël, principalement en Europe. Et si le terrorisme palestinien continuait à sévir sur ce continent, il était le fait d'une série de factions opposées à Arafat. En fait, hors des territoires occupés, Arafat n'a pas une position tellement forte dans le mouvement palestinien. Sa puissance provient de la Cisjordanie et de la bande de Gaza où, mis à part chez les intégristes musulmans, il jouit d'une écrasante popularité personnelle.

L'un des plus gros problèmes d'Arafat était l'Organisation Juin noir (OJN), dirigée par Sabri Khalil al-Banna, plus connu sous le nom d'Abou Nidal. Les membres de Juin noir, musulmans palestiniens, sont animés d'une ferveur religieuse qui les rend plus dangereux que beaucoup d'autres factions. L'organi-

* Voir Prologue.

sation fut quasiment liquidée par une attaque conjointe des Syriens et des chrétiens libanais à la fin des années 1970, mais Nidal, condamné à mort par Arafat, en réchappa. Tous les assassinats de Palestiniens qu'on ne pouvait attribuer à Israël étaient imputés à Abou Nidal, considéré comme la brebis galeuse du monde terroriste.

Ce fut la tentative d'assassinat par l'OJN de Shlomo Argov, ambassadeur d'Israël à Londres, en 1982, qui servit de prétexte à Israël pour lancer une guerre de grande envergure contre le Liban. Begin l'appela la « Guerre choisie », signifiant par là qu'Israël n'y avait pas été acculé – comme pour toutes les guerres précédentes – mais qu'il en avait fait le choix. Choix peut-être mauvais, mais la démagogie de Begin avait joué. Quoi qu'il en soit, l'attentat – qui réduisit Argov l'état de légume – fut attribué à Arafat, bien qu'il n'y fût pour rien.

Avant l'affaire Argov, Israël avait secrètement négocié un cessez-le-feu officieux avec l'OLP d'Arafat pour que les Palestiniens mettent fin à leurs tirs de roquettes russes Katioucha sur Israël depuis le sud du Liban – accord qui devait apparaître comme une décision unilatérale de l'OLP. Arafat visitait alors au pas de charge divers pays du bloc de l'Est pour demander un soutien accru. Le Mossad savait qu'il avait l'intention d'acheter une grande quantité d'armes légères en Europe et de les expédier au Liban. La question, c'était : pourquoi ? Car enfin, il lui suffisait de se rendre en Tchécoslovaquie par exemple et de dire qu'il voulait des armes. On lui répondrait « signez ici », et on lui enverrait tout ce dont il avait besoin. Il se comportait comme un homme qui vit près d'une fontaine mais fait cinq kilomètres à pied pour aller chercher de l'eau ailleurs. Si on n'explique pas que c'est de l'eau salée qui coule de la fontaine, cela paraît absurde.

L'eau salée d'Arafat, c'était une force de vingt mille combattants bien entraînés appelée Armée de Libération de la Palestine, ou ALP, commandée par le général de brigade Tarik Khadra qui, en 1983, condamnerait Arafat et lui retirerait officiellement son soutien. L'ALP était rattachée à l'armée syrienne, ce qui faisait dire au sein du Mossad que les Syriens combattraient Israël « jusqu'au dernier Palestinien ».

Les pays de l'Est, toujours disposés à ravitailler les Palestiniens en armes, passaient cependant par les canaux officiels : en 1981, si Arafat leur demandait des armes, elles seraient envoyées à l'ALP.

Or après le massacre de Munich, en 1972, Arafat avait constitué une unité spéciale assurant sa sécurité personnelle. Au quartier général de l'OLP, à Beyrouth, il pouvait joindre cette unité sur la ligne 17. D'où le nom de Force 17 donné à cette troupe, commandée alors par Abou Tayeb, et dont les effectifs variaient de deux à six cents combattants d'élite. Arafat comptait aussi beaucoup sur Abou Zaïm, chef de ses services de sécurité et de renseignements.

Pour le Mossad, le joueur le plus important de la partie était un nommé Dourak Kassim, membre de la Force 17, chauffeur et garde du corps d'Arafat. Kassim avait été recruté comme agent du Mossad en 1977, alors qu'il étudiait la philosophie en Angleterre. Homme cupide, il livrait des informations aux Israéliens presque chaque jour, envoyant des messages par radio et touchant deux mille dollars pour chaque rapport. Pendant le siège de Beyrouth, il était au côté d'Arafat, informant le Mossad depuis le quartier général de l'OLP.

Kassim était le collaborateur personnel le plus proche d'Arafat. C'est lui qui, selon certains renseignements, fournissait le chef palestinien en jeunes garçons. L'homosexualité est contraire à la foi islamique mais, étant donné le mode de vie arabe, elle n'est pas si rare. En tout cas, elle est moins sévèrement jugée qu'en Occident. Le Mossad n'avait aucune preuve pour étayer les allégations selon lesquelles Arafat aime les adolescents. Il n'avait pas de photos, rien. Cela n'était peut-être qu'un moyen de plus pour discréditer Arafat : le Mossad avait utilisé le procédé avec de nombreux autres dirigeants arabes, qu'il accusait de mener la belle vie en profitant du système. Il ne pouvait en dire autant d'Arafat, qui a en fait un train de vie modeste, auprès de son peuple. Lors du siège de Beyrouth, il eut de nombreuses occasions de s'échapper mais ne partit pas avant d'avoir fait évacuer les autres Palestiniens, et le Mossad ne peut donc pas l'accuser non plus de ne penser qu'à ses intérêts. Peut-être utilise-t-il cette histoire de pédophilie faute de mieux.

A l'époque, cependant, l'aile droite du Mossad prônait l'assassinat d'Arafat, en arguant que les Palestiniens le remplaceraient par un homme plus radical, qui ne serait acceptable ni pour l'Occident ni pour la gauche israélienne, et qui empêcherait une solution pacifique du problème. Affrontements violents suivis d'une reddition inconditionnelle – c'était le seul moyen que le Mossad concevait pour aboutir à la paix.

Les adversaires de l'assassinat d'Arafat font valoir qu'il est le meilleur d'une sale bande, que c'est un homme cultivé, une force unificatrice chez les Palestiniens, quelqu'un qui pourra, s'il y a un jour pourparlers, représenter légitimement les Palestiniens. A travers les informations recueillies en Israël, le Mossad et la Shaback savent qu'Arafat est respecté, et même vénéré, dans les territoires occupés, mais leurs agents ne transmettent pas cette image à leurs supérieurs politiques.

En août 1986, ce débat s'achevait ; la droite avait le dessus. Arafat était toutefois devenu une personnalité trop en vue, et le Mossad n'avait pas de prétexte suffisant pour le liquider. Son exécution demeure cependant à l'ordre du jour : lorsque ce sera possible, le Mossad passera aux actes.

Autre joueur important à cette époque, Moustapha Did Khalil, alias Abou Taan, chef du Commandement de la Lutte armée palestinienne (CLAP), groupe de coordination d'Arafat. Il portait auparavant le nom de Conseil de Coordination palestinien, mais après qu'Arafat eut condamné en 1974 le recours à la violence hors d'Israël, un grand nombre d'organisations de l'OLP prirent des noms plus ronflants, plus offensifs, pour échapper à toute accusation de faiblesse.

Autre groupe qu'il faut garder à l'esprit, le Front de libération arabe (FLA), dirigé par Abd el-Wahab Kayyali. Celui-ci fut exécuté à Beyrouth en décembre 1981 et remplacé par Rahim Ahmad, son second.

Quoi qu'il en soit, Arafat voulait des armes légères pour équiper la Force 17. D'inévitables luttes de pouvoir se déroulaient au sein de l'organisation et Arafat sentait le besoin d'une « force de frappe » qui lui soit plus personnelle. Mais lorsqu'il adressa sa requête au général Khadra, chef d'état-major de l'ALP, il essuya un refus. Khadra répondit à Arafat de ne pas s'inquiéter, qu'il assurerait sa protection. Arafat s'inquiéta.

C'était parce que Khadra contrôlait les armements livrés par le bloc communiste à l'OLP que tous les autres groupes passaient par des pays arabes comme l'Irak et la Libye pour obtenir des armes de l'Est.

Le 17 janvier 1981, Arafat rencontra à Berlin-Est le dirigeant est-allemand Erich Honecker, qui lui offrit cinquante « conseillers » pour l'entraînement de l'OLP au Liban. Le 26 janvier, Arafat s'entretint à nouveau avec des représentants de la RDA, cette fois à Beyrouth, et demanda à nouveau des armes. Il s'efforçait de parvenir à un accord discret sans passer par Khadra. Grâce aux rapports de Kassim, le Mossad savait Arafat gravement préoccupé par des problèmes internes et par une éventuelle attaque israélienne.

Le 12 février, à Damas, Arafat tenta de conclure un accord

avec des représentants vietnamiens. Ceux-ci lui offrirent des missiles mais il voulait des armes légères. Trois jours plus tard, il se rendit à Tyr, au Liban, pour discuter avec les chefs de diverses organisations palestiniennes, les convaincre de cesser de s'entre-déchirer et de concentrer leurs forces sur le véritable ennemi : Israël. Le 11 mars, Arafat, de plus en plus nerveux, s'efforça d'obtenir un engagement des pays de l'Est avant la session générale de l'OLP, le 15 avril à Damas. En une seule journée, il s'entretint séparément avec les ambassadeurs de Hongrie, de Cuba et de Bulgarie mais ne parvint toujours pas à un résultat précis.

La nervosité gagnait aussi le Mossad, qui présumait qu'Arafat finirait par obtenir ses armes. Ce qui effrayait vraiment le service, c'était que le dirigeant de l'OLP commençait à dire qu'il voulait que quelqu'un rencontre des diplomates israéliens en son nom pour entamer des négociations sur l'arrêt des hostilités au Liban. Le Mossad fut avisé du grand secret longtemps avant le gouvernement israélien, comme c'était généralement le cas.

Le 12 mars, Arafat rencontra à Beyrouth Naïm Khader, représentant de l'OLP en Belgique, lui demanda d'utiliser ses contacts là-bas avec le ministère israélien des Affaires étrangères pour ouvrir des négociations et arrêter l'effusion de sang. Le Mossad en fut extrêmement inquiet. Il pensait en effet que, s'il réussissait à faire intervenir Israël au Liban pour aider les chrétiens, il pourrait liquider définitivement les Palestiniens dans ce pays. Mais si l'OLP entamait des pourparlers, cette possibilité s'envolait. Il y avait entre le Mossad et le ministère des Affaires étrangères d'Israël une opposition sous-jacente. Le ministère ignorait qu'au moment même où il tentait d'éviter la guerre, l'Institut s'efforçait de la déclencher. Les Palestiniens essayaient d'établir le contact avec les diplomates israéliens ; le Mossad faisait tout pour l'empêcher.

Par ailleurs, le Mossad avait appris l'intention d'Arafat de faire appel à Genoud, banquier de Genève âgé de soixante-cinq ans, soutien financier de Carlos. L'idée du dirigeant palestinien – révélée aux Israéliens par Kassim – consistait à obtenir de Genoud un emprunt pour acheter des armes en Allemagne avec l'aide d'un groupe appelé le Bloc Noir, surgeon de la Fraction armée rouge qui, en février, avait été entraînée au Liban par les conseillers de RDA.

Mécontent des progrès que l'envoyé spécial des États-Unis, Philip Habib, semblait faire dans sa mission de paix, le Mossad eut l'idée d'impliquer la CIA en lui déclarant que l'OLP préparait en fait la guerre tout en parlant de paix. L'Institut espérait que cette manœuvre torpillerait l'initiative ou la conduirait à tout le moins dans une impasse. Begin, qui se présentait alors aux élections, n'était pas au courant des plans du Mossad. L'opération militaire portait déjà un nom – « Cèdres du Liban » – et le service israélien avait commencé à fournir des informations à son agent de liaison avec la CIA. Mais le 30 mars, la tentative d'assassinat du président Reagan par John Hinckley détourna l'attention de la CIA, et cette partie de l'opération fut mise en veilleuse.

Le 10 avril, Arafat rencontra à nouveau Honecker à Berlin-Est. Le lendemain, il participa à Damas à la quinzième session du Conseil palestinien.

Le 15 mai, le Mossad prit contact avec l'unité antiterroriste allemande GSG-9 *(Grenzschutzgruppe)*, qu'il souhaitait mettre dans le coup afin de pouvoir l'utiliser par la suite.

Le 1er juin, près de trois mois après sa réunion avec Arafat, Naïm Khader donna de chez lui un coup de téléphone matinal à un représentant du ministère des Affaires étrangères israélien à Bruxelles pour fixer une rencontre au 3 juin afin d'explorer les possibilités d'entamer des pourparlers de paix. Alors que Khader se rendait à son travail, un homme basané à fine moustache, portant une veste marron clair, se porta à sa hauteur, lui tira cinq balles dans le cœur et une dans la tête, descendit du trottoir, monta dans un « taxi » qui passait et disparut. Bien qu'Arafat n'en sût rien alors, le Mossad avait frappé.

Selon Kassim, le dirigeant palestinien était cependant très agité. Il souffrait d'insomnie, était épuisé. Il voulait être protégé, parvenir à un accord de livraison d'armes pour la Force 17.

Début juillet, il y eut en Allemagne une série de manifestations contre les fusées américaines installées dans ce pays. Le 9, Arafat était à Belgrade, toujours en vue d'obtenir des armes. A peu près à la même époque, un avion argentin venant d'Israël et transportant des armes pour l'Iran percuta un appareil russe dans l'espace aérien soviétique. Furieux qu'Israël vende des armes à l'Iran, les Américains envoyèrent Robert McFarlane rencontrer Begin, initiative qui marqua le début de l'*Irangate*, l'affaire Iran-Contra, qui éclaterait au grand jour quelques années plus tard *.

Dans le même temps, les Syriens avaient introduit des fusées au Liban, provoquant une nouvelle crise, et l'homme fort liba-

* Voir chapitre 17.

nais, Béchir Gemayel, avertit la Syrie que cela pouvait conduire à une guerre généralisée.

Par parenthèse, les Syriens ne cessent de faire passer leur soutien militaire d'un groupe à un autre en raison de ce qu'ils appellent « l'équilibre de la faiblesse ». Si l'une des factions se renforce, il faut soutenir un autre groupe pour la combattre, pensent-ils. Ils maintiennent ainsi chacun en position de faiblesse et contrôlent la situation.

Le Mossad essayait toujours de rouler les Américains, et Itzhak Hofi, chef du service, ordonna à la LAP de concocter un scénario pour les convaincre que l'OLP préparait la guerre, pas la paix. Il s'agissait de justifier aux yeux des États-Unis l'entrée des troupes israéliennes au Sud-Liban.

La LAP fournit des photos de tous les dépôts d'armes de l'armée palestinienne du général Khadra. Comme l'ALP était une unité de l'armée syrienne, il n'y avait rien d'étonnant à ce qu'elle eût des dépôts d'armes, mais cela fournit une « preuve » bien utile que l'ALP se préparait à attaquer Israël, alors que le Mossad était au fait des efforts acharnés d'Arafat pour éviter une guerre.

La LAP communiqua aussi à la CIA des documents pris à l'OLP montrant l'existence de plans d'attaque du nord d'Israël. Encore une fois, il n'y a là rien d'inhabituel, rien qui indique nécessairement une offensive imminente. On trouve ce genre de plans détaillés dans n'importe quelle base militaire. Savoir s'ils avaient été approuvés, si l'OLP avait véritablement l'intention de les mettre en œuvre, c'était une autre affaire. Mais le Mossad n'était pas disposé à laisser de telles considérations faire obstacle à ses propres plans.

Avant même le début des hostilités, on prépara communiqués de presse et photographies. Il serait ensuite facile de fournir des documents prouvant la « menace » palestinienne contre Israël.

Sur instruction d'Arafat, Abou Taan, chef de son groupe de coordination, le CLAP, envoya deux hommes à Francfort négocier l'achat d'armes légères. Le responsable de la mission était le major Juad Ahmed Hamid Aloony, sorti en 1969 de l'École militaire d'Alger, qui avait suivi un entraînement militaire en Chine en 1978-1979, et avait obtenu le diplôme d'une école militaire hongroise en 1980. Il était accompagné du sergent Abd Alrahaman Ahmed Hassim Alsharif, diplômé en 1979 de l'École militaire de Cuba, et de la même école hongroise qu'Aloony.

Le Mossad et la police d'Allemagne fédérale n'étaient pas en bons termes. Mais le GSG-9, entraîné par Israël, se montrait très coopératif, comme l'unité spéciale antiterroriste de la police de Hambourg, à laquelle les Israéliens donnaient le nom de code de *Tuganim*, « Frites ».

Les *Tuganim* fourniraient des hommes au Mossad, comme s'ils travaillaient pour lui. Après tout, l'Institut les avait formés ; il les avait même aidés à interroger des Arabes.

Les « Frites » étant aussi coopératives, le Mossad désirait monter toute l'opération à Hambourg. Côté police fédérale, les rapports des Israéliens avec le SR allemand étaient médiocres, mais chaque Land possède sa propre police et le Mossad avait des relations directes avec chacune d'elles.

L'Institut savait en outre qu'Arafat avait l'intention de recourir au docteur Isam Salem, représentant de l'OLP à Berlin-Est, afin d'obtenir du banquier suisse Genoud les fonds nécessaires à l'achat d'armes légères pour la Force 17. Genoud avait déjà été avisé de se tenir prêt, au cas où l'OLP aurait besoin d'argent. Les armes sont une marchandise « chaude » ; personne ne veut les garder longtemps, et de gros emprunts-relais sont souvent nécessaires pour conclure rapidement un marché.

Arafat avait en outre décidé de faire venir du Liban une importante quantité de haschisch. Un groupe de membres du Bloc Noir rentrant d'un stage d'entraînement au Liban transporterait la drogue, la vendrait au milieu européen et remettrait l'argent à Isam Salem. Celui-ci l'utiliserait pour payer les armes ou rembourser Genoud si un emprunt-relais avait été nécessaire. Arafat avait également prévu d'utiliser ces membres du Bloc Noir pour transporter les armes au Liban.

Ces informations parvinrent au siège du Mossad par les *Yahalomim* (diamants), département s'occupant de la communication avec les agents. Une fois dans le pays-cible, un agent n'est plus suivi par son *katsa* et la communication entre l'agent et le Mossad se fait par l'intermédiaire du quartier général de Tel-Aviv.

Muni de ces informations, le chef du Mossad eut une réunion avec les patrons du Tsomet, du Tevel et des opérations de sécurité, pour définir une stratégie. Ils poursuivaient quatre grands objectifs : empêcher Arafat de se procurer les armes ; faire avorter les tentatives de négociations entre l'OLP et le ministère israélien des Affaires étrangères ; s'emparer de la cargaison de haschisch et la vendre pour se procurer du liquide ; mettre la main sur l'argent de Genoud et laisser l'OLP en plan. Outre les avantages politiques et stratégiques évidents de l'opération, le Mossad avait à l'époque un grave problème de liquidités – comme l'État d'Israël – et était toujours à la recherche de nouvelles sources de revenus.

Pour préparer cette gigantesque arnaque, on envoya à Hambourg en mai 1981 une équipe *neviot* qui entreprit de trouver un quai et un entrepôt tranquilles. Un *katsa* de l'antenne de Londres fut dépêché pour organiser le coup monté.

En même temps, on mit une équipe de la Metsada sur Naïm Khader, à Bruxelles, pour veiller à ce qu'il n'ouvre pas de négociations sérieuses. Il devait être liquidé. Comment cette équipe organisa-t-elle l'exécution ? On ne peut qu'avancer des suppositions, mais le style portait la signature du Mossad : simple, rapide, en plein jour dans la rue.

Le tueur utilisa sans doute un pistolet contenant neuf balles, dont six seulement destinées à la cible. Les trois autres auraient servi à envoyer rejoindre le cadavre toute personne tentant d'intervenir.

Le meurtre fut commis de façon que non seulement des profanes mais aussi Arafat et le ministère israélien des Affaires étrangères l'attribuent à Abou Nidal. Effectivement, peu de temps après l'assassinat de Khader, des articles présentant Nidal comme le terroriste le plus dangereux et le plus recherché au monde apparurent dans les médias.

A Hambourg, les cinq membres de la *neviot* étaient sous les ordres de Mousa M., homme venu de la Shaback et relativement nouveau au Mossad. Ils descendirent au luxueux *Atlantic Hotel Kempinski*, donnant sur l'Alster.

Le Mossad adore Hambourg, d'abord pour les bonnes relations de travail qu'il entretient avec la police et les services de renseignements locaux, ensuite pour les quartiers chauds où les prostituées exhibent leurs charmes dans les vitrines, voire en marchant nues dans la rue. Cela, naturellement, pour les soirées. Dans la journée, l'équipe s'affairait parmi les docks de la rive sud de l'Elbe, cherchant des entrepôts obscurs, d'accès facile, qui lui permettraient d'observer et de prendre des photos sans être vue.

C'était une mission assez décontractée parce qu'Arafat n'avait pas encore conclu d'accord sur les armes, et Mousa, qui personnellement ne fréquentait pas les sex-shows et les prostituées, décida de faire une blague à l'un de ses hommes. Comme l'opération n'avait pas encore commencé, ceux-ci ne suivaient pas l'APAM, procédure habituelle de sécurité. Mousa fila facilement l'un d'eux jusqu'au bar de l'hôtel où il devait retrouver une putain de haut vol. Quand l'homme alla aux toilettes, Mousa photographia la fille, seule au comptoir, puis repartit. La nuit suivante, l'homme rencontra la même prostituée et passa à nouveau une grande partie de la nuit avec elle.

Le lendemain matin, lorsqu'il arriva à la chambre d'hôtel de Mousa pour une réunion, les autres membres de l'équipe étaient déjà là. Tous avaient l'air préoccupé.

– Qu'est-ce qu'il se passe? demanda-t-il à Mousa.

– On a une urgence. Il faut ratisser la ville. Le siège nous informe qu'un agent soviétique se faisant passer pour une pute a établi le contact avec un membre du Mossad. Il faut la retrouver et l'interroger, expédier le type en Israël où ce fumier sera accusé de trahison.

Fatigué, souffrant de gueule de bois, l'homme n'avait cependant aucune raison de s'inquiéter – du moins pas avant que Mousa ne distribue des photos de l'agent soviétique. Livide, il balbutia :

– Je peux te parler un moment, Mousa?

– Bien sûr, qu'est-ce qu'il y a?

– Euh, en privé.

– Oui, naturellement.

– T'es certain que c'est elle?

– Oui, pourquoi?

– Quand est-ce qu'on l'a vue avec le gars?

– Cette semaine, je crois, répondit Mousa. Plusieurs fois.

Au bout de quelques minutes, l'homme finit par avouer que c'était lui le client de la prostituée mais affirma qu'il ne lui avait rien confié et qu'elle ne lui avait rien demandé. Il supplia Mousa de le croire et de l'aider. Finalement, Mousa le regarda droit dans les yeux et éclata de rire.

C'était Mousa. Attendant, un atout dans la manche, tandis que les autres espéraient que ça n'était pas pour leur pomme.

L'équipe finit par trouver l'entrepôt adéquat et Mousa prévint le *katsa* de Londres en disant : « Magnez-vous que je puisse tirer mes gars d'ici avant qu'ils chopent une maladie! »

Grâce à ses relations avec le milliardaire saoudien Adnan Khashoggi *, le Mossad connaissait un autre Saoudien s'occupant de ventes d'armes légales. Cet homme avait le droit d'alimenter en Uzi et autres armes le marché privé européen. Le plan consistait à charger l'ami de Khashoggi de fournir des

* Voir chapitre 17.

armes fabriquées aux États-Unis pour satisfaire la commande d'Arafat. On prétendrait, naturellement, qu'elles avaient été volées dans divers dépôts de bases militaires d'Europe.

Le *katsa* Daniel Aïtan, se faisant passer pour un certain Harry Stoler, prit contact avec Isam Salem, représentant d'Arafat à Berlin-Est. Arafat ne lui avait même pas encore demandé de lui procurer des armes mais, grâce aux rapports de Kassim, le Mossad savait qu'il ne tarderait pas à le faire et avait décidé de prendre les devants.

Aïtan, individu direct parlant allemand, se présenta à Salem comme un homme d'affaires travaillant dans ce qu'il appela « divers matériaux et équipements ». Il pouvait garantir un bon prix et une livraison assurée, dit-il à Salem. Il ajouta que, s'il évitait de se mêler de politique, il estimait que la cause des Palestiniens était juste et souhaitait leur victoire.

Les deux hommes convinrent d'un autre rendez-vous. Bien que Salem appartînt à l'OLP et fût donc jugé dangereux, le Mossad savait qu'il n'était impliqué dans aucune activité terroriste en Europe. La sécurité du *katsa* n'était donc pas menacée, et Salem goba en fait toute l'histoire.

A la rencontre suivante – ce qu'on appelait une réunion intime « entre quatre z'yeux » – Stoler mentionna qu'il entendait parler de temps en temps d' « équipement égaré » en provenance de bases militaires américaines en Allemagne et dit qu'il pouvait prendre commande pour ce genre de marchandise sortie par la « porte de derrière » si Salem était intéressé.

Pendant ce temps, le Mossad assurait le GSG-9 qu'il avait des tuyaux sur les membres du Bloc Noir, qu'il lui ferait savoir où et quand il pourrait les épingler avec assez de preuves pour les mettre à l'ombre.

Comme prévu, Arafat finit par adresser sa commande à Salem en la faisant porter à Berlin-Est par le major Aloony et le sergent Alsharif, hommes du CLAP d'Abou Taan. Ils remirent à Salem la liste de l'équipement nécessaire pour la Force 17, avec ordre de procéder dans le plus grand secret et de se procurer du matériel venant de l'Ouest. Salem reçut pour instructions de prendre contact avec les amis de la Fraction armée rouge (Bloc Noir), ou toute autre source pouvant se charger de l'affaire pour Arafat.

« Nous enverrons du « tabac » de première qualité qui sera utilisé comme paiement, précisait l'ordre. Au besoin, nous contracterons un emprunt-relais par l'intermédiaire d'Abou Taan.

» Les porteurs de cette lettre sont nouveaux sur le terrain. Ils peuvent donc être utilisés comme intermédiaires et placés sous ton commandement. »

Salem appela naturellement Daniel Aïtan, alias Harry Stoler, précisa que l'affaire devait être conclue rapidement et discrètement. Il ajouta qu'il enverrait quelqu'un (Aloony) avec la liste du matériel demandé et voulut savoir combien de temps il faudrait pour livrer la commande.

Jusqu'alors, le plan du Mossad consistait à s'emparer de l'argent et du haschisch de l'OLP en jouant finement, mais un nouveau tuyau de Kassim le prévint qu'Arafat avait un plan de rechange.

Le dirigeant palestinien avait confié à Ghazi Hussein, représentant de l'OLP à Vienne, une commande d'armes semblable pour le cas où Salem ne donnerait pas satisfaction. Une autre équipe du Mossad fut donc envoyée en Autriche pour surveiller Hussein. Vienne était pour les Israéliens une zone sensible puisqu'elle accueillait les Juifs soviétiques émigrant en Israël. Les rapports entre Israël et l'Autriche étaient alors très cordiaux. Le Mossad n'avait là-bas personne à qui parler : prenant leur neutralité très au sérieux, les Autrichiens n'avaient quasiment pas de services de renseignements.

Le haschisch que les terroristes du Bloc Noir devaient transporter était emballé de la manière habituelle : une série de ballots portant l'inscription « semelles », parce que c'était à des semelles de chaussure que la drogue ressemblait. Le plan consistait à transporter la marchandise par bateau en Grèce, où le Bloc Noir utiliserait ses contacts à la douane pour la charger dans des voitures, chacun des vingt-cinq ou trente terroristes en emportant une certaine quantité dans son véhicule avant de remonter vers Francfort.

L'un d'eux devait s'occuper de la vente du haschisch et se mettre en rapport avec Salem. Mais le GSG-9, prévenu par le Mossad, l'arrêta sous l'accusation fabriquée de toutes pièces d'activités subversives contre les bases américaines. Les Allemands ignoraient l'existence du haschisch mais, une fois l'homme incarcéré, ils permirent aux Israéliens de l'interroger. Un membre du Mossad parlant allemand et se faisant passer pour un officier des SR allemands parvint à arracher au prisonnier le nom du numéro deux du groupe en lui offrant un marché. Puis les Israéliens convinrent avec les Allemands que l'homme resterait au secret jusqu'à ce que l'affaire soit réglée.

– Je suis au courant, pour la came, dit l'homme du Mossad au terroriste. Si tu ne me dis pas à qui je dois m'adresser, tu passeras le reste de ta vie ici, pas pour activités subversives, mais pour trafic de hasch.

Et, commande à la main, l'Israélien alla trouver l'ami saoudien de Khashoggi. Aloony, militaire de carrière, serait chargé de vérifier les armes et de s'assurer qu'elles partiraient pour le Liban.

Les armes furent amenées à Hambourg par camion. Les Allemands n'étaient pas au courant, mais si les Israéliens étaient tombés sur eux, ils leur auraient fourni des explications.

Pendant ce temps, Stoler réclamait à Salem une adresse à Beyrouth où envoyer les armes. C'était juste pour fignoler le scénario : à ce stade, le Mossad ne pensait pas que le coup monté irait jusqu'à une véritable livraison. Stoler fit cependant valoir à Salem que la marchandise aurait besoin d'une couverture quelconque pour passer la douane libanaise. Dans ce genre de marché, il est recommandé de prendre de telles dispositions, simplement pour que l'affaire ait l'air « légale ». Salem répondit qu'il avait un parent dans le commerce de raisin sec à Beyrouth qui pourrait peut-être leur fournir une adresse de destinataire.

– Du raisin sec en provenance d'Allemagne ? dit Stoler. Ce n'est pas un peu comme importer du *strudel* du Sénégal ?

Pas exactement. Il semble que l'Allemagne importe de grandes quantités de raisin et autres fruits secs, qu'elle exporte ensuite moins cher que la Grèce et la Turquie.

Stoler demanda donc à Salem de lui obtenir une commande « légale » de raisin sec.

– Comme ça, je pourrai faire avancer les choses, ajouta-t-il.

L'objectif était de demander à Salem le plus de choses possible pour qu'il ne se doute pas de la supercherie. Stoler dit ensuite qu'il ne disposait pas de bateau, mais Salem répondit que cela ne poserait pas de problème, parce que la marchandise serait en conteneur, et simplement ajoutée à une cargaison de conteneurs à destination du Liban.

Entre-temps, un agent de liaison du Mossad avait transmis des informations du Tsomet à un autre *katsa* projetant de prendre contact avec le numéro deux du Bloc Noir. L'Israélien rencontra le terroriste, lui dit que son camarade arrêté lui avait fait passer un message grâce à des « contacts » mutuels en prison : les plans étaient changés. Au lieu de vendre le haschisch, on l'échangerait contre des armes.

La date approchait. Le Mossad avait déjà commandé les armes et savait que Salem devrait se procurer l'argent par Abou Taan puisqu'il ne pouvait plus désormais compter sur le haschisch. Toutefois, le Palestinien n'avait pas de raison de s'inquiéter. Il savait qu'il pouvait contracter un emprunt-relais et *pensait* être en mesure de rembourser une fois la drogue vendue. En outre, l'homme du Mossad promit au Bloc Noir quelques missiles, en projetant de lui en livrer de faux – des missiles en plastique, ressemblant aux vrais, mais qui ne partent pas parce qu'il n'y a rien à l'intérieur.

Les morceaux du puzzle se mettaient en place sans difficulté à Hambourg et à Francfort, mais à Vienne, Ghazi Hussein continuait à poser problème. Par chance, cependant, il avait téléphoné à Salem lorsqu'il avait reçu la commande d'armes. Bien qu'il ne l'eût jamais avoué à Arafat, Hussein confia à Salem qu'il n'avait aucun contact dans ce secteur, et Salem répondit qu'il connaissait quelqu'un qui pourrait peut-être les aider. Les deux hommes savaient qu'ils n'auraient pas dû travailler en liaison sur cette affaire, mais que pouvaient-ils faire?

Au Mossad, les responsables de la sécurité s'arrachaient les cheveux; le service menait une grosse opération contre l'OLP, connue pour sa perfidie, et aucune mesure de sécurité n'était prise! Mais à part rencontrer les membres de l'OLP dans des cafés, des lieux publics, et éviter toute rencontre dans un endroit clos, les agents israéliens ne pouvaient pas faire grand-chose dans ces circonstances, si ce n'est se plaindre, condamner l'absence de sécurité et prévenir qu'ils ne se considéreraient pas comme responsables en cas de pépin.

Début juin, le plan avait déjà pris forme. Il fallait du temps pour rassembler les armes, et, pendant l'attente, chacun devint nerveux. Fin juin, Hussein à Vienne et Salem à Berlin-Est avisèrent tous deux Arafat que sa commande avait été prise et serait prête dans deux ou trois semaines.

De son côté, le major Aloony commençait à s'inquiéter pour l'argent qu'il escomptait de la vente du hasch. Il n'avait pas de nouvelles des « contacts »; il ne savait ni qui ni où ils étaient. Le seul lien qu'il avait, c'était l'adresse et le numéro de téléphone d'un des membres du Bloc Noir. Mais le chef était en prison et le numéro deux, sur les conseils de l'agent du Mossad se faisant passer pour un ami, avait dit à tous les terroristes du groupe, au cas où quiconque se renseignerait, qu'ils échangeaient le hasch contre des armes. En cas de problème, ou si quelqu'un leur téléphonait, ils devaient le prévenir immédiatement.

Quand Aloony finit par appeler son « contact », on lui répondit que le chef du Bloc Noir était en prison mais qu'un autre homme s'occupait de l'affaire. Comme convenu, le « contact » d'Aloony alerta alors le numéro deux. Le *katsa* du Mossad travaillant avec le marchand d'armes saoudien pressait celui-ci de trouver rapidement la marchandise, parce qu'il y avait urgence.

Le coup de téléphone d'Aloony apprit au Mossad que le Palestinien commençait à poser des questions, mais cela n'était pas grave : on lui donnerait des réponses soufflées par l'Institut. L'homme servant d'intermédiaire au Mossad assura Aloony qu'il n'y avait pas de problème, qu'il le préviendrait dès que le marché serait conclu. Conscient que ce genre de transaction prend du temps, Aloony ne s'inquiéta pas trop. Il savait aussi qu'au camp d'entraînement, l'OLP avait fait comprendre aux terroristes allemands que, s'ils trahissaient, c'était la mort. Comme on dit : tu peux toujours fuir, tu n'auras aucun endroit où te cacher.

Autre élément favorable pour les Israéliens, le fait que dans cette partie, même les joueurs de l'OLP n'en savaient pas autant que le Mossad sur ce qui se passait. Salem, à Berlin-Est, par exemple, ignorait que la commande passée à Hussein, à Vienne, faisait double emploi avec la sienne. Elle avait été transmise non par Abou Taan, qui s'occupait de Salem, mais par Abou Zaïm, responsable de la sécurité personnelle d'Arafat. Si Salem savait que les armes devaient équiper la Force 17, Hussein n'avait aucune idée de leur destination.

L'agent du Mossad à Vienne et Hussein prirent leurs propres dispositions pour le paiement et la livraison de la marchandise. Hussein connaissait un moyen de faire transporter les armes par un avion libyen sans qu'elles soient inspectées à la douane. Il n'expliqua pas comment, dit simplement qu'il voulait qu'elles soient mises dans des conteneurs qu'il se chargerait ensuite d'acheminer jusqu'à Beyrouth. Le plan consistait à lui fournir *quelques* armes réelles, mais les missiles, comme à Hambourg et à Francfort, seraient factices.

L'essentiel était d'assurer une parfaite synchronisation entre Vienne, Hambourg et Francfort. Un accroc dans l'une de ces trois villes pouvait non seulement compromettre l'ensemble du plan mais créer une situation extrêmement dangereuse.

A Hambourg, où la cargaison se trouvait dans un entrepôt que rien ne distinguait de ses voisins, les armes devaient être dissimulées dans un conteneur de raisins secs après avoir été montrées à Aloony et au sergent Alsharif. On scellerait ensuite le conteneur, on fermerait les portes de l'entrepôt, on remettrait la clef à Aloony et on lui fixerait rendez-vous le lendemain au même endroit. Le conteneur serait chargé sur un camion, puis porté au bateau à destination de Beyrouth.

Après avoir reconduit Aloony à son appartement, l'agent du Mossad retournerait à l'entrepôt, ôterait le cadenas et le numéro inscrit sur la porte, les mettrait sur l'entrepôt voisin, qui lui ressemblait comme un frère. Il y aurait à l'intérieur un autre conteneur rempli uniquement de raisins secs de qualité inférieure, et c'est celui-là qu'Aloony enverrait à Arafat.

Stoler (Aïtan) demanda à Aloony d'apporter l'argent tout de suite parce qu'il voulait disposer de quelques heures pour s'éclipser.

– Pas de problème, répondit le Palestinien. Mais je dors dans l'entrepôt avec les raisins.

– Entendu, dit Stoler, dont le cœur manqua un battement. Je passe te prendre demain à 18 heures.

– Tu avais dit le matin...

– Je sais, mais c'est pas une bonne idée d'aller là-bas en plein jour, avec les armes. Trop de monde dans le secteur.

Il y avait un problème. Comment procéder à la substitution de conteneurs si Aloony dormait dans l'entrepôt?

Pendant ce temps, les armes commandées par Hussein étaient entreposées dans une petite maison à la sortie de Vienne. Le *katsa* fit savoir à Hussein que son adjoint se chargerait de la transaction et demanda au Palestinien d'apporter 3,7 millions de dollars au lieu de rendez-vous. Après quoi on lui donnerait l'adresse de la maison et la clef. Auparavant, un des hommes de Hussein serait conduit les yeux bandés au pavillon pour vérifier la marchandise. On lui permettrait de donner un coup de téléphone à Hussein (ensuite la ligne serait coupée) pour confirmer que tout était en ordre. L'homme serait ensuite enfermé dans la maison, l'argent changerait de mains, Hussein recevrait clef et adresse. Le Palestinien avala l'histoire.

Le 27 juillet 1981, à Hambourg, le Mossad se débattait toujours avec le problème Aloony. Les armes devant être chargées dans le conteneur se trouvaient dans l'entrepôt. Un autre conteneur identique fut accroché au plafond, à l'un de ces treuils sur rails dont on se sert pour les caisses lourdes. A Genève, Genoud avait déjà fourni cinq millions de dollars pour la transaction de Hambourg et trois millions sept pour celle de Vienne.

A 18 heures, le 28 juillet, une voiture vint prendre Aloony et le conduisit à l'entrepôt. Il demanda à vérifier plusieurs caisses d'armes au hasard puis on chargea la cargaison dans le conteneur, on la recouvrit de raisins secs, on scella le conteneur. Aloony était prêt à remettre l'argent mais Stoler lui dit :

– Pas ici, il y a trop de monde. Dans la bagnole, on sera plus tranquilles.

Quand ils furent dans la voiture, Stoler procéda lui aussi à une vérification : à l'aide d'un appareil électronique qu'il utilisa sur quelques liasses, il s'assura que les dollars n'étaient pas faux. Pendant ce temps, on fit descendre le conteneur suspendu, on souleva celui qui contenait les armes et on le remisa dans le fond de l'entrepôt, derrière d'autres caisses.

La substitution ne prit qu'une dizaine de minutes : à son retour, Aloony vit ce qui lui parut être le même conteneur, avec les mêmes scellés. Le lendemain, après avoir soigneusement arrimé ses raisins secs, Aloony mit le cap sur Beyrouth.

Après le départ du Palestinien, l'équipe du Mossad retourna dans l'entrepôt, sortit les armes du premier conteneur, les chargea sur un camion et les rapporta au marchand. Quant aux raisins secs, ils furent envoyés en Israël.

La même nuit à Francfort, un accord fut conclu pour échanger le haschisch contre des missiles et les Israéliens dirent au terroriste du Bloc Noir de venir le lendemain avec son équipe pour prendre livraison des armes. La drogue fut remise à un membre de la F-7 de Panama, l'unité spéciale formée par Harari. Le haschisch fut expédié au Panama en échange d'un crédit de sept millions de dollars environ. L'idée était de vendre la marchandise sur le marché des États-Unis, où elle atteint un prix beaucoup plus élevé qu'en Europe. Une fois que les Panaméens l'auraient vendue, ils donneraient au Mossad les sept millions et garderaient pour eux le bénéfice qu'ils auraient fait.

Le lendemain, quand les membres du Bloc Noir vinrent prendre les missiles factices, la police les attendait. Une vingtaine d'hommes furent arrêtés ce jour-là.

Ce même 29 juillet, à l'aéroport de Vienne, trois hommes ayant chargé une partie des armes provenant du pavillon de banlieue furent épinglés par la police locale, informée par le Mossad que Hussein et ses adjoints venaient de débarquer du Liban pour introduire clandestinement en Autriche des armes destinées à frapper une cible juive. Le gros de la marchandise, resté dans la maison, fut récupéré par le Mossad. Il en laissa quelques-unes sur place pour que la police les trouve lorsqu'elle vérifierait que Hussein était en train de se constituer un stock.

Au total, le Mossad empocha entre quinze et vingt millions de dollars. Khader était mort; Hussein fut expulsé, ses deux collaborateurs et une vingtaine de terroristes du Bloc Noir emprisonnés.

Ce succès eut un effet merveilleux sur le moral du Mossad. Non seulement l'OLP avait tout perdu mais elle devait plusieurs millions à son banquier. Le coup monté priva la Force 17 d'armes pendant un certain temps et ridiculisa les Palestiniens. Ce qu'il advint des raisins secs envoyés en Israël reste un mystère.

Autre épilogue à cette histoire, le sort du chauffeur/garde du corps d'Arafat, Dourak Kassim, agent du Mossad. Il perdit une jambe pendant un raid aérien d'Israël contre une base palestinienne de Tunis. Il continuait à envoyer ses rapports depuis cette base mais n'avait pas été averti de l'attaque. Furieux, il plaqua ses deux patrons et alla s'établir en Amérique du Sud.

14

EN AMÉRIQUE SEULEMENT

Quand Jonathan J. Pollard, trente et un ans, et sa femme Anne Henderson-Pollard, vingt-cinq ans, furent arrêtés fin novembre 1985, après avoir vainement tenté d'obtenir l'asile politique à l'ambassade israélienne de Washington, les retombées prévisibles concentrèrent un moment l'attention sur une question embarrassante et explosive : le Mossad opère-t-il aux États-Unis?

Officiellement, le Mossad répond non, mille fois non. Absolument pas. De fait, les *katsas* n'ont même pas le droit de porter de faux passeports américains ou d'utiliser des « couvertures » américaines dans leur travail tant les rapports sont délicats entre l'État d'Israël et son partisan le plus puissant.

Comment expliquer Pollard, alors? Facile. Il ne faisait pas partie du Mossad. Depuis le début de l'année 1984, il recevait deux mille cinq cents dollars par mois d'un organisme appelé *Lishka le Kishrei Mada*, ou LAKAM, sigle hébreu pour le Bureau de liaison des Questions scientifiques du ministère israélien de la Défense; et envoyait des documents secrets au domicile d'Irit Erb, secrétaire à l'ambassade israélienne. Le LAKAM était alors dirigé par Rafael Eitan, qui nia publiquement tout rapport avec le Mossad, mais qui était un ancien *katsa* de l'Institut ayant participé à l'enlèvement d'Adolf Eichmann en Argentine en 1960.

Pollard était juif, chercheur au Centre de Suitland (Maryland), près de Washington, qui fait partie des services de renseignements de la marine. En 1984, il fut muté au Centre d'alerte antiterroriste de la Division Analyse des menaces de ces mêmes SR, transfert curieux si l'on sait que les services de sécurité lui avaient précédemment reproché de transmettre des informations à l'attaché militaire d'Afrique du Sud, et que son nouveau poste lui donnait accès à des documents secrets très importants.

Il ne fallut pas longtemps pour établir que Pollard communiquait ces documents aux Israéliens. Confronté au FBI, il accepta de coopérer en leur livrant ses « contacts » israéliens. Pollard fut donc placé sous surveillance vingt-quatre heures sur vingt-quatre par le FBI mais céda à la panique et demanda asile à Israël. Lui et sa femme, accusée de complicité, furent arrêtés alors qu'ils quittaient l'ambassade.

Naturellement, les Américains exigèrent des explications. Après un coup de téléphone du secrétaire d'État George Shultz au Premier ministre Shimon Pérès, le 1er décembre à 3 h 30 du matin, heure de Jérusalem, ce dernier, qui avait lui-même créé le LAKAM dans les années 1960, quand il était vice-ministre de la Défense, présenta des excuses officielles : « Espionner les États-Unis est en totale contradiction avec notre politique. Une telle activité, si elle a bien eu lieu, constitue une erreur, et le gouvernement d'Israël s'en excuse. »

Pérès ajouta que si des responsables gouvernementaux étaient impliqués, ils devraient « rendre des comptes, que l'organisme concerné... serait dissous... et que les mesures nécessaires seraient prises pour que de telles activités ne se renouvellent pas. » (Tout ce que les Israéliens firent, c'est changer l'adresse du LAKAM et le rattacher au ministère des Affaires étrangères.)

Même si Peres n'en croyait pas un mot, ses déclarations parurent cependant satisfaire le gouvernement américain. Richard Helms, ancien directeur de la CIA, souligna qu'il n'était pas rare que des pays amis s'espionnent. « On fait ce qu'on peut, dit-il. La faute, c'est de se faire pincer. »

Et tandis que les Pollard étaient conduits en prison pour espionnage – le Mossad considère le LAKAM comme une bande d'amateurs – Shultz déclarait aux journalistes : « Les excuses et les explications israéliennes nous ont donné satisfaction. » Après une brève flambée de publicité négative pour Israël, la controverse s'éteignit.

Des doutes demeurèrent, bien entendu, sur le statut exact des Pollard, mais il semble que la CIA elle-même soit persuadée que, mis à part pour ses activités de liaison, le Mossad n'opère pas aux États-Unis.

Elle se trompe.

Pollard n'appartenait pas au Mossad mais beaucoup d'autres agents qui espionnent, recrutent, organisent et mènent des activités secrètes – principalement à New York et à Washington, qu'ils surnomment leur « terrain de jeux » – font partie d'une branche spéciale, ultrasecrète du Mossad appelée simplement *Al*, « au-dessus », « en haut ».

Cette unité est si secrète, si totalement séparée du reste de l'organisation que la majorité des membres du Mossad ne savent même pas ce qu'elle fait et n'ont pas accès à ses dossiers sur l'ordinateur.

Mais elle existe, et emploie de vingt-quatre à vingt-sept vieux routiers du terrain, dont trois comme *katsas* actifs. La plupart de leurs activités sont menées à l'intérieur des frontières américaines. Leur tâche consiste avant tout à recueillir des informations sur le monde arabe et l'OLP – non sur les activités américaines. Toutefois, comme nous le verrons, la ligne de partage est souvent imprécise, et, dans le doute, Al n'hésite pas à la franchir.

Prétendre qu'il ne recueille pas d'informations sur les États-Unis revient à dire que la moutarde n'est pas le plat principal mais qu'on aime bien en mettre un peu sur son hot-dog. Supposons qu'un sénateur membre de la commission des armements intéresse le Mossad. Al fait rarement appel à des *sayanim*, mais la paperasse de ce sénateur, tout ce qui se trouve dans son bureau, constituerait des informations précieuses, et on prend donc pour cible un de ses collaborateurs. S'il est juif, on essaie d'en faire un *sayan*. Sinon, on le recrute comme agent, ou on en fait simplement un ami, qu'on fréquente et qu'on écoute.

Supposons encore que McDonnell Douglas souhaite vendre des avions de fabrication américaine à l'Arabie saoudite. Est-ce une question américaine ou israélienne ? Pour ce qui concerne l'Institut, c'est l'affaire d'Israël. Quand on dispose d'un tel postulat, il est très difficile de ne pas s'en servir. Alors les Israéliens s'en servent.

L'une des opérations les plus célèbres d'Al comportait le vol de travaux de recherche à plusieurs grandes firmes aéronautiques américaines afin d'aider Israël à obtenir en janvier 1986 un contrat quinquennal de 25,8 millions de dollars. L'enjeu : la livraison à la marine et aux « Marines » américains de vingt et un drones de cinq mètres de long, avions Mazlat Pioneer-1 téléguidés, avec le matériel pour télécommander, lancer et récupérer les appareils. Ces drones, qui ont une caméra de télévision sous le ventre, sont utilisés pour les opérations militaires de reconnaissance. Mazlat, filiale d'une firme aéronautique israélienne étatisée (IAI), « décrocha » le contrat lors de l'adjudication de 1985 en proposant de meilleures conditions que les compagnies américaines.

En réalité, Al vola les documents. Israël travaillait bien sur un drone mais était fort loin d'avoir suffisamment progressé pour s'aligner avec des concurrents américains. Lorsqu'on n'a pas à inclure dans son offre le coût de la recherche, cela fait une différence substantielle.

Après avoir obtenu le contrat, Mazlat s'associa à la firme AAI de Baltimore, Maryland, pour l'honorer.

Al ressemble au Tsomet mais n'est pas placé sous la même autorité puisqu'il dépend directement du patron du Mossad. A la différence des antennes normales du service, celles d'Al n'opèrent pas à l'intérieur de l'ambassade israélienne mais sont installées dans des planques, ou des appartements.

Les trois équipes d'Al sont structurées comme une antenne. Supposons que, pour une raison quelconque, les relations entre Israël et la Grande-Bretagne se détériorent soudain et que le Mossad doive quitter le Royaume-Uni. Les Israéliens pourraient envoyer une équipe d'Al à Londres et disposer d'un réseau clandestin complet le lendemain. Les officiers traitants d'Al sont parmi les plus expérimentés de l'Institut.

L'Amérique est un pays où bousiller le boulot peut avoir de graves conséquences. Mais ne pas travailler sous le couvert de l'ambassade pose des problèmes, en particulier en matière de communications. Si des agents d'Al se font prendre aux États-Unis, ils sont emprisonnés pour espionnage. Il n'y a pas d'immunité diplomatique. Le pire qui puisse arriver à un *katsa* normal, qui jouit de cette immunité, c'est l'expulsion. Officiellement, le Mossad a une antenne de liaison à Washington, et c'est tout.

Autre difficulté qui empêche de travailler depuis l'ambassade israélienne à Washington, le fait qu'elle soit située derrière un centre commercial, à flanc de colline, dans International Drive. Il y a peu d'autres bâtiments aux alentours excepté l'ambassade jordanienne, qui se trouve plus haut et domine celle d'Israël – piètre emplacement pour se livrer à des activités clandestines.

Soit dit en passant, contrairement aux rumeurs, le Mossad n'a pas d'antenne en Union soviétique. 99,99 % des informations qu'il recueille sur le bloc de l'Est proviennent « d'interrogatoires positifs », ce qui signifie simplement interroger des émigrés juifs venant des pays communistes, analyser et traiter ces informations. On peut ainsi avoir une image plutôt fidèle de ce qui se passe en Union soviétique et l'attribuer à un service de renseignements opérant sur place. En fait, travailler là-bas s'est révélé trop dangereux. La seule activité consiste à aider les gens à sortir – créer des filières d'évasion, ce genre de choses. Une organisation séparée placée sous la responsabilité du Mossad s'en occupe ; elle porte le nom de *nativ*, qui signifie « passage » en hébreu. Les informations sur le bloc de l'Est constituent une bonne monnaie d'échange. Assorties à des données recueillies dans d'autres pays – par exemple, les informations radar des Danois –, elles contribuent à donner d'Israël l'image d'un pays qui sait beaucoup de choses.

Les Américains ne soupçonnent pas qu'une grande partie de nos informations nous est fournie par l'OTAN, informations qu'on peut trafiquer pour les rendre plus impressionnantes. Avant Gorbatchev, les médias soviétiques n'étaient pas une source très importante, mais on pouvait toujours glaner des renseignements à partir de rumeurs ou de conversations. Même en ce qui concernait les mouvements de troupes. Quelqu'un pouvait se plaindre par exemple de ne plus avoir de nouvelles de son cousin, affecté ailleurs. Même si dix émigrés seulement arrivaient quotidiennement en Israël, ils fournissaient cependant une quantité d'informations extraordinaire.

Bien qu'extérieures à l'ambassade, les antennes d'Al opèrent pour la plupart comme des antennes ordinaires et communiquent directement avec le siège de Tel-Aviv, par téléphone télex ou modem. Elles n'utilisent pas d'émetteur-radio parce que même si les Américains ne parvenaient pas à déchiffrer les messages ils se rendraient compte qu'il y a des activités secrètes dans le secteur, ce que le Mossad tient à éviter. La distance joue également un rôle.

Les *katsas* d'Al sont les seuls de tout le service qui utilisent des passeports américains. Ils violent ainsi deux règles fondamentales : ils opèrent dans le pays-cible, et prennent pour « couverture » la nationalité locale. On ne doit jamais se faire passer pour un Anglais en Angleterre, ou pour un Français en France. Cela rend trop facile la vérification des documents utilisés. Si vous remettez à un flic parisien votre permis de conduire, par exemple, il peut s'assurer immédiatement qu'il est authentique... ou non.

Al s'en tire parce que les faux papiers qu'il utilise sont de première qualité. C'est impératif. En territoire *ennemi*, vous ne devez pas vous faire prendre pour ne pas être descendu. Aux *États-Unis*, votre meilleur ami, vous ne devez pas vous faire prendre pour que votre pays tout entier ne soit pas descendu. Le FBI a probablement des soupçons de temps en temps, mais ne sait pas vraiment.

L'histoire qui suit m'a été racontée par Uri Dinure, mon instructeur de NAKA, qui était alors responsable de l'antenne d'Al à New York. Dinure prit une part active à une opération qui affecta la politique étrangère américaine, créa un problème intérieur grave pour le président Jimmy Carter, et suscita un conflit racial entre Juifs américains et dirigeants de la communauté noire. Si les États-Unis avaient appris l'ampleur et la nature du rôle du Mossad, les relations, depuis toujours très bonnes, entre les deux pays auraient pu être compromises, voire rompues.

D'abord un coup d'œil sur 1979.

Ce qui marqua le plus cette année, ce fut la conclusion des accords de Camp David de septembre 1978 définissant un « cadre de paix », signé par Carter, Anouar al-Sadate et Menahem Begin. La plupart des pays arabes avaient réagi avec colère et indignation devant l'attitude du président égyptien. Quant à Begin, à peine eut-il quitté Camp David qu'il se mit à regretter toute cette histoire.

Le secrétaire d'État américain Cyrus Vance avait tenté une navette diplomatique de dix-huit heures en vue d'obtenir un accord avant la date limite du 17 décembre fixée à Camp David pour la signature du traité, mais avait échoué à la dernière minute lorsque Begin s'était refusé à négocier sérieusement. Cette attitude avait instauré un climat de méfiance entre Washington et Jérusalem. Début 1979, Begin envoya Moshe Dayan, son légendaire ministre des Affaires étrangères, rencontrer à Bruxelles Cyrus Vance et le Premier ministre égyptien Moustapha Khalil pour examiner les possibilités de reprendre les pourparlers. Mais Begin annonça sans ambages que la seule chose dont discuterait Dayan, c'était « comment, quand et où » la négociation pouvait reprendre, et non du contenu de l'accord.

Fin décembre 1978, la Knesset, généralement divisée, avait voté par soixante-six voix contre six son soutien à la position intransigeante de Begin envers Washington et Le Caire. Comme pour illustrer l'humeur des parlementaires, Israël avait mis fin à un retrait d'équipement militaire devant accélérer l'évacuation du Sinaï après signature d'un traité de paix. L'État hébreu intensifia aussi ses attaques contre les camps palestiniens au Liban, ce qui conduisit Richard Stone, sénateur démocrate de Floride et président de la sous-commission du Sénat sur les questions du Proche-Orient et du Sud-Est asiatique, à déclarer que les Israéliens avaient « formé le cercle avec leurs chariots ».

Après le vote de la Knesset, Begin téléphona aux dirigeants juifs américains pour demander instamment que les groupes pro-israéliens lancent une campagne de lettres et de télégrammes à la Maison Blanche et au Congrès. Un groupe de trente-trois intellectuels juifs, dont Saül Bellow et Irving Howe, écrivains qui critiquaient naguère l'intransigeance de Begin, envoya à Carter une lettre qualifiant d' « inacceptable » le soutien de Washington à la position égyptienne.

En février 1979, dans l'espoir de relancer les pourparlers, les États-Unis convièrent Israël et l'Égypte à rencontrer Cyrus Vance à Camp David. Les deux parties acceptèrent, bien qu'Israël fût furieux d'un rapport du Congrès sur les droits de l'homme préparé par le ministère de Vance et faisant état de brutalités « systématiques » à l'égard des Arabes de Cisjordanie et de Gaza, territoires occupés.

Deux semaines avant que le *Washington Post* ne publie ce rapport, des chars de l'armée israélienne avaient pénétré à l'aube dans des villages de Cisjordanie et rasé quatre maisons arabes. Le gouvernement établit en outre un nouveau poste avancé, prélude à l'installation de colons civils, à Nueima, au nord-est de Jéricho – le cinquante et unième sur la rive occidentale –, où cinq mille Juifs environ vivaient parmi sept cent mille Palestiniens.

Dans cette situation chaotique, Carter lança en mars sa propre mission au Caire et à Jérusalem. Elle dura six jours. Malgré ses faibles chances de réussite, il parvint à convaincre les deux parties d'approuver un compromis rédigé par les États-Unis amenant les deux adversaires plus près de la paix qu'ils ne l'avaient été depuis plus de trente ans. Le prix que Carter paya pour cet accord fut une aide supplémentaire de cinq milliards de dollars étalée sur trois ans à l'Égypte et à Israël. Deux des principales pierres d'achoppement avaient été les réticences d'Israël, pays sans pétrole, à rendre les gisements du Sinaï et, bien entendu, la question toujours en suspens de l'autonomie palestinienne.

En mai, Carter fit du Texan Robert S. Strauss, soixante ans, ancien président du Comité national démocrate, un ambassadeur extraordinaire chargé de la seconde étape des négociations de paix. Tout en donnant son accord officiel, Israël poursuivit ses raids contre les bases de l'OLP au Liban. Le gouvernement de Begin vota par huit voix contre cinq l'établissement d'une autre colonie juive à Elon Moreh, en Cisjordanie occupée, ce qui incita cinquante-neuf personnalités juives américaines à envoyer à Begin une lettre ouverte critiquant la politique israélienne.

Pour ne rien arranger, Begin eut une légère crise cardiaque et Dayan découvrit qu'il avait un cancer. En Israël, l'inflation atteignit cent pour cent. Le déficit de la balance des paiements approchait les quatre milliards de dollars, et la dette extérieure, portée à treize milliards, avait doublé en cinq ans, provoquant une grave crise politique intérieure.

Sadate et Carter commencèrent à presser Israël d'accepter un plan conduisant à l'autonomie palestinienne. Les pays arabes étaient partisans d'un État souverain indépendant sur la rive occidentale du Jourdain et dans la bande de Gaza, qui constituerait une patrie pour les Palestiniens qui y vivaient déjà et pour les millions de membres de la diaspora. Les Israéliens étaient tout à fait opposés à l'idée qu'un État hostile – en particulier dirigé par le chef de l'OLP, Yasser Arafat – soit établi sur ses frontières. Israël soupçonnait la dépendance américaine à l'égard du pétrole arabe de faire pencher la politique des États-Unis du côté des intérêts arabes.

En l'absence de Begin, convalescent, Dayan s'efforçait de diriger le gouvernement. En août, il mit en garde les Américains contre une reconnaissance de l'OLP et tout ce qui pourrait favoriser la création d'un État palestinien complètement indépendant en Cisjordanie et dans la bande de Gaza. Au terme de cinq heures de réunion orageuse, le cabinet israélien décida d'inviter les États-Unis à respecter leurs engagements antérieurs, en particulier leur promesse d'opposer leur veto à toute tentative des pays arabes pour modifier la résolution 242 des Nations unies reconnaissant le droit à l'existence d'Israël. Dayan menaça de se retirer des négociations – dans l'impasse – sur l' « autonomie » si les Américains réclamaient avec trop d'insistance l'établissement de relations avec l'OLP.

Ce qui provoquait la colère des Israéliens, c'était la manœuvre concertée lancée en été par l'Arabie saoudite, le Koweit et l'OLP pour tenter de faire pencher la balance de leur côté. Les Saoudiens avaient commencé par décider en juillet d'augmenter leur production d'un million de barils par jour pour une durée de trois mois, atténuant ainsi la pénurie qui avait fait s'étirer de longues queues devant les pompes à essence des États-Unis en mai et juin. Par ailleurs, l'OLP avait adopté une position conciliante, en public du moins, afin d'améliorer une image plutôt négative en Occident. A l'ONU, les diplomates koweitiens proposèrent un projet de résolution liant le droit d'Israël à exister (résolution 242) à la reconnaissance internationale du droit des Palestiniens à l'autodétermination.

Ce plan était né en juin à Riyad, où le prince Fahd d'Arabie avait invité Arafat et l'avait persuadé d'améliorer ses relations avec les États-Unis en commençant par réduire ses activités terroristes, au moins pour un temps. Le Koweit avait été associé à l'opération du fait des compétences largement reconnues de son ambassadeur, Abdalla Yaccoub Bishara, siégeant alors au Conseil de sécurité de l'ONU.

Pour apaiser Israël, les Américains refusèrent carrément de voter pour tout projet prônant un État palestinien indépendant mais n'exclurent pas la possibilité d'une résolution plus modérée visant à affirmer simplement les droits légitimes des Palestiniens en harmonisant les termes de la résolution 242 avec les accords de Camp David.

Lorsque le Premier ministre égyptien, Moustapha Khalil, annonça aux négociations sur l'autonomie, se déroulant à l'hôtel du Mont-Carmel, face au port d'Haïfa, que son pays soutiendrait une résolution de l'ONU sur les droits des Palestiniens, le ministre de la Justice d'Israël, Samuel Tamir, accusa l'Égypte de « mettre en danger l'ensemble du processus de paix ».

Il était inévitable que le Mossad s'inquiétât lui aussi de l'évolution de la situation, en particulier du rôle grandissant sur le plan intérieur du ministre israélien de la Défense, Eizer Weizman. L'Institut ne faisait pas confiance à cet ancien pilote qui avait été commandant en chef adjoint des forces armées pendant la guerre des Six-Jours, officier héroïque et père de la légendaire aviation israélienne. Il le tenait pour un ami des Arabes, voire un traître. Son animosité envers lui était absurde. Bien qu'il fût ministre de la Défense, on ne lui communiquait aucune information ultrasecrète. Weizman était un esprit libre, le genre d'homme capable d'être en accord avec vous sur un point mais en total désaccord sur un autre. Il ne s'alignait pas systématiquement sur la position de son parti, il faisait ce qui lui semblait juste. Des hommes de ce calibre sont dangereux parce que imprévisibles.

Toutefois, Weizman avait fait ses preuves. Dans un pays où presque tout le monde effectue son service militaire, l'armée est importante. Voilà comment on se retrouve avec un gouvernement composé à soixante-dix pour cent de généraux. L'opinion ne semble pas comprendre ce qu'il y a de pernicieux dans ce fait – chez ces gens dont les narines palpitent à l'odeur de la poudre à canon.

Begin et Dayan eux-mêmes avaient des désaccords. Dayan, travailliste de la première heure, avait quitté son parti pour rejoindre Begin, personnage charismatique de la droite israélienne. Toutefois les deux hommes voyaient les Palestiniens de manière complètement différente. Ainsi que la plupart des travaillistes de sa génération, Dayan les considérait comme des adversaires, mais aussi comme un peuple. Lorsque Begin et son parti regardaient les Palestiniens, ils ne voyaient pas un peuple mais un problème. Dayan disait : « Je préfère être en paix avec eux, et je me souviens du temps où nous l'étions. » Begin disait : « Je préférerais qu'ils ne soient pas là mais je ne peux pas y faire grand-chose. » Points de vue si divergents qu'il n'était guère étonnant que les frictions soient de plus en plus vives entre les deux hommes.

C'est dans ce contexte que le Mossad avait pris contact avec des cultivateurs d'opium thaïlandais. Les Américains tentaient alors de contraindre les paysans à abandonner la culture du pavot pour la remplacer par celle du café. Le plan du Mossad consistait à se glisser dans la partie pour aider les Thaïlandais à cultiver du café – mais aussi à exporter de l'opium, source de financement pour les opérations de l'Institut.

L'une de ces opérations consistait à intensifier les efforts d'Al, à New York et à Washington, pour saper la détermination arabe à rechercher l'aide des États-Unis afin de donner à l'OLP – ou aux Palestiniens en général – un statut plus élevé par l'intermédiaire des Nations unies.

Les Israéliens, on le comprend, ne se réjouissaient absolument pas de ces manœuvres. Il y avait des attaques incessantes contre des villages d'Israël, des massacres, un climat de danger permanent. On fouillait les sacs à l'entrée des grands magasins et des cinémas. Si quelqu'un oubliait son attaché-case quelque part, il pouvait s'attendre à ce que la police le saisisse et le fasse exploser.

Des Palestiniens de Cisjordanie affluaient en Israël pour travailler. Nombre d'Israéliens avaient, pendant leur service militaire, patrouillé dans cette zone, et savaient que les Palestiniens les haïssaient. Même si l'on était de gauche et si l'on pensait que cette haine était justifiée, on n'avait pas envie de finir déchiqueté.

Il était fréquent pour les gens de droite d'exprimer leur méfiance à l'égard des Palestiniens : traiter avec eux, c'était juste un cercle vicieux. Si un homme de gauche proposait : « Laissons-les tenir des élections », un Israélien de droite répondait : « N'y songez pas. Ils éliraient quelqu'un à qui je ne veux pas parler. » L'homme de gauche arguait : « Mais ils ont annoncé un cessez-le-feu. » Et celui de droite répliquait : « Quel cessez-le-feu? Nous ne reconnaissons pas les Palestiniens comme un groupe capable d'ordonner un cessez-le-feu. » Le lendemain, un Israélien était tué par une bombe et l'homme de droite concluait : « Vous voyez, je vous l'avais dit qu'ils ne respecteraient pas le cessez-le-feu! »

Al opérait à New York depuis 1978 afin d'obtenir des informations sur les activités déployées par les Arabes autour des négociations de paix voulues par Carter. En septembre 1975, le secrétaire d'État Henry Kissinger s'était officiellement engagé à ce que les États-Unis ne reconnaissent pas l'OLP et ne négocient pas avec elle avant qu'elle n'ait affirmé le droit d'Israël à exister. Gerald Ford d'abord, Carter ensuite déclarèrent qu'ils respecteraient cet engagement. Néanmoins, les Israéliens n'y croyaient pas tout à fait.

En novembre 1978, après les pourparlers de Camp David, le parlementaire Paul Findley, républicain de l'Illinois, membre de la commission des Affaires étrangères de la Chambre des représentants, avait porté un message de Carter à Arafat, à Damas, au cours d'une réunion où le dirigeant palestinien déclara que l'OLP deviendrait non violente si l'on créait un État palestinien indépendant sur la rive occidentale du Jourdain et dans la bande de Gaza, avec un corridor reliant les deux zones.

Dès 1977, Carter réclamait une « patrie » palestinienne, et au printemps 1979, Milton Wolf, ambassadeur américain en Autriche, éminente personnalité juive, rencontra le représentant de l'OLP à Vienne, Issam Sartaoui, d'abord à une réception donnée par le gouvernement autrichien puis à un cocktail offert par une ambassade arabe. Wolf avait reçu pour mission de rencontrer Sartaoui mais de ne rien discuter d'important. A la mi-juillet, quand Arafat se rendit à Vienne pour s'entretenir avec le chancelier autrichien Bruno Kreisky et l'ancien chancelier allemand Willy Brandt, Wolf et Sartaoui eurent une réunion sérieuse pour discuter des négociations. Lorsque la nouvelle transpira, le Département d'État déclara avoir officiellement « rappelé » à Wolf la politique américaine hostile à toute négociation avec l'OLP, mais le Mossad savait que Wolf n'avait fait que suivre les instructions directes de Washington.

Il y avait aux États-Unis un mouvement croissant en faveur d'une prise de position pour la paix. Même les Arabes commençaient à en voir les avantages et le Mossad, grâce aux micros placés aux domiciles et dans les bureaux de divers ambassadeurs et dirigeants arabes à New York et Washington, apprit que l'OLP tendait à approuver la position de Kissinger en 1975 et à reconnaître le droit à l'existence d'Israël.

L'ambassadeur américain aux Nations unies était alors Andrew Young, libéral noir du Sud, ami proche de Carter, qui avait été l'un des premiers partisans du président et faisait figure de principal relais entre la Maison Blanche et la communauté noire.

Ambassadeur au parler franc et souvent controversé, Young était un pur produit du mouvement américain pour les droits civiques et avait un faible pour les déshérités, penchant qu'Israël jugeait davantage anti-israélien que pro-palestinien. Young était convaincu que Carter voulait une solution, un règlement qui libérerait les Palestiniens de la situation dont ils étaient prisonniers, et qui créerait en même temps des conditions de paix dans la région.

Young était opposé à l'établissement de nouvelles colonies juives en Cisjordanie mais désirait cependant reporter la soumission par les Arabes d'une résolution visant la reconnaissance de l'OLP aux Nations unies. Il arguait qu'un tel texte ne mènerait nulle part et qu'il valait donc mieux rédiger une résolution plus mesurée, qui permettrait en fin de compte d'atteindre le même objectif et aurait plus de chances d'être approuvée.

Bishara, l'ambassadeur koweitien, force motrice cachée derrière la résolution arabe, était naturellement en contact constant avec le représentant officieux de l'OLP à l'ONU, Zehdi Labib Terzi. Al avait loué des appartements dans tout New York et Washington, installé de nombreux dispositifs d'écoute, ce qui lui permit de surprendre, le 15 juillet, une conversation entre Bishara et Young : les Arabes ne pouvaient reporter le débat du Conseil de Sécurité sur la résolution et suggéraient que Young en discute avec quelqu'un de l'OLP.

Young déclara à Bishara qu'il ne pouvait rencontrer de représentants de l'OLP mais ajouta : « Je ne peux pas non plus refuser l'invitation d'un membre du Conseil de Sécurité à venir chez lui discuter affaires. » Bishara, bien sûr, était membre du Conseil de Sécurité, et Young poursuivit : « Il ne m'appartient pas non plus de vous dire qui vous pouvez recevoir chez vous. »

Le 25 juillet 1979, un câble en provenance de New York arriva au siège du Mossad à Tel-Aviv : « Ambassadeur des États-Unis à l'ONU doit rencontrer représentant OLP à l'ONU. » Le câble portait la mention : « Urgent. Tigre. Noir », ce qui signifiait qu'il était réservé au Premier ministre et à quelques-uns de ses collaborateurs au plus haut niveau – probablement pas plus de cinq personnes au total.

Il fut transmis en code au bureau du directeur du Mossad, Itzhak Hofi, qui porta personnellement le texte décodé à Begin. Les dirigeants israéliens furent atterrés d'apprendre que Young était sur le point de rencontrer Terzi. La question était maintenant de savoir s'il fallait empêcher la rencontre ou la laisser avoir lieu. La seconde solution prouverait que les craintes israéliennes étaient fondées, qu'il y avait bel et bien changement d'attitude des États-Unis à l'égard d'Israël. Elle montrerait aux amis américains d'Israël en haut lieu le danger que la politique actuelle du gouvernement américain recelait, et provoquerait du même coup un changement en faveur de l'État hébreu.

Elle aiderait aussi à évincer Young, considéré comme une menace à cause de son ouverture d'esprit et de son attitude positive envers l'OLP. Il ne correspondait pas aux besoins d'Israël.

Le 26 juillet, Young et son fils Andrew, six ans, allèrent à l'hôtel particulier de Bishara. Alors que les micros d'Al captaient tout ce qui se disait, Young fut accueilli par le Koweitien et l'ambassadeur syrien. Cinq minutes plus tard, Terzi arriva, et pendant que l'enfant jouait seul, les trois diplomates discutèrent et se mirent apparemment d'accord pour que la session du Conseil de Sécurité soit reportée du 27 juillet au 23 août. (Elle fut effectivement remise.)

Aussitôt après, Young partit avec son fils. Moins d'une heure plus tard, le *katsa* d'Al emportait une transcription complète de la discussion, et le chef de l'antenne, Uri Dinure, prit un avion d'El Al pour Tel-Aviv. Il fut accueilli à l'aéroport par Itzhak Hofi, en réponse au télégramme qui l'avait précédé : « L'araignée a avalé la mouche. » Les deux hommes portèrent directement le texte à Begin, Hofi en prenant connaissance pendant le trajet.

Dinure ne resta que six heures en Israël avant de repartir avec une copie de la transcription qu'il devait remettre à l'ambassadeur israélien à l'ONU, Yehuda Blum, expert en droit international d'origine tchécoslovaque.

Hofi ne souhaitait pas que les médias apprennent la rencontre. En particulier, il ne tenait pas à « griller » son réseau de New York. Il fit donc valoir que Begin pourrait obtenir davantage en s'adressant directement au gouvernement américain et en discutant avec lui – comme les Israéliens l'avaient fait après les contacts de Milton Wolf avec l'OLP à Vienne. Hofi ajouta qu'il serait politiquement mauvais, aux États-Unis, de s'en prendre à Young, qui jouissait d'une grande popularité chez les Noirs, et que de toute façon on obtiendrait plus de concessions des Américains en travaillant en coulisse.

Mais la diplomatie n'intéressait pas Begin. Il voulait du sang. Les deux hommes convinrent toutefois qu'il ne servait à rien de divulguer toute l'affaire et de prendre ainsi le risque de « griller » leur source. Le magazine *Newsweek* fut donc seulement informé que Young et Terzi s'étaient rencontrés. Cela suscita naturellement des questions au Département d'État, qui demanda des explications à Young. Celui-ci répondit tout d'abord qu'il était sorti se promener avec son fils, qu'il était passé chez Bishara où, à sa surprise, il avait découvert Terzi. Ils avaient échangé « des propos aimables » pendant un quart d'heure environ, rien de plus.

Vance, qui revenait d'Équateur, reçut par télégramme les éclaircissements de Young. Soulagé de savoir que ce n'était qu'une rencontre fortuite, le secrétaire d'État autorisa son porte-parole, Tom Reston, à rendre publique la version de l'ambassadeur, le lundi 13 août à midi.

L'affaire paraissant faire long feu, le Mossad s'arrangea pour que Young ait vent de rumeurs selon lesquelles il se trompait lourdement s'il pensait qu'Israël en resterait là.

Inquiet, Young sollicita et obtint une entrevue avec Yehuda Blum. La rencontre dura deux heures. L'Américain ignorait que Blum avait en sa possession la transcription de sa discussion avec Bishara et Terzi. Cela permit à l'Israélien de faire dire à Young bien plus que ce qu'il avait déclaré au Département d'État.

Blum n'était pas fou de Young – dans la plupart de ses rapports, il ne faisait pas grand cas de l'Américain –, mais c'était un fin diplomate. Sachant exactement ce qui s'était passé, il parvint à faire avouer à Young toute l'histoire. Cela signifiait que les Israéliens pouvaient désormais citer Young comme source pour ne pas avoir à révéler qu'ils étaient au courant depuis le début.

Young, qui croyait encore qu'Israël désirait avant tout l'ouverture de négociations, ne comprit pas qu'on l'avait berné. Après l'entrevue avec Blum, et les aveux de Young, l'ambassadeur américain en Israël fut convoqué par Begin, qui se plaignit officiellement. La plainte fut soumise à peu près en même temps au diplomate et à la presse pour garantir qu'elle ne se perde pas sur le chemin de Washington.

Le 14 août à 7 heures, un télégramme urgent de l'ambassadeur des États-Unis à Tel-Aviv arriva sur le bureau de Vance à Washington : ce que Young avait raconté à Blum, selon les Israéliens, différait beaucoup de ce qu'il avait déclaré au Département d'État, et de ce que celui-ci avait à son tour communiqué aux médias la veille. Vance alla à la Maison Blanche, dit à Carter que Young devait démissionner. Le président accepta avec une certaine hésitation et demanda « vingt-quatre heures pour réfléchir ».

Young arriva aux appartements privés du président à la Maison Blanche à 10 heures le lendemain matin, 15 août 1979, sa lettre de démission à la main. Après une discussion d'une heure et demie, il sortit un moment puis rejoignit Carter. Les deux hommes se rendirent au bureau de Hamilton Jordan, où les principaux collaborateurs de la Maison Blanche s'étaient rassemblés. Le bras de Carter autour de ses épaules, Young annonça à ses amis qu'il démissionnait. Deux heures plus tard, le secrétaire chargé des relations avec la presse, Jody Powell, à peine capable de garder son sang-froid, déclara que, malheureusement, Young avait démissionné.

Strauss, envoyé extraordinaire des États-Unis, déclara dans l'avion l'emmenant au Proche-Orient : « L'affaire Young... entretient les soupçons sans fondement selon lesquels les États-Unis traitent en secret avec l'OLP. »

Young s'efforça plus tard de se justifier en disant :

– Je n'ai pas menti, je n'ai pas dit toute la vérité. J'avais fait précéder mes propos [au Département d'État] de cette remarque : « Je vais vous donner une version officielle », et *j'ai donné* une version officielle, qui n'était en aucune façon fallacieuse.

Mais le mal était fait, Young était évincé, et il s'écoulerait un certain temps avant que les États-Unis ne tentent à nouveau de traiter avec l'OLP. Ainsi, à travers son vaste réseau d'activités clandestines, Al avait réussi à mettre fin à la carrière d'un des amis les plus proches de Carter – mais qu'il ne considérait pas comme un ami d'Israël.

En quelques jours, l'histoire fit la une des journaux et Uri Dinure, trouvant que le secteur devenait malsain, réclama son transfert. Toutes les planques du Mossad furent fermées, le réseau de New York s'installa dans d'autres appartements. L'Institut s'attendait à une opération d'envergure contre lui – elle ne vint pas. Ce fut comme écouter le sifflement d'une bombe qui tombe : on attend le boum mais rien ne vient.

Les retombées politiques de l'affaire ouvrirent cependant

l'un des chapitres les plus sombres des relations entre Juifs et Noirs aux États-Unis.

Les dirigeants de la communauté noire américaine furent consternés par le départ de Young. Richard Hatcher, maire de Gary, dans l'Indiana, déclara au magazine *Time* qu'il s'agissait d'une « démission forcée », d'une « insulte à la population noire ». Benjamin Hooks, dirigeant de l'Association nationale pour le progrès des gens de couleur (NAACP) souligna que Young avait été « l'agneau sacrificiel de circonstances échappant à son contrôle ». Young, dit-il, « aurait dû recevoir une médaille » pour son « coup d'éclat diplomatique » au lieu de perdre son emploi.

Le révérend Jesse Jackson, qui serait plus tard candidat à la présidence, déclara pour sa part : « Cette démission forcée crée dans le pays un climat d'extrême tension. » Les relations entre Juifs et Noirs « sont plus tendues qu'elles ne l'ont été depuis vingt-cinq ans ».

Young lui-même, tout en écartant l'idée d'un conflit entre dirigeants noirs et juifs, prédit « quelque chose comme une confrontation entre amis ». Il ajouta que la nouvelle attitude de la communauté noire sur la question du Proche-Orient « ne devait absolument pas être considérée comme antijuive. Elle est peut-être pro-palestinienne d'une façon différente, auquel cas il appartiendra à la communauté juive de trouver un moyen de s'accommoder de ce fait sans devenir anti-noire. »

D'autres dirigeants de couleur voulurent savoir pourquoi Young avait été « démissionné » pour avoir rencontré un représentant de l'OLP alors que l'ambassadeur américain Wolf, dirigeant juif de premier plan, n'avait pas été limogé malgré plusieurs entrevues avec l'OLP. La différence essentielle, bien sûr, c'était que Wolf n'avait pas été pris en train de mentir à ce sujet.

En fait, le principal vainqueur de ce jeu d'intrigues parut être l'OLP, et non Israël, car de nombreuses organisations noires américaines exprimèrent leur soutien à Young, et la cause palestinienne, largement négligée par les médias auparavant, bénéficia soudain d'une attention plus favorable. Fin août, le révérend Joseph Lowery, président de la Southern Christian Leadership Conference, mouvement chrétien, conduisit à New York une délégation exprimant à Terzi son soutien inconditionnel aux « droits de tous les Palestiniens, y compris le droit à l'autodétermination en ce qui concerne leur patrie ». Le lendemain, rencontrant Blum, l'ambassadeur israélien, le groupe déclara qu'il ne s'excusait pas de « soutenir les droits des Palestiniens, tout comme (il ne s'excusait pas) auprès de l'OLP de continuer à soutenir l'État d'Israël ». Blum répondit : « C'est absurde de nous comparer à l'OLP. Cela revient à mettre sur un même pied criminels et policiers. »

Une semaine plus tard, deux cents dirigeants noirs américains se réunirent au siège du NAACP à New York et soulignèrent : « Certains intellectuels et organisations juifs qui auparavant faisaient leurs les aspirations des Noirs américains... défendent à présent le statu quo racial... Les Juifs doivent montrer plus de sensibilité, être prêts à des échanges de vues plus nombreux avant de prendre des positions contraires aux intérêts de la communauté noire. »

Un groupe de onze organisations juives répondit : « C'est avec peine et avec colère que nous prenons note de ces déclarations. Nous ne pouvons pas travailler avec ceux qui recourent aux demi-vérités, aux mensonges et au fanatisme, sous quelque déguisement que ce soit... Nous ne pouvons pas travailler avec ceux qui cèdent au chantage arabe. »

Le *Time* du 8 octobre montra Jesse Jackson embrassant Yasser Arafat dans le cadre d'une mission au Proche-Orient que le dirigeant noir s'était lui-même assignée après que Begin eut refusé de le rencontrer à cause de ses sympathies pour l'OLP. Jackson qualifia ce refus de « rejet des Noirs d'Amérique, de leur soutien et de leur argent ». Au cours de ce même voyage, Lowery, qui accompagnait Jackson, chanta *We Shall Overcome* « Nous triompherons » – en chœur avec Arafat.

Quelques jours plus tard, le président de la National Urban League, Vernon E. Jordan Jr, tenta de calmer la tempête dans un discours à Kansas City : « Les relations entre Juifs et Noirs ne doivent pas être mises en danger par des flirts inconsidérés avec des groupes terroristes attachés à la liquidation d'Israël. Le mouvement pour les droits civiques des Noirs n'a rien de commun avec des groupes dont la prétention à la légitimité est compromise par l'assassinat de sang-froid de civils innocents et d'écoliers. »

Jackson, qualifiant l'OLP de « gouvernement en exil », rencontra Jordan à Chicago et celui-ci expliqua par la suite : « Nous nous sommes mis d'accord pour ne pas être d'accord sans nous fâcher. »

Il n'en allait pas de même pour Moshe Dayan. En octobre 1979, las de la ligne dure imposée par Begin sur la question palestinienne, Dayan donna sa démission – un dimanche matin, en pleine réunion du Cabinet –, laissant Begin s'occuper lui-même du ministère des Affaires étrangères. Dans une interview accordée plus tard à Dean Fischer, chef du bureau du *Time* à Jérusalem, et David Halevy, correspondant du magazine, Dayan affirma : « Les Palestiniens veulent la paix, ils sont prêts pour une sorte de règlement. Je suis convaincu que c'est faisable. »

Peut-être. Il ne vécut pas assez longtemps pour le voir.

L'affaire ouvrit la voie à un assez grand nombre d'autres opérations de collecte d'informations auprès de divers parlementaires puisque le Mossad semblait presque avoir obtenu le feu vert : les Américains étaient forcément au courant de l'implication de l'Institut, pourtant il ne se passait rien, personne ne protestait. Dans le monde du Renseignement, si vous surprenez quelqu'un à espionner et que vous regardez ailleurs, il sera encouragé à tenter des opérations plus audacieuses jusqu'à ce que vous lui tapiez sur les doigts – ou sur la tête, selon le cas.

Al rassemblait des enregistrements effectués dans divers domiciles, des informations en provenance du Sénat et de la Chambre des Représentants, prenait des contacts, recrutait, se procurait des copies de documents – se livrait à toutes les opérations d'une antenne. Ses *katsas* fréquentaient les soirées données à Washington et à New York. Tous étaient à la tête d'entreprises légales. L'un d'eux dirigeait même une société de gardiennage qui existe encore.

Le Mossad persiste à nier l'existence d'Al. A l'Institut, on prétend que le Mossad ne travaille pas aux États-Unis. Mais la plupart des membres du service savent qu'Al existe, même s'ils ignorent ce qu'il fait exactement. Lorsque l'affaire Pollard éclata, le Mossad soutint obstinément : « Une chose est sûre : nous n'opérons pas aux États-Unis. »

Ce qui prouve seulement qu'on ne peut pas toujours croire un espion sur parole.

15

OPÉRATION MOÏSE

Ils étaient tous là : diplomates étrangers fuyant la chaleur oppressante de Khartoum ; touristes européens venus pour apprendre la plongée sous-marine dans la mer Rouge, ou partir en excursion accompagnée dans le désert nubien ; dirigeants soudanais – tous se détendaient dans le complexe touristique récemment créé à une centaine de kilomètres au nord de Port-Soudan, en face de La Mecque.

Comment auraient-ils su que c'était une « couverture » du Mossad ? Ce matin de janvier 1985, lorsque la cinquantaine de clients découvrit à son réveil que le personnel avait disparu – à l'exception de quelques autochtones laissés là pour servir le petit déjeuner –, ils ne comprirent pas ce qui s'était passé. Encore aujourd'hui, peu le savent. Pour les touristes, les propriétaires européens du complexe avaient fait faillite, comme l'expliquaient les notes laissées par le personnel. On leur promit un remboursement total (et ils l'obtinrent). Les employés – appartenant au Mossad ou à la marine israélienne – avaient filé discrètement dans la nuit, en bateau ou en avion. Ils avaient laissé aux clients de la nourriture en abondance, ainsi que quatre camions pour les ramener à Port-Soudan.

Ce qui se passa en fait dans ce club de vacances, c'est l'une des plus grandes évasions jamais vues, une histoire que le monde connut en partie seulement sous le nom d'Opération Moïse : le sauvetage de milliers de juifs noirs éthiopiens, ou Falachas, arrachés à une Éthiopie ravagée par la sécheresse, déchirée par la guerre, et conduits en Israël.

De nombreux articles, des livres même, ont fait le récit de cette opération audacieuse et secrète consistant à évacuer par avion les Falachas de camps de réfugiés du Soudan et de l'Éthiopie. Un Boeing 707 d'une compagnie de charter belge fut utilisé pour les transporter de Khartoum ou Addis-Abeba à Tel-Aviv en passant par Athènes, Bruxelles, Rome ou Bâle.

Ces comptes rendus – tous alimentés par des experts en désinformation du Mossad – prétendent que douze mille Juifs noirs éthiopiens furent sauvés au cours de cette opération brève et spectaculaire. En réalité, dix-huit mille environ furent évacués, dont cinq mille seulement par l'avion charter belge dont on parla tant. Le reste, c'est le « complexe touristique » de la mer Rouge qui s'en chargea.

A la fin du siècle dernier, plusieurs centaines de milliers de Falachas vivaient en Éthiopie, mais au début des années 1980, leur nombre était tombé à vingt-cinq mille, tout au plus, disséminés principalement dans la province lointaine du Gondar, dans le nord-ouest du pays. Depuis deux siècles, les Falachas attendaient le retour en Terre promise mais ce n'est qu'en 1972 qu'ils avaient été officiellement reconnus comme Juifs par Israël. Le rabbin séfarade Ovadia Yosef déclara que les Falachas appartenaient « indubitablement à la tribu de Dan », ce qui faisait d'eux les habitants du territoire biblique d'Havileh, aujourd'hui partie sud de la péninsule arabique. Les Falachas croient à la Torah, principales Écritures de la religion juive ; ils sont circoncis, observent le Sabbath et les règles kascher. Fait curieux, l'un des arguments essentiels qui conduisirent le rabbinat à conclure que les Falachas étaient juifs, c'est qu'ils ne célèbrent pas Hanoukah, la fête des Lumières. Cette fête commémore la victoire de Judas Maccabée sur Antiochos IV vers 167 av. J.-C., après laquelle le Temple fut purifié et rendu au culte. Mais elle ne fait pas partie de l'histoire des Falachas, qui avaient quitté Israël longtemps auparavant avec la reine de Saba, pendant le règne du roi Salomon.

Conséquence des conclusions du Conseil rabbinique, une commission gouvernementale décida que ces Éthiopiens étaient concernés par la Loi du Retour, qui permet à tout Juif de devenir automatiquement citoyen israélien dès qu'il arrive dans le pays pour y vivre.

En 1977, quand Menahem Begin devint Premier ministre, il s'engagea à aider les Falachas à venir en Terre promise. Le dirigeant éthiopien Mengistu, aux prises avec une âpre guerre civile ayant éclaté au début des années 1970, avait ordonné un châtiment sévère contre tout Éthiopien tentant de fuir, et Begin échafauda un plan de livraisons secrètes d'armes à l'Éthiopie en échange d'opérations de sauvetage des Falachas à partir du Soudan et de l'Éthiopie. Cent vingt-deux juifs noirs seulement avaient quitté Addis-Abeba par avion lorsque Moshe Dayan, ministre israélien des Affaires étrangères, confia à un reporter radio à Zurich, le 6 février 1978, qu'Israël vendait des armes à l'Éthiopie. Mengistu, qui avait exigé le secret, annula aussitôt le marché.

En 1979, lorsque Begin et Anouar al-Sadate signèrent les accords de Camp David, l'Israélien persuada l'Égyptien de convaincre le président soudanais Gaafar al-Nemeyri de permettre aux Falachas de quitter les camps de réfugiés du Soudan pour aller en Israël. Au cours des années qui suivirent, un petit nombre de Falachas, quatre mille peut-être – un filet d'eau au lieu du flot escompté – parvinrent effectivement à gagner Israël. Ce plan fut d'ailleurs enterré quand Sadate fut assassiné, en 1981, et que Nemeyri se convertit à l'intégrisme musulman.

En 1984, la situation était devenue dramatique. Comme des millions d'autres Éthiopiens, les Falachas souffraient horriblement de la sécheresse et de la famine et se mirent à affluer au Soudan pour trouver à manger. En septembre 1984, rencontrant le secrétaire d'État George Shultz à Washington, le vice-Premier ministre israélien, Itzhak Shamir, demanda aux Américains d'utiliser leur influence sur l'Égypte et l'Arabie saoudite pour amener Nemeyri à autoriser une opération de sauvetage sous le couvert de l'Aide alimentaire internationale. Le Soudan, qui avait ses propres problèmes de sécheresse, et une guerre civile dans le sud du pays, ne fut pas mécontent de la perspective d'avoir quelques milliers de bouches en moins à nourrir. Mais là encore, les dirigeants soudanais et éthiopiens demandèrent le secret absolu.

De novembre 1984 à janvier 1985, l'opération demeura effectivement secrète. La première semaine de janvier 1985, George Bush, alors vice-président des États-Unis, envoya un avion Hercules à Khartoum – avec l'accord de Nemeyri – où l'appareil embarqua cinq cents Falachas et les conduisit directement en Israël.

Cette partie de l'opération fut plus tard abondamment décrite dans la presse et divers ouvrages. Beaucoup de personnes étaient au courant, notamment Américains, Britanniques, Égyptiens, Soudanais, Éthiopiens eux-mêmes, ainsi que de nombreux dirigeants de lignes aériennes d'Europe. Elles gardèrent toutes le silence jusqu'à ce que Yehuda Dominitz, responsable de l'Agence Juive, révèle à un journaliste de

Nekuda, petit quotidien de colons juifs de la Cisjordanie, que l'opération de sauvetage était en cours. Cela mit fin non seulement à l'opération dont il parlait mais aussi à celle, secrète, que le Mossad organisait sur les côtes de la mer Rouge.

Comme cela se passe généralement dans ce genre d'affaires, la presse d'Israël était au courant depuis le début – ou du moins, elle savait ce que le Mossad et le cabinet du Premier ministre voulaient qu'elle sache – mais avait accepté de garder le secret jusqu'à ce qu'on l'autorise à publier l'histoire. Il existe un Comité des rédacteurs en chef – *Vaadat Orchim* – des principaux médias israéliens qui se réunit régulièrement avec des représentants du gouvernement pour obtenir des informations sur les événements en cours. Comme la télévision est contrôlée par le gouvernement, de même que la radio, à l'exception d'une seule station, l'audiovisuel ne pose jamais de problème.

A ces réunions, on abreuve les journalistes de versions officielles qu'on s'efforce de leur faire partager. On les envoie même parfois en mission, étant entendu que lorsqu'il sera de l'intérêt du pays de publier l'histoire, ils auront toutes les informations nécessaires. Certains pensent que ce système vaut mieux que la censure (encore qu'Israël ait aussi recours à celle-ci).

Quand l'affaire éclata au grand jour, les Arabes eurent une réaction prévisible. La Libye réclama une session spéciale de la Ligue arabe, et les journaux de nombreux pays arabes condamnèrent le Soudan pour sa collaboration avec Israël. De son côté, le gouvernement soudanais nia toute participation dans le pont aérien et le ministre des Affaires étrangères, Hashem Osman, appela les diplomates arabes, africains et asiatiques à accuser l'Éthiopie de « fermer les yeux » sur l'exode des Falachas en échange de l'argent et des armes d'Israël. Goshu Wolde, ministre éthiopien des Affaires étrangères, répliqua que le Soudan avait payé « un grand nombre de juifs d'Éthiopie pour les inciter à fuir le pays ». Dans un éditorial véhément, le journal koweitien *Al rai al A'am* écrivit : « Le passage clandestin de juifs éthiopiens au Soudan peut être considéré non comme un événement banal mais comme une nouvelle défaite infligée à la nation arabe. »

On imagine combien les Arabes auraient été indignés s'ils avaient connu toute l'affaire.

Au moment de l'opération, le Premier ministre Shimon Pérès déclara publiquement : « Nous n'aurons de cesse que nos frères et nos sœurs d'Éthiopie soient de retour chez eux. » Au printemps 1984, la situation s'aggravant pour les Falachas affamés, Pérès entreprit de mettre son projet à exécution. Tandis que des discussions avaient lieu avec d'autres gouvernements pour organiser un pont aérien via Bruxelles, Pérès demanda à Nahum Admony, alors patron du Mossad, de trouver un moyen de sauver encore plus de Falachas.

Conscient de l'urgence de la situation, Admony réclama l'autorisation d'utiliser en cas de besoin des ressources extérieures au Mossad, aussi bien civiles que militaires.

Après son entretien avec Pérès, Admony convoqua David Arbel, alors chef de la Tsafririm, branche dont l'unique objectif est de sauver des Juifs partout où ils sont menacés. Arbel, nous l'avons vu, s'était fait un nom dans la bavure de Lillehammer.

Le service d'Arbel était chargé d'établir des groupes de défense juifs appelés *misgerot*, « cadres », dans le monde entier, y compris dans certaines parties des États-Unis où l'antisémitisme est considéré comme une menace. Des gens ayant des compétences particulières, des médecins, par exemple, forment une sorte de « réserve » et sont appelés à effectuer de courtes périodes pour aider les « cadres ». En règle générale, les responsables des « cadres » dans les divers pays sont d'anciens membres du Mossad à la retraite. Leur tâche est considérée comme une sorte de récompense pour bons et loyaux services, un *tshupar* – le but étant d'utiliser l'expérience de ces hommes.

Leur principale activité consiste à aider les dirigeants des communautés juives de la diaspora à assurer leur propre sécurité. Cela se fait en partie à travers les *hets va-keshet*, « arc et flèches », brigades de jeunesses paramilitaires. Si tous les jeunes Israéliens, garçons et filles, appartiennent à cet *eduday noar ivry*, « bataillon de la jeunesse hébraïque », des jeunes d'autres pays passent souvent l'été en Israël pour y apprendre à dresser une tente, faire le parcours du combattant, se servir d'une carabine ou d'un fusil d'assaut Uzi. D'autres apprennent à construire une cache pour y dissimuler des documents ou des armes, à prendre des mesures de sécurité, à mener une enquête et à recueillir des informations.

Si aucun dirigeant gouvernemental n'a jamais approuvé l'utilisation des « cadres » en dehors de l'autodéfense, les pontes du Mossad savent tous qu'on y recourt. Ainsi, Itzhak Shamir était au courant mais Pérès, qui n'avait jamais appartenu au Mossad, l'ignorait sûrement, bien qu'il fût Premier ministre. Israël ne vend pas d'armes aux « cadres » étrangers mais leur en fournit indirectement par un arrangement avec des marchands d'armes connus.

L'Institut ne considère pas les « cadres » comme des sources d'informations, bien que leurs responsables sachent par expérience que le plus court chemin pour parvenir aux éloges consiste à fournir des renseignements utiles. Un grand nombre des jeunes formés dans les camps d'été en Israël deviennent par la suite des *sayanim*, et constituent un groupe de bénévoles bien entraînés ayant déjà prouvé leur capacité à prendre des risques. A l'exception du Canada et de la majeure partie des États-Unis, les communautés juives de la diaspora ont des « cadres » entraînés et armés, prêts à se défendre en cas de besoin.

Pour cette opération particulière, le Mossad dut faire appel à des aides extérieures. Après sa conversation avec Admony, Arbel réunit tous les responsables de la *Tsafririm*.

– Je veux « mon » Entebbe, dit-il. Je veux que mon nom passe dans l'histoire.

Arbel leur expliqua qu'il voulait faire sortir du Soudan le plus grand nombre possible de Falachas. « Tous », exigea-t-il, et il leur demanda de réfléchir aux moyens à employer.

D'ordinaire, le service d'Arbel opérait sur un budget de misère, mais il était clair qu'elle obtiendrait cette fois tout ce dont elle aurait besoin. Hayem Eliaze, chef de la division spécialisée dans les opérations clandestines pour sauver des Juifs derrière les lignes ennemies, fut directement chargé du projet Moïse, avec ordre de fournir le plus vite possible un plan opérationnel.

En trois jours, Eliaze réunit son équipe pour une séance de remue-méninges dans les bureaux du département, en face du bâtiment principal du siège du Mossad, avenue Ibn Gevirol, juste au-dessus de l'ambassade d'Afrique du Sud à Tel-Aviv. Devant des cartes en relief accrochées aux murs, chaque homme, muni des informations recueillies sur le Soudan, exposa son point de vue sur la situation et la meilleure façon de l'aborder. La plupart des Falachas se trouvaient dans des camps du Kassala et de l'Alatarch, à l'est de Khartoum, vers la frontière éthiopienne. On ne pouvait compter sur l'aide des rebelles soudanais du sud, qui combattaient depuis des années contre le gouvernement central.

Au cours d'une réunion, un des hommes étudiant la carte de la région se rappela un incident survenu près de Magna, dans la pointe nord-est de la mer Rouge, quand une vedette lance-missiles israélienne rentrant par le canal de Suez avait eu des problèmes techniques avec son radar. Compas gyromagnétique bloqué, le bateau s'était écarté de sa route. Il s'était échoué en pleine nuit sur une plage d'Arabie saoudite, ce qui avait failli déclencher un incident international.

Par miracle, l'embarcation, qui filait trente bons nœuds, avait trouvé un passage dans la barrière de corail avant de finir sur la plage. En quelques heures, un commando de la marine israélienne, répondant aux appels radio de la vedette, fut envoyé sur les lieux. Tous les documents de la vedette furent emportés, son équipage transbordé sur un autre bateau tandis que le commando établissait une tête de pont sur la plage pour défendre la position au besoin. A l'aube, le soleil se leva sur le tableau insolite d'une vedette lance-missiles israélienne, gardée par un commando, échouée sur une plage d'Arabie saoudite.

Les deux pays n'ayant pas de relations, les dirigeants israéliens demandèrent aux Américains d'informer les Saoudiens qu'il ne s'agissait pas d'un débarquement mais d'un accident, et de les avertir en outre que toute personne s'approchant du bateau serait abattue. Normalement, il n'aurait dû y avoir personne à des centaines de kilomètres à la ronde de cet endroit désertique, mais le hasard voulut qu'une tribu de bédouins fût en train de célébrer une fête à un kilomètre et demi environ. Par chance, ils ne s'approchèrent pas du bateau. Les Saoudiens envoyèrent des observateurs et un accord fut conclu : si le commando abandonnait ses positions fortifiées sur la plage, les Saoudiens laisseraient les Israéliens remettre la vedette à l'eau.

La première solution avancée consistait à faire sauter le bateau mais la marine s'y opposa (par parenthèse, plusieurs de ces vedettes lance-missiles furent vendues plus tard à la marine d'Afrique du Sud, qui les utilise encore aujourd'hui). On décida donc de faire venir par hélicoptère un liquide à base de styrol qu'on vaporisa sur toute la coque de la vedette ; on fixa à l'avant un câble relié à deux autres vedettes, on dégagea le bateau du sable et on le remorqua jusqu'au port d'Eilat.

Comme cela arrive souvent dans les séances de réflexion collective, une idée en amène une autre, et pendant l'évocation de l'incident de Magna, un autre homme intervint :

– Une minute : nous avons un droit de passage le long de la côte du Soudan, nous pouvons nous en approcher avec nos vedettes. Pourquoi ne pas transporter les Falachas par bateau ?

On examina l'idée sous toutes les coutures mais on finit par la rejeter pour quantité de raisons. L'embarquement prendrait trop de temps et ne pourrait s'effectuer sans que quelqu'un le remarque.

– Nous pourrions au moins établir là-bas une sorte d'antenne, proposa le deuxième homme.

– Comment ? Avec une pancarte « Base d'opérations du Mossad. Prière de ne pas entrer » ? ironisa un de ses camarades.

– Non. Créons un club de plongée. La mer Rouge est un endroit idéal pour la plongée sous-marine.

D'abord, le groupe rejeta l'idée, mais à mesure que le temps passait, que d'autres idées étaient avancées, celle d'une école et d'un club de plongée commença à prendre forme. Ils connaissaient déjà quelqu'un qui dirigeait un prétendu club de ce genre sur la plage. S'il passait plus de temps à plonger et à flemmarder qu'à donner des leçons ou à louer son matériel, l'homme avait au moins une présence établie sur les lieux. Avec un travail d'organisation adéquat et l'accord de Khartoum, on pouvait faire du club un véritable complexe touristique.

Yehuda Gil, l'un des *katsas* les plus expérimentés du service, fut envoyé à Khartoum jouer le rôle du représentant d'une compagnie de tourisme belge désireuse de promouvoir la plongée sous-marine dans la mer Rouge et les excursions dans le désert. Normalement, les *katsas* ne sont jamais envoyés dans un pays arabe parce qu'ils savent trop de choses qu'ils pourraient révéler à l'ennemi en cas de capture. Mais vu l'urgence de la situation, on décida de courir le risque pour cette fois.

Gil avait pour tâche d'obtenir les autorisations nécessaires, ce qui impliquait de graisser la patte de certaines personnes. Il loua une maison dans la partie nord de Khartoum et se mit au travail.

En même temps, un autre agent de la *Tsafririm* prit l'avion pour Khartoum, puis pour Port-Soudan, et se rendit ensuite en voiture à la plage où « travaillait » l'homme au petit club de plongée. La chance voulut que celui-ci en eût assez de l'endroit. Après un long marchandage, il fut expédié au Panama – où il mène encore la vie de clochard des plages – et le club changea de propriétaire.

Le Mossad commençait à voir dans cette affaire un nouveau « Tapis Magique » (célèbre opération de sauvetage de Juifs du Yémen, ramenés en Israël dans un avion Hercules au début des années 1950). Il avait déjà décidé d'utiliser à nouveau un Hercules pour transporter les Falachas, mais il faudrait considérablement développer le centre touristique pour « couvrir » l'opération. Entre-temps, Gil avait enregistré la nouvelle société propriétaire du club et commencé à organiser des circuits depuis l'Europe pour amener des touristes. Une épave fut découverte à une centaine de mètres de la côte, à vingt mètres sous l'eau ; l'idéal pour une plongée peu profonde, un bon moyen d'attirer le client.

Sur place, les Israéliens embauchèrent de la main-d'œuvre parmi les villageois. Pendant ce temps, à Tel-Aviv, la *Tsafririm* recrutait cuisiniers, moniteurs de plongée, etc., en choisissant des gens parlant français ou anglais. Connaître l'arabe constituait un plus qui permettrait de saisir des conversations entre diplomates et dirigeants arabes qui fréquenteraient le club.

Les recrues furent choisies parmi des agents que la *Tsafririm* avait utilisés pour d'autres opérations. Pour les plongeurs devant donner des cours aux touristes, le Mossad fit appel aux SR de la marine.

Un groupe de trente-cinq Israéliens environ fut chargé de faire démarrer le complexe. Pour gagner du temps, le travail se fit par équipes. Les ouvriers locaux chargés de la construction furent répartis en quatre équipes travaillant chacune un jour sur quatre. La nuit, une équipe israélienne avançait les travaux. Toutefois, du fait de la rotation des équipes de jour, personne ne s'étonnait, en revenant quatre jours plus tard, de voir une partie du bâtiment terminée.

Quant aux ouvriers israéliens, ils étaient changés régulièrement eux aussi. Plutôt que perdre du temps à obtenir les documents nécessaires pour tout le monde, le Mossad fit faire des papiers à un certain nom servant à la fois à une personne et à celle qui lui succédait.

Bien qu'il fût autorisé à amener seulement trois véhicules – une Land Rover et deux camions –, le Mossad utilisa en fait neuf camions. Il fit simplement reproduire les plaques d'immatriculation et les papiers, et dissimula les véhicules supplémentaires.

L'opération faillit capoter à cause d'une erreur idiote. Quelqu'un décida de faire venir par avion une cargaison de mottes de gazon pendant la nuit, si bien que lorsque les travailleurs locaux se présentèrent le lendemain matin, ils découvrirent une vaste pelouse verte là où il n'y avait que du sable depuis des siècles. Comment fait-on pousser de l'herbe en vingt-quatre heures ? Et même si on expliquait que c'étaient des mottes, où trouvait-on des mottes au Soudan ? Heureusement, les ouvriers soudanais se contentèrent de regarder le gazon d'un air perplexe avant de se mettre au travail.

A Khartoum, Gil avait fait imprimer des brochures sur le

club et les avait distribuées dans les agences de voyages européennes, en proposant des tarifs individuels spéciaux. Le centre n'accueillait pas les groupes : les membres d'un groupe se connaissent déjà et montrent davantage de curiosité pour ce qui se passe autour d'eux.

Le complexe fut bâti en un mois. Outre les bâtiments principaux pour les touristes, la cuisine, les chambres, etc., il y avait plusieurs remises abritant l'équipement radio et les armes. Les Israéliens amenèrent aussi tout le matériel nécessaire pour baliser et éclairer une piste d'atterrissage de fortune dans le désert.

L'approvisionnement était assuré par des vedettes israéliennes s'approchant à quelques mètres de la côte, à huit cents mètres environ de la plage. Comme cinq ou six ouvriers locaux travaillaient sur place, il fallait savoir où ils se trouvaient avant l'arrivée d'une cargaison afin qu'ils ne tombent pas par hasard sur un bateau israélien en cours de déchargement.

Pendant ce temps, l'opération faisant appel au charter belge se déroulait de son côté, le Mossad distribuant d'énormes pots-de-vin aux Soudanais. L'un d'eux, le général Omar Mohammed Al-Tayeb, ancien vice-président qui devint chef des services de sécurité pendant la présidence de Nemeyri, serait condamné à mort et à une amende de vingt-quatre millions de livres soudanaises en avril 1986 pour l'aide apportée au sauvetage des Falachas.

Au cours de cette période, il revint aux oreilles du Mossad qu'un haut fonctionnaire soudanais voulait un vélo à dix vitesses pour faciliter l'octroi de documents de voyage aux Falachas. Les choses n'étant généralement pas ce qu'elles ont l'air d'être dans ce métier, l'Institut, perplexe, demanda des éclaircissements. On lui confirma que l'homme réclamait un vélo à dix vitesses. Les Israéliens s'efforcèrent de deviner ce que cela signifiait. Voulait-il le poids d'une bicyclette en or? Était-ce un code qu'ils ne comprenaient pas? Toujours perplexes, ils sollicitèrent à nouveau des précisions et on leur répondit à nouveau que le Soudanais désirait un vélo à dix vitesses, point.

Comprenant enfin qu'il voulait vraiment un vélo, ils lui envoyèrent un Raleigh, ce qui était le moins qu'ils pussent faire.

Au club de plongée, les Israéliens étudiaient des informations sur le système radar soudanais. Ils finirent par trouver une petite brèche dans le système, couverte en partie seulement par les radars égyptiens et saoudiens, dans la région montagneuse de Rosal-Hadaribah, proche de la frontière entre l'Égypte et le Soudan, où un avion volant à basse altitude pouvait passer sans être détecté.

Il fut donc décidé que l'avion Hercules quitterait la base militaire d'Eilat, survolerait le golfe d'Akaba et la mer Rouge jusqu'à ce trou dans le système radar ennemi, avant de remonter vers les pistes d'atterrissage qu'on traçait dans le désert. Pour repérer des endroits adéquats, le Mossad envoya au club quatre pilotes israéliens se faisant passer pour des guides d'excursion dans le désert. Ils pourraient ainsi parcourir les alentours sans éveiller de méfiance et indiquer sur une carte les lieux convenant à une piste. Ils expliquèrent aussi aux autres membres du personnel comment tracer les pistes, les éclairer, etc.

Même les espions ont parfois le sens de l'humour. Un jour, un agent de la *Tsafririm* conduisit un pilote israélien à Khartoum pour le travail et l'emmena dans la villa d'un négociant local. Gil s'y trouvait aussi, et le pilote le prit pour un véritable homme d'affaires. Lorsque leur hôte s'éclipsa un moment, l'agent de la *Tsafririm* demanda à Gil dans quelle branche il était. Celui-ci répondit et enchaîna :

– Et vous?

– Oh! je suis un espion israélien.

Le pilote pâlit mais les deux autres éclatèrent de rire et le pilote ne prononça plus un mot jusqu'au moment du retour. Lorsqu'ils furent à plusieurs kilomètres de Khartoum, il cria à son compagnon :

– Espèce de crétin! On ne fait pas ce genre de chose, même pour plaisanter!

Il fallut près d'un quart d'heure à l'homme de la *Tsafririm* pour calmer le pilote et lui expliquer qui était Gil.

Faire sortir les Falachas des camps restait un problème pour les organisateurs de l'opération. Il y avait alors des centaines de milliers d'Éthiopiens qui, fuyant la guerre et la famine dans leur propre pays, avaient afflué dans les camps de réfugiés soudanais, et la difficulté consistait aussi à distinguer les Juifs des autres.

A cette fin, quelques Falachas courageux qui se trouvaient déjà en Israël – et qui seraient exécutés s'ils étaient pris – acceptèrent de retourner dans les camps pour organiser leur peuple en groupes. Très rapidement, la nouvelle se répandit parmi les Falachas mais demeura à l'intérieur de la communauté, et il ne fallut pas attendre longtemps pour que cette phase de l'opération soit prête.

Vers mars 1984, la première fournée de touristes européens était arrivée, et on commençait à parler dans les milieux diplomatiques et gouvernementaux de Khartoum de ce merveilleux club. Du jour d'ouverture à la nuit où le personnel s'enfuit, le complexe tourna à plein, éclatante réussite commerciale. Les Israéliens caressèrent même l'idée d'y attirer des dirigeants de l'OLP en quête d'un endroit où tenir un congrès. Les Palestiniens se seraient cru en sécurité au Soudan, en face de La Mecque. Le plan proposé consistait à envoyer un commando la nuit, à s'emparer des dirigeants de l'OLP, à les faire monter dans des vedettes qui les amèneraient en Israël. Cela aurait pu marcher.

Tout était prêt pour la phase finale. Les Israéliens délimitèrent une piste d'atterrissage dans le désert, fixèrent un lieu de rendez-vous où les réfugiés monteraient dans les camions pour un trajet éreintant de six heures jusqu'à l'avion Hercules. Normalement, les véhicules n'emportaient qu'une centaine de personnes à la fois, mais près du double grimpait souvent dans les camions, êtres décharnés s'entassant sous une bâche pour un long et pénible voyage. Des centaines de Falachas minés par la faim et la maladie mourraient dans cette partie du trajet, des centaines d'autres à bord du Hercules, mais comme ils avaient été reconnus comme juifs, ils seraient chaque fois que possible transportés en Israël pour y être enterrés.

Avant chaque départ, un avion de reconnaissance israélien volant à haute altitude repérait les barrages soudanais (généralement établis en milieu d'après-midi) et informait le club par radio de leurs emplacements.

La première nuit, tout parut se dérouler sans accroc. Les Falachas avaient trouvé le lieu de rendez-vous; les camions avaient évité tous les barrages. Ils parvinrent à la piste bien avant que le Hercules n'atterrisse en se guidant aux deux bandes de lumière s'étirant sur le sable du désert. Lorsque l'appareil surgit de l'obscurité, les Falachas, qui n'avaient jamais vu de près une telle chose, regardèrent cet oiseau géant se poser contre le vent, faire demi-tour et se diriger vers eux, moteurs rugissant, soulevant du sable et de la poussière.

Terrifiés, les deux cents Falachas s'enfuirent dans le noir, tentèrent de se cacher pour échapper à l'effroyable machine. Les Israéliens parvinrent à en récupérer une vingtaine seulement dans un premier temps. Après de plus longues recherches, ils décidèrent de laisser repartir l'avion quand même : le reste des Falachas embarquerait le lendemain.

Au matin, ils avaient réussi à retrouver tous les réfugiés sauf un – une vieille femme qui survécut miraculeusement à une marche de trois jours pour retourner au camp, et qui finit par aller en Israël avec un autre groupe. Les Israéliens résolurent que désormais ils laisseraient les Falachas dans les camions jusqu'à ce que le Hercules se soit immobilisé et ait ouvert ses portes arrière. Ils amèneraient ensuite les camions à un mètre de l'appareil et y feraient monter directement les Falachas.

Jusqu'à ce que l'autre opération Moïse soit révélée, le pont aérien dans le désert connut peu de problèmes. Les vols se déroulaient principalement la nuit, avec souvent deux ou trois avions opérant en même temps pour évacuer un nombre maximum de Falachas en un minimum de temps.

Il y eut quand même un pépin. Un camion vide retournant au club tomba sur un barrage; le chauffeur et le passager n'ayant pas de papiers satisfaisants, ils furent arrêtés par les deux soldats soudanais de faction, ligotés, conduits à une tente. Ces barrages, établis surtout pour traquer les rebelles du Sud, n'étaient tenus que par deux hommes dépourvus d'équipement radio, et qu'on laissait quelques jours sur place.

Le camion n'étant pas rentré au club, les Israéliens envoyèrent une équipe à sa recherche. Une fois le véhicule repéré, un plan fut hâtivement dressé. Le deuxième camion s'approcha du barrage, le chauffeur cria aux deux prisonniers de se coucher. Les soldats soudanais s'approchaient du véhicule quand le hayon s'ouvrit; une rafale de mitraillette les faucha. Les Israéliens mirent le feu à la tente, maintinrent la pédale d'accélérateur du premier camion enfoncée à l'aide d'une pierre et le lâchèrent dans le désert pour faire croire à une attaque des rebelles. En tout cas l'incident n'eut pas de conséquences.

La seule perte que les Israéliens subirent dans l'opération fut un passager d'un camion roulant vers Khartoum. Là encore, le chauffeur tomba sur un barrage mais ne s'arrêta pas. Les soldats ouvrirent le feu, tuèrent le passager. Ne disposant ni d'émetteur radio ni de moyen de transport, les deux Soudanais ne purent faire plus que tirer sur le camion jusqu'à ce qu'il soit hors de portée.

Une nuit de début janvier 1975, un message en provenance d'Israël ordonna un « retrait » immédiat. A Khartoum, Yehuda Gil mit rapidement dans une valise quelques affaires personnelles et tous ses documents, prit le premier avion pour l'Europe et, de là, rentra en Israël. Au club, pendant que les clients dormaient, les Israéliens chargèrent tout leur équipement sur des vedettes, embarquèrent une Land Rover et deux camions à bord d'un Hercules et s'éclipsèrent. Hayem Eliaze, responsable du complexe, tomba d'un camion en cours de chargement et se cassa la jambe.

Deux heures plus tard, il se retrouva quand même en Israël, savourant l'admiration de ses pairs mais regrettant qu'un dirigeant bavard et un journaliste aient mis soudainement fin à ce qui était peut-être la mission de sauvetage clandestine la plus extraordinaire de tous les temps.

Malheureusement, plusieurs milliers de Falachas demeuraient au Soudan, hors de portée des sauveteurs, à présent. Le militant falacha Baruch Tanga déclara :

– Depuis toujours, c'était dur de partir... Et maintenant, alors que la moitié de nos familles sont encore là-bas, on publie tout. Comment est-ce qu'on peut faire une chose pareille?

Il ne fut pas le seul de cet avis.

16

ASSURANCE PORTUAIRE

En été 1985, le président libyen Muammar al-Kadhafi était devenu le diable incarné pour la plupart des Occidentaux. Si Reagan fut le seul à lancer contre lui des avions de guerre, les Israéliens voyaient en Kadhafi l'homme qui fournissait aux Palestiniens et à leurs autres ennemis arabes une grande partie de leur armement.

Il est difficile de recruter des Libyens. On ne les aime nulle part, ce qui est un problème en soi. Il faudrait les recruter en Europe mais ce ne sont pas de grands voyageurs.

La Libye a deux grands ports : Tripoli, la capitale, et Benghazi, dans le golfe de la Grande Syrte. La Marine israélienne surveille les activités libyennes, principalement en effectuant des patrouilles régulières en Méditerranée. Israël considère le couloir qui mène de ses côtes à Gibraltar comme son « tuyau d'oxygène ». C'est le lien avec l'Amérique et la plupart des pays européens à la fois pour les exportations et les importations.

En 1985, l'État hébreu avait des relations plutôt bonnes avec les autres pays du littoral sud de la Méditerranée : Égypte, Maroc, Tunisie et Algérie – mais pas avec la Libye.

Les Libyens possédaient une marine plutôt puissante, avec un gros problème d'hommes et de maintenance. Leurs bâtiments tombaient en morceaux. Ils avaient acheté de grands sous-marins russes mais soit ils ne savaient pas les mettre en plongée, soit ils avaient peur d'essayer. A deux reprises au moins, des patrouilleurs israéliens surprirent des sous-marins libyens. Normalement, quand l'alarme est donnée, le submersible plonge, mais ceux des Libyens rentraient au port à toute allure pour s'échapper.

Les Israéliens disposent en Sicile d'une sous-station d'écoute grâce à la liaison avec les Italiens, qui possèdent eux aussi une station d'écoute là-bas. Cela n'est toutefois pas suffisant car les Libyens, en soutenant les activités subversives de l'OLP et autres organisations, menacent les côtes d'Israël. Tel-Aviv considère le littoral comme son « ventre mou », la frontière la plus vulnérable aux attaques, mais aussi l'endroit qui abrite la majeure partie de la population et de l'industrie d'Israël.

Une partie considérable des armes et des munitions livrées à l'OLP vient de Libye par bateau, avec souvent une escale à Chypre – ou en suivant ce qu'on appelle la « route TNT » : de Tripoli, en Libye, à Tripoli, au Liban, par Nicosie. Les Israéliens recueillaient à l'époque *quelques* informations sur les activités libyennes par l'intermédiaire de la République Centrafricaine et du Tchad, engagé dans de sérieux incidents de frontière avec les forces de Kadhafi.

Le Mossad utilisait aussi des « observateurs navals », généralement des civils recrutés par les bureaux d'Europe juste pour prendre des photos au moment où les bateaux entraient dans un port libyen. C'était sans réel danger et cela fournissait quelques indications sur les activités portuaires. Mais si les Israéliens découvraient ainsi – plutôt par chance – des cargaisons d'armes, il leur fallait de toute évidence avoir accès à des informations spécifiques sur le trafic maritime à Tripoli et Benghazi.

Lors d'une réunion à laquelle participaient l'équipe de recherche du Mossad sur l'OLP et le responsable de la branche du *Tsomet* chargée de la France, du Royaume-Uni et de la Belgique, il fut décidé d'essayer de recruter un contrôleur du trafic portuaire ou une autre personne travaillant à la capitainerie du port de Tripoli et ayant accès à des renseignements précis sur les navires : noms, lieux où ils se trouvaient, etc. Bien que le Mossad connût les noms des bateaux de l'OLP, il ne savait pas toujours où ils étaient.

Pour couler ou saisir un bateau, il faut d'abord le trouver. C'est difficile quand on ne connaît ni sa route ni la date exacte de son appareillage. Beaucoup de bâtiments longent la côte – ils l' « éraflent », dit-on au Mossad – et évitent le large où les radars peuvent les repérer. Il n'est pas facile de repérer un bateau qui longe la côte parce que son écho peut être couvert par celui des montagnes, ou parce qu'il se trouve dans un des nombreux bassins situés derrière ces montagnes. Lorsqu'il finit par en sortir, on n'est pas sûr de son identité. Il y a des quantités de bâtiments en Méditerranée : VIe Flotte américaine, flotte soviétique, navires marchands du monde entier. Le Mossad n'est pas libre de faire tout ce qu'il veut. Les pays qui bordent la Méditerranée ont eux aussi leurs radars et l'Institut doit se montrer très prudent.

Obtenir des renseignements en Libye même, c'était plus facile à dire qu'à faire. Envoyer quelqu'un pour une tentative de recrutement s'avérait trop dangereux, et le Mossad se heurtait désespérément à un mur. Finalement, un participant à la réunion qui avait travaillé comme reporter à *Afrique-Asie* *, une revue de langue française couvrant les affaires arabes, suggéra que la meilleure façon de commencer, c'était téléphoner simplement au port de Tripoli pour découvrir qui détenait les informations dont les Israéliens avaient besoin. Ainsi, ils pourraient au moins se concentrer sur une cible précise.

C'était une de ces idées simples auxquelles on ne pense pas quand on est trop plongé dans les intrigues et les détails opérationnels complexes. Le Mossad décida d'utiliser une ligne téléphonique qu'on pouvait prendre de Tel-Aviv mais qui mènerait à un bureau/appartement de Paris au cas où quelqu'un rechercherait l'origine de l'appel. C'était celle d'une compagnie d'assurances française appartenant à un *sayan*.

Avant d'appeler, le *katsa* se confectionna une couverture d'enquêteur de compagnie d'assurances, avec bureau, secrétaire, etc. Celle-ci était ce qu'on appelle une *bat leveyha*, ce qui signifie « compagne, partenaire » (pas au sens sexuel du terme). Le mot désigne simplement une femme du pays, pas nécessairement une juive, qui est recrutée comme agent adjoint et remplit une tâche pour laquelle une femme est requise. Elle sait généralement qu'elle travaille pour les services de renseignements d'Israël par l'intermédiaire de son ambassade dans le pays.

Le plan reposait sur la notion de *mikrim ve tvugot*, en hébreu, « action et réaction ». On connaît l'action, il faut prévoir la réaction. Et pour chaque réaction possible, on prévoit une autre action. C'est comme un jeu d'échecs géant, sauf qu'on n'anticipe pas au-delà de deux réactions parce que cela deviendrait trop compliqué. Cela fait partie de l'élaboration normale de plans opérationnels.

Avec le *katsa*, il y avait aussi dans la pièce, écouteurs aux oreilles, Menahem Dorf, patron de la branche OLP du Mossad, et Gidon Naftaly, chef psychiatre de l'Institut, dont la tâche consistait à procéder immédiatement à une analyse psychologique de la personne répondant au téléphone.

L'homme qui décrocha ne parlant pas français, il passa la communication à quelqu'un d'autre. Cette deuxième personne

* Voir chapitre 3.

donna le nom du responsable, précisa qu'il serait là dans une demi-heure et raccrocha.

Lorsque le *katsa* rappela, il demanda le capitaine du port dont on lui avait donné le nom, se présenta comme enquêteur d'une compagnie française d'assurances.

C'était l'unique balle qu'il pouvait tirer, il fallait qu'elle atteigne la cible. Non seulement l'histoire devait être crédible mais celui qui la débitait devait avoir l'air d'y croire lui aussi. L'officier israélien prétendit avoir besoin de divers renseignements sur certains navires du port, et d'un entretien avec la personne responsable.

– C'est moi le responsable. En quoi puis-je vous aider?

– De temps en temps, le port accueille des bâtiments dont les propriétaires prétendent qu'ils ont coulé ou subi des avaries. Nous, les assureurs, nous ne pouvons pas toujours vérifier nous-mêmes leurs allégations, et nous avons donc besoin d'en savoir davantage.

– Quoi?

– Par exemple si on répare ces navires, si on les charge ou si on les décharge. Comme vous le savez, nous n'avons pas de représentant sur place, et nous aimerions que quelqu'un s'occupe de nos intérêts. Si vous pouviez nous recommander une personne, nous serions disposés à la dédommager généreusement.

– Je crois que je peux vous aider, dit l'homme. J'ai accès à ce genre de renseignements, et je ne vois pas de problème tant qu'il s'agit de trafic civil et non de bâtiments militaires.

– Votre Marine ne nous intéresse pas, répondit l'Israélien. Nous ne l'assurons pas.

La conversation dura une dizaine de minutes, au cours desquelles le *katsa* posa des questions sur cinq ou six navires. Un seul, appartenant à l'OLP, était en réparation. Il demanda ensuite une adresse où envoyer l'argent, communiqua au capitaine du port sa propre adresse et son numéro de téléphone, et le pria d'appeler chaque fois qu'il aurait des informations qu'il jugerait utiles.

Les choses allaient si bien, l'homme paraissait tellement à l'aise que l'Israélien s'enhardit jusqu'à lui demander s'il était autorisé à accepter un autre emploi – agent de la compagnie d'assurances – en plus de ses fonctions régulières.

– Je pourrais peut-être placer des contrats, dit le capitaine, mais seulement en travaillant à temps partiel. Du moins jusqu'à ce que je voie comment ça se passe.

– Très bien. Je vous enverrai un manuel et des cartes de la

compagnie. Quand vous aurez le temps de voir ça, nous en parlerons.

La conversation s'acheva. Le Mossad avait maintenant un agent dans le port, même si le Libyen ignorait qu'il avait été recruté.

Il fallut alors faire appel à la branche affaires de la *Metsada* pour rédiger le manuel promis de manière qu'il paraisse normal tout en permettant de recueillir les informations désirées. Quelques jours plus tard, le manuel partit pour Tripoli. Une fois que l'on a communiqué à quelqu'un un numéro de téléphone et une adresse dans le cadre d'une procédure de recrutement, il faut garder ces coordonnées en activité pendant trois ans au moins, même si la procédure de recrutement ne va pas au-delà du stade initial – à moins qu'il y ait confrontation pouvant démasquer le *katsa*, auquel cas on abandonne tout immédiatement.

Pendant les deux mois qui suivirent, le nouvel agent envoya régulièrement des informations mais au cours d'un de ses appels, il annonça qu'il avait lu le manuel et qu'il ne voyait pas encore très bien en quoi consisterait le travail d'agent de la compagnie.

– Je comprends ça, dit le *katsa*. Moi-même, quand je l'ai lu pour la première fois, je n'y ai pas compris grand-chose. Écoutez, quand prenez-vous vos vacances ?

– Dans trois semaines.

– Formidable ! Plutôt que d'essayer d'expliquer ça au téléphone, pourquoi ne viendriez-vous pas en France à nos frais ? Je vous envoie les billets. Vous avez déjà fait du très bon travail pour nous, nous aimerions vous offrir un petit séjour dans le Midi, en conjuguant les affaires et le plaisir. Je serai franc avec vous, cela nous arrange, côté impôts, que vous veniez en France.

La nouvelle recrue fut emballée. Le Mossad ne lui versait que mille dollars par mois mais lui offrit au moins trois voyages en France au cours de la période pendant laquelle il le manipula. Si l'homme se révéla utile, il n'avait rien à apporter en dehors de ce qu'il savait sur les navires du port. Aussi le Mossad décida-t-il, après l'avoir rencontré en personne, d'abandonner en douceur sa tentative pour lui faire faire d'autres choses – ce qui aurait pu le mettre en danger – et de continuer à l'utiliser pour obtenir des informations sur les bâtiments de l'OLP.

D'abord les Israéliens lui posèrent seulement des questions sur certains navires entrant au port, sous prétexte qu'ils étaient assurés par leur compagnie. Puis ils inventèrent une histoire pour qu'il leur fournisse la liste de tous les bateaux à quai et promirent de le payer en conséquence. Cela leur permettrait, prétendirent-ils, de transmettre ces renseignements à d'autres assureurs qui ne seraient que trop heureux de les payer. Et eux, partageraient les bénéfices avec lui.

Le Libyen rentra tout heureux à Tripoli où il continua à livrer au Mossad des informations sur tout le trafic portuaire. Un jour, un bateau appartenant à Abou Nidal, chef du FPLP-Commandement général, se trouvait au port et embarquait du matériel militaire, notamment des missiles antiaériens et de nombreuses autres armes que les Israéliens ne voulaient pas voir finir dans les mains de combattants palestiniens postés à leurs frontières.

Ils avaient appris la présence du navire en captant les messages radio de l'organisation – et grâce à une étourderie de Nidal, qui se montrait d'ordinaire très prudent dans ses propos. Ils n'avaient plus qu'à demander à leur heureux capitaine du port où exactement se trouvait le navire et combien de temps il resterait à quai. Le Libyen leur communiqua l'emplacement du bâtiment, ainsi que celui d'un autre navire embarquant également du matériel destiné à Chypre.

Par une chaude nuit d'été, deux vedettes lance-missiles israéliennes, qui effectuaient apparemment une patrouille de routine en Méditerranée, s'arrêtèrent le temps de débarquer six hommes et un petit sous-marin à moteur électrique ressemblant à un chasseur de la Seconde Guerre mondiale sans ailes, ou à une longue torpille avec une hélice à l'arrière. Le submersible était muni d'un capot sous lequel s'assirent les six membres du commando, en tenue de plongée.

Ils s'approchèrent d'un navire entrant dans le port, se collèrent à la coque à l'aide de plaques magnétiques et pénétrèrent ainsi dans le bassin.

Le capot du sous-marin leur servait de bouclier : au cours des conversations avec le capitaine du port, le Mossad avait appris que toutes les cinq heures, la sécurité libyenne traversait le port en jetant des grenades dans l'eau, ce qui provoquait des ondes de choc assez puissantes pour tuer tout homme-grenouille se trouvant au voisinage. Le Mossad avait découvert cette mesure de sécurité un jour que son *katsa*, téléphonant au capitaine du port, avait entendu des explosions et demandé quel était ce bruit. C'est une mesure de sécurité habituelle dans la plupart des ports des pays en guerre. La Syrie et Israël en font autant.

Les plongeurs attendirent donc dans leur sous-marin le passage des services de sécurité puis se glissèrent silencieusement dans l'eau avec des mines-ventouses. Ils les posèrent sur les deux bateaux de l'OLP, retournèrent au sous-marin. Au total, l'opération ne dura pas plus de deux heures et demie. Sachant aussi quels bâtiments quittaient le port cette nuit-là, ils s'approchèrent d'un pétrolier ancré près de l'entrée du port mais ne se collèrent pas à sa coque car il aurait été trop difficile de détacher leur petit sous-marin une fois que le tanker aurait pris de la vitesse.

Malheureusement, ils tombèrent à court d'oxygène dans le sous-marin, dont les batteries lâchèrent. Ils l'amarrèrent à une bouée où on pourrait le récupérer plus tard, s'attachèrent l'un à l'autre avec un autre cordage et firent ce qu'on appelle un tournesol : insuffler de l'air sous la combinaison, qui se gonfle comme un ballon. Le plongeur flotte alors à la surface sans aucun effort. Ils dormirent même à tour de rôle, la garde étant constamment assurée par l'un d'entre eux. Quelques heures plus tard, un patrouilleur israélien les repéra aux signaux sonores qu'ils émettaient, les embarqua et les conduisit en lieu sûr.

Vers six heures du matin, quatre explosions puissantes retentirent dans le port : deux bateaux de l'OLP coulèrent avec leur cargaison de matériel militaire et de munitions d'une valeur de plusieurs millions de dollars.

Le *katsa* présuma que c'était fichu pour leur capitaine du port; sans aucun doute, les explosions avaient éveillé sa méfiance. Mais lorsqu'il lui téléphona, ce jour-là, le Libyen se montra très excité.

– Vous ne devineriez jamais ce qui s'est passé! dit-il. Ils ont fait sauter deux bateaux dans le port!

– Qui ça?

– Les Israéliens, bien sûr! répondit le capitaine. Je ne sais pas comment ils ont trouvé les bâtiments, mais ils y sont parvenus. Heureusement, ils n'étaient pas assurés chez vous, vous n'avez pas à vous en faire.

Le capitaine du port continua à travailler pour le Mossad pendant dix-huit mois environ. Il gagna beaucoup d'argent avant de disparaître un jour, laissant dans son sillage la trace de bateaux de l'OLP détruits ou capturés.

17

BEYROUTH

Heures sombres pour Israël. A la mi-septembre 1982, télévisions du monde entier, journaux et magazines montrèrent les images du massacre. Partout des cadavres d'hommes, de femmes, d'enfants. Jusqu'aux chevaux qu'on avait éventrés. Des hommes avaient été tués d'une balle dans la nuque, d'autres égorgés, d'autres encore castrés. De jeunes hommes avaient été rassemblés par groupes de dix ou vingt et fusillés en masse. La plupart des huit cents Palestiniens assassinés dans les deux camps de réfugiés de Sabra et de Chatila étaient des civils innocents, désarmés, victimes de la vengeance meurtrière des Phalanges chrétiennes.

Les troupes d'occupation israéliennes n'avaient pas seulement toléré ces atrocités, elles les avaient facilitées, provoquant la réaction immédiate de Ronald Reagan, alors le plus sûr allié d'Israël. Le président américain regretta qu'aux yeux du monde, l'image d'Israël passât de celle de David à celle de Goliath du Proche-Orient. Deux jours plus tard, il envoya de nouveau les Marines à Beyrouth, dans le contingent de la paix franco-italiano-américain.

Les réactions anti-israéliennes furent unanimes. En Italie, des dockers refusèrent de charger des navires israéliens. L'Angleterre condamna Israël et l'Égypte rappela son ambassadeur. Des manifestations de protestation s'organisèrent un peu partout, et jusqu'en Israël.

Depuis la création de l'État d'Israël, nombreux sont les Israéliens qui rêvent de vivre en bonne entente avec leurs voisins arabes – de devenir une part du monde où les gens pourraient traverser les frontières et être accueillis en amis. Mais pour la plupart, une frontière aussi ouverte que celle qui sépare le Canada des États-Unis reste quasiment inconcevable.

Vers la fin des années 70, grâce à la CIA et à des contacts européens, Admony, alors chef de Liaison du Mossad, noua d'étroites relations avec le phalangiste Béchir Gemayel. Ce dernier, aussi brutal que puissant, persuada le Mossad que le Liban avait besoin d'Israël. Le Mossad, de son côté, persuada le gouvernement israélien de la sincérité de Gemayel – ami proche de Salameh, le Prince Rouge. Cette propagande avait été orchestrée depuis des années grâce aux rapports orientés que le Mossad distillait auprès du gouvernement.

A cette époque, Gemayel était en relation aussi avec la CIA, mais avoir un « ami » dans un pays arabe, même si cet ami jouait un double jeu, était bien trop tentant pour le Mossad. En outre, Israël ne craignait pas le Liban. Selon la plaisanterie en vogue, en cas de guerre entre les deux pays, Israël enverrait son orchestre militaire qui ne ferait qu'une bouchée de celui du Liban.

De plus, les Libanais étaient bien trop occupés à se battre entre eux. Les diverses forces musulmanes et chrétiennes se disputaient le pouvoir, comme aujourd'hui, et Gemayel, assiégé, se tourna vers Israël. Le Mossad y vit une occasion en or de se débarrasser de son pire ennemi, l'OLP. Longtemps après que les agissements d'Israël se furent retournés contre lui-même, Admony, le chef du Mossad, considérait encore comme cruciaux les réseaux libanais qu'il avait mis en place pour asseoir son pouvoir.

Le Liban d'aujourd'hui ressemble sur bien des points au Chicago et au New York des années 20 et 30, lorsque des bandes rivales ou les familles de la Mafia luttaient ouvertement pour avoir la suprématie. La violence et l'ostentation étaient monnaie courante, et les autorités semblaient incapables d'y mettre fin, ou réticentes à intervenir.

Le Liban aussi possède ses familles, chacune organisée en milice ou en armée fidèle à son « Don ». Mais les loyautés religieuses ou familiales se sont effacées depuis longtemps devant les luttes de pouvoir et les énormes bénéfices provenant des multiples activités clandestines qui nourrissent la corruption libanaise et maintiennent l'état d'anarchie.

Il y a les Druzes, quatrième secte du Liban par son importance, émanation du mouvement ismaïlien. Les Druzes sont

250 000 au Liban (260 000 en Syrie qui les refoule, 40 000 en Israël), et c'est Walid Joumblatt qui est à leur tête.

Le système gouvernemental est fondé sur le dernier recensement de 1932 quand les chrétiens se trouvaient majoritaires. La Constitution veut que le président soit élu parmi les chrétiens, même si tout le monde sait que les musulmans forment à présent 60 % des 3,5 millions de Libanais, dont le plus grand nombre, environ 40 %, sont des chiites (dont l'un des chefs est Nabih Berri). Les sunnites de Rachid Karamé constituaient, au début des années 80, une autre force importante.

Les forces chrétiennes se composent, pour l'essentiel, de deux familles, les Gemayel et les Frangié. Pierre Gemayel est le fondateur du parti kataëb (phalangiste), et Sleimane Frangié fut président du Liban. Pour accéder au pouvoir, Béchir Gemayel avait un rival, Tony Frangié, mais il fut éliminé.

En juin 1978, au cours d'une attaque de sa résidence d'été d'Ehden, les phalangistes assassinèrent Tony, sa femme et leur fille de deux ans, ainsi que plusieurs gardes du corps. Gemayel, accusé de cet assassinat, rejeta l'accusation et fit porter la responsabilité du guet-apens à « une révolte sociale contre le féodalisme ». En février 1980, une voiture piégée tua la fille âgée de dix-huit mois de Gemayel et trois gardes du corps. En juillet 1980, les troupes du même Gemayel anéantirent la milice chrétienne du Parti de libération nationale de l'ancien président Camille Chamoun.

Gemayel régnait sur le domaine familial de Bikfaya, vieux de trois cents ans, dans les montagnes au nord-est de Beyrouth. La famille avait gagné des millions de dollars dans un inimaginable tour de passe-passe. Elle avait enlevé un fabuleux contrat pour la construction et l'entretien d'une route à travers des terrains montagneux. La famille reçut l'argent pour construire la route, et encaissa tous les ans les frais de réparation et d'entretien. Seulement, la route ne fut jamais construite. La famille arguait que si elle refusait l'argent de l'entretien, on s'apercevrait que la route n'existait pas.

Toujours est-il que Gemayel fut élu pour six ans à la présidence par le parlement libanais en août 1982. Il n'avait alors que trente-cinq ans. Il ne survécut pas longtemps à son élection, dont il fut d'ailleurs le seul candidat. Comme seulement cinquante-six députés avaient pris part au premier vote – six de moins que le quorum requis – les miliciens de Gemayel rameutèrent six députés réticents et le président fut élu à l'écrasante majorité de cinquante-sept bulletins pour, et cinq blancs. Begin lui adressa un télégramme de félicitations qui commençait par : « Mon cher ami. »

Outre les familles, il existait à l'époque une foule de bandes autonomes dirigées par des chefs pittoresques mais sanguinaires, Electroman, Toasteur, Cowboy, Fireball et The King. Electroman acquit son surnom après avoir reçu une balle syrienne dans la nuque. Il fut soigné en Israël où on lui installa un appareil électronique dans le larynx pour qu'il puisse parler. Toasteur, lui, avait pour habitude de griller littéralement ses ennemis avec des décharges électriques de haute tension. Fireball (Boule de Feu), n'avait pas volé son surnom. C'était un pyromane qui se délectait du spectacle d'immeubles en feu. Cowboy semblait tout droit sorti d'un film d'Hollywood, il portait en permanence un chapeau de cowboy, un ceinturon et deux pistolets. Quant au King, il avait copié la coiffure d'Elvis Presley, essayait de parler anglais en nasillant comme Elvis et donnait la sérénade à sa famille en chantant, faux, les succès d'Elvis.

Les membres de ces bandes circulaient en Mercedes ou en BMW et s'habillaient avec des costumes en soie venus de Paris. Ils mangeaient toujours bien. Peu leur importait d'être assiégés depuis six mois, ils se procuraient encore des huîtres pour le petit déjeuner. Au plus fort du siège de Beyrouth, en 1982, un restaurateur libanais essaya, dit-on, d'acheter à la ferraille un sous-marin allemand, pas pour combattre mais pour importer d'Europe du vin et des victuailles.

Outre leurs propres activités criminelles, les bandes se louaient aux familles principales, notamment pour la surveillance des barrages routiers. Ainsi, pour se rendre au palais gouvernemental, le président devait franchir deux barrages à péage.

On pouvait mener la belle vie à Beyrouth, mais on ne savait jamais pour combien de temps. Nulle part aujourd'hui la mort n'est plus proche qu'à Beyrouth, ce qui explique pourquoi les membres des bandes ou des familles brûlaient leur vie par les deux bouts. Si les 200 000 combattants ne manquaient de rien, plus d'un million de Libanais survivaient à Beyrouth et sa banlieue, dans des conditions épouvantables.

En 1978, dans sa lutte qui l'opposait à la famille Frangié, Béchir Gemayel, au visage de chérubin, avait réclamé des armes au Mossad, qui accepta de les lui fournir. (Tony Frangié n'était pas en bons termes avec le Mossad.) Le paiement s'effectua dans des conditions que le Mossad n'est pas près d'oublier.

En 1980, un groupe de phalangistes vint à la base militaire de Haïfa pour y suivre un entraînement sur des petites frégates, les Dabur, fabriquées par une société d'armement israélienne à

Beersheba, une ville paradoxalement en plein désert, mais à mi-chemin entre la mer Rouge et la Méditerranée. A la fin de leur formation, le chef de la Marine chrétienne libanaise, en costume de soie, arriva par bateau à Haïfa accompagné de trois officiels du Mossad et de trois gardes du corps chargés de plusieurs valises. Les hommes de Gemayel achetèrent cinq Dabur à six millions de dollars pièce. Ils payèrent en liquide avec les devises américaines qu'ils avaient apportées dans les valises. Ils ramenèrent les bateaux à Djouniyé, un port ravissant au nord de Beyrouth.

Quand les valises furent ouvertes, le chef de la Marine libanaise proposa au responsable du Mossad de vérifier l'argent.

– Non, nous vous croyons sur parole, répondit l'homme du Mossad. Mais si vous nous avez trompés, vous êtes un homme mort.

L'argent fut compté plus tard. Le compte y était.

Avec leur « Marine », les phalangistes croisèrent à cinq nœuds au large de Beyrouth-Ouest en mitraillant les musulmans : ces exercices tuèrent des centaines de civils innocents mais n'eurent que peu d'impact sur le déroulement des hostilités.

Gemayel, en 1979, autorisa Israël à implanter un radar naval à Djouniyé, servi par une trentaine d'Israéliens – le premier corps d'armée du pays à s'installer au Liban. Leur présence renforça le pouvoir des phalangistes, car les musulmans – et les Syriens d'ailleurs – n'étaient pas très enthousiastes à l'idée de se frotter aux Israéliens. Les tractations pour l'installation de la station radar eurent lieu dans l'enceinte phalangiste au nord de Beyrouth. Le Mossad sut récompenser Gemayel de sa compréhension...

Dans le même temps, les Israéliens avaient un autre allié au Sud-Liban en la personne du général Saad Haddad, un chrétien commandant une milice chiite et qui voulait, autant qu'Israël, déloger les forces palestiniennes d'Arafat. Lorsque l'heure sera venue d'attaquer Arafat, il se montrera lui aussi très coopérant.

A Beyrouth, l'antenne du Mossad, appelée le « Sous-marin », s'était installée au sous-sol de l'ancien bâtiment gouvernemental, près de la frontière séparant Beyrouth-Est, dominée par les chrétiens, et Beyrouth-Ouest, aux mains des musulmans. Jusqu'à dix hommes y travaillèrent, dont sept ou huit katsas, avec un ou deux membres de l'Unité 504, équivalent militaire du Mossad.

Au début des années 80, le Mossad était étroitement lié à plusieurs familles libanaises, payant les renseignements, les faisant circuler entre les groupes, payant même certaines bandes et aussi quelques Palestiniens des camps de réfugiés. A part Gemayel, les familles Joumblatt et Berri figuraient sur les listes du Mossad.

Les Israéliens appellent ce genre de situation *halemh*, mot arabe signifiant « cacophonie ». Mais le pire restait à venir avec le début des prises d'otages occidentaux. En juillet 1982, David Dodge, cinquante-huit ans, président de l'université américaine de Beyrouth, fut kidnappé par quatre hommes armés en sortant de son bureau.

Le « transport de momies » était une façon courante de transférer les otages. On enveloppait la victime des pieds à la tête avec des bandes plastiques marron, ne lui laissant qu'un orifice à hauteur du nez pour respirer, et on la cachait dans le coffre ou sous la banquette. Si les kidnappeurs tombaient sur un barrage tendu par une bande rivale, les malheureux otages étaient alors abandonnés à leur sort et nombre d'entre eux périrent. Comme on disait au Liban à l'époque, tant que ça n'arrive qu'aux autres, ce n'est pas grave.

C'est ainsi que le Mossad avec ses réseaux libanais, le ministre de la Défense, Ariel Sharon – que les Américains décrivaient comme « un faucon parmi les faucons » –, démangé à l'idée d'en découdre, tous poussaient Begin à nettoyer le Sud-Liban des troupes palestiniennes qui utilisaient leurs positions pour envoyer leurs roquettes et organiser des raids contre les villages israéliens frontaliers.

Après la guerre du Kippour, en 1973, Sharon avait été acclamé par ses troupes aux cris de : « Arik, Arik, roi d'Israël. » Sharon, 1,68 m, 100 kilos, surnommé le « bulldozer » à cause de son physique et de son tempérament, n'avait que vingt-cinq ans quand il avait dirigé un commando responsable de la mort de nombreux Jordaniens innocents, ce qui avait obligé le Premier ministre de l'époque, David Ben Gourion, à des excuses publiques. Plus tard, Moshé Dayan faillit le faire traduire en cour martiale pour avoir défié les ordres pendant la campagne du Sinaï de 1956, en ayant organisé une manœuvre de parachutistes qui avait coûté la vie à des dizaines de soldats israéliens.

Des mois avant l'invasion israélienne au Sud-Liban, l'OLP l'ayant sentie venir, Arafat ordonna l'interruption des tirs de roquettes sur les villages israéliens. Au printemps 1982, les Israéliens massèrent à quatre reprises leurs troupes à la frontière, ne reculant qu'au tout dernier moment, sur pression des Américains. Begin promit à ceux-ci qu'en cas d'attaque, les

Israéliens ne dépasseraient pas le Litani, à une trentaine de kilomètres au nord de la frontière, pour mettre les villages israéliens hors d'atteinte des roquettes palestiniennes. Il ne tint pas sa promesse, et considérant la vitesse éclair à laquelle les Israéliens arrivèrent dans Beyrouth, on peut se demander s'il avait jamais eu l'intention de la tenir.

Le 25 avril 1982, conformément aux accords de Camp David, Israël se retira du tiers du Sinaï, qu'il occupait depuis la guerre des Six-Jours de 1967.

Mais pendant que les bulldozers israéliens abattaient les restes des colonies juives du Sinaï, Israël, sur les quatre-vingt-dix kilomètres de frontière avec le Liban, rompit le cessez-le-feu qui durait depuis 1981. En 1978, son armée, forte de 10 000 hommes et 200 tanks, avait envahi le Sud-Liban sans réussir à en déloger l'OLP.

Le 6 juin 1982 en Galilée, par une belle matinée ensoleillée, le cabinet de Begin donna son feu vert à Sharon pour l'invasion du Liban. Ce jour-là, le général irlandais William Callaghan, commandant la Force intérimaire des Nations unies pour le Liban (la FINUL) s'annonça au quartier général avancé du commandement nord de l'armée israélienne à Zefat pour discuter d'une résolution du Conseil de sécurité de l'ONU appelant à la fin des barrages israélo-palestiniens. Au lieu de cela, le général Rafael Eitan lui apprit qu'Israël envahirait le Liban dans vingt-huit minutes. A l'heure dite, 60 000 hommes de troupe appuyés par plus de 500 tanks déferlaient dans la plaine libanaise, commencement de la campagne maudite qui devait certes chasser du Liban 11 000 combattants de l'OLP, mais aussi ternir l'image internationale d'Israël et coûter la vie à 462 soldats israéliens, et en blesser 2 218.

Malgré une forte résistance à Sidon (Saïda), Tyr (Sour) et Ed Damour, les forces de l'OLP furent balayées en quarante-huit heures. Répondant à deux lettres urgentes de Reagan lui demandant de ne pas attaquer le Liban, Begin avait écrit qu'Israël voulait seulement repousser l'OLP loin de ses frontières. « Un agresseur sanglant est à nos portes, n'avons-nous pas le droit fondamental de légitime défense ? »

Pendant qu'une partie des forces israéliennes attaquait l'OLP dans le Sud, l'autre opérait la jonction avec les phalangistes de Gemayel dans la banlieue de Beyrouth. Au début, les résidents chrétiens les accueillirent en libérateurs, jetant sur leur passage riz, fleurs et bonbons. Rapidement, les Israéliens encerclèrent des milliers de commandos de l'OLP, auxquels se mêlaient quelque 500 000 habitants, dans Beyrouth-Ouest. Mais les soldats israéliens n'étaient pas à Beyrouth que pour la guerre, l'amour occupait beaucoup de leur temps. Ils avaient trouvé un village, à la sortie de Beyrouth, un endroit idéal, célèbre pour ses jolies femmes... et leurs maris absents.

Pourtant, les bombardements sur Beyrouth se poursuivaient, et en août, au milieu des critiques croissantes, tant nationales qu'internationales, et qui s'inquiétaient du nombre des victimes civiles, Begin déclara :

– Nous ferons ce que nous avons à faire. Beyrouth-Ouest n'est pas une ville, c'est une cible militaire entourée de civils.

Enfin, après dix semaines de siège, les canons se turent et les commandos de l'OLP évacuèrent la ville, ce qui fit dire au Premier ministre libanais Chafic Wazzan :

– Nous sommes arrivés au bout de nos peines.

Il avait parlé trop tôt.

Fin août, un petit détachement de forces de paix franco-américano-italien prit position à Beyrouth, mais les Israéliens continuaient de resserrer leur étau sur la ville.

Le 14 septembre 1982 à 16 h 08 une bombe de cent kilos cachée au troisième étage du quartier général du Parti phalangiste dans Beyrouth-Est, et actionnée par un détonateur à distance, explosa, tuant le président élu Béchir Gemayel et vingt-cinq de ses fidèles alors qu'une centaine de phalangistes tenaient leur réunion hebdomadaire. Béchir fut remplacé par son frère aîné, Amine Gemayel, âgé de quarante ans.

Le poseur de bombe, Chartouny, vingt-six ans, membre du Parti populaire syrien, rival des phalangistes, fut identifié. L'opération avait été menée par les services secrets syriens, dirigés par le général Mohammed G'anen.

La CIA, qui avait aidé Gemayel conjointement avec le Mossad, avait passé, avec ce dernier, un accord de coopération (qui bénéficiait surtout au Mossad, toujours avare de ses informations). Le Mossad, qui considérait les agents de la CIA comme des « amateurs », était, à n'en pas douter, au courant du rôle de la Syrie dans l'assassinat de Gemayel.

Deux jours après l'attentat, le général de division israélien Amir Drori, chef du commandement nord, et plusieurs officiers d'état-major israéliens recevaient des invités à leur poste de commandement sur le port de Beyrouth. Étaient présents le chef d'état-major des Forces libanaises, Fady Frem, et le chef des services secrets libanais, Elias Hobeika, personnage haut en couleur, mais brutal et haineux, qui se promenait partout avec son pistolet, son couteau et sa grenade (c'était le phalangiste le plus craint du Liban). Lorsqu'il tuait un soldat syrien, il lui coupait les oreilles et les enfilait sur un fil de fer qu'il conservait chez lui comme trophée. Hobeika était très lié avec le général chrétien Samir Geagea, et plus tard, les deux hommes commandèrent en alternance l'armée chrétienne. Pour le Mossad, Hobeika était un agent important. Il avait fait ses études à l'école supérieure de guerre en Israël, c'était lui qui dirigeait les commandos qui pénétraient dans les camps de réfugiés et y massacraient les civils.

Hobeika, qui détestait Amine Gemayel et cherchait à lui nuire, se heurtait à de fortes résistances dans sa lutte pour le pouvoir parce que certains lui reprochaient d'avoir mal protégé Béchir Gemayel.

Le 16 septembre, Hobeika rassembla ses troupes à l'aéroport international de Beyrouth et pénétra dans le camp de Chatila sous la protection des tirs, et, par la suite, des tanks et des mortiers de la Force israélienne de défense (FID). Au même moment, un communiqué de presse du cabinet du Premier ministre déclarait que la FID « avait pris position à Beyrouth-Ouest pour prévenir les risques de violence, de massacres et d'anarchie ».

Le lendemain, les Israéliens autorisèrent Hobeika à faire entrer de nouveaux bataillons dans les camps. Or ils savaient qu'un massacre y était perpétré. Les forces israéliennes avaient déployé plusieurs postes d'observation sur les toits d'immeubles de sept étages, proches de l'ambassade du Koweit, et possédaient donc une vue imprenable sur le carnage.

Le monde fut scandalisé par le massacre et par le rôle qu'Israël y avait joué. La guerre des communiqués entre Reagan et Begin s'amplifia. Début octobre, le président américain renvoya 1 200 Marines à Beyrouth, dix-neuf jours seulement après qu'ils l'aient évacué. Ils rejoignirent les 1 560 parachutistes français et les 1 200 Italiens pour former une nouvelle force de maintien de la paix.

Pendant ce temps-là, l'antenne du Mossad à Beyrouth continuait de recueillir des renseignements. L'un de ses informateurs était ce qu'on appelle un « stinker » en yiddish, autrement dit un indic. Il connaissait un garage spécialisé dans le maquillage des voitures et l'installation de caches secrètes pour la contrebande. De nombreux militaires israéliens sortaient du matériel vidéo et des cigarettes du Liban, pour les revendre en Israël où ces articles supportent des taxes de 100 % à 200 %. Le Mossad fait souvent échouer ce type de contrebande en renseignant la police militaire israélienne.

L'été 1983, ce même indic avertit le Mossad que les chiites faisaient aménager, dans un camion Mercedes, des caches assez spacieuses pour camoufler des bombes. Il ajouta que vu la taille des caches, il pensait que le camion était destiné à une cible d'envergure. Le Mossad savait que peu d'objectifs répondaient à cette définition, l'un d'eux étant la base américaine. Le problème devint alors de savoir s'il fallait avertir, ou non, les Américains de se méfier d'un camion répondant à la description que leur indicateur leur avait communiquée.

La décision étant trop importante pour être prise à l'antenne de Beyrouth, elle fut transmise à Tel-Aviv où Admony, le chef du Mossad, choisit de prévenir les Américains sans leur fournir de détails. Il leur dit qu'il avait de bonnes raisons de penser que quelqu'un pouvait être en train de monter une opération contre eux. Mais c'était si vague, et si banal, que c'était comme de leur fournir un bulletin météo ; aucune raison pour s'alarmer et pour prendre rapidement des mesures de sécurité supplémentaires. Dans les six mois qui suivirent, par exemple, il y eut plus de cent alertes à la bombe. Une de plus ne pouvait accroître la vigilance des Américains.

Admony justifia ainsi son refus de fournir des précisions complémentaires :

– Notre travail n'est pas de protéger les Américains. Ils sont assez grands pour se défendre tous seuls. Envoyez l'avertissement habituel.

Les installations israéliennes reçurent, elles, une description détaillée du camion Mercedes.

Le 23 octobre 1983 à 6 h 20 du matin, un gros camion Mercedes approcha de l'aéroport de Beyrouth, passant ainsi en vue des sentinelles de la base israélienne, franchit un poste de contrôle de l'armée libanaise et tourna à gauche dans le parking. Un garde des Marines signala affolé que le camion prenait de la vitesse, mais avant qu'il ait pu agir, le camion fonça vers l'entrée du bâtiment en béton de la Sécurité aérienne, qui servait de quartier général au 8e bataillon de Marine, enfonça un portail en fer forgé, renversa la guérite de la sentinelle, pourtant protégée de sacs de sable, écrasa une autre barrière, pulvérisa un mur de sacs de sable, et finit sa course dans le hall en explosant avec une telle violence que le bâtiment de quatre étages fut immédiatement réduit en un tas de gravats.

Quelques minutes plus tard, un autre camion fonça à toute allure sur le quartier général des parachutistes français, à Bir Hason, quartier résidentiel en bordure de mer à trois kilomètres de la base américaine. L'explosion fut telle que l'immeuble recula de près de neuf mètres et que cinquante-huit soldats furent tués.

La mort de deux cent quarante et un Marines, la plupart encore endormis dans leurs sacs de couchage au moment de l'attaque-suicide, fut la plus lourde perte en un seul jour enregistrée par les Américains depuis la mort de deux cent quarante-six soldats pour l'ensemble du Viêtnam au début de l'offensive du Têt le 13 janvier 1968.

Dans les jours qui suivirent ces attentats, les Israéliens communiquèrent à la CIA une liste de treize personnes qu'ils accusaient d'avoir préparé les camions-suicides. Cette liste comprenait des agents des services secrets syriens, des Iraniens de Damas et le chiite Mohammed Hussein Fadlallah.

Au quartier général du Mossad, on poussa un soupir de soulagement en apprenant que les Israéliens n'avaient pas été visés. C'était vu comme un petit incident puisque le Mossad n'était pas concerné. La version officielle prétendait que nous avions découvert fortuitement une information banale que nous n'avions pas voulu répercuter. Prenons les choses sous un autre angle : si nous avions transmis l'information aux Américains et que les tueurs aient découvert d'où venait la fuite, notre indic n'y aurait pas survécu. Si bien que nous n'aurions plus eu les moyens de savoir si nous étions dans la ligne de mire du prochain attentat.

Le sentiment général à propos des Américains était le suivant : « Ah, ils ont voulu fourrer leur nez là-dedans, eh bien, ça leur apprendra ! »

Ce fut pour moi l'occasion d'essuyer les premiers reproches sérieux de mon supérieur du Mossad, l'officier de liaison Amy Yaar. Comme j'affirmais que nous aurions la mort des soldats américains sur la conscience, car, après tout, ils n'étaient venus que pour nous aider à nous sortir du pétrin dans lequel nous nous étions mis, Amy me rétorqua :

– Tais-toi, tu ne sais pas ce que tu dis. Nous donnons aux Américains bien plus qu'ils ne nous donnent.

C'est faux. Une bonne partie de l'équipement militaire israélien est fabriqué aux États-Unis, et le Mossad leur doit beaucoup.

A la même époque, plusieurs Occidentaux étaient retenus en otage par différentes factions. Fin mars 1984, le chef de l'antenne de la CIA, William Buckley, qui occupait officiellement le poste de conseiller politique à l'ambassade des États-Unis, fut enlevé par trois soldats chiites, alors qu'il quittait son domicile de Beyrouth-Ouest. Il fut retenu prisonnier pendant dix-huit mois, sauvagement torturé et cruellement assassiné. Il aurait pu être sauvé.

Le Mossad, grâce à son réseau d'informateurs, avait une idée assez précise des endroits où les otages étaient séquestrés, et connaissaient leurs ravisseurs. Et même si les cachettes demeuraient inconnues, il était important de savoir qui détenait qui, pour ne pas être amené à traiter avec des factions qui ne possédaient pas d'otages. Cela me rappelle cette histoire : un Libanais demande à son assistant de lui trouver quelqu'un pour négocier la libération d'un otage.

– Votre otage est de quel pays? demande l'assistant.

– Trouvez-moi un pays qui veut traiter, je me charge de trouver l'otage ensuite.

Des hommes aussi haut placés que Buckley sont d'une importance inestimable en raison des informations qu'ils détiennent. Qu'ils parlent et ils mettent en danger la vie de nombreux agents. Le Jihad islamique revendiqua l'enlèvement de Buckley. William Casey, le directeur de la CIA, désireux de sauver Buckley, dépêcha à Beyrouth une équipe d'experts du FBI entraînés à la localisation des victimes d'enlèvement, mais un mois plus tard, ils n'avaient rien trouvé. La politique officielle des États-Unis interdit tout marchandage avec les preneurs d'otages, mais Casey débloqua des sommes considérables afin de rémunérer les informateurs, et si besoin était, de monnayer la liberté de Buckley.

La CIA eut tôt fait de demander de l'aide au Mossad. Elle chargea son agent de liaison à Tel-Aviv d'obtenir du Mossad toutes les informations qu'il détenait sur Buckley et certains des autres otages.

Un matin à 11 h 30, on demanda à tout le personnel du quartier général d'évacuer l'étage principal et l'ascenseur pendant une heure parce que des hôtes étaient attendus. Deux représentants officiels de la CIA furent escortés jusqu'au bureau d'Admony au neuvième étage. Le chef du Mossad les assura qu'il leur livrerait tout ce qu'il savait à condition qu'ils en fassent la demande au Premier ministre, sous prétexte que c'est à lui que la décision revenait. En réalité, Admony voulait que la demande soit formulée en bonne et due forme pour que, le cas échéant, les Américains lui renvoient l'ascenseur.

Par l'intermédiaire de leur ambassadeur, les Américains présentèrent donc une requête officielle au Premier ministre, Shimon Pérès, qui donna carte blanche à Admony pour aider la CIA à régler l'affaire des otages. D'habitude, on formule certaines restrictions à ce genre de demande. On vous livre ce qu'on sait, excepté ce qui mettrait en péril notre personnel. Là, il n'y eut aucune restriction, preuve que l'affaire des otages était cruciale pour les deux pays.

Politiquement, c'était de la dynamite. L'administration Reagan gardait en mémoire le tort irréparable et l'humiliation infligée à Jimmy Carter avec les otages retenus en Iran après la chute du Shah.

Admony garantit à Pérès qu'il ferait son possible pour aider les Américains.

– J'ai bon espoir, affirma-t-il. Nous détenons des informations qui leur seront peut-être utiles.

En fait, il n'avait nulle intention de les aider.

Deux officiels de la CIA furent convoqués au Midrasha (l'Académie) pour y rencontrer les *Saifanim* (ou poissons rouges), les spécialistes de l'OLP. L'OLP étant considérée comme le pire ennemi, le Mossad avait tendance à croire que tout ce qui discréditait les Palestiniens était bon à prendre. Les Saifanim suggérèrent donc que les ravisseurs étaient des membres de l'OLP, alors même que la plupart des otages, y compris Buckley, n'avaient aucun lien avec la centrale palestinienne.

Jouant, en apparence, le jeu de la coopération, les Saifanim placardèrent des cartes sur un panneau mural et entreprirent d'abreuver les Américains de données géographiques sur la localisation présumée des otages. Bien qu'on transférât constamment les otages, le Mossad avait une assez bonne idée de leurs lieux de détention. Le Mossad laissa dans l'ombre de nombreux indices fournis par ses indicateurs, et demanda aux Américains s'ils désiraient pousser plus avant dans les détails. Un marchandage tacite, en somme. Je te donne mais tu me dois.

A la fin de la rencontre, Admony reçut un rapport complet. De leur côté, les Américains en référèrent à leurs supérieurs. Deux jours plus tard, ils revinrent chercher un complément d'information pour un renseignement qu'on leur avait donné au cours du premier entretien. La CIA pensait détenir là un diamant brut mais voulait le vérifier. Ils demandèrent à rencontrer l'informateur.

– Pas question, rétorqua l'homme du Mossad. Nous ne dévoilons jamais nos sources.

– Oui, je comprends, concéda l'agent de la CIA. Mais pourquoi ne pas nous laisser parler à l'officier traitant?

Le Mossad protège l'identité de ses katsas avec la dernière énergie. Ils ne doivent surtout pas risquer d'être reconnus. Un katsa qui travaille à Beyrouth aujourd'hui peut se retrouver n'importe où demain, tomber sur le type de la CIA qui le connaît et faire échouer une opération entière. Il y a bien des moyens d'arranger une rencontre incognito. On peut se parler derrière un écran, déguiser sa voix, porter une cagoule, etc. Mais, surtout, le Mossad ne voulait pas s'avancer à ce point. Malgré les injonctions de leur « patron », Pérès, les Saifanim exigèrent de consulter le chef du Mossad.

Le bruit courait au quartier général qu'Admony était de mauvaise humeur et que sa maîtresse, la fille du chef du Tsomet, était, elle aussi, mal lunée. Et ce jour-là, au déjeuner, tout le monde, en parlant des otages, commenta la réaction d'Admony :

– Ces enfoirés d'Américains! Qu'est-ce qu'ils s'imaginent? Qu'on va délivrer les otages à leur place? Et quoi encore?

Toujours est-il que sa réponse fut non. La CIA n'eut pas le droit d'interroger le katsa. Mieux, on fit croire aux Américains que le renseignement était périmé et ne concernait pas Buckley. C'était faux, mais on renforça ce mensonge en demandant aux Américains d'oublier cette information pour préserver la vie des autres otages. On promit même de redoubler d'effort pour leur trouver de nouveaux renseignements.

Nombreux furent ceux qui pensèrent que le Mossad le regretterait un jour. Mais la majorité campait sur la même position : « On les a bien eus! Ce ne sont tout de même pas les Américains qui vont nous dicter notre conduite! Nous sommes le Mossad, nous sommes les meilleurs! »

C'est cette inquiétude pour Buckley qui poussa Casey à contourner l'embargo imposé par le Congrès américain sur les ventes d'armes à destination de l'Iran, et à traiter avec le régime des ayatollahs en échange de la sécurité des otages. Le scandale des ventes d'armes connut son apogée avec l'épisode Iran-Contra. Si le Mossad avait accepté de coopérer, Buckley et bien d'autres auraient été sauvés, et ce scandale n'aurait pas éclaboussé la vie politique américaine. Pérès avait compris qu'il était dans l'intérêt d'Israël de coopérer, mais le Mossad, et en particulier Admony, poursuivait un tout autre but.

Lorsque Israël se retira du Liban où le Mossad l'avait poussé à intervenir, l'antenne du « Sous-marin » dut fermer, en abandonnant derrière elle un grand nombre d'agents, et son immense réseau d'informateurs. Certains agents furent tués, on en aida d'autres à s'enfuir.

Israël n'avait pas commencé la guerre, et n'y avait pas non plus mis un terme. C'est comme le black jack au casino, on ne commence pas le jeu, et on ne le termine pas. On est là, c'est tout. C'est ce qui s'est passé au Liban pour Israël, et nous n'avons pas raflé la mise.

A l'époque, le conseiller personnel de Pérès pour le terrorisme s'appelait Amiram Nir. Lorsque Pérès se douta que le Mossad refusait de coopérer, il se servit de Nir comme homme de liaison entre les deux pays. C'est ainsi que Nir rencontra le colonel Oliver North qui allait s'illustrer dans le scandale Iran-Contra. Nir avait acquis une telle position que ce fut lui qui porta la fameuse Bible dédicacée par Ronald Reagan quand North et l'ancien conseiller à la sécurité nationale, Robert McFarlane, munis de passeports irlandais, se rendirent en Iran en mai 1985 pour y conclure l'accord sur les ventes d'armes. L'argent de cette vente était destiné à acheter des armes pour les Contras du Nicaragua, que soutenaient les États-Unis.

Nir était un initié, pourvu de nombreuses relations. Il avait joué un rôle primordial dans l'arrestation des terroristes qui avaient détourné l'*Achille Lauro*, en 1985, et il avait mis George Bush, vice-président des États-Unis de l'époque (et ancien directeur de la CIA), au courant des négociations avec l'Iran portant sur les ventes d'armes.

D'après ses propres déclarations, Nir supervisa avec North, en 1985 et 1986, plusieurs opérations de contre-terrorisme autorisées par un accord secret entre Israël et les États-Unis. North attribua à Nir l'idée d'utiliser, en novembre 1985, les profits provenant des ventes d'armes à l'Iran pour financer des opérations secrètes.

Le rôle de Nir devient encore plus curieux quand on apprend ses relations avec Manucher Ghorbanifar, un mystérieux homme d'affaires installé en Iran. Le chef de la CIA, William Casey, finit par prévenir North qu'on soupçonnait Ghorbanifar de travailler pour les services secrets israéliens. En juin 1986, Nir et Ghorbanifar obtinrent l'aide des Iraniens pour la libération du révérend Lawrence Jenco, un otage américain détenu par des extrémistes libanais. Peu après la libération de Jenco, Nir fit comprendre à George Bush la nécessité de montrer sa gratitude en expédiant des armes à l'Iran.

Ghorbanifar était un informateur de la CIA depuis 1974. En 1981, il alimenta une rumeur selon laquelle un commando libyen aurait été envoyé aux États-Unis pour assassiner le président Reagan. Deux ans plus tard, après avoir vérifié la fausseté de cette information, la CIA mit fin à leur coopération et en 1984, une note interne avertissait que Ghorbanifar était un « talentueux mythomane ».

C'est pourtant ce même Ghorbanifar qui obtint du milliardaire saoudien Adnan Khashoggi un prêt-relais de cinq millions de dollars lorsqu'il fallut apaiser la méfiance qui régnait entre Israël et l'Iran dans un contrat d'armement. Le Mossad avait pris contact avec Khashoggi quelques années auparavant. D'ailleurs, son jet privé, qui a fait couler beaucoup d'encre, avait été équipé en Israël. Khashoggi n'était pas un personnage comme les autres : l'argent du Mossad lui servait à réaliser des coups financiers, et d'autre part, le Mossad faisait transiter par ses sociétés de colossales sommes d'argent, bien souvent fournies par un milliardaire juif résidant en France et à qui le Mossad faisait souvent appel quand de grosses sommes étaient nécessaires.

Toujours est-il que l'Iran ne voulait pas payer tant que les armes n'étaient pas livrées, et Israël refusait d'expédier les 508 missiles Tow à moins d'avoir l'argent. Le prêt-relais de Khashoggi était donc indispensable à la réussite de l'opération. Peu après ce marché, un autre otage américain, le révérend Benjamin Weir, fut à son tour relâché, ce qui convainquit les Américains que Ghorbanifar était peut-être un mythomane, mais que cela ne l'empêchait pas d'obtenir la libération d'otages grâce à ses relations iraniennes. Dans le même temps, Israël vendait secrètement pour 500 millions de dollars d'équipement militaire à l'Iran de l'ayatollah Khomeiny, ce qui laisse peu de doute quant au levier que constituait ce marché pour le règlement du sort des otages, ni sur la participation de Ghorbanifar et de son associé Nir.

Le 29 juillet 1986, Nir rencontra Bush à l'*hôtel du Roi-David* à Jérusalem. Le compte rendu de cette entrevue a été consigné dans un rapport secret de trois pages, par le chef de cabinet de George Bush, Craig Fuller. Il cite Nir avouant à Bush : « Nous traitons avec les éléments les plus radicaux [en Iran parce que] nous avons découvert qu'ils peuvent agir, contrairement aux modérés. » Reagan, de son côté, avait toujours affirmé qu'il traitait avec les modérés, ce par quoi il justifiait les ventes d'armes. Nir dit à Bush : « Les Israéliens ont démarré le processus. Nous avons fourni une couverture pour l'opération, les bases matérielles, le transport. »

L'audition de Nir au procès de North en 1989 était très attendue. C'était un témoin clé, d'autant qu'il avait déclaré que les activités de contre-terrorisme menées avec North en 1985 et 1986 résultaient d'un accord secret américano-israélien. Son témoignage pouvait être hautement embarrassant pour l'administration Reagan, mais aussi souligner l'importance du rôle joué par les Israéliens dans toute l'affaire.

Le 30 novembre 1988, un Cessna T210 avec Nir à bord survolait un ranch à 180 kilomètres à l'ouest de Mexico. L'avion s'écrasa, tuant Nir et le pilote. Les trois autres passagers furent légèrement blessés. Ce fut le cas de la Canadienne Adriana Stanton, vingt-cinq ans, originaire de Toronto, qui nia toute relation avec Nir. Pourtant, les Mexicains la décrivirent comme « sa secrétaire » et « son guide », sans compter qu'elle travaillait pour une société étroitement liée à Nir. Elle refusa toute autre déclaration.

Nir se rendait à Mexico pour discuter d'un marché. Le 29 novembre, il avait visité une plantation d'avocats dont il détenait de fortes parts, dans l'État de Michoacan. Le lendemain, il avait loué, sous le nom de Pat Weber, un petit avion pour rejoindre Mexico. Officiellement, il mourut dans l'accident. Cependant, son corps fut reconnu par un mystérieux Argentin, Pedro Cruchet, qui travaillait pour Nir, et voyageait au Mexique, sous un pseudonyme. Il affirma à la police qu'il avait égaré sa carte d'identité dans une corrida, mais même sans ses papiers, il réussit à se faire remettre la dépouille de Nir.

En outre, les rapports du bureau du procureur confirment que Nir et Stanton, bien qu'en voyage d'affaires légal, se déplaçaient sous de fausses identités. Plus tard, un inspecteur de l'aéroport certifia le contraire, sans qu'on aille vérifier plus loin.

Plus de 1 000 personnes en Israël assistèrent aux funérailles de Nir et le ministre de la Défense, Itzhak Rabin, parla de « secrets qu'il gardait dans son cœur ».

A la mort de Nir, le *Toronto Star* cita un officier du Renseignement, dont le nom n'était pas dévoilé, et qui affirmait qu'il ne croyait pas à la mort de Nir. Il pensait que Nir avait toutes les chances d'avoir subi une opération de chirurgie esthétique à Genève, où les cliniques sont excellentes et très discrètes.

Quoi qu'il ait pu arriver à Nir, il ne reste qu'à spéculer sur les torts qu'aurait causés son témoignage à l'administration Reagan et au gouvernement israélien.

Mais en juin 1987, durant la commission d'enquête du Sénat, un rapport rédigé par North pour l'ancien conseiller à la sécurité nationale, le vice-amiral John Poindexter, daté du 15 septembre 1986 et censuré pour des raisons de sécurité, recommandait à Poindexter de discuter du marché d'armes avec Casey avant d'en informer le président Reagan.

Des sept personnes condamnées, Poindexter fut le seul à être incarcéré. Le 11 juin 1990, après un sévère sermon du juge de la cour fédérale, Harold Greene, qui déclara que Poindexter était « la tête pensante de l'opération Iran-Contra », il fut condamné à six mois de prison.

Le 3 mars 1989, Robert McFarlane fut condamné à verser une amende de 20 000 dollars assortie de deux ans de mise à l'épreuve, après avoir plaidé coupable aux quatre chefs d'accusation pour délit de recel d'information. Le 6 juillet 1989, après le spectaculaire jugement du tribunal de Washington, Oliver North fut condamné à payer une amende de 150 000 dollars, et sommé d'accomplir 1 200 heures de service d'intérêt civil. Le 4 mai, un jury l'avait déclaré coupable de trois des douze chefs d'accusation. North fut également condamné à trois ans de prison avec sursis assortis de deux ans de mise à l'épreuve.

Le rapport de North à Poindexter met en évidence l'importance du rôle de Nir. « Amiram Nir, écrivait-il, conseiller spécial du Premier ministre Shimon Pérès dans la lutte anti-terroriste, avait indiqué, durant les quinze minutes d'entretien privé qu'il devait avoir avec le président Reagan, que Pérès ne manquerait pas de soulever plusieurs questions délicates. »

Trois otages américains avaient alors été libérés, en relation avec les ventes d'armes. C'étaient Jenco, Weir et David Jacobsen.

Sous le chapitre « otages », le rapport déclarait : « Il y a plusieurs semaines, Pérès a exprimé le désir que les États-Unis examinent la possibilité de mettre un terme au conflit avec l'Iran. Les Israéliens envisagent le problème des otages comme une barrière à franchir en vue d'élargir les relations stratégiques avec le gouvernement iranien.

» Sans aucun doute, Pérès cherchera-t-il à obtenir l'assurance que les États-Unis poursuivront l'entreprise commune sans laquelle ni Weir, ni Jenco n'auraient été libérés... il serait souhaitable que le président remercie Pérès pour l'aide discrète apportée par les Israéliens. »

Il semble que Reagan se soit exécuté. Et il est plus que probable que Pérès ait retourné la politesse en arrangeant la « mort » si commode de Nir, et l'empêcher ainsi de témoigner.

On n'en sera jamais certain, mais étant donné les circonstances douteuses de sa disparition, ajoutées au fait que les trafiquants d'armes israéliens approvisionnent les seigneurs de la drogue colombiens, en transitant par les Caraïbes, il serait surprenant que Nir soit mort.

Nous ne le saurons jamais, mais ce que nous savons c'est que si le Mossad avait communiqué ses informations sur le problème des otages américains, et occidentaux en général, avec moins de réticence, l'affaire Iran-Contra n'aurait jamais existé.

ÉPILOGUE

Le 8 décembre 1987, un camion de l'armée israélienne accidenta plusieurs fourgonnettes, tuant quatre Arabes et en blessant dix-sept autres. Une vague de protestations déferla, alimentée par la rumeur selon laquelle l'accident avait été causé volontairement, en représailles à l'agression de la veille. Le 6 décembre, en effet, on avait poignardé un diplomate israélien à Gaza.

Le jour suivant, des manifestants élevèrent des barricades de pneus qu'ils enflammèrent, et lancèrent des pierres, des cocktails Molotov et des boulons sur les troupes israéliennes. Le 10 décembre, les émeutes se propagèrent en Cisjordanie jusqu'au camp de réfugiés de Balata, près de Naplouse.

Le 16 décembre, des forces spéciales anti-émeutes utilisèrent pour la première fois des canons à eau contre les manifestants, et des soldats israéliens furent envoyés en renfort dans la bande de Gaza pour réprimer la révolte.

Deux jours plus tard, au sortir des mosquées de Gaza, après la prière du vendredi, de jeunes Palestiniens harcelèrent les troupes israéliennes. Trois Arabes furent tués par balle. Peu après, les soldats israéliens envahirent l'hôpital Shifa, arrêtèrent des dizaines de blessés arabes, frappant médecins et infirmières qui tentaient de protéger leurs patients.

L'Intifada avait commencé.

Le 16 mai 1990, un rapport de mille pages, présenté par la branche suédoise de la fondation *Save The Children*, et financé par la Fondation Ford, accusa Israël d' « actes graves de violence, gratuits et répétés » à l'encontre des enfants palestiniens. Le rapport estimait qu'entre 50 000 et 63 000 enfants avaient dû être soignés pour blessures, dont au moins 6 500 par balles.

Il soulignait que la plupart des victimes ne participaient pas aux lancers de pierres quand elles avaient été blessées, et qu'un cinquième d'entre elles avaient été touchées soit chez elles, soit à moins de trente mètres de leur domicile.

L'Intifada dure encore aujourd'hui, et semble sans issue. D'après l'Associated Press, en juillet 1990, 722 Palestiniens avaient déjà été tués par les Israéliens, et 230 par des extrémistes palestiniens. On comptait au moins 45 victimes israéliennes.

Pendant l'année 1989, Israël avait envoyé jusqu'à 10 000 soldats à Gaza et en Cisjordanie pour maintenir l'ordre. En avril 1990, ce chiffre était tombé à 5 000.

Le 13 février 1990, le *Wall Street Journal* publia une étude d'une banque israélienne estimant que l'Intifada avait, pour les deux premières années, coûté un milliard de dollars à Israël en perte de production et de croissance. D'autre part, les dépenses militaires engagées pour lutter contre la révolte s'élevaient à 600 millions de dollars.

Plus de 600 000 Palestiniens sont entassés dans les 378 kilomètres carrés de la bande de Gaza. Près de 60 000 d'entre eux se rendent en Israël chaque jour, travaillant dur pour un faible salaire, essentiellement dans des emplois sous-qualifiés, et rentrent tous les soirs à Gaza parce qu'il leur est interdit de dormir sur place.

Le 16 mars 1990, la Knesset renversa le gouvernement d'Itzhak Shamir par 60 voix contre 55. C'était la première fois qu'un gouvernement tombait lors d'un vote de confiance. Ce vote avait eu lieu après que Shamir eut refusé un plan américain pour une conférence de paix israélo-palestinienne.

Le 7 juin, Shamir et le Likoud formèrent, avec quelques petits partis, un gouvernement de coalition qui obtint une courte majorité de deux sièges à la Knesset. Ce fut, d'après la plupart des observateurs, le gouvernement le plus à droite de toute l'histoire d'Israël. Cette alliance permit à Shamir de poursuivre sa politique d'implantation dans les territoires occupés, et de refuser l'engagement de pourparlers avec les Palestiniens.

Le 15 novembre 1988 à Alger, après quatre jours de débats, le Conseil national palestinien, considéré par l'OLP comme le parlement en exil, avait proclamé l'établissement d'un État palestinien indépendant, et voté l'acceptation des résolutions des Nations unies, reconnaissant implicitement pour la première fois le droit à l'existence d'Israël.

Pendant cette longue période de troubles, l'image d'Israël à l'étranger s'est sérieusement détériorée. En dépit des efforts grandissants des autorités israéliennes pour museler l'information en provenance de Cisjordanie et de Gaza, les images de soldats frappant et tirant sur de jeunes Palestiniens désarmés ont commencé à émouvoir jusqu'aux plus fidèles alliés d'Israël.

Trois jours après le renversement du gouvernement Shamir, l'ancien président Jimmy Carter, en visite dans la région, déclara que la révolte « était en partie le résultat des mauvais traitements infligés aux Palestiniens par les soldats israéliens », et il cita en particulier les fusillades intempestives, les démolitions d'immeubles et la détention arbitraire.

Les statistiques de l'armée israélienne montrent que d 15 000 à 20 000 Palestiniens ont déjà été blessés et près de 50 000 arrêtés. Environ 13 000 restent encore incarcérés.

Le 12 avril 1990, pendant la semaine de Pâques, dans ce qui fut ressenti par la communauté chrétienne comme une provocation délibérée, un groupe de 150 fanatiques juifs nationalistes investit les locaux vacants de l'hospice Saint-Jean, au cœur du quartier chrétien de Jérusalem. L'hospice est situé à quelques pas de l'église du Saint-Sépulcre, qui, d'après les chrétiens, abrite le tombeau de Jésus-Christ.

Pendant dix jours, le gouvernement rejeta toute responsabilité dans l'incident. Il fut finalement obligé d'admettre qu'il avait secrètement versé une subvention de 1,8 million de dollars au groupe, soit 10 % du coût de sous-location des bâtiments.

Le sénateur américain Robert Dole, dans une interview accordée lors d'une visite en Israël, laissa entendre que les États-Unis envisageaient de réduire leur aide économique à Israël pour libérer des fonds destinés aux démocraties naissantes d'Europe de l'Est et d'Amérique latine.

Le 1er mars 1990, le secrétaire d'État américain, James Baker, déclara que l'administration Bush prévoyait de « raser » l'aide extérieure pour Israël, et d'autres pays, au profit des nouvelles démocraties. Baker scandalisa Shamir en liant l'accord d'un prêt de 400 millions de dollars à Israël au gel des nouvelles implantations en territoires occupés.

L'affaire du rabbin Moshe Levinger est sans doute la meilleure illustration de l'état d'esprit de la droite israélienne. Chef du Mouvement des colons juifs, un groupe d'extrême droite, il fut condamné en juin 1990 à six mois de prison pour « négligence criminelle ». Il avait tué un Arabe d'un coup de fusil

Levinger circulait à Hébron, en octobre 1988, quand quelqu'un jeta une pierre sur sa voiture. Il se rua hors de son véhicule en tirant des coups de feu, dont l'un atteignit un coiffeur qui se tenait dans sa propre boutique, et le tua. Pendant l'audience, Levinger se présenta au tribunal en brandissant son fusil et se vanta d'avoir eu « l'honneur et le privilège » de tuer un Arabe. Après la sentence, il fut porté en triomphe jusqu'à la prison par la foule en délire.

Le rabbin Moshe Tsvy Noriah, chef de la célèbre B'Naï Akiva Yasheeva (école religieuse), déclara pendant un sermon : « Le temps de la réflexion est passé, voici venu le temps des armes. »

Haïm Cohen, juge de la Cour suprême à la retraite, eut cette conclusion : « Au train où vont les choses, je suis incapable de dire ce qui nous attend. Je ne savais pas qu'on pouvait être condamné pour négligence criminelle après avoir tué quelqu'un de sang-froid. Je dois vieillir. »

L'Intifada et la détérioration des valeurs morales et humanitaires qui en découle sont le résultat direct de la mégalomanie qui caractérise le Mossad. C'est là que tout a commencé, avec l'idée que tout est permis tant qu'on a le pouvoir.

Israël affronte sa plus dure épreuve. La situation est incontrôlable. On continue à maltraiter les Palestiniens et Shamir trouve toujours les mêmes justifications : « C'est leur faute si nous devenons cruels. Ils nous forcent à frapper des enfants, vous vous rendez compte ? »

Voilà où on en arrive après des années et des années de secrets. Voilà où mènent la désinformation systématique des autorités, la justification de la violence par le mensonge : « Par la tromperie... », n'est-ce pas là la devise du Mossad ?

Le fléau a commencé avec le Mossad. Il s'est propagé à travers le gouvernement jusqu'à toutes les couches de la société. Nombre de voix protestent contre ce glissement des valeurs, mais on ne les entend pas. Il est plus facile de se laisser entraîner dans la chute que de remonter la pente.

« J'espère entendre parler de toi dans les journaux. » Voilà ce qu'un *katsa* peut souhaiter de pire à un autre *katsa*.

Mais après tout, c'est peut-être le seul moyen de renverser la situation.

APPENDICES

APPENDICE I

ORGANIGRAMMES ET DOCUMENTS

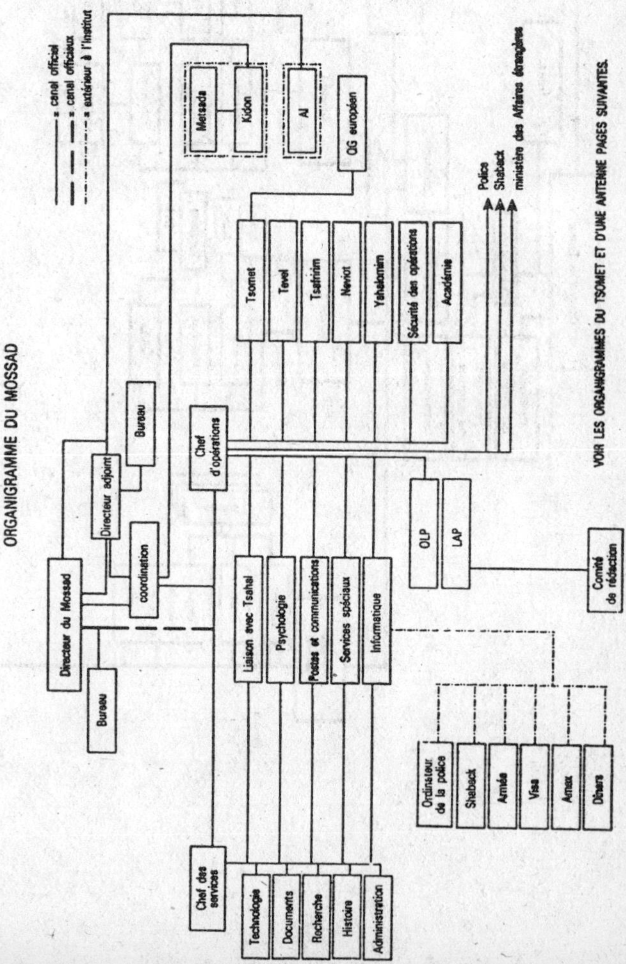

ORGANIGRAMME DU TSOMET

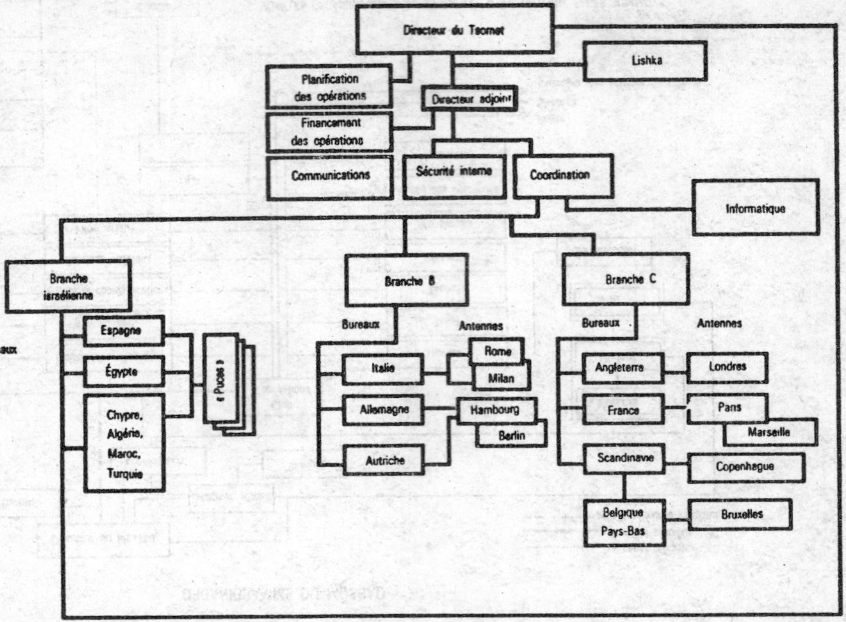

ORGANISATION D'UNE ANTENNE

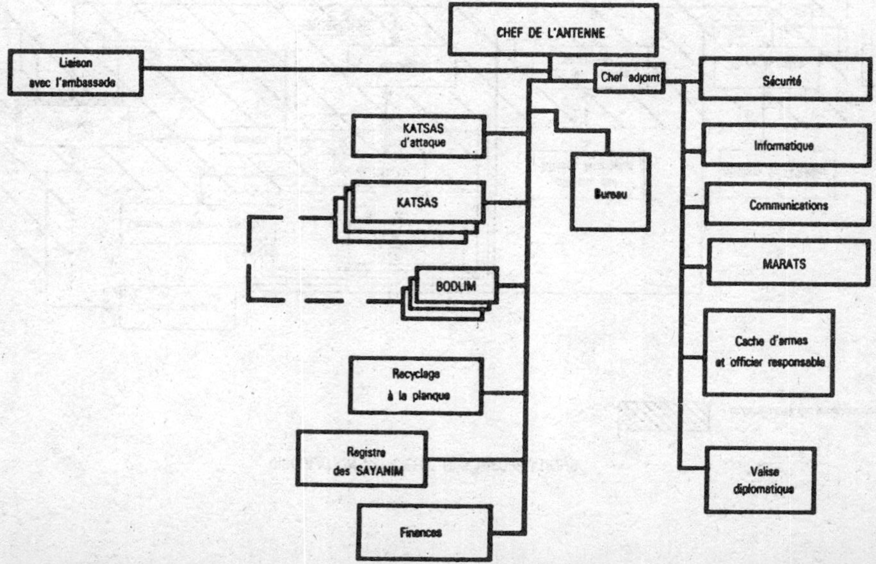

CIRCULATION OFFICIELLE DES INFORMATIONS

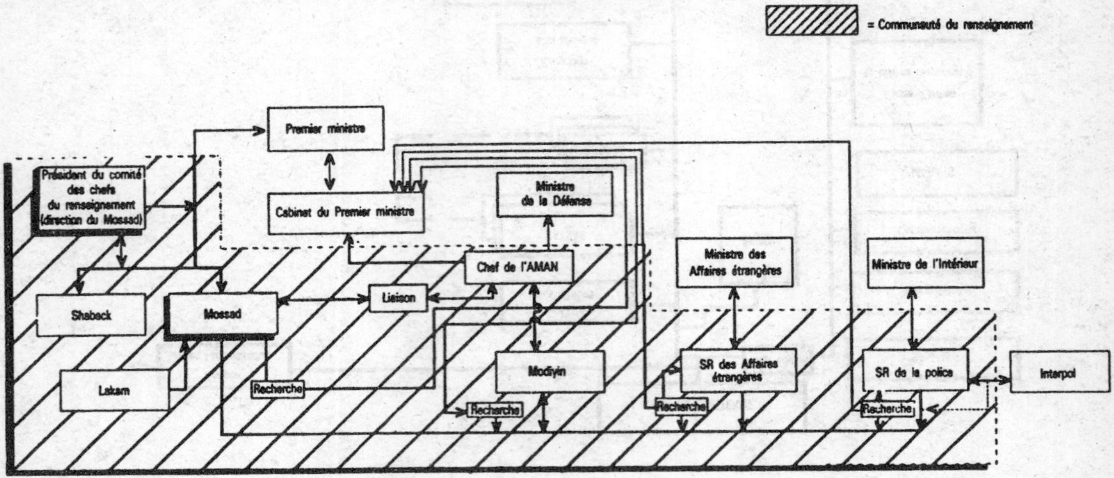

CIRCULATION RÉELLE DES INFORMATIONS

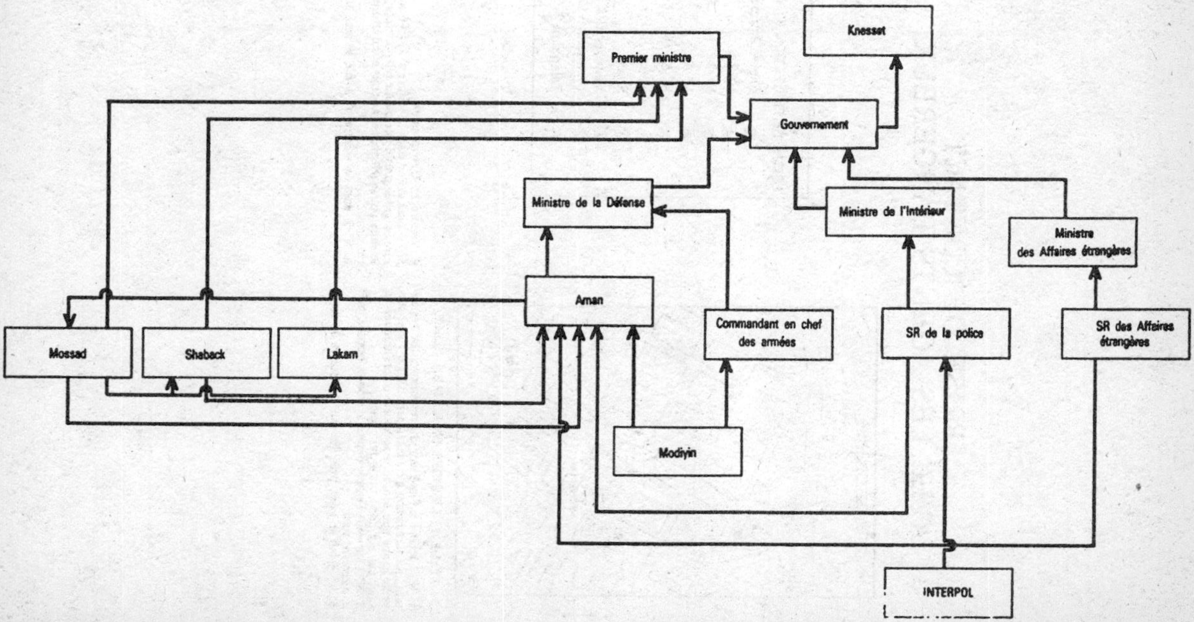

PRISE DE CONTACT AVEC LES AGENTS DANGEREUX

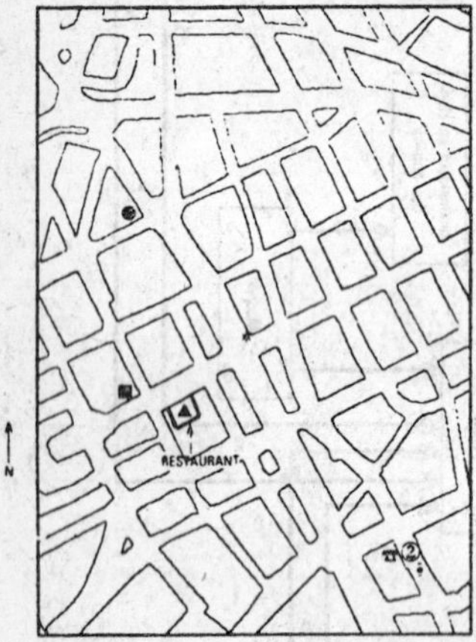

ÉQUIPE DE PROTECTION DU KATSA

●	Chef d'équipe
▲	N° 2
■	N° 3
*	N° 4
✖	N° 5
⍤	Katsa
⊗	Sujet
1	Voiture n° 1
2	Voiture n° 2
☎	Téléphone

STADE 1 : L'ÉQUIPE SE MET EN PLACE

1. N° 2 attend à l'intérieur du restaurant. (Le restaurant, qui auparavant a été jugé « sans danger » était surveillé avant que son adresse ait été communiquée au sujet qui n'a donc pu le faire piéger.)
2. N° 3 surveille l'entrée depuis le trottoir opposé, prêt à suivre le sujet.
3. N° 4 fait le guet, prêt, lui aussi, à suivre le sujet.
4. Voiture n° 1 en position.
5. Le katsa attend dans la voiture n° 2, à l'écart. La voiture est garée près d'une cabine téléphonique pour que le katsa puisse téléphoner au sujet et lui donner ses instructions.
6. N° 5, dans la voiture n° 1, file le taxi du sujet.

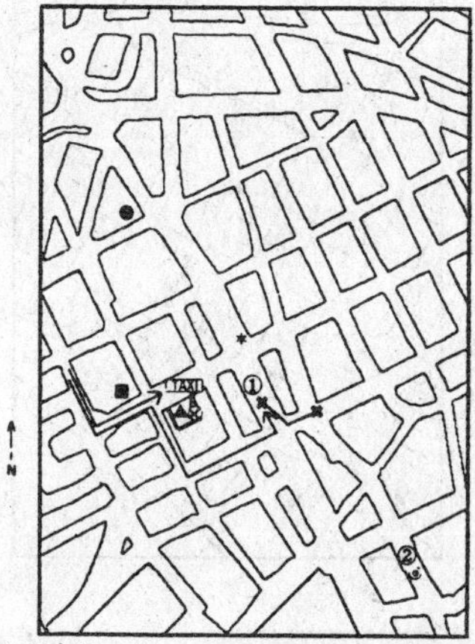

1. Tout le monde est en place quand arrive le taxi du sujet.
2. N° 5 sort de la voiture n° 1 et fait signe au katsa dans la voiture n° 2 de téléphoner au sujet, arrivé dans le restaurant.
3. Quand l'appel téléphonique a été effectué, la voiture n° 2 le signale par appel de phares à la voiture n° 1 qui prévient N° 4 (etc.) que le sujet a reçu ses instructions.
4. Le sujet sort du restaurant.

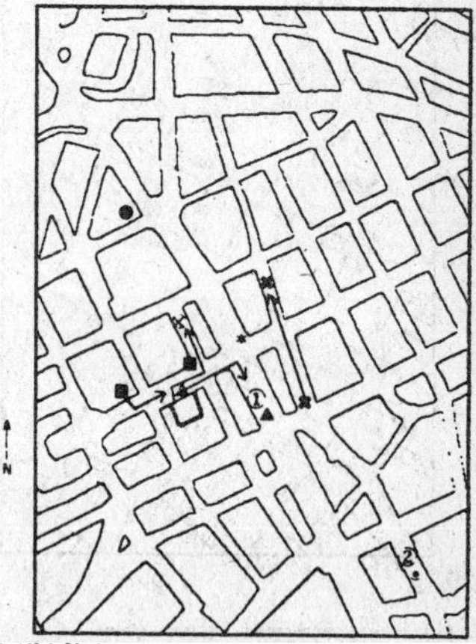

5. N° 3 file le sujet et reçoit confirmation par N° 2 que le sujet n'a pas téléphoné du restaurant. (S'il l'avait fait, l'opération serait annulée avec dispersion générale en voiture.)
6. N° 2 approche de la voiture n° 1 et attend. (Comme il était dans le restaurant avec le sujet, il n'interviendra plus.)
7. N° 5 se dirige vers le lieu d'enlèvement, ou lieu de « prise ».

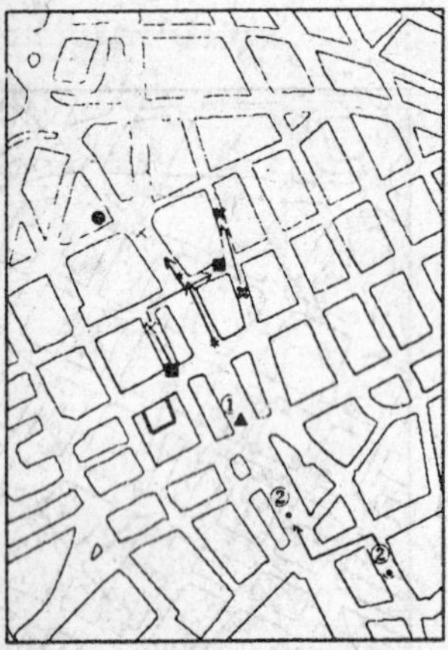

8. Le sujet avance selon les instructions.
9. N° 3 passe la relève à N° 4 et confirme que tout est O.K.
10. N° 4 prend le sujet en filature.
11. Le katsa dans la voiture n° 2 s'avance en position 2.
12. N° 5 approche du lieu de « prise ».

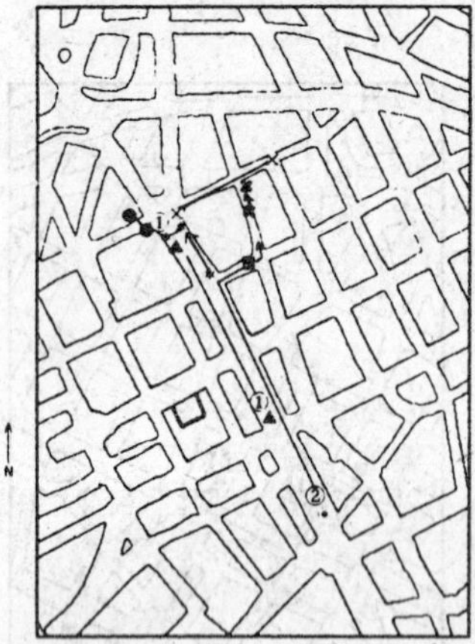

13. Le sujet poursuit sa route.
14. N° 5 prend la relève de N° 4
15. N° 4 arrive au coin de la rue et avertit le chef d'équipe et n° 2.
16. La voiture n° 1 ramasse le chef d'équipe et N° 4.
17. La voiture n° 2 ramasse N° 3.

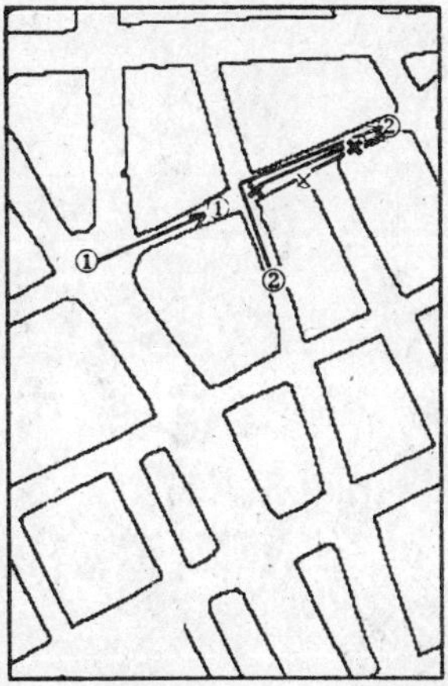

18. A ce moment, N° 5 se rapproche du sujet.
19. La voiture n° 2 converg- vers le sujet.
20. Le katsa ouvre la portière arrière et N° 5 aide le sujet à monter et le fouille.

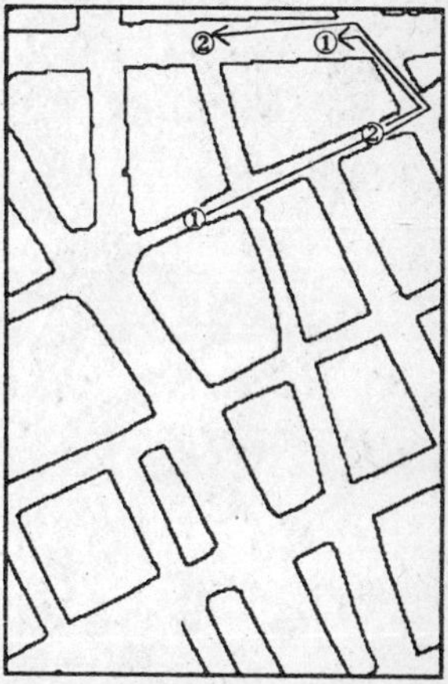

21. La voiture n° 1 se rapproche pour surveillance et protection.
22. Tout le monde se disperse.

APPENDICE II

RAPPORTS DU MOSSAD SUR LES STRUCTURES DES SERVICES DE SÉCURITÉ DANOIS

(Traduction d'un document de l'ordinateur du Mossad décrivant les SR danois.)

Pays 4647 1985.

Nouveau tirage
Copie pour Pays

Ordinaire – 1536 13 juin 1985
Dest. : Mashove
Orig. : Pays
SECRET – 4647
Pourpre A – Service danois de Sécurité civile (SDSC)

1. Le Service danois de Sécurité civile fait partie intégrante de la police. Il dépend du ministère de la Justice.

2. La police fournit au service un soutien en hommes et en logistique. Le ministère de la Justice supervise les activités du service, ce qui comprend l'approbation des activités opérationnelles, chacune d'elles étant considérée en relation avec la cible visée.

3. Sous l'autorité du directeur du service et de son adjoint, trois conseillers juridiques assurent la liaison entre commandement et niveau d'exécution. Chacun d'eux travaille avec plusieurs unités.

4. Les principaux objectifs du service sont le contre-espionnage et la lutte antiterroriste. Le service est aussi chargé de protéger installations danoises et ambassades étrangères. Ses obligations envers Israël comprennent la surveillance constante de la communauté palestinienne au Danemark – forte d'environ cinq cents membres.

5. Toute activité opérationnelle du SDSC suscite des doutes et des oppositions. Cela limite ses capacités.

Le service est également contrôlé par les autorités judiciaires, ce qui limite aussi ses activités. Il est tenu d'expliquer, d'analyser, de justifier toute action qu'il veut entreprendre, en particulier lorsque des libertés individuelles sont concernées.

Depuis que le service est dirigé par des juristes, il est pratiquement paralysé.

6. Les rencontres avec Pourpre sont fréquentes. Si nous avons besoin d'éclaircissements sur des points opérationnels, nous pouvons organiser une réunion en quelques heures.

Tous les trois ans se tient un séminaire sur le terrorisme (PAHA). Le dernier a eu lieu il y a un mois.

7. La coopération avec Pourpre A est très étroite, les relations sont bonnes et cordiales.

Un de nos « agents d'écoute » (*marats*) est installé dans le service des écoutes de Pourpre et tient le rôle de conseiller en matière de terrorisme.

Pourpre nous consulte sur les cibles de *mayanot* [« fontaine », « source », nom de code pour les lieux branchés sur écoute].

Exemple remarquable de cette coopération, l'opération « Amitié » [interrogation d'un pilote palestinien dans un hôpital du Danemark par quelqu'un du QG de Tel-Aviv. Le nom de code utilisé par le QG de Tel-Aviv est HA-Y-HAL ou « palace »]. Dans cette opération pour recruter un pilote irakien. Pourpre a pris de gros risques, à notre seul bénéfice.

Il y a quelques années, nous avions lancé avec « Shosanimo » et « Abou el Phida » une opération qui devait se dérouler au Danemark. Elle n'eut pas lieu suite à une décision opérationnelle de notre part.

8. Les informations que nous obtenons des *mayanot* donnent une image complète et précise de la communauté palestinienne au Danemark, et des détails sur les activités politiques de l'OLP.

9. Il y a un dialogue satisfaisant sur les sujets cités ci-dessus.

10. Sur la question de la *mahol* (littéralement « danse », référence aux opérations de recrutement mutuel), il y a coopération totale chaque fois que nous le désirons.

11. <u>Personnalités importantes</u>

A. Henning Fode – directeur du service. Nommé en novembre 1984.

B. Michael Lyngbo – directeur adjoint depuis août 1983. N'a pas d'expérience du renseignement et est cependant responsable du contre-espionnage.

C. Paul Moza Hanson – conseiller juridique du directeur, c'est notre contact avec Pourpre. Principale activité, la lutte contre le terrorisme. Il est sur le point de quitter ses fonctions. Hanson a participé au dernier séminaire sur le terrorisme organisé en Israël.

D. Halburt Winter Hinagay – chef du département de lutte contre le terrorisme et les activités subversives, a participé au dernier séminaire sur le terrorisme organisé en Israël.

*
* *

Pays 4648

Nouveau tirage
Copie pour Pays

Ordinaire – 1024 14 juin 1985
Dest. : Mashove ordinaire
Orig. : Pays
SECRET – 4648
Pourpre B – « Mossad » danois (Service de renseignements de la Défense danoise, SRDD.)

1. Définition générale

Le SRDD est la branche Renseignements de l'armée danoise. Il est placé sous l'autorité directe du commandant en chef des forces armées et du ministre de la Défense.

2. Structures

Le SRDD comprend quatre unités.

A. Administration.

B. Écoutes (8200).

C. Recherche.

D. Collecte d'informations.

3. Attributions

A. Pour l'OTAN :

(1) Couvrir la Pologne et l'Allemagne de l'Est.

(2) Couvrir les mouvements des navires du bloc de l'Est dans la Baltique, à l'aide d'un matériel très puissant et hautement perfectionné.

B. Sur le plan intérieur :

(1) Recherche politique et militaire.

(2) Collecte d'informations au Danemark.

(3) Liaison avec les services étrangers.

(4) Fournir au gouvernement des évaluations sur divers pays. [En général, le principal sujet d'intérêt du SRDD, c'est le bloc de l'Est.]

C. Nouvelle activité en cours de lancement qui couvrira le Proche-Orient. Dans un premier temps, elle sera assurée par une seule personne, un jour par semaine. L'objectif est de recueillir des informations auprès d'hommes d'affaires danois qui sont en contact avec le Proche-Orient – comme nous l'avons recommandé au séminaire sur le terrorisme (PAHA).

4. Les informations que nous recevons du SRDD concernent principalement le bloc communiste, à savoir les activités terrestres, navales et aériennes soviétiques. Il se spécialise dans la photographie des avions soviétiques.

L'accent a été particulièrement mis sur l'installation de nouvelles antennes sur les avions.

Pourpre fut le premier service à nous transmettre des photos du système SSC-3.

5. Suite à la visite en Israël du chef du département recherche de l'aviation, et du chef de la recherche de la marine à Haïfa, les relations avec le SRDD se sont resserrées.

Il y aura une réunion militaire interarmes en Israël au mois d'août réunissant les Israéliens et leurs homologues danois.

6. Personnalités importantes

A. Mogens Telling – directeur du service depuis 1976. S'est rendu en Israël en 1980.

B. Ib Bangsbore – chef du département collecte d'informations par des personnes depuis 1982. Prévoit de quitter ses fonctions en 1986.

GLOSSAIRE

ACADÉMIE – *Midrasha.* Appelée officiellement résidence d'été du Premier ministre, c'est en fait l'école d'entraînement du Mossad, au nord de Tel-Aviv.

AGENT – Contrairement à l'usage abusif largement répandu, ce n'est pas un employé des services de renseignements. L'agent est une recrue. Le Mossad possède près de 35 000 agents dans le monde, dont 20 000 opérationnels et 15 000 « dormants ». Les agents « noirs » sont des Arabes, et les « blancs » des non-Arabes. Les agents « signaux » préviennent le Mossad des préparatifs de guerre : ce peut être un médecin travaillant dans un hôpital syrien qui remarque la constitution de stocks de médicaments, ou un employé dans un port qui assiste à un accroissement d'activité des navires de guerre.

AL – Unité secrète de katsas expérimentés travaillant sous une couverture renforcée aux États-Unis.

AMAN – Service de renseignements de l'armée israélienne.

APAM – *Avtahat Paylut Modienit.* Opérations de sécurité du Renseignement. C'est la protection du Renseignement.

BABLAT – « Mélanger les balles », autrement dit discuter à bâtons rompus.

BALDAR – Courrier.

BODEL (pluriel, *bodlim*) – ou *lehavdil.* Messager entre les planques et les ambassades, ou entre différentes planques.

CADRES – *Misgarot.* Groupes juifs d'autodéfense de la diaspora.

CHEVAL *(sus)* – Personnalité haut placée qui vous protège et vous pistonne.

COMBATTANTS – Les vrais « Espions » du Mossad. Israéliens envoyés dans un pays arabe avec une « couverture » en béton, ils y recueillent des renseignements « synthétiques ».

DARDASIM (Smerfs) – Sous-département du Kaisarut. Les dardasim opèrent en Chine, en Afrique et en Extrême-Orient où leur rôle est de nouer des contacts.

DÉVELOPPEMENT – Lié à l'Unité 8520. On y fabrique des fermetures spéciales, des valises avec double fond, etc.

DIAMANT *(yahalomim)* – Unité du Mossad qui gère les communications avec les agents des pays cibles.

DUVSHANIN – Forces de la paix de l'ONU payées pour transmettre paquets et messages de part et d'autres des frontières entre Israël et les pays arabes.

FILON – Personne recrutée pour conduire à une autre.

HUMINT – L'ensemble des informations obtenues par les agents de toutes sortes.

INSTITUT – Dénomination officielle du Mossad. En hébreu, le nom complet du Mossad est : *Ha Mossad, le Modiyn ve le Tafkidim Mayuhadim,* ce qui signifie Institut de renseignements et d'opérations spéciales.

ITINÉRAIRE – Voir *masluh.*

JUMBO – Information livrée par un agent de liaison d'un service étranger (la CIA, par exemple) à un agent de liaison du Mossad en dehors des circuits officiels.

KAISARUT – Anciennement *Tevel.* Officiers de liaison stationnés dans les ambassades d'Israël. Les autorités locales les considèrent comme des officiers du Renseignement.

KATSA – Officier traitant. Le Mossad n'emploie qu'environ 35 officiers chargés de recruter des agents ennemis dans le monde entier ; le KGB ou la CIA, plusieurs milliers.

KESHET – Devenu *neviot,* l'« Arc ». Branche du Mossad spécialisée dans les écoutes, ce qui implique cambriolage, pose des micros...

KIDON – « La baïonnette ». Branche exécution et kidnapping de la Metsada.

KOMEMIUTE – Voir Metsada.

KSHARIM – « Nœuds ». Archives, mémorisées sur ordinateur, des relations, amis, contacts de toutes sortes d'une personne donnée (Arafat, par exemple).

LAKAM – *Lishka le Kishrei Mada.* Bureau des affaires scientifiques du Premier ministre d'Israël.

LAP – *Lohamah Psichlogit.* Service de guerre psychologique du Mossad.

MALAT – Branche de la Liaison opérant avec l'Amérique du Sud.

MARATS – Agents d'écoute.

MASLUH – Itinéraire. Système d'autoprotection pour se prémunir contre les filatures.

MAULTER – Mot hébreu qui signifie « non préparé ». Utilisé pour décrire un itinéraire improvisé.

MELUCKAH – Anciennement *Tsomet*, le « Royaume ». Département de recrutement dont dépendent les katsas.

METSADA – Devenu *Komemiute*. Département hautement secret, véritable Mossad dans le Mossad, responsable des combattants.

MISGAROT – Voir « Cadres ».

MISHLASHIM – Boîtes aux lettres.

NAKA – Système d'écriture du Mossad utilisé pour la rédaction des rapports.

NEVIOT – Voir *Keshet*.

OFFICIER TRAITANT – Équivalent du *katsa* dans les autres services de renseignements. Au Mossad, les officiers traitants travaillent au Metsada où ils supervisent les combattants.

OTER – Arabe payé pour contacter d'autres Arabes et les recruter. Rémunéré 3 000 à 5 000 dollars par mois, plus les frais.

PAHA – *Paylut hablamit oyenet*. Département chargé de la surveillance des activités de sabotage ou de terrorisme, par exemple de l'OLP.

PAYS D'APPUI – Pays occidentaux où le Mossad possède des antennes : Europe de l'Ouest, États-Unis, Canada.

PAYS-CIBLE – N'importe quel pays arabe.

PLANQUES – Appelées « lieux opérationnels » par le Mossad. Ce sont des maisons ou des appartements, loués pour des rencontres secrètes ou comme base d'opérations.

PUCES – Katsas affectés en Israël et qui effectuent des sauts de puce dans des pays proches, comme Chypre, par opposition aux katsas opérant à l'étranger.

RENSEIGNEMENTS DIRECTS – Activités observables : mouvements de troupes, préparatifs de guerre dans les hôpitaux ou les ports.

RENSEIGNEMENTS SYNTHÉTIQUES – Informations indirectes telles que : analyse des rumeurs, de l'économie, des mœurs, de l'opinion, etc.

SAIFANIM – « Poisson rouge », département du Mossad chargé de l'OLP.

SAYAN (pluriel *Sayanim*) – Volontaires juifs de la diaspora.

SHABACK – Équivalent israélien du FBI. Service de sécurité intérieure.

SHICKLUT – Service des écoutes.
SHIN BET – Ancien nom de la Shaback.
TAYESET – Nom de code du département de formation.
TEUD – « Documents ». Service de fabrication des faux papiers.
TEVEL – Voir *Kaisarut.*
TSAFRIRIM – « Brise du matin ». Organise les communautés juives de la diaspora. Participe à toute opération de sauvetage de Juifs menacés. Aide à la préparation des « cadres ».
TSIACH – *Tsorech Yediot Hasuvot.* Réunion annuelle des services de renseignement militaires et civils. Également nom du document décrivant les priorités pour l'année à venir, classées par ordre décroissant.
TSOMET – Voir *Meluckah.*
UNITÉ 504 – Mossad modèle réduit. Service de renseignement militaire opérant aux frontières d'Israël.
UNITÉ 8200 – Unité militaire spécialisée dans l'interception des communications ennemies. Elle fournit tous les services de renseignements israéliens.
UNITÉ 8513 – Branche du Renseignement militaire spécialisée dans la photographie.
YARID – Branche chargée de la sécurité en Europe.

TABLE

EXTRAIT DU CATALOGUE
PRESSES POCKET

Adrienne DURAND TULLOU : Le pays des Asphodèles
David HEYMAN : Jackie
Françoise SAGAN : La chamade
La garde du cœur
La laisse
Les merveilleux nuages
Dans un mois, dans un an
Les violons parfois
Un orage immobile
Sarah Bernhardt
Bonjour tristesse
Christian JACQ : Maître Hiram et le roi Salomon
Georges N'GUYEN VAN LOC : Le Chinois
Christian SIGNOL : Marie des Brebis
Jean-François DENIAU : Un héros très discret
Loup DURAND : Le jaguar
Hugues de MONTALEMBERT : A perte de vue
Charlélie COUTURE : Les dragons en sucre
Kirk DOUGLAS : La danse avec le diable
Françoise CHANDERNAGOR : L'allée du roi
Françoise DOLTO : L'échec scolaire
Dominique FERNANDEZ : Le promeneur amoureux
Leonore FLEISHER : Rain Man
Jean-Charles de FONTBRUNE : Nostradamus historien prophète
Diane FOSSEY : Gorilles dans la brume
Anatole FRANCE : Le livre de mon ami
L'île des pingouins

Crainquebille
Les dieux ont soif
La révolte des anges
Histoire contemporaine :
L'orme du Mail
Le mannequin d'osier
L'anneau d'améthyste
M. Bergeret à Paris
Le crime de Sylvestre Bonnard
Le lys rouge
Dan FRANCK et Jean VAUTRIN : La dame de Berlin
Charles de GAULLE : L'appel
L'unité
Le salut
Mémoires d'espoir
1. Le renouveau
2. L'effort
Michel de GRÈCE : La femme sacrée
Graham GREENE : La saison des pluies
Marek HALTER : La mémoire d'Abraham
Les fils d'Abraham
Christian JACQ : Champollion l'Égyptien
John JAKES : *Nord et Sud*
Olivier de KERSAUSON : Mémoires salées
Joseph KESSEL : Fortune carrée
Betty MAHMOODY : Jamais sans ma fille
Bruno MASURE : La télé rend fou mais j' me soigne
A pleins tubes
Claude MICHELET : J'ai choisi la terre
Les palombes ne passeront plus
Cette terre est la vôtre
La grande muraille
Des grives aux loups
Rocheflame
Une fois sept
Vive l'heure d'hiver

James A. MICHENER : Alaska I : La citadelle de glace
Alaska II : La ceinture de feu
Vladimir NABOKOV : Une beauté russe
L'exploit
L'extermination des tyrans
Brisure à Senestre
Mademoiselle O
Détails d'un coucher de soleil
Mario PUZO : Le parrain
Yann QUEFFELEC : La femme sous l'horizon
Nancy REAGAN : A mon tour
Ann RIVER SIDDONS : La Géorgienne
Pouvoir de femme
Alexandre SOLJENITSYNE : Le pavillon des cancéreux
La maison de Matriona
Zacharie l'escarcelle
Une journée d'Ivan Denissovitch
Alfred TOMATIS : Les troubles scolaires
Henri TROYAT : La fosse commune
Le mort saisit le vif
1. Les semailles et les moissons
2. Amélie
3. La grive
4. Tendre et violente Élisabeth
5. La rencontre
Le jugement de Dieu
Grandeur nature
La tête sur les épaules
Faux jour
L'araigne
La clé de voûte
Le signe du taureau

Achevé d'imprimer en janvier 1992
sur les presses de l'Imprimerie Bussière
à Saint-Amand (Cher)

PRESSES POCKET - 12, avenue d'Italie - 75627 Paris Cedex 13
Tél. : 44-16-05-00

— N° d'imp. 152. —
Dépôt légal : novembre 1990.

Imprimé en France